AF878638

Ausführliches Verzeichnis der

Guttentagschen Sammlung

**Deutscher Reichs- und Preußischer Gesetze**

— Textausgaben mit Anmerkungen; Taschenformat —,

welche alle wichtigeren Gesetze in unbedingt zuverlässigen Gesetzestexten und in mustergültiger Weise erläutert enthält, befindet sich hinter dem Sachregister.

Guttentagsche Sammlung
Nr. 131a. Deutscher Reichsgesetze. Nr. 131a.
Textausgaben mit Anmerkungen.

# Reichsfinanzgesetzgebung 1918

Band I:

## Getränkesteuern

(Wein, Bier, Branntwein, Schaumwein, Limonaden).

Von

Dr. G. Mayer
(München).

Berlin 1918.
J. Guttentag, Verlagsbuchhandlung,
G. m. b. H.

# Inhaltsverzeichnis.


Seite

1. Weinsteuergesetz . . . . . . . . . . . . . . . . . . 7
2. Mineralwassersteuergesetz . . . . . . . . . . . . 45
3. Biersteuergesetz . . . . . . . . . . . . . . . . . 70
4. Bierzoll . . . . . . . . . . . . . . . . . . . . . . 127
5. Biersteuerausgleichungsbeträge . . . . . . . . . . 128
6. Branntweinmonopol . . . . . . . . . . . . . . . . 129
7. Schaumweinsteuergesetz . . . . . . . . . . . . . . 304

Sachregister . . . . . . . . . . . . . . . . . . . . 310

# Weinsteuergesetz.

## Vorbemerkungen.

Das Reich hatte bisher den Wein nicht besteuert, vorzugsweise wegen der großen technischen Schwierigkeiten und wegen der mißlichen Lage der Winzer. Nachdem aber das Weingesetz vom 7. April 1909 (RGBl. S. 393) durch die wirksame Einschränkung der Weinverfälschung und der übermäßigen Weinvermehrung auf die Lage der Winzer günstig gewirkt hat, die Weinpreise wegen der Unmöglichkeit größerer Einfuhr ausländischer Weine eine beträchtliche Höhe erreicht haben, und diese Preise nach menschlichem Ermessen auch noch eine Reihe von Jahren anhalten werden, so war der gegenwärtige Augenblick für eine Reichsweinsteuer besonders geeignet.

Die Weinsteuer beruht auf der Absicht, daß die Steuer nicht vom Winzer und möglichst auch nicht vom Händler getragen wird, sondern abgewälzt und vom Verbraucher getragen wird; denn sie soll eine Luxussteuer für die bemittelteren Kreise sein. Um dies Ziel zu erreichen, verlegt das Gesetz die Versteuerung möglichst nahe an den Verbraucher des Weines. Da aber die Erhebung unmittelbar beim Verbraucher technisch undurchführbar ist (man denke nur an den Verzehr in Wirtschaft und Kleinhandel), so soll die Steuer nicht derjenige entrichten, der den Wein verbraucht (trinkt), sondern der, der ihn an den Verbraucher abgibt. Das ist je nach Lage der Verhältnisse der Hersteller oder der Händler. Im Verkehr zwischen Hersteller und Händler ist die Rückwälzungsgefahr nahezu ausgeschlossen, da der Wein erst bei der Abgabe an den Verbraucher also zu einem viel späteren Zeitpunkt, zu versteuern ist als zur Zeit des Einkaufs beim Hersteller. Aber auch beim Verkauf des Weines unmittelbar vom Winzer an den Verbraucher ist eine Rückwälzung der Steuer nicht zu befürchten, denn beim unmittelbaren Verkauf durch den Winzer wird der Verbraucher die Steuer um so bereitwilliger tragen, als er sonst gezwungen wäre, zu höheren Preisen beim Händler einzukaufen. In den Kreisen der Beteiligten ist man daher mit dieser Form der Besteuerung auch ganz einverstanden gewesen.

Bei der Prüfung der Frage, ob ein gemischtes Besteuerungssystem (Grundsteuer nach Einheitssatz für die Raummenge und gestaffelter Wertzuschlag für Flaschenweine vorzuziehen sei oder eine einheitliche Wertsteuer nach den Preisen des Weines hat sich die Regierung nach Abwägung der Interessen der verschiedenen Weinbaugebiete, welche entweder vorzugsweise billige offene Weine oder teure Flaschenweine auf den Markt bringen und wegen der technischen Schwierigkeiten der Raummengen- und Flaschenweinsteuer als Banderolsteuer für eine einheitliche Besteuerung nach dem Werte des Weines entschieden.

Das Gesetz verbindet eine Besteuerung des Inlandsverbrauchs an Wein mit einem starken Zoll für ausländische Weine; neben dem Zoll unterliegt aber der aus dem Ausland eingeführte Wein beim Übergang in den Konsum auch noch der Inlandsbesteuerung.

Die Steuerpflicht tritt bei Abgabe inländischen Weines an einen Verbraucher mit dem Zeitpunkt der Absendung oder Aushändigung des Weines, beim Bezug aus dem Ausland durch den Verbraucher mit dem Zeitpunkt des Übergangs des Weines über die Zollgrenze ein (§§ 2, 4, 5). Der Steuersatz beträgt 20 % vom Werte, soll aber für billige Weine nach Kriegsschluß auf 15 % herabgesetzt werden.

Selbstgekelterter Wein aus selbstgewonnenen Trauben zum Verbrauch im eigenen Haushalt und zur Verabreichung an die landwirtschaftlichen Arbeiter im eigenen Betrieb, soweit er nicht in verschlossenen Flaschen dem Verbrauch zugeführt wird, soll von der Besteuerung befreit bleiben (§ 11), womit den Lebensgewohnheiten der Bevölkerung in den Weinbaugebieten Rechnung getragen würde. Dagegen ist steuerpflichtig, wer, ohne Selbstproduzent zu sein, unversteuerten Wein im eigenen Haushalt verbraucht (§ 2). Weitere Befreiungsvorschriften enthält der § 11 unter Ziff. 1—8.

Um den Ertrag der Steuer sicherzustellen, konnte man auf eine Nachversteuerung des Weins, der sich in den Händen Privater befindet, nicht verzichten, und zwar soll die Nachsteuer ohne Rücksicht auf den Wert des Weines 50 Pf. pro Liter oder Flasche betragen, befreit bleiben sollen im Privatbesitz befindliche Gesamtmengen von weniger als 24 Liter oder 30 Flaschen.

Als Wert des Weines gilt bei Lieferung gegen Entgelt der Preis, der dem Abnehmer dafür in Rechnung gestellt ist, sonst der Marktpreis für derartige Weine (§ 5). Zweifel der Hebestellen bezüglich der Wertanmeldung des Steuerpflichtigen sind, sofern sie nicht durch die Bücher desselben behoben werden, vom Prüfungsamt für Weinbewertung zu entscheiden. Für Weine, die nachweislich vom Lieferer zurückgenommen werden müssen, kann Erstattung der Steuer eintreten.

Der hohen Besteuerung des inländischen Weines mußte natürlich ein entsprechender Zollschutz gegenüber der ausländischen Ware entsprechen, und zwar ist von ausländischen Weinen zunächst einmal Zoll bei Überschreiten der Grenze und daneben inländische Verbrauchssteuer zu entrichten, sobald der ausländische Wein vom Händler an den Verbraucher abgegeben wird (§ 5, 6).

Hand in Hand mit der Besteuerung des Traubenweines geht eine Besteuerung der Obst- und Beerenweine und der weinhaltigen bzw. weinähnlichen Getränke (Weingeistdestillate, Rückstandsweine und Wermutweine aus Obst) sowie Arzneiweine (§ 47).

Von den das Verfahren betreffenden Vorschriften sind bemerkenswert die Anmeldungspflicht für gewerbsmäßige Herstellung oder Handel mit Wein (§§ 15, 16), die Steueraufsicht der Betriebs- und Lagerräume und die Buchführungspflicht (§ 20).

Die Schlußbestimmungen betreffen die Strafen.

Die Dauer des Gesetzes ist bis 1. Juli 1923 begrenzt.

Wir Wilhelm, von Gottes Gnaden Deutscher Kaiser, König von Preußen usw.

verordnen im Namen des Reichs, nach erfolgter Zustimmung des Bundesrats und des Reichstags, was folgt:

## I. Abschnitt.

### Allgemeine Vorschriften.

**Gegenstand und Höhe der Weinsteuer.**

**§ 1**[1]. Wein[1]) und Traubenmost[1]), ferner dem Weine ähnliche Getränke[2]) unterliegen, wenn sie zum Verbrauch im Inland bestimmt sind, einer in die Reichskasse fließenden Abgabe (Weinsteuer) in Höhe von zwanzig vom Hundert des steuerpflichtigen Wertes. Der Bundesrat ist ermächtigt und auf Verlangen des Reichstags verpflichtet, nach Beendigung des Krieges den Steuersatz für Weine im steuerpflichtigen Werte von nicht mehr als zwei Mark für das Liter auf fünfzehn vom Hundert des Wertes herabzusetzen.

Wo in diesem Gesetze von Wein ohne nähere Bezeichnung die Rede ist, sind darunter die in Abs. 1 aufgeführten Erzeugnisse zu verstehen[3]).

[1]) Die Bezeichnungen im Abs. 1 entsprechen der Ausdrucksweise des Weingesetzes.

Von den Erzeugnissen der Weinrebe sollen nur der Wein und der Traubenmost besteuert werden, nicht auch die Weintrauben zur Weinbereitung und die Traubenmaische. Die

Bereitung von Wein aus Weintrauben oder Traubenmaische setzt fachmännische Erfahrung und das Vorhandensein der nötigen Vorrichtungen voraus. Beide pflegen aber den Verbrauchern zu fehlen. Ein Bedürfnis, einen Verkehr mit Traubenmaische und Keltertrauben zwischen dem Winzer und dem Verbraucher zuzulassen, liegt somit nicht vor. Durch die Ausschaltung dieses Verkehrs erfährt die steuerliche Überwachung der zu versteuernden Erzeugnisse eine erhebliche Vereinfachung.

Nach dem **Weingesetze** (§ 1) wird unter **Wein** das durch alkoholische Gärung aus dem Safte der frischen Weintraube hergestellte Getränk, also nur der **Traubenwein** verstanden. Dessertwein (Süd-, Süßwein) — § 2 des Weingesetzes — ist eine besondere **Art** des Weines. Auch der gesetzentsprechend gezuckerte **Traubenwein** (§ 3) gilt noch als Wein.

Die Herstellung der durch § 11 des Weingesetzes für die ausschließliche Verwendung als **Haustrunk** zugelassenen **Tresterweine, Hefeweine** und anderen **Kunstweine** aus Ausgangsstoffen, die der Weintraube entstammen, wird **nicht** als **Weinbereitung** im Sinne des **Weingesetzes** angesehen. **Demzufolge** können sie auch nicht als Traubenwein der Weinsteuer unterworfen werden. Würden derartige Erzeugnisse einen Gegenstand des **gewerbsmäßigen Verkehrs** bilden, so bliebe vom Standpunkt der Weinbesteuerung aus nichts anderes übrig als sie wie **weinähnliche Getränke** zu behandeln. Solange sie jedoch nur im eigenen Haushalt des Herstellers verwendet oder ohne besonderes Entgelt an die in seinem Betriebe beschäftigten Personen zum eigenen Verbrauch abgegeben werden dürfen, wird mit Rücksicht auf § 11 des Gesetzes die Versteuerung tatsächlich nur in den ganz vereinzelten Fällen in Frage kommen können, in denen die zuständige Behörde ausnahmsweise die Veräußerung eines Vorrats von Haustrunk bei Auflösung des Haushalts oder Aufgabe des Betriebs gestattet.

[2]) Getränke, die nicht aus dem Safte der Weintraube, sondern aus anderen **Fruchtsäften** oder ähnlichen Ausgangsstoffen nach Art des Weins durch **alkoholische Gärung** hergestellt werden, gelten als dem **Weine ähnliche Getränke** (§ 10 des Weingesetzes). Dieser Paragraph führt als für derartige Getränke besonders in Betracht kommend auf die dem

Weine ähnlichen Getränke aus Fruchtsäften, Pflanzensäften oder Malzauszügen. Zu den dem Weine ähnlichen Getränken aus Fruchtsäften gehören die **Obst- und Beerenweine** (Apfelwein, Birnenwein, Johannisbeer-, Heidelbeer-, Stachelbeerwein usw.). Auch die in Süddeutschland, insbesondere in Württemberg, aus Äpfeln, Birnen oder beiden Obstarten hergestellten Volksgetränke, die dort herkömmlich als „Apfel- oder Birnenmost" oder meist kurzweg als „**Obstmost**" bezeichnet werden, zählen zu den dem Weine ähnlichen Getränken aus Fruchtsäften. Sie entstehen durch weingeistige Gärung stärker gewässerter Obstsäfte und können als verdünnte Obstweine betrachtet werden. Unter den dem Weine ähnlichen Getränken aus Malzauszügen sind die sogenannten **Maltonweine** aus Malz zu nennen. Für den deutschen Verkehr kommen fast nur die genannten drei Gruppen von dem Weine ähnlichen Getränken in Frage; dem entspricht auch der Wortlaut des § 10 des Weingesetzes. Es muß aber mit der Möglichkeit gerechnet werden, daß auch dem Weine ähnliche Getränke aus anderen Grundstoffen als Fruchtsäften, Pflanzensäften oder Malzauszügen hergestellt werden. Um auch diese steuerlich zu erfassen, ist im Gesetz die allgemeine Fassung „dem Weine ähnliche Getränke" gewählt worden.

Ein Unterschied zwischen **in- und ausländischen Erzeugnissen** ist nicht gemacht. Es unterliegt daher auch der aus dem **Ausland eingeführte** Wein usw. der **Besteuerung** nach Maßgabe des Gesetzes neben dem Schutzzoll, soweit nicht Ausnahmen zugelassen sind (§ —).

[3]) Im Abs. 2 wird keine neue **Begriffsbestimmung** für Wein gegeben. Zur Vermeidung einer Aufzählung sämtlicher steuerpflichtigen Getränke in den späteren Paragraphen werden diese lediglich aus Zweckmäßigkeitsgründen unter dem Sammelbegriffe **Wein** zusammengefaßt. Die Vorschrift soll nichts anderes besagen, als daß die folgenden Bestimmungen außer für Wein auch für die übrigen im Abs. 1 genannten Getränke gelten.

**Steuerpflichtige.**

**§ 2.** Zur Entrichtung der Steuer ist verpflichtet, wer Wein an einen Verbraucher abgibt[2]), ferner wer unversteuerten Wein dem Verbrauch im eigenen Haushalt oder Betriebe zuführt, und wer als Verbraucher Wein aus dem Ausland bezieht[1]).

Als Verbraucher ist anzusehen, wer Wein bezieht, ohne Hersteller oder Händler zu sein. Als Hersteller oder Händler im Sinne dieses Gesetzes gilt nur, wer seinen Betrieb gemäß § 15 angemeldet hat[3]).

Solche Wirte und Kleinverkäufer, die lediglich inländischen Wein vom Faß verschänken, sind als Verbraucher im Sinne dieses Gesetzes anzusehen[4]).

[1]) Nach dem Wortlaut des Abs. 1 wird bei der Abgabe von Wein an einen Verbraucher zwischen **versteuertem** und **unversteuertem** Weine nicht unterschieden. **Es unterliegt daher jeder Wein, den Hersteller oder Händler an einen Verbraucher abgeben, der Steuer.** So ist beispielsweise der durch einen Händler von einem Verbraucher gekaufte Wein bei der Weitergabe an einen Verbraucher vom Händler **nochmals** zu versteuern, obwohl der Wein bei der Abgabe vom Hersteller an den Verbraucher bereits einmal versteuert ist. Durch die Fassung des Abs. 1 soll Steuerverkürzungen vorgebeugt werden, die dadurch entstehen können, daß zur Umgehung der Besteuerung des durch die längere Behandlung und Lagerung sowie durch den Händlergewinn entstehenden höheren Wertes der Wein beim Hersteller durch Verbraucher als Mittelspersonen für Händler zu einer Zeit gekauft wird, zu der der Wert des Weines noch verhältnismäßig gering ist.

[2]) Der Begriff „**Abgabe**“ (wer Wein an den Verbraucher abgibt) ist im weitesten Sinne zu verstehen. Er umfaßt jede Art der Entäußerung.

[3]) Die Steuerpflicht ist an den Übergang vom **Hersteller oder Händler an den Verbraucher** geknüpft. Die Ablieferung der von den einzelnen Mitgliedern einer **Winzergenossenschaft** geernteten Traubenmost- oder Weinmengen an die Genossenschaft ist keine steuerpflichtige Abgabe, weil die Genossenschaft die Behandlung und Lagerung der an sie abgelieferten Er-

zeugnisse sowie ihren Vertrieb an Verbraucher besorgt und deshalb nicht als Verbraucher erscheint.

**Steuerfrei** bleibt der Verkehr zwischen **Hersteller** und **Händler** oder von **Händler** zu **Händler.**

**Hieraus ergibt sich für den Hersteller und Händler die Verpflichtung, bei der Abgabe von Wein stets zu prüfen, ob der Bezieher Verbraucher oder Händler ist,** da er gemäß § 4 des Gesetzes für den aus der Nichteinhaltung dieser Verpflichtung sich ergebenden Steuerausfall haftet. Hersteller und Händler können dieser Verpflichtung aber nur bei genauer Kenntnis der Eigenschaft des Weinbeziehers nachkommen. Hierfür erscheint es nötig, daß der **Begriff** des Verbrauchers, des Herstellers und des Händlers bestimmt wird, sodann aber geeignete Maßnahmen getroffen werden, um dem Steuerpflichtigen die **Prüfung** der Beziehereigenschaft zu **ermöglichen.**

Die **Hersteller** von Traubenmost und Traubenwein und die mit Wein (§ 1 Abs. 2) **Handel Treibenden** haben ihren Betrieb gemäß § 15 der Steuerbehörde **anzuzeigen.** Von dieser Anzeigepflicht ist bei der **Begriffsbestimmung** ausgegangen worden. Die **Tatsache** der erfolgten **Anzeige** bildet das geeignete **Merkmal** dafür, ob jemand als **Hersteller** oder **Händler** im Sinne des Entwurfs gilt.

Bei den für die **Prüfung** der **Beziehereigenschaft** zu treffenden **Maßnahmen,** die den **Ausführungsbestimmungen** vorbehalten sind, kann beispielsweise an **den Nachweis** der steueramtlichen Anmeldung des **Betriebs** bei der Bestellung von Wein durch Vorlegung einer steueramtlichen Anmeldebescheinigung oder durch deren Bezeichnung (Aufdruck) auf dem Bestellschreiben nach dem Vorgang im § 6 der Verordnung über Wein vom 31. August 1917 (RGBl. S. 751) gedacht werden.

[4]) Diese Vergünstigung ist erst vom Reichstagsausschuß beschlossen worden. Die genannten Wirte und Kleinverkäufer sind als Verbraucher anerkannt. Wer sich fälschlich als Hersteller oder Händler anmeldet, wird nach § — des Gesetzes bestraft.

**§ 3.** Wer Wein an einem Verbraucher abgibt, ist verpflichtet, dem Verbraucher den Steuerbetrag besonders zu berechnen. Der Verbraucher hat die Zahlung an den Abgeber zu leisten. Eine Berufung darauf, daß die Steuer gemäß § 13 dem Abgeber gestundet sei, ist unzulässig[1]).

[1]) Die Aufnahme dieser Bestimmung beruht auf Antrag Nr. 57 zweiter Lesung, welcher im Ausschuß angenommen wurde.

Eintritt der Steuerpflicht.

§ 4[1]). Die Steuerpflicht tritt ein bei Wein, der an einen Verbraucher abgegeben wird, mit dem Zeitpunkt der Absendung[1]) oder, wenn eine solche nicht stattfindet, mit dem Zeitpunkt der Aushändigung[1]) an diesen, bei unversteuertem Weine, der zum Verbrauch im eigenen Haushalt oder Betriebe bestimmt wird, mit dem Zeitpunkt der Entnahme aus den Lagervorräten[1]), und bei Wein, den ein Verbraucher aus dem Ausland bezieht, mit dem Zeitpunkt des Überganges über die Zollgrenze[1]).

Wer Wein gegen Entgelt im Inland an einen Verbraucher abgibt, hat diesem eine Rechnung auszustellen, aus der Name und Wohnort des Abgebenden und des Beziehers, der Tag der Abgabe, die Art, Bezeichnung und Menge des Weines sowie dessen steuerpflichtiger Wert (§ 5) und der Steuerbetrag ersichtlich sind. Der Bundesrat kann Erleichterungen zulassen[2]).

Der steuerpflichtige Wein haftet ohne Rücksicht auf die Rechte Dritter für den Betrag der darauf ruhenden Abgabe und kann, solange deren Entrichtung nicht erfolgt ist, von der Steuerbehörde mit Beschlag belegt werden.

[1]) Vgl. hierzu die allgemeinen Ausführungen in den Vorbemerkungen sowie die §§ 1 und 2.

²) Über jede Lieferung von Wein gegen Entgelt an Verbraucher im Inland ist eine **Rechnung** vom Lieferer zu erteilen. In der **Verpflichtung** zur **Rechnungsausstellung** auch in Friedensjahren kann eine Belästigung für die beteiligten Erwerbskreise nicht erblickt werden. Bei der dem Bundesrate zu überlassenden Gewährung von Erleichterungen ist zunächst an solche für die Abgabe von Wein in Schankwirtschaften und im Kleinhandel gedacht.

**Steuerpflichtiger Wert.**

§ 5[1]). Als steuerpflichtiger Wert gilt bei Wein, der gegen Entgelt[2]) an einen Verbraucher abgegeben wird, der diesem in Rechnung gestellte Preis[1]), wobei Rabatt, Zinsvergütungen, Zahlungsabzüge und dergleichen unberücksichtigt bleiben[1]). Zum steuerpflichtigen Werte gehören nicht der Wert der unmittelbaren Umschließungen, soweit diese gesondert und zu angemessenen Beträgen in Rechnung gestellt werden, und der Wert der äußeren Verpackungsmittel[1]). Die bis zum Zeitpunkte der Lieferung entstandenen Nebenkosten für Lagerung, Behandlung, Abfüllung, Ausstattung, Fracht, Versicherung, Kommission und dergleichen sind in den steuerpflichtigen Wert einzurechnen[1]).

Wein, der unentgeltlich an Verbraucher abgegeben oder der dem Verbrauch im eigenen Haushalt oder Betriebe zugeführt wird, ist nach dem Werte zu versteuern, der sich zur Zeit der Abgabe oder Zuführung für gleiche oder gleichartige Weine für den Fall ihrer Abgabe gegen Entgelt nach Abs. 1 ergeben würde[3]).

Für die Bewertung von Wein, der von einem Verbraucher aus dem Ausland eingeführt wird, gelten die Grundsätze des Abs. 1 mit der Maßgabe, daß in den steuerpflichtigen Wert der Eingangszoll sowie die bis zum Übergang über die Zollgrenze entstandenen Fracht-, Versicherungs-, Löschungs-, Einlagerungs- und sonstigen Spesen eingerechnet werden[4]).

[1]) Da die Steuerbeamten nicht in der Lage sind, den Wert des Weines durch Prüfung seiner Beschaffenheit festzustellen, bietet sich für die Beurteilung des steuerpflichtigen Wertes keine andere Unterlage, als der dem Verbraucher in Rechnung gestellte **Kaufpreis**. Die beigefügten Einzelvorschriften sind mit Rücksicht auf die Handelsgebräuche zur näheren Begriffsabgrenzung geboten.

[2]) Entgelt soll **jede Gegenleistung** sein, die einen **Vermögenswert** besitzt. Eine Abgabe gegen Entgelt liegt demnach auch bei der Hingabe von Wein an **Zahlungs Statt** oder bei der Abgabe im Wege des **Tausches** vor. Zu den Nebenkosten für Abfüllung werden auch die Auslagen für Korke gerechnet.

[3]) Wegen des **Bewertungsverfahrens** bezüglich solcher Weinabgaben oder Weinentnahme vgl. § 8.

[4]) Also ist als Wert **ausländischer Weine** der Kaufpreis (Absatz 1) + Eingangszoll und Fracht bis zur Grenze usw. (Abs. 3) anzusehen.

**Fälligkeit.**

**§ 6**[1]). Die Steuer für Wein, der von einem Verbraucher aus dem Ausland bezogen wird, ist gleichzeitig mit dem Eingangszolle zu entrichten. Im übrigen wird die Steuer für die in einem Monat steuerpflichtig gewordenen Weinmengen (§ 4 Abs. 1) am letzten Tage dieses Monats fällig und ist spätestens am fünfzehnten Tage des nächstfolgenden Monats bei der Hebestelle einzuzahlen.

Wird die Zahlungsfrist wiederholt versäumt oder liegen Gründe vor, die den Eingang der Steuer gefährdet erscheinen lassen, so kann die Steuerbehörde die Bezahlung oder Sicherstellung der Steuer bei Eintritt der Steuerpflicht fordern.

Nebengebühren, insbesondere für Quittungen und Bescheinigungen der Steuerbehörden, werden nicht erhoben.

[1]) Fällt der letzte Tag des Fälligkeitsmonats auf einen Sonntag oder einen staatlich anerkannten allgemeinen Feiertag, so tritt an die Stelle des Sonntags oder des Feiertags der nächstfolgende Werktag.

**Anmeldung und Feststellung der Steuerbeträge.**

§ 7[1]). Der Steuerpflichtige hat spätestens am siebenten Werktage eines jeden Monats die im vorhergegangenen Monate steuerpflichtig gewordenen Weinmengen nach näherer Bestimmung des Bundesrats schriftlich bei der Hebestelle durch eine Erklärung anzumelden, in der der steuerpflichtige Wert jeder einzelnen Weinabgabe oder Weinentnahme in Übereinstimmung mit den kaufmännischen Büchern ersichtlich zu machen. Für Wein, der von einem Verbraucher aus dem Ausland eingeführt wird, ist der steuerpflichtige Wert bei der Zollabfertigung anzumelden.

Für Fälle des Bedürfnisses, insbesondere für kleine Herstellungsbetriebe, ferner für den Weinabsatz in Schankwirtschaften oder im Kleinverkaufe, kann der Bundesrat abweichende Anordnungen treffen.

Der Steuerbetrag wird für jede Anmeldung in einer Gesamtsumme festgestellt. Pfennigbeträge werden nur insoweit erhoben, als sie durch fünf teilbar sind.

[1]) Die **tägliche Anmeldung** der steuerpflichtig gewordenen Weinmengen zur Versteuerung würde für kleinere Betriebe wohl möglich sein, dagegen bei größeren Betrieben störend wirken. Die Anmeldung für einen **größeren** Zeitraum mit einem Gesamtbetrage ähnlich wie bei der Umsatzsteuer ist mit der Eigenschaft der Weinsteuer als einer Verbrauchsabgabe nicht vereinbar. Sie würde eine **verbindliche Erklärung** über den **Wert** jeder **einzelnen steuerpflichtigen Weinmenge** vermissen lassen, auf die nicht verzichtet werden kann. Wegen der

Nachprüfung des angemeldeten Wertes durch die Hebestelle ist aber die Wertangabe für jede steuerpflichtige Weinmenge nicht zu umgehen. An die Stelle der Einzelwertangabe allgemein die Ermittelung aus den Geschäftsbüchern der Steuerpflichtigen durch die Steuerbeamten treten zu lassen, wäre überdies aus dem Grunde nicht möglich, weil diese Aufgabe von den Hebestellen nicht bewältigt werden könnte.

**Entscheidung über die Zulänglichkeit der Wertanmeldungen.**

§ 8[1]). Zweifel der Hebestellen an der Zulänglichkeit der Wertanmeldungen sind, wenn sie nicht durch Prüfung der Geschäftsbücher behoben werden können, von einem Prüfungsamte für Weinbewertung zu entscheiden, das mindestens zu zwei Dritteln mit Sachverständigen der beteiligten Erwerbskreise besetzt ist. Im Einvernehmen mit den Landeszentralbehörden bestimmt der Reichskanzler die Zahl der Prüfungsämter, deren Sitz, Zuständigkeit, Besetzung und Geschäftsordnung und beruft nach Anhörung von Vertretungen des Gewerbes die Sachverständigen, von denen tunlichst zwei Drittel ihre Tätigkeit als Ehrenamt ausüben sollen.

Die Hebestellen, welche die Entscheidung des Prüfungsamts anrufen, haben ihm mit der Wertanmeldung und ihren Unterlagen eine Probe des zu prüfenden Weines zu übersenden. Jeder Inhaber von Wein ist verpflichtet, der Steuerbehörde die Entnahme einer Probe zum Zwecke der Prüfung zu gestatten. Für die entnommene Probe ist Vergütung nach dem angemeldeten Werte zu leisten.

Das Prüfungsamt ist zu Erhebungen aller Art berechtigt, insbesondere zu örtlichen Besichtigungen und zur schriftlichen oder persönlichen Befragung des Abgebers und Verbrauchers über die näheren Umstände des Geschäftsabschlusses. Das Prüfungsamt ist auch befugt, sich für seine Ermittelungen der Handels- oder Landwirtschaftskammern oder der von diesen vorzuschlagenden Sachverständigen zu bedienen.

[1]) Es wird sich die Notwendigkeit ergeben, auch in **nicht Weinbau treibenden** Bundesstaaten **Prüfungsämter** für Weinbewertung zu errichten. In diesen Fällen kann nicht daran gedacht werden, die Sachverständigen, wie es erwünscht wäre und in Weinbau treibenden Gegenden auch die Regel bilden wird, aus den Kreisen sowohl des Weinbaus wie des Weinhandels zu wählen. Durch die Fassung soll die **Möglichkeit** geschaffen werden, die Auswahl der Sachverständigen auf den **Weinhandel** zu beschränken.

**§ 9.** Das Prüfungsamt setzt den der Steuerberechnung zugrunde zu legenden Wert fest und teilt ihn der Hebestelle mit. Die Entscheidung des Prüfungsamts ist endgültig.

**Absatzbeschränkung für Weintrauben und Traubenmaische.**

**§ 10.** Weintrauben, die zur Herstellung von Wein dienen sollen, und Traubenmaische dürfen nur an Hersteller oder Händler abgegeben und nur von solchen erworben oder aus dem Ausland eingeführt werden.

Für Gegenden, in denen der Bezug der Weintrauben oder Traubenmaische durch Verbraucher zur Selbstkelterung landesüblich ist, können nach näherer Bestimmung des Bundesrats Ausnahmen zugelassen werden.

**Steuerbefreiungen.**

**§ 11**[1]). Nach näherer Bestimmung des Bundesrats ist von der Steuer befreit:

1. Traubenmost oder Traubenwein, hergestellt aus selbstgewonnenen Trauben oder aus Trauben oder Traubenmaische, die Weinbergs-

besitzer zugekauft haben, sowie selbstgekelterte weinähnliche Getränke, zum Verbrauch im eigenen Haushalt und zur Verabreichung an die landwirtschaftlichen Arbeiter des eigenen Betriebs, soweit die Getränke nicht in verschlossenen Flaschen dem Verbrauche zugeführt werden[1])[3]);

2. bei der Kellerbehandlung oder Lagerung verbrauchter Wein, soweit er nicht in verschlossenen Flaschen dem Verbrauche zugeführt wird[2])[3]);
3. Wein, der unter Steueraufsicht ausgeführt oder vernichtet wird;
4. Wein zur Herstellung von Schaumwein, Essig und Branntwein sowie von weinhaltigen Getränken, von entgeisteten Weinen und von entgeisteten dem Weine ähnlichen Getränken;
5. Wein, der zu amtlichen Untersuchungen oder von wissenschaftlichen Anstalten zu wissenschaftlichen Zwecken verwendet wird;
6. Wein[4]), der beim Grenzübertritte mitgeführt und auf Grund der zollgesetzlichen Vorschriften als Reisebedarf oder Schiffsproviant zollfrei gelassen wird;
7. Wein, der zur Probe glasweise oder in Flaschen von weniger als 250 Kubikzentimeter Raumgehalt unentgeltlich abgegeben wird;
8. Wein, der ausschließlich für gottesdienstliche Zwecke bestimmt ist.

[1]) Aus der **Absatzbeschränkung** für **Keltertrauben** und **Traubenmaische** (§ 9) ergibt sich die **Unzulässigkeit** der **Herstellung** von Traubenwein aus **zugekauften** Trauben durch **Verbraucher**. Demgemäß bezieht sich hinsichtlich der Verbraucher die Steuerfreiheit nach Nr. 1 nur auf Traubenmost oder Traubenwein, der von ihnen aus **selbstgewonnenen** Weintrauben gekeltert ist. Da die Absatzbeschränkung des § 9

nur für Weintrauben und Traubenmaische gilt, ist die **Selbstbereitung weinähnlicher** Getränke aus zugekauften Ausgangsstoffen durch **Verbraucher statthaft** und die Steuerfreiheit auf die so hergestellten Getränke anwendbar. Wegen der Steuerfreiheit für die nach § 11 des Weingesetzes als **Haustrunk** zugelassenen Tresterweine usw. wird auf die Ausführungen zu § 1 Bezug genommen.

²) Steuerfrei nach Nr. 2 bleibt beispielsweise der nach bestehender Übung den Küfern zustehende **Freitrunk**.

³) Von der Steuerfreiheit nach Nr. 1 und Nr. 2 ist Wein in **verschlossenen Flaschen** ausgenommen. Da es sich bei den **Flaschenweinen** in der Regel um höherwertige Weine handelt, liegt ein Bedürfnis zur Ausdehnung der Steuerfreiheit auf diese Weine nicht vor. Unter Wein in **verschlossenen Flaschen** ist nur solcher Wein zu verstehen, der zum Zwecke **längerer Lagerung** auf Flaschen gefüllt und mit einem **dauerhaften** Verschlusse versehen wird. Der zum alsbaldigen Verbrauch abgefüllte und mit Spitzkorken versehene Flaschenwein ist nicht als Wein in verschlossenen Flaschen anzusehen.

⁴) Ursprünglich war nur der in Flaschen mitgeführte Wein befreit. Die Ausdehnung auch auf offene Weine beruht auf einen Antrag Nr. 1695 der Reichetagsverhandlungen.

**Erstattung der Steuer.**

**§ 12.** Eine Erstattung der Steuer kann nach näherer Bestimmung des Bundesrats gewährt werden für Wein, der vom Lieferer nachweislich zurückgenommen worden ist.

**Stundung.**

**§ 13.** Gegen Sicherheitsleistung kann die Steuer bis zu sechs Monaten gestundet werden.

**Verjährung.**

**§ 14.** Ansprüche auf Zahlung oder Erstattung der Steuer verjähren in einem Jahre von dem Tage der Fälligkeit oder Entrichtung ab. Der Anspruch auf Nachzahlung eines hinterzogenen Steuerbetrags verjährt in drei Jahren.

Die Verjährung wird durch jede von der zuständigen Behörde zur Geltendmachung des Anspruchs gegen den Zahlungspflichtigen gerichtete Handlung unterbrochen.

## II. Abschnitt.

### Überwachungsmaßnahmen.

**Anzeigepflicht.**

**§ 15**[1]. Wer als Hersteller oder Händler Wein gewerbsmäßig in Verkehr bringen will, hat dies vor der Eröffnung des Betriebs nach näherer Bestimmung des Bundesrats der Steuerbehörde anzuzeigen und ihr gleichzeitig die Betriebs- und Lagerräume anzumelden. Wer Traubenmost oder Traubenwein ausschließlich aus gekauften Trauben oder gekaufter Traubenmaische herstellen will, gilt nicht als Hersteller im Sinne dieses Gesetzes und darf sich als solcher nicht anmelden. Staatliche und gemeindliche Betriebe, ferner Vereinigungen, Gesellschaften und Anstalten unterliegen der Anzeigepflicht, wenn sie Wein gegen Entgelt abgeben.

Die Steuerbehörde hat über die erfolgte Anmeldung dem Anmeldenden eine Bescheinigung auszustellen.

Wein darf nur in den angemeldeten Räumen hergestellt und aufbewahrt werden.

[1]) Nach der Fassung sind nur die **Hersteller** oder **Händler** von **Traubenmost** und **Traubenwein** (Wein) anzeigepflichtig. Eine Ausnahme ist für die Hersteller des nach § 11 Nr. 1 **steuerfreien** Traubenmostes und Traubenweins nicht gemacht, weil angenommen werden darf, daß Betriebe, in denen ausschließlich solche Getränke zum Selbstverbrauche hergestellt werden, überhaupt nicht oder doch nur ganz selten vorkommen werden. Dagegen besteht eine **Anzeigepflicht nicht** für die Herstellung von dem **Weine ähnlichen** Getränken. Bei diesen Getränken handelt es sich vorzugsweise um die Gruppe der

**Obst- und Beerenweine.** Besonders in Süddeutschland spielt der Obstwein eine große Rolle, wo er von den breiten Massen der Bevölkerung hergestellt und getrunken wird. In der Hauptsache handelt es sich hierbei um Getränke, die nach § 11 Nr. 1 Steuerfreiheit genießen und bei denen nur ausnahmsweise wegen Verkaufs an Verbraucher eine Steuerentrichtung in Frage kommt. So ist in Württemberg neben der bäuerlichen auch die minderbemittelte städtische Bevölkerung, zumal die städtische Arbeiterbevölkerung, an der Bereitung des Obstmostes beteiligt. Da bei der überaus großen Anzahl dieser meist ganz kleinen Herstellungsbetriebe von einer auch nur einigermaßen wirksamen Kontrolle nicht die Rede sein kann, glaubte der Gesetzgeber von einer Betriebsanzeigepflicht für die **Hersteller** von dem Weine ähnlichen Getränken absehen und sich mit einer solchen für die **Händler** begnügen zu sollen. Dadurch würden auch diejenigen Herstellungsbetriebe überwacht werden können, die mit ihren Erzeugnissen Handel treiben. Dies wird aber bei allen Keltereien mit größerem Betriebsumfange der Fall sein.

**§ 16**[1]. Jede Änderung in den angemeldeten Verhältnissen ist der Steuerbehörde binnen einer Woche anzuzeigen.

Betriebsinhaber, die den Betrieb nicht selbst leiten, haben der Steuerbehörde diejenigen Personen zu bezeichnen, die als Betriebsleiter in ihrem Namen handeln.

Die im folgenden für den Betriebsinhaber gegebenen Vorschriften gelten mit Ausnahme derjenigen im § 21 Satz 2 auch für den Betriebsleiter.

[1] Unter Herstellern sind nur die nach § 14 zur Anzeige verpflichteten Hersteller von Traubenmost und Traubenwein zu verstehen. Auch die im § 15 und § 18 den Betriebsinhabern auferlegten Verpflichtungen treffen die Hersteller nur insoweit, als sie anzeigepflichtig sind.

**Steueraufsicht.**

**§ 17.** Die Betriebs- und Lagerräume von Herstellern und Händlern unterliegen der Steueraufsicht. Die Steuerbeamten sind befugt, die Räume, solange sie geöffnet sind oder darin gearbeitet wird, zu jeder Zeit, andernfalls während der üblichen Geschäftsstunden zu besuchen. Die Aufsichtsbefugnis erstreckt sich auf alle an die Betriebs- und Lagerräume angrenzenden oder damit in Verbindung stehenden Gewerberäume des Betriebsinhabers. Die Zeitbeschränkung fällt weg, wenn Gefahr im Verzug ist.

**§ 18.** Innerhalb der der Steueraufsicht unterliegenden Räume dürfen keine Maßnahmen getroffen werden, welche die Ausübung der gesetzlichen Aufsicht hindern oder erschweren.

**§ 19.** Die Betriebsinhaber haben den Steuerbeamten jede für die Steueraufsicht oder zu statistischen Zwecken erforderliche Auskunft über den Betrieb zu erteilen und bei den zum Zwecke der Steueraufsicht stattfindenden Amtshandlungen die Hilfsmittel (Geräte, Beleuchtung usw.) zu stellen und die nötigen Hilfsdienste zu leisten.

Den Oberbeamten der Steuerverwaltung sind die auf Herstellung, Erwerb und Veräußerung von Wein bezüglichen Geschäftsbücher und Schriftstücke auf Erfordern zur Einsicht vorzulegen.

### Buchführung; Bestandsaufnahme.

**§ 20**[1]. Nach näherer Anordnung des Bundesrats haben die Betriebsinhaber über ihren Weinverkehr Buch zu führen. Sie sind verpflichtet, sich vor jeder Abgabe von Wein im Inland zu vergewissern, ob der Abnehmer gemäß § 15 steueramtlich angemeldet ist oder zu den Verbrauchern gehört, und haften für einen aus der Nichteinhaltung dieser Verpflichtung entstehenden Steuerausfall.

Der Bundesrat kann im Falle des Bedürfnisses die steueramtliche Überwachung des Weinverkehrs abweichend von den vorstehenden Vorschriften regeln und neben ihnen besondere Anordnungen treffen.

Die Steuerbehörde kann Bestandsaufnahmen anordnen. Hierbei festgestellte Fehlmengen sind zu versteuern, soweit nicht dargetan wird, daß sie auf Umstände zurückzuführen sind, die eine Steuerschuld nicht begründen. Als steuerpflichtiger Wert gilt der Wert der Weinsorten, bei denen die Fehlmengen festgestellt worden sind. Kann nicht ermittelt werden, aus welchen Weinsorten die Fehlmengen herrühren, so tritt Versteuerung zum Satze von einer Mark für das Liter oder die Flasche ein.

[1]) Durch § 19 des **Weingesetzes** und die **Ausführungsbestimmungen** hierzu ist u. a. für das gewerbsmäßige **Inverkehrbringen** von **Traubenmaische, Traubenmost** und **Wein** die Führung besonderer **Bücher** bereits angeordnet worden. Ob und inwieweit diese Bücher auch für Zwecke der Steueraufsicht benützt werden können, muß, wie die amtliche Begründung zum Gesetz bemerkt, der Erwägung vorbehalten bleiben.

Bei der Bestandsaufnahme festgestellte **Abgänge** bleiben von der Steuer **frei**, wenn sie auf **natürliche Weise**, z. B. durch Eintrocknen oder Verdunsten des Weines oder durch Auslaufen oder Bruch entstanden sind. Den Bundesregierungen wird überlassen bleiben können, für den normalen Schwund besondere Hundertsätze auf Grund der gemachten Erfahrungen festzusetzen.

**§ 21.** Sind Betriebsinhaber wegen Hinterziehung der Steuer wiederholt bestraft worden, so kann ihr Betrieb besonderen Aufsichtsmaßnahmen unterworfen werden. Die Kosten fallen dem Betriebsinhaber zur Last. Die Einziehung der hierdurch erwachsenen Auslagen erfolgt nach den Vorschriften für die Beitreibung der Zölle und mit deren Vorzugsrechte.

## III. Abschnitt.

### Strafvorschriften.

**Weinsteuerhinterziehung.**

**§ 22**[1]). Wer vorsätzlich die gesetzliche Steuer für Wein ganz oder zum Teil hinterzieht oder einen ihm nicht gebührenden Steuervorteil erschleicht, wird wegen Weinsteuerhinterziehung mit einer Geldstrafe bestraft, die das Vierfache der Steuerverkürzung oder des Steuervorteils, mindestens aber fünfzig Mark beträgt.

[1]) Die **Strafvorschriften** lehnen sich an das **geltende Recht** an, sind aber wie in den übrigen Getränkesteuergesetzentwürfen der neueren Entwickelung des Strafrechts angepaßt. Insbesondere ist der Begriff des **Unternehmens** fallen gelassen; an seine Stelle sind, entsprechend den Vorschriften des Strafgesetzbuchs, die Begriffe der vollendeten **Tat** und des **Versuchs** getreten.

**Versuch.**

**§ 23.** Der Versuch der Weinsteuerhinterziehung ist strafbar; die für die vollendete Tat angedrohte Strafe gilt auch für den Versuch.

Bei dem Versuch ist die Strafe nach der Steuerverkürzung oder dem Steuervorteile zu bemessen, die bei Vollendung der Tat eingetreten wären.

**§ 24.** Der Tatbestand des § 22 wird insbesondere dann als vorliegend angenommen,

1. wenn innerhalb der vorgeschriebenen Frist die Menge des steuerpflichtigen Weines nicht oder nicht richtig angemeldet oder wenn der steuerpflichtige Wert des abgegebenen oder ent-

nommenen Weines zu niedrig angegeben wird (§§ 7, 5);

2. wenn jemand beim Bezuge von Wein fälschlich angibt, daß sein Betrieb gemäß § 15 angemeldet sei; oder wenn jemand sich fälschlich als Hersteller oder Händler anmeldet;
3. wenn Wein, für den Befreiung von der Steuer gewährt ist, zu anderen als den gestatteten Zwecken verwendet wird (§ 11);
4. wenn die nach § 20 vorgeschriebenen Bücher nicht oder wissentlich unrichtig geführt werden;
5. wenn mit der Abgabe von Wein begonnen wird, ehe der Betrieb angemeldet ist (§ 15);
6. wenn Wein in anderen als den angemeldeten Räumen hergestellt oder aufbewahrt wird (§ 15).

Weinsteuerhehlerei.

**§ 25.** Wer seines Vorteils wegen vorsätzlich Wein, hinsichtlich dessen eine Weinsteuerhinterziehung stattgefunden hat, ankauft, zum Pfande nimmt oder sonst an sich bringt, verheimlicht, absetzt oder zu seinem Absatz mitwirkt, wird wegen Weinsteuerhehlerei mit einer Geldstrafe in Höhe des vierfachen Betrags der Steuer, mindestens aber in Höhe von fünfzig Mark, bestraft.

Der Versuch ist strafbar; § 23 findet entsprechende Anwendung.

Geldstrafe.

**§ 26.** Kann der Betrag der Steuerverkürzung oder des Steuervorteils, nach dem die Geldstrafe zu bemessen ist, nicht festgestellt werden, so ist auf eine Geldstrafe von fünfzig Mark bis fünfzigtausend Mark zu erkennen.

Beihilfe und Begünstigung bei Übertretungen.

**§ 27.** Liegt eine Übertretung vor, so werden die Beihilfe und die Begünstigung mit Geldstrafe bis zu einhundertfünfzig Mark bestraft.

Rückfall.

**§ 28.** Wer im Inland wegen Weinsteuerhinterziehung oder Weinsteuerhehlerei bestraft worden ist und vor Ablauf von drei Jahren, nachdem die Strafe ganz oder teilweise verbüßt oder erlassen ist, wieder eine dieser Handlungen begeht, wird mit einer Geldstrafe in Höhe des doppelten Betrags der in den §§ 22, 25 bis 27 angedrohten Strafen, mindestens aber in Höhe von einhundert Mark bestraft.

Bei jedem weiteren Rückfall ist die Strafe Gefängnis bis zu zwei Jahren. Sind mildernde Umstände vorhanden, so kann auf Geldstrafe in Höhe des doppelten Betrags der für den ersten Rückfall angedrohten Strafe erkannt werden.

Ordnungswidrigkeiten.

**§ 29.** Wer den Vorschriften dieses Gesetzes oder den dazu erlassenen und öffentlich oder den Beteiligten besonders bekanntgemachten Verwaltungsvorschriften durch andere als die in den §§ 22 bis 28 bezeichneten Handlungen zuwiderhandelt, wird mit einer Ordnungsstrafe von fünf Mark bis dreihundert Mark bestraft, sofern nicht nach anderen Gesetzen eine schwerere Strafe verwirkt ist. Die Ordnungsstrafe tritt auch ein, wenn in den Fällen des § 24 festgestellt wird, daß der Täter ohne den Vorsatz der Hinterziehung der Weinsteuer oder der Erschleichung eines ihm nicht gebührenden Steuervorteils gehandelt hat.

Die Ordnungsstrafe kann bis auf sechshundert Mark erhöht werden, wenn der Täter durch die Zuwiderhandlung vorsätzlich oder fahrlässig einen Steuerbeamten in der rechtmäßigen Ausübung seines Deinstes behindert.

**Zwangsmaßregeln.**

**§ 30.** Neben der Festsetzung von Ordnungsstrafen kann die Steuerbehörde die Beobachtung der auf Grund dieses Gesetzes getroffenen Anordnungen durch Androhung und Einziehung von Geldstrafen bis zu fünfhundert Mark erzwingen. Sie kann, wenn eine vorgeschriebene Einrichtung nicht getroffen wird, diese auf Kosten der Pflichtigen herstellen lassen. Die Einziehung der hierdurch erwachsenen Auslagen erfolgt nach den Vorschriften für die Beitreibung der Zölle und mit dem Vorzugsrechte der letzteren.

**Haftung für andere Personen.**

**§ 31.** Inhaber der unter das Weinsteuergesetz fallenden Betriebe haften für die von ihren Verwaltern, Geschäftsführern, Gehilfen und sonstigen in ihrem Dienste oder Lohne stehenden Personen sowie von ihren Familien- oder Haushaltsmitgliedern auf Grund dieses Gesetzes verwirkten Geldstrafen und Kosten des Strafverfahrens sowie für die nachzuzahlende Steuer. Die Haftung für die Geldstrafe und die Kosten tritt nicht ein, wenn die Zuwiderhandlung nachweislich ohne Wissen des Inhabers begangen worden ist; die Haftung ist jedoch auch in diesem Falle begründet, wenn es der Inhaber bei der Auswahl oder der Beaufsichtigung des Angestellten oder bei der Beaufsichtigung der Familien- oder Haushaltsmitglieder an der erforderlichen Sorgfalt hat fehlen lassen oder wenn er aus der Tat einen Vorteil gezogen hat.

Übertragung der strafrechtlichen Verantwortlichkeit.

**§ 32.** Betriebsinhaber, die den Betrieb nicht selbst leiten, können die Übertragung der ihnen obliegenden strafrechtlichen Verantwortlichkeit auf den Betriebsleiter bei der Steuerbehörde beantragen. Wird der Antrag genehmigt, so geht die strafrechtliche Verantwortlichkeit unbeschadet der im § 31 vorgesehenen Vertretungsverbindlichkeit des Betriebsinhabers auf den Betriebsleiter über. Die Genehmigung ist jederzeit widerruflich.

**§ 33.** Läßt sich die Geldstrafe von dem Schuldigen nicht beitreiben, so kann die Steuerbehörde davon absehen, den für die Geldstrafe Haftenden in Anspruch zu nehmen, und die an Stelle der Geldstrafe tretende Freiheitsstrafe an dem Schuldigen vollstrecken lassen.

Ersatzfreiheitsstrafe.

**§ 34.** Die an die Stelle einer uneinbringlichen Geldstrafe tretende Freiheitsstrafe darf zwei Jahre, im Falle des § 30 drei Monate nicht übersteigen.

Nachzahlung der Steuer.

**§ 35.** Die Berechnung und die Verpflichtung zur Zahlung der Steuer wird durch das Strafverfahren nicht berührt.

Strafe für Zuwiderhandlungen gegen die Vorschriften über die Absatzbeschränkung für Weintrauben und Traubenmaische.

**§ 36.** Wer den Vorschriften des § 10 zuwiderhandelt, wird mit Geldstrafe von fünfzig Mark bis zu zehntausend Mark bestraft. Die verbotswidrig erworbenen oder eingeführten Erzeugnisse sind einzuziehen, ohne Rücksicht darauf, ob sie den Verurteilten gehören und ob die Verfolgung oder die Verurteilung einer bestimmten Person ausführbar ist. Der § 28 findet entsprechende Anwendung.

**Zusammentreffen mehrerer Gesetzesverletzungen.**

**§ 37.** Trifft eine Steuerzuwiderhandlung mit einer nach einem anderen Gesetze strafbaren Handlung zusammen, so sind die in beiden Gesetzen angedrohten Strafen nebeneinander zu verhängen.

Sind auf dieselbe Handlung mehrere Strafvorschriften dieses Gesetzes anwendbar, so ist die Strafe nach der Vorschrift festzusetzen, die die schwerste Strafe und bei ungleicher Strafart die schwerste Strafart androht. Doch darf auf kein niedrigeres Strafmaß und auf keine leichtere Strafart erkannt werden, als nach den anderen Vorschriften zulässig ist. Auch muß, wenn und insoweit eine der anwendbaren Vorschriften die Einziehung oder die Haftbarkeit dritter Personen vorschreibt, hierauf erkannt werden.

Hat jemand mehrere selbständige Steuerzuwiderhandlungen begangen, so sind alle für diese Handlungen angedrohten Strafen nebeneinander zu verhängen; treffen mehrere Freiheitsstrafen zusammen, so ist auf eine Gesamtstrafe zu erkennen, die in einer Erhöhung der verwirkten schwersten Strafe besteht, drei Jahre jedoch nicht übersteigen darf. Wenn und insoweit neben einer der verwirkten Einzelstrafen die Einziehung oder die Haftbarkeit dritter Personen vorgeschrieben ist, muß auch hierauf erkannt werden.

Auch im Falle des Zusammentreffens darf die an die Stelle uneinbringlicher Geldstrafen tretende Freiheitsstrafe zwei Jahre nicht übersteigen.

Verjährung.

**§ 38.** Die Strafverfolgung von Weinsteuerhinterziehungen (§§ 22 bis 24), von Weinsteuerhehlerei (§ 25) und von Zuwiderhandlungen gegen die im § 10 getroffene Vorschrift verjährt in drei Jahren, die Strafverfolgung von Zuwiderhandlungen gegen dieses Gesetz, die mit Ordnungsstrafen bedroht sind, in einem Jahre.

Strafverfahren.

**§ 39.** Für die Feststellung, Untersuchung und Entscheidung der Weinsteuervergehen sowie für die Strafmilderung und den Erlaß der Strafe im Gnadenwege kommen die Vorschriften zur Anwendung, nach denen sich das Verfahren wegen Vergehens gegen die Zollgesetze bestimmt.

Der Erlös aus den eingezogenen Gegenständen und die nach den Vorschriften dieses Gesetzes verwirkten Geldstrafen fallen der Kasse desjenigen Staates zu, von dessen Behörden die Strafentscheidung im ersten Rechtszug erlassen ist.

Verrechnung der Geldstrafe.

**§ 40.** Ein im Strafverfahren eingegangener Geldbetrag ist im Verhältnis zur Reichskasse zunächst auf die Steuer zu verrechnen.

## IV. Abschnitt.

## Besondere Vorschriften.

Ausgleichungsbeträge.

**§ 41.** Für die außerhalb der Zollgrenze liegenden Teile des Reichsgebiets kann auf Antrag der Landesregierungen an Stelle der in diesem Gesetze vorgesehenen Steuer durch den Bundesrat die Zahlung eines Ausgleichungsbetrags an die Reichskasse zugelassen werden.

**Verwaltung.**

**§ 42.** Die Verwaltung und Erhebung der Weinsteuer liegt den Landesbehörden ob.

Für die Verwaltungskosten wird aus der Reichskasse eine vom Bundesrate zu bestimmende Vergütung gewährt.

Die Reichsbevollmächtigten für Zölle und Steuern und die Stationskontrolleure haben in Beziehung auf dieses Gesetz dieselben Rechte und Pflichten, welche ihnen in Ansehung der Zölle und Verbrauchssteuern beigelegt sind.

**Zollanschlüsse.**

**§ 43**[1]). Wein, der von einem Verbraucher aus den dem Zollgebiet angeschlossenen Staaten und Gebietsteilen eingeführt wird, ist spätestens beim Eintritt in das Inland zu versteuern.

[1]) Nur der von einem **Verbraucher** aus den dem **Zollgebiet angeschlossenen** Staaten und Gebietsteilen eingeführte Wein ist beim Eintritt in das Inland zu versteuern, während für die Bezüge von **Händlern** die Steuerentrichtung erst bei der **Absendung** oder **Aushändigung** an einen **Verbraucher** erfolgt.

**Vereinbarungen mit fremden Staaten.**

**§ 44.** Der Reichskanzler kann unter Zustimmung des Bundesrats mit fremden Regierungen wegen Einführung einer den Vorschriften dieses Gesetzes entsprechenden Steuer in den dem Zollgebiet angeschlossenen Staaten und Gebietsteilen, wegen Überweisung der Steuer für den im gegenseitigen Verkehr übergehenden Wein oder wegen Begründung einer Gemeinschaft Vereinbarungen treffen.

## V. Abschnitt.
## Übergangsvorschriften.

**Nachsteuer.**

**§ 45**[1]. Wein, der sich beim Inkrafttreten dieses Gesetzes im Besitz eines Verbrauchers befindet oder der vor diesem Zeitpunkt bereits an einen Verbraucher abgesendet, aber noch nicht in dessen Hand gelangt ist, unterliegt nach näherer Bestimmung des Bundesrats der Nachsteuer[1].

Für die Nachsteuer ist der Verbraucher steuerpflichtig[1][2].

Die Nachsteuer beträgt fünfzig Pfennig für das Liter oder die Flasche. Kann der Verbraucher nachweisen, daß die Weinsteuer nach dem Wert des Weines auf einen geringeren Betrag zu berechnen wäre, so wird dieser Betrag als Nachsteuer erhoben[3].

Wein im Besitze von Eigentümern, die Verbraucher im Sinne dieses Gesetzes sind, bleibt, bis zu einer Menge von vierundzwanzig Litern oder dreißig Flaschen, von der Nachsteuer befreit. Mehrere Eigentümer, die Wein gemeinsam aufbewahren, werden hinsichtlich der Verpflichtung zur Entrichtung der Nachsteuer für den gemeinsam aufbewahrten Wein wie ein Eigentümer angesehen[4].

Traubenweine und Traubenmoste der Jahrgänge 1915, 1916 und 1917 sind von der Anwendung der Vorschriften in Abs. 3 und 4 ausgeschlossen und unterliegen der Nachsteuer in den Beträgen, die sich für sie auf Grund des nachzuweisenden Wertes als Weinsteuer nach den Vorschriften dieses Gesetzes berechnen würden[3].

Bei der Berechnung der Nachsteuer wird derjenige Betrag abgezogen, der nachweislich von demselben Weine vor dem Inkrafttreten dieses Gesetzes als Landesweinsteuer erhoben worden ist[5]).

Die Nachsteuer kann auf drei Monate gegen Sicherheitsleistung gestundet werden.

[1]) Aus finanziellen Gründen kann auf die **Nachversteuerung** nicht verzichtet werden. Der Wein ist für längere Lagerung besonders geeignet. Würde eine Nachversteuerung unterbleiben, so könnten Verbraucher für längere Zeit unversteuerten Wein trinken, was eine Schmälerung des Steueraufkommens zur Folge hätte.

[2]) Steuerpflichtig ist bei der **Nachsteuer** der **Verbraucher**, während der **Hersteller** oder **Händler** nur bei **Abgabe des** Weines steuerpflichtig wird (§ 2).

[3]) Die Ermittelung des Wertes würde insbesondere die älteren Weinbeständen erheblichen Schwierigkeiten begegnen und vielfach ohne Zuhilfenahme von Sachverständigen kaum durchführbar sein. Zur Behebung dieser Schwierigkeiten ist ein einheitlicher Nachsteuersatz in Höhe von 50 Pf. für das Liter oder die Flasche festgesetzt, falls der Verbraucher nicht nachzuweisen vermag, daß die Weinsteuer nach dem Werte des Weines auf einen geringeren Betrag zu berechnen wäre. Von dieser Begünstigung bleiben die hochpreisigen Traubenmoste und Traubenweine der Jahrgänge 1915, 1916 und 1917 ausgeschlossen, da hier erhebliche Steuerwerte in Frage kommen und bei der Kürze der seit ihrer Herstellung verstrichenen Zeit der Nachweis ihres Wertes ohne Mühe erbracht werden kann.

[4]) Die Vorschrift im Abs. 4 schließt sich jener im Artikel 4 Abs. 2 des Gesetzes zur Abänderung des Schaumweinsteuergesetzes vom 15. Juli 1909 (RGBl. S. 714) an.

[5]) Der Abzug der bereits gezahlten **Landesweinsteuer** von der Nachsteuer entspricht der Billigkeit.

**Anzeigen.**

§ 46. Die nach diesem Gesetz erforderlichen Anzeigen sind von den bestehenden Betrieben bei Vermeidung der im § 29 angedrohten Ordnungsstrafen spätestens drei Wochen nach der Verkündung dieses Gesetzes zu erstatten.

## VI. Abschnitt.

### Weinhaltige Getränke.

**§ 47**[1]. Getränke, die Wein oder dem Weine ähnliche Getränke[1]) enthalten, ferner entgeisteter Wein und entgeistete dem Weine ähnliche Getränke, unterliegen, sofern sie zum Verbrauch im Inland bestimmt sind, nach näherer Bestimmung des Bundesrats einer in die Reichskasse fließenden Steuer in Höhe von zwanzig vom Hundert des Wertes.

Die auf die Weinsteuer und die Nachsteuer bezüglichen Vorschriften dieses Gesetzes finden entsprechende Anwendung.

[1]) Im § 16 des **Weingesetzes** ist nur von **weinhaltigen** Getränken die Rede. Flüssigkeiten, die dem Weine **ähnliche** Getränke enthalten, kennt das Weingesetz nicht. Wenn trotzdem der Entwurf die Steuerpflicht auf diese ausdehnt, so liegt der Grund darin, daß solche Flüssigkeiten in der Tat hergestellt werden. Es erscheint nämlich im Handel neben dem aus Traubenwein und Wermutgewürz bereiteten **Wermutwein** auch aus Obstwein und Wermutgewürz bereiteter **Obstwermutwein**. Nach der Absicht des Entwurfs sollen als weinhaltige Getränke auch die **Arzneiweine** gelten.

## VII. Abschnitt.

### Zoll.

**§ 48**[1]. Die nachstehend genannten Nummern des Zolltarifs[1]) erhalten folgende Fassung:

| Nummer des Zolltarifs | | Zollsatz für 1 Doppelzentner Mark |
|---|---|---|
| 45 | Weintrauben: | |
| | frisch (Tafeltrauben) ............ | 20 |
| | Keltertrauben, Weinmaische) ..... | 40 |

| Nummer des Zolltarifs | | Zollsatz für 1 Doppelzentner Mark |
|---|---|---|
| 180 | Wein und frischer Most von Trauben, auch entkeimt: | |
| | in Behältnissen bei einem Raumgehalte von 15 Liter oder mehr: | |
| | mit natürlichem Weingeistgehalte; frischer Most .. | 60 |
| | mit verstärktem Weingeistgehalte .............. | 70 |
| | in anderen Behältnissen: | |
| | mit natürlichem Weingeistgehalte; frischer Most .. | 75 |
| | mit verstärktem Weingeistgehalte .............. | 80 |
| | Anmerkungen. | |
| | 1. Neben den Zöllen der Nr. 180 sind die inneren Abgaben zu erheben. | |
| | 2. Wein zur Herstellung von Schaumwein und Wermutwein unter Zollsicherung ........... | 20 |
| | 3. Wein zur Herstellung von Kognak oder Weinessig unter Zollsicherung .................... | 10 |
| | 4. Wein mit einem Weingeistgehalte von mehr als 200 g in 1 Liter wird wie nicht besonders genannter Trinkbranntwein verzollt. | |

| Nummer des Zolltarifs | | Zollsatz für 1 Doppelzentner Mark |
|---|---|---|
| 181 | Most von Trauben, ohne oder mit Zuckerzusatz eingekocht oder sonst eingedickt (Traubensirup), weingeistfrei, auch entkeimt; Rosinenextrakt ......................... | 200 |
| 182 | Weine mit Heilmittelzusätzen und andere zu Genußzwecken verwendbare weinhaltige Getränke, auch mit Zusatz von Gewürzen oder Zucker: | |
| | in Behältnissen bei einem Raumgehalte von 15 Liter oder mehr ................ | 60 |
| | in anderen Behältnissen ...... | 80 |
| 183 | Obstwein, in Gärung begriffener Obstmost und andere gegorene, dem Weine ähnliche Getränke aus Frucht- oder Pflanzensäften oder Malzauszügen; Reiswein (Sake): | |
| | in Behältnissen bei einem Raumgehalte von 15 Liter oder mehr ................ | 24 |
| | in anderen Behältnissen ...... | 75 |
| 184 | Schaumwein .................. | 180 |
| | Anmerkung zu Nr. 181 bis 184. Neben den Zöllen sind die inneren Abgaben zu erheben. | |

| Nummer des Zolltarifs | | Zollsatz für 1 Doppelzentner Mark |
|---|---|---|
| 185 | Met; Milchwein (Kumyß) und Kefir-Kumyß; Getränke, ohne Zusatz von Branntwein oder Wein künstlich bereitet, anderweit nicht genannt: | |
| | in Behältnissen bei einem Raumgehalte von 15 Liter oder mehr | 24 |
| | in anderen Behältnissen ...... | 48 |
| | Anmerkung. Für die hierher gehörigen Getränke außer Met, Milchwein und Kefir-Kumyß ist neben dem Zolle die innere Abgabe zu erheben. | |

[1]) Die **Auslandsweine** sollen **neben** der inneren **Verbrauchsabgabe** einer höheren **Zollbelastung** unterworfen werden. Damit soll für die Zukunft der ausreichende **Schutz** der Inlandsweine gegenüber dem **Wettbewerbe** der Auslandsweine möglich gemacht werden, den der einheimische Weinbau zum Ausgleich seiner höheren Herstellungskosten seit Jahren dringend gefordert hat. Zugleich mit der Zollerhöhung hat die Anordnung der in Betracht kommenden Nummern des Zolltarifs einige sachliche Änderungen erfahren und ist in der Wortfassung vereinfacht worden. An Stelle der bisherigen Staffelung lediglich nach dem **Weingeistgehalte** soll die dem Weingesetze besser angepaßte Unterscheidung nach **Weinen** mit **natürlichem Weingeistgehalt** und solchen mit **verstärktem Weingeistgehalte** treten. Von letzteren werden wie bisher die Weine mit einem außergewöhnlich hohen Weingeistgehalt einer besonderen Verzollung unterworfen, wobei entsprechend der Anweisung zur chemischen Untersuchung des

**Weines** der Weingeistgehalt nach Gramm in der Flüssigkeitsmenge statt wie bisher nach Gewichtsteilen in 100 ermittelt werden soll. Derartige, den nicht besonders genannten Trinkbranntweinen nahestehende Weine sollen durch eine Anmerkung diesen Trinkbranntweinen im Zolle gleichgestellt werden. Die Neueinstellung eines **ermäßigten Zollsatzes** für Wein zur **Schaumweinherstellung** geschieht zur Förderung des heimischen Gewerbes, das in der Hauptsache auf die Verwendung ausländischer Weine angewiesen ist, weil die deutschen Weine nur zu einem geringen Teil für die Schaumweinherstellung in Betracht kommen. Für Weine zur Herstellung von **Kognak** soll die bisher nur vertragsmäßig geltende Zollbegünstigung künftig autonom eingeräumt werden. Eine der Mehrbelastung des Weines und des ihm gleichstehenden frischen Mostes entsprechende **Zollerhöhung** ist für **Weinmaische**, eingedickten Most und **weinhaltige Getränke** vorgesehen. Für Weinmaische und Faßweine kann die Zollerhöhung meistbegünstigten Ländern gegenüber allerdings erst nach Ablauf der Handelsverträge mit Österreich-Ungarn und Bulgarien wirksam werden.

Für **Obstwein** und die sonstigen **weinähnlichen Getränke** ist lediglich für die in kleinen Gefäßen (Flaschen usw.) eingehenden derartigen Getränke eine autonome Zollerhöhung vorgesehen. Für Obstwein in Fässern aus meistbegünstigten Staaten behält bis zum Ablauf des Handelsvertrags mit der Schweiz der darin vereinbarte ermäßigte Zollsatz Geltung. Die Zerlegung der Nr. 185 des geltenden Tarifs in zwei besondere Nummern dient zur Klarstellung der Frage, für welche der hier bisher zusammengefaßten Getränke bei der Einfuhr neben dem Zolle die inneren Abgaben für weinähnliche Getränke zu entrichten sind. Im übrigen sprechen Gründe der Zweckmäßigkeit dafür, die Neufassung der Nummern 180 bis 185 des Zolltarifs ihrem vollen Inhalt nach, also einschließlich der mit der Schaumweinsteuer und mit der Besteuerung der Mineralwässer und künstlich bereiteten Getränke zusammenhängenden Tarifänderungen, in das Weinsteuergesetz aufzunehmen. Die besondere Aufführung von Weintrüb (Nr. 183 des geltenden Tarifs) darf als entbehrlich gelten, weil Weintrüb für den Außenhandel ohne Bedeutung ist.

## VIII. Abschnitt.

### Schlußvorschriften.

**§ 49.** Für Rechnung von Bundesstaaten dürfen vom Zeitpunkt des Inkrafttretens dieses Gesetzes ab Abgaben auf Wein und Traubenmost, ferner auf dem Weine ähnliche und auf weinhaltige Getränke nicht erhoben werden. Die entgegenstehenden Vorschriften unter Ziffer I und im § 2 der Ziffer II des Artikels 5 des Zollvereinigungsvertrags vom 8. Juli 1867 (Bundes-Gesetzbl. S. 81) werden aufgehoben. Diejenigen Bundesstaaten, die im Rechnungsjahre 1913 eine Weinsteuer für Landesrechnung erhoben haben, erhalten bis zum 30. Juni 1923 aus dem in ihrem Lande aufgekommenen Ertrage der Reichsweinsteuer eine Entschädigung in Höhe des durchschnittlich in den Landesrechnungsjahren 1893 bis 1912 nach den Landesrechnungen aufgekommenen Ertrags ihrer Landesweinsteuer.

**§ 50**[1]. Hinsichtlich der Abgaben für Rechnung von Gemeinden und Körperschaften findet die Vorschrift in Ziffer I Abs. 1 bis 4 des Artikels 5 des Zollvereinigungsvertrags vom 8. Juli 1867 auf Wein und Traubenmost, sowie auf dem Weine ähnliche und auf weinhaltige Getränke keine Anwendung.

Das Gesetz, betreffend die Steuerfreiheit des verzollten ausländischen Weines und Obstweines in Elsaß-Lothringen, vom 15. Juli 1872 (Gesetzbl. für Elsaß-Lothringen S. 562) wird aufgehoben[2].

[1]) Zur Vermeidung einer **unterschiedlichen Behandlung** des **Weines** usw. durch das **Reich** einerseits und durch die **Gemeinden** und **Körperschaften** anderseits bedurfte es für die Erzeugnisse in §§ 1 und 47 der Aufhebung der Vorschrift

in Ziffer I Abs. 1 bis 4 des Artikels 5 des durch Artikel 40 der Reichsverfassung in Kraft erhaltenen Zollvereinigungsvertrags vom 8. Juli 1867 (Bundes-Gesetzbl. S. 81), wonach von allen bei der Einfuhr mit mehr als 15 Groschen vom Zentner (3 M. für 1 dz) belegten ausländischen Erzeugnissen keine weitere Abgabe irgendwelcher Art, sei es für Rechnung des Staates oder für Rechnung von Kommunen und Korporationen erhoben werden darf. Hierdurch würde auch der von dem Reichstag durch Annahme der Resolution Dr. van Calker und Genossen vom 7. März 1913 (Nr. 857 der Drucksachen) in der Sitzung vom 24. April 1913 gegebenen Anregung, soweit sie nicht durch § 49 gegenstandslos wird, entsprochen sein.

[2]) Die im Abs. 2 für **Elsaß-Lothringen** vorgesehene besondere Maßnahme ist erforderlich, weil dort nach dem Gesetze vom 15. Juli 1872 (Gesetzbl. für Elsaß-Lothringen, S. 562) verzollter Wein und Obstwein bei der ersten Einlage von jeder inneren Steuer, sei es für Rechnung des Staates oder für Rechnung von Kommunen und Korporationen, befreit sind. Um daher den durch den Abs. 1 beabsichtigten Zweck auch in Elsaß-Lothringen zu erreichen, mußte dieses Gesetz aufgehoben werden.

**§ 51.** Zur wissenschaftlichen Förderung der den Weinbau und die Weinbehandlung betreffenden Fragen darf aus der Weinsteuereinnahme ein Betrag bis zur Höhe von dreihunderttausend Mark für das Jahr nach näherer Bestimmung des Bundesrats verwendet werden.

Die Art der Verwendung des Betrages ist dem Reichstag nachzuweisen.

**§ 52.** Soweit beim Inkrafttreten dieses Gesetzes Verträge über Lieferung von Wein und Traubenmost, ferner von dem Weine ähnlichen und von weinhaltigen Getränken bestehen, ist der Abnehmer verpflichtet, dem Lieferer einen um den Betrag der Steuer erhöhten Preis zu zahlen.

Soweit beim Inkrafttreten dieses Gesetzes ein Abnehmer verpflichtet ist, bestimmte Ausschankpreise einzuhalten, ist der Abnehmer berechtigt, eine dem erhöhten Bezugspreis entsprechende Erhöhung der Ausschankpreise eintreten zu lassen.

Die Vorschriften in Abs. 1, 2 finden keine Anwendung, wenn ausdrückliche Vertragsbestimmungen entgegenstehen.

**§ 53.** Dieses Gesetz tritt einen Monat nach der Verkündung, hinsichtlich der §§ 29, 46 mit der Verkündung in Kraft. Das Gesetz tritt am 1. Juli 1923 außer Kraft[1]).

[1]) Die Dauer des Gesetzes ist also **begrenzt**. Vgl. aber auch wegen eines Außerkrafttretens des Gesetzes **vor** diesem Zeitpunkt des 1. VII. 1923 den § 1 des Gesetzes.

Urkundlich usw.
Gegeben usw.

# Gesetz, betreffend die Besteuerung von Mineralwässern und künstlich bereiteten Getränken sowie die Erhöhung der Zölle für Kaffee und Tee.

Vom 26. Juli 1918 (RGBl. S. 849).

## Vorbemerkungen.

Die Mineralwässer, Limonaden usw. haben in den letzten Friedensjahren eine ständig zunehmende Verbreitung gefunden und sind mit den weingeisthaltigen Getränken, insbesondere dem Biere, in einen immer fühlbarer werdenden Wettbewerb getreten. Bier, Branntwein und Schaumwein unterlagen bereits seit langem der Besteuerung und sind durch die gleichzeitig in Kraft tretenden Kriegssteuergesetze zur Deckung der Kriegsausgaben noch schärfer herangezogen worden. Auch eine Besteuerung des Weines, und zwar eine verhältnismäßig nicht ganz geringe Besteuerung desselben, hat die neue Reichsfinanzgesetzgebung vorgesehen. Der erhöhte Finanzbedarf des Reichs zwang dazu, auch an die Besteuerung der Mineralwässer, Limonaden usw. heranzutreten. Durch sie wird ein Ausgleich gegenüber der steuerlichen Belastung der weingeisthaltigen Getränke geschaffen und zugleich verhindert, daß der Ertrag aus der Besteuerung dieser Getränke durch eine Steuerfreilassung dre Mineralwässer, Limonaden usw. eine Minderung erfährt.

Von einer Besteuerung nach dem Werte ist bei den Mineralwässern und Limonaden abgesehen worden. Die verschiedene Bewertung der Erzeugnisse sollte nach dem Regierungsentwurf nur in besonderen Steuersätzen für die

Gruppen der Mineralwässer, der (trinkfertigen) Limonaden einschließlich der anderen künstlich bereiteten Getränke und der konzentrierten Kunstlimonaden nach dem Rauminhalt ihrer Gefäße zum Ausdruck kommen, wie das, wenn auch in etwas veränderter Form, auch im § 2 zum Gesetz geworden ist. Von der Steuerfreilassung der Heilwässer ist wegen der Schwierigkeit einer einigermaßen sicheren Abgrenzung gegenüber den Tafelwässern abgesehen worden. Dafür sind die Heilwässer den gleichen mäßigen Steuersätzen wie die übrigen Mineralwässer unterstellt. Für (trinkfertige) Limonaden usw., die vorwiegend als Ersatz für Bier getrunken werden, ist die Steuer entsprechend der Bierbelastung bemessen. Unter Limonaden und Erfrischungsgetränken werden süße Getränke mit Zucker, Süßstoff, Süßholzwurzel und ähnlichen Dingen angesehen. Zu den konzentrierten Kunstlimonaden rechnet der Entwurf Erzeugnisse, die aus Zucker, Säuren, Aromastoffen, Farbstoffen und Schaummitteln hergestellt werden und nach Verdünnung mit Wasser eine trinkfertige Limonade ergeben, also beispielsweise auch die sog. alkoholfreien Punschextrakte. Die konzentrierten Kunstlimonaden, deren Mitheranziehung zur Steuer das Interesse des Gewerbes der trinkfertigen Flaschenlimonaden wie des Steueraufkommens gebietet, sind entsprechend der aus ihnen erzielbaren Menge trinkfertiger Erzeugnisse mit einer entsprechend schärferen Steuer als trinkfertige Limonaden belegt; eine Abstufung der Steuer nach dem Grade der Konzentration oder dem Süßigkeitsgehalt erschien technisch nicht durchführbar.

Der Vertrieb der Mineralwässer, Limonaden usw. erfolgt meist in Flaschen (Krügen) von nicht über einem Liter Raumgehalt. Der Entwurf beschränkte sich auf eine Unterscheidung nach Gefäßgrößen bis zu einem halben Liter, einem Liter und von mehr als einem Liter, doch hat der Reichstag die Steuer ganz allgemein nach dem Literinhalt der Gefäße bemessen, wobei der Hersteller der Steuerbehörde unter Hinterlegung von Mustern anzumelden hat, welche Gefäßgrößen er in Verkehr bringen will (§ 2 letzter Absatz). Auch sind Namen des Herstellers und des Herstellungsortes (Etikettierungszwang) vorgesehen (§ 2).

Wie bei der Schaumweinsteuer soll die Steuer durch den Hersteller entrichtet werden. Die Herstellung der künstlichen Mineralwässer und (trinkfertigen) Limonaden erfolgt zu einem großen Teile in Betrieben kleiner und kleinster Art. Der Herstellungsraum ist in diesen Betrieben in der Regel zugleich Lager und Verpackungsraum; in vielen Fällen werden die Erzeugnisse überhaupt nicht erst gelagert, sondern kommen unmittelbar auf den Wagen, um zur Kundschaft gefahren zu werden. Die im Laufe des Tages auf der Fahrt bei der Kundschaft nicht abgesetzten Erzeugnisse kehren abends wieder in den Betrieb zurück. Zur Herrichtung besonderer Lagerräume für versteuerte und für unversteuerte Ware fehlt es an Raum und infolgedessen ist eine sichere Unterscheidung zwischen versteuerten und unversteuerten Gefäßen nicht durchführbar. Das Gesetz knüpft deshalb den Eintritt der Steuerpflicht, abweichend von der Schaumweinsteuer, nicht schon an die Entfernung der Erzeugnisse aus dem Herstellungsbetriebe, sondern erst an deren Lieferung an den Abnehmer (§ 3). Auch soll die Erhebung der Steuer nicht mittels Verwendung von Steuerzeichen, sondern auf Grund besonderer Buchführung erfolgen (§ 8), denn wegen der großen Anzahl der während des Hauptabsatzgeschäfts (März/Oktober), insbesondere in den heißen Sommermonaten, täglich zu befüllenden Gefäße erscheint eine tägliche Beklebung mit den Steuerzeichen schwer ausführbar; eine Beklebung auf Vorrat aber ist nicht möglich, weil während der Lagerung ein großer Teil der Gefäße leerläuft. Auch die Anbringung der Steuerzeichen selbst stößt wegen der großen Verschiedenheit der Gefäßverschlüsse auf erhebliche Schwierigkeiten; bei der üblichen Art der Beförderung auf der Achse und der Lagerung bei den Zwischenhändlern sowie bei dem Umstand, daß die meisten Getränke vor ihrer Verabreichung noch der Eiskühlung bedürfen, muß ferner mit einer Beschädigung der Steuerzeichen in ganz erheblichem Umfang gerechnet werden. Die Überwachungsmaßnahmen sind im allgemeinen denen bei der Schaumweinsteuer nachgebildet. Wegen der Einzelheiten sei auf das Gesetz selbst verwiesen.

**Wir Wilhelm, von Gottes Gnaden Deutscher Kaiser, König von Preußen usw.**
**verordnen im Namen des Reichs, nach erfolgter Zustimmung des Bundesrats und des Reichstags, was folgt:**

## I. Abschnitt.
## Allgemeine Vorschriften.

**Gegenstand der Steuer.**

**§ 1**[1]. Gewerbsmäßig abgefüllte[2] natürliche Mineralwässer[1], ferner künstliche Mineralwässer, Limonaden[1] und andere künstlich bereitete Getränke[1] sowie konzentrierte Kunstlimonaden[1] und Grundstoffe zur Herstellung von konzentrierten Kunstlimonaden unterliegen, sofern sie zum Verbrauch im Inland[5] in verschlossenen Gefäßen[5] in Verkehr gebracht werden[3] und nicht schon auf Grund besonderer Gesetze steuerpflichtig sind[4], einer in die Reichskasse fließenden Steuer. Als künstlich bereitete Getränke sind insbesondere steuerpflichtig zuckerhaltige Getränke, in denen die weingeistige Gärung durch die Art der Herstellung und Aufbewahrung beschränkt oder verhindert wird, sowie Getränke, die durch Vergärung zuckerhaltiger Flüssigkeiten, auch mit darauffolgender Wiederentfernung des bei der Vergärung entstandenen Weingeistes, hergestellt sind. Der Bundesrat wird ermächtigt, den Kreis der steuerpflichtigen Getränke näher zu bestimmen[6].

Durch Kaiserliche Verordnung mit Zustimmung des Bundesrats kann die Steuerpflicht unter Anordnung der erforderlichen Überwachungsmaßnahmen auch auf Getränke der im Abs. 1 bezeichneten Art, die in unverschlossenen Gefäßen dem Verbrauch zugeführt werden oder auf Stoffe ausgedehnt werden, die zur Herstellung von Getränken der in Abs. 1 bezeichneten Art verwendet werden[7]. Dabei kann vorgeschrieben werden, daß derartige Stoffe nur in bestimmten Packungen in Verkehr gebracht oder aus dem Ausland eingeführt werden dürfen und daß in diesem Falle an der Außenseite der Packungen die für die Steuerberechnung notwendigen Angaben ersichtlich gemacht werden; die Steuer soll unter Zugrundelegung der Steuersätze des § 2 so bemessen werden, wie es dem Verhältnis einer bestimmten Menge Stoffe zu den daraus herstellbaren Getränken entspricht[8]. Die getroffenen Anordnungen sind dem Reichstag sofort oder, wenn er nicht versammelt ist, bei seinem nächsten Zusammentreten mitzuteilen. Sie sind außer Kraft zu setzen, wenn der Reichstag es verlangt.

Die Bestimmungen dieses Paragraphen beziehen sich nicht auf natürliche oder nur gesüßte Fruchtsäfte.

**Allgemeines.**

[1] Nach dem Gesetz sind steuerpflichtig:

**natürliche Mineralwässer** (Heil- und Tafelwässer);

**künstlich hergestellte Mineralwässer**, einerlei, ob unter Verwendung von Mutterlauge, Quell- oder anderen Salzen oder aus Wasser durch bloße Zuführung von Gasen (z. B. Kohlensäure) hergestellt;

**Limonaden** aus natürlichen pflanzlichen Säften oder künstlich bereiteten Ersatzgemischen, mit oder ohne Kohlensäurezusatz;

unter Verwendung von frischen oder getrockneten Früchten oder von sonstigen Pflanzenteilen sowie aus Grundstoffen (Kunstsirupen, Extrakten, Essenzen) hergestellte **Erfrischungsgetränke**, mit oder ohne Kohlensäurezusatz;

**Getränke** aus den vorgenannten beiden Gruppen, auch soweit sie als **bierähnlich** in Betracht kommen;

durch Erhitzen oder auf andere Weise haltbar gemachte **Fruchtsäfte** und **Fruchtmoste**, insbesondere Apfelsaft;

**konzentrierte Kunstlimonaden.**

Als **Mineralwasser** ist im Gegensatze zu dem gewöhnlichen Trinkwasser neben den Kurbrunnen jedes Wasser anzusehen, das sich durch die Art oder die Menge der darin enthaltenen Salze oder Gase von gewöhnlichem Trinkwasser unterscheidet und zu Heil- oder Erfrischungszwecken in Verkehr gebracht wird.

Unter **Limonaden und Erfrischungsgetränken** ähnlicher Gattung werden allgemein gesüßte Getränke verstanden. Neben den zuckerhaltigen kommen daher auch die unter Verwendung von Süßstoff, Süßholzwurzel oder süßlich schmeckenden Pflanzenschleimen hergestellten Getränke als steuerpflichtig in Betracht.

**Bierähnliche Getränke**, d. h. Getränke, die als Ersatz für Bier in den Handel gebracht oder genossen zu werden pflegen, unterliegen zurzeit nur, soweit sie unter Verwendung oder Mitverwendung von Malz oder Malzauszügen oder durch Vergärung von Zucker hergestellt sind, der Besteuerung, und zwar gemäß § 3 des Brausteuergesetzes vom 15. Juli 1909 (RGBl. S. 773) und § 8 der hierzu vom Bundesrat erlassenen Ausführungsbestimmungen der Brausteuer. Für **andere** bierähnliche Getränke besteht gegenwärtig eine Abgabenpflicht nicht; sie fallen aber nunmehr unter die Vorschriften des neuen Gesetzes über die Besteuerung der Mineralwässer und künstlichen Getränke. Dagegen enthält das neue Biersteuergesetz keine Vorschriften über die Besteuerung derartiger Getränke.

Unter **konzentrierten Kunstlimonaden** (künstlichen Limonadensirupen, Kunstsirupen) versteht der Entwurf Erzeugnisse, die aus Zucker, Säuren, Aromastoffen, Farbstoffen und Schaummitteln hergestellt zu werden pflegen und nach Verdünnung mit Wasser eine trinkfertige Limonade ergeben.

Zu diesen Erzeugnissen, die unter verschiedenen Namen in den Verkehr kommen, sind auch die sogenannten alkoholfreien Punschextrakte zu zählen. Nicht steuerpflichtig sind die gleichfalls im Verkehre vorkommenden nicht zuckerhaltigen sogenannten Grundstoffe (Gemische von Säuren, Farbe, Aromastoffen und Schaummitteln) und die unvermischt oder in Mischung mit Farbe und Schaummitteln als Essenzen angebotenen Aromastoffe.

Pflanzliche Auszüge (Extrakte), z. B. Kaffee- und Tee-Extrakt, unterliegen nicht der Besteuerung nach § 1.

²) Die Beschränkung der Steuerpflicht auf **„gewerbsmäßig" abgefüllte** natürliche Mineralwässer (§ 1) ist mit Rücksicht darauf erfolgt, daß an Orten, an denen die Mineralquellen dem freien Zutritt der Bevölkerung offenstehen, dieser neben dem Genuß an Ort und Stelle gestattet ist, Wasser für den täglichen Bedarf in offene oder verschlossene Gefäße abzufüllen und mit nach Hause zu nehmen. Diese Fälle von der Besteuerung auszunehmen, dürfte unbedenklich sein und in der Billigkeit liegen.

³) Ein **Inverkehrbringen** im Sinne der §§ 1, 3, 6 liegt auch in den Fällen vor, in denen **Verwaltungen staatlicher, gemeindlicher oder gewerblicher Anstalten** in **eigener Bewirtschaftung** hergestellte Getränke **ausschließlich** an die in ihren **Betrieben beschäftigten** Personen abgeben.

⁴) Bei den **Getränken**, die bereits auf Grund **besonderer Gesetze** steuerpflichtig sind, ist beispielsweise an die von ihrem Weingeistgehalte befreiten Weine und dem Weine ähnlichen Getränke gedacht, die der **Weinsteuer** unterliegen sollen.

⁵) Nur das Inverkehrbringen in den **Inlandsverbrauch** ist steuerpflichtig, nicht auch die unmittelbare **Ausfuhr** in das Ausland. Unter **Gefäßen** sind Flaschen, Krüge und Siphons zu verstehen. Als Gefäße sollen auch **Metallbehälter** angesehen werden, wie sie in den Selterwasserbuden von den Fabriken künstlicher Mineralwässer aufgestellt werden und aus denen das künstliche Mineralwasser ohne oder unter Zusatz von Fruchtsäften ausgeschänkt wird. Die Metallbehälter werden in den Fabriken gefüllt und verschlossen in die Selterwasserbuden gebracht. Konzentrierte Kunstlimonaden werden von Schankwirtschaften auch in Fässern bezogen. Nach § 2 Abs. 2

sollen sie daher ohne Rücksicht auf die Art der verschlossenen unmittelbaren Umschließung, in der sie in Verkehr gebracht werden, der Steuer unterliegen.

[6]) Die für den **Bundesrat** im § 1 Abs. 1 letzter Satz vorgesehene Ermächtigung, den Kreis der steuerpflichtigen Getränke näher zu bestimmen, erscheint erforderlich, um Umgehungsversuchen entgegenzutreten.

[7]) Bei der gemäß § 1 Abs. 2 vorbehaltenen Besteuerung von Getränken, die in unverschlossenen Gefäßen dem Verbrauch zugeführt werden, handelt es sich um **künstliches Mineralwasser,** das unter Benutzung von Kohlensäureapparaten unmittelbar vor dem Verbrauch in offenen Ausschankgläsern bereitet wird.

Dieser Satz ist erst durch den Reichstagsausschuß eingefügt worden.

Hierzu erklärte ein Vertreter des Reichsschatzamts, daß in einer Vorbesprechung mit den Interessenten gewünscht worden sei, man möchte dafür sorgen, daß auch die Grundstoffe, aus denen die Limonaden hergestellt würden, nicht von der Steuer ganz befreit bleiben. Die Regierungsvorlage habe den Kreis nur auf das gegenwärtig Faßbare ausgedehnt. Es empfehle sich aber vielleicht, für die Zukunft eine Möglichkeit gemäß den Wünschen der Interessenten zu schaffen und die Kaiserliche Verordnung mit Zustimmung des Bundesrats auch auf die Stoffe auszudehnen, die in dem Antrage auf Nr. 75 gemeint seien. Es handele sich hier im wesentlichen nur um die **Laugen** und **Salze.** Hier liege aber eine Eingabe des hauptsächlichen Herstellers solcher Salze vor, die von einer solchen Regelung abrate. Ehe die Dinge nicht genügend geklärt seien, würde die Regierung nicht befürworten können, schon jetzt in das Gesetz eine derartige Zwangsvorschrift aufzunehmen. Aber vielleicht sei es zweckmäßig, eine Möglichkeit im Sinne des Antrages zu schaffen. Die natürlichen und nur gesüßten Fruchtsäfte sollten dagegen nach dem geäußerten Wunsch hiervon ausdrücklich ausgenommen werden. Die weiteren Vorschriften erweisen sich als notwendige Kontrollmaßnahme. Im übrigen bleibe ja für den Reichstag die Vorschrift unverändert, daß die Verordnung dem Reichstag vorzulegen und außer Kraft zu setzen sei, wenn der Reichstag es verlangt.

**Ein Unterschied zwischen in- und ausländischen Mineralwässern, Limonaden usw. wird nicht gemacht. Es unterliegen daher auch die aus dem Ausland eingeführten Erzeugnisse in verschlossenen Gefäßen der Besteuerung.**

Höhe der Steuer.

§ 2. Die Steuer beträgt
1. bei Mineralwässern 0,05 Mark,
2. bei Limonaden und anderen künstlich bereiteten Getränken 0,10 Mark,
3. bei konzentrierten Kunstlimonaden 1 Mark,
4. bei Grundstoffen zur Herstellung von konzentrierten Kunstlimonaden 20 Mark

für das Liter.

Für Limonaden und andere künstlich bereitete Getränke, deren Weingeistgehalt die vom Bundesrate festgesetzte Grenze überschreitet, sind die doppelten Steuersätze des Abs. 1 Ziffer 2 zu entrichten[1]).

Die steuerpflichtige Menge bestimmt sich nach der Zahl und dem Raumgehalt der an Abnehmer gelieferten Gefäße. Der Hersteller hat der Steuerbehörde unter Hinterlegung von Mustern anzumelden, in welchen Gefäßgrößen er die Erzeugnisse in Verkehr bringen will. Für die Steuerberechnung bleiben geringe Abweichungen von dem angemeldeten Raumgehalt der Gefäße, die nur auf Zufälligkeiten bei ihrer Herstellung beruhen, nach näherer Bestimmung des Bundesrats außer Betracht. Auf den Gefäßen muß der Name des Herstellers der Erzeugnisse sowie der Ort der Herstellung angegeben sein.

[1]) Nach der Absicht des Gesetzes sollen die Steuersätze des § 2 Abs. 1 Ziffer 2 nur auf **weingeistfreie Limonaden** usw. Anwendung finden. Als solche gelten nach den derzeitigen Anschauungen des Handels und der Nahrungsmittelüberwachung

Getränke, die nicht mehr als 0,5 v. H. Weingeist enthalten. Doch werden bisweilen unter der Bezeichnung „**weingeistfrei**" auch Getränke in den Verkehr gebracht, die infolge unsachgemäßer Herstellungsweise mehr als 0,5 bis zu 2 v. H. und mehr Weingeist enthalten. Um dem entgegenzuwirken, sieht der Entwurf im § 2 Abs. 2 für derartige Getränke die Erhebung **doppelter** Steuersätze vor. Die Festsetzung des entscheidenden Grenzgehalts an Weingeist wird zweckmäßig dem Bundesräte überlassen.

**Entrichtung und Stundung der Steuer.**

§ 3. Zur Entrichtung der Steuer ist verpflichtet[1]), wer steuerpflichtige Erzeugnisse herstellt[1]) und in Verkehr bringt[1]) oder wer sie aus dem Ausland einführt[3]). Das gewerbsmäßige Abfüllen natürlicher Mineralwässer auf Gefäße gilt als Herstellung[2]).

Die Steuerpflicht tritt ein für inländische Erzeugnisse, sobald sie an Abnehmer geliefert[1]) oder innerhalb des Herstellungsbetriebs getrunken werden[1]); die Steuer wird fällig am Letzten des folgenden Monats.

Wird die Zahlungspflicht wiederholt versäumt oder liegen Gründe vor, die den Eingang der Steuer gefährdet erscheinen lassen, so kann die Steuerbehörde die Bezahlung oder Sicherstellung der Steuer bei Eintritt der Steuerpflicht fordern.

Von der Steuer werden befreit:

1. Erzeugnisse, welche unter Steueraufsicht ausgeführt werden;
2. Erzeugnisse der im § 2 Abs. 1 Ziffer 34 bezeichneten Art, wenn sie gemäß näherer Bestimmung des Bundesrats unter Steueraufsicht an andere zur gewerbsmäßigen Herstellung steuerpflichtiger Getränke abgegeben werden.
3. Erzeugnisse, welche von den bei der Herstellung beschäftigten Personen in den Räumen des Herstellungsbetriebes getrunken werden.

Die Steuerpflicht für aus dem Ausland eingeführte Erzeugnisse tritt ein mit der Grenzüberschreitung; die Steuer wird fällig, sobald die Erzeugnisse zum freien Verkehr abgefertigt sind[3]).

Gegen Sicherheitsleistung kann die Steuer bis zu drei Monaten gestundet werden.

[1]) Der § 3 bestimmt die **subjektive Steuerpflicht**. Steuerpflichtig ist der, der die betreffenden Waren herstellt und in **Verkehr** bringt. Die **Herstellung** allein begründet die Steuerpflicht noch nicht, wenn auch die amtliche Begründung den Hersteller schon durch die Herstellung als steuerpflichtig ansieht, aber dazu bemerkt, daß die Steuerpflicht erst **eintritt**, wenn die Ware in **Verkehr** gebracht, d. h. an einen Abnehmer geliefert wird.

[2]) Bei den natürlichen Mineralwässern kann nur von einer **Gewinnung**, nicht aber von einer **Herstellung** gesprochen werden. Es erschien daher die Aufnahme einer besonderen Vorschrift notwendig, daß hier als Herstellung das gewerbsmäßige Abfüllen auf Gefäße gilt.

[3]) Da es sich um eine **inländische Verbrauchssteuer** handelt, ist auch die aus dem **Ausland** in den **inländischen Verkehr** gebrachte Ware steuerpflichtig und zwar tritt die Steuerpflicht mit der Grenzüberschreitung ein. Dagegen ist Lieferung im **Inland** hergestellter Erzeugnisse unmittelbar an das **Ausland** steuerfrei.

§ 4[1]). Die steuerpflichtig gewordenen Erzeugnisse sind nach Art und Menge nach näherer Bestimmung des Bundesrats der Steuerbehörde schriftlich anzumelden.

[1]) Strafbestimmungen bei Nichtanmeldung vgl. § 15.

**Verjährung der Steuer.**

§ 5. Ansprüche auf Zahlung oder Erstattung der Steuer verjähren in einem Jahre von dem Tage des Eintritts der Steuerpflicht oder Steuerentrichtung ab. Der Anspruch auf Nachzahlung eines hinterzogenen Steuerbetrags verjährt in drei Jahren.

Die Verjährung wird durch jede von der zuständigen Behörde zur Geltendmachung des Anspruchs gegen den Zahlungspflichtigen gerichtete Handlung unterbrochen.

## II. Abschnitt.

## Überwachungsmaßnahmen.

**Anzeigepflicht.**

**§ 6**[1]. Wer steuerpflichtige Erzeugnisse herstellen und in Verkehr bringen will, hat dies vor der Eröffnung des Betriebs unter Bezeichnung der Erzeugnisse, deren Herstellung beabsichtigt ist, der Steuerbehörde schriftlich anzuzeigen[1]) und gleichzeitig eine Beschreibung der Betriebs- und Lagerräume sowie der damit in Verbindung stehenden oder unmittelbar daran angrenzenden Räume, gegebenenfalls auch der außerhalb der Herstellungsbetriebe gelegenen Ausschankstätten, vorzulegen[1]). Die Herstellung darf nur in den angemeldeten Betriebsräumen erfolgen[1]).

[1]) An **Überwachungsmaßnahmen** sind vorgesehen: **Betriebsanzeigepflicht** (§ 6, 7), **Buchführung** (§ 8), **Lagerung** der unversteuerten Erzeugnisse nur in den **steueramtlich genehmigten Räumen** (§ 8), gelegentliche **Bestandsaufnahme, Beaufsichtigung** der Betriebs- und Lagerräume (§§ 8, 9—12).

Wegen der **Strafbestimmungen** vgl. § 15 Absatz, Ziffer 2.

**§ 7.** Jede Änderung in den angemeldeten Verhältnissen ist der Steuerbehörde binnen einer Woche schriftlich anzuzeigen.

Betriebsinhaber, die den Betrieb nicht selbst leiten, haben der Steuerbehörde diejenigen Personen zu bezeichnen, die als Betriebsleiter in ihrem Namen zu handeln befugt sind.

Die im folgenden für den Betriebsinhaber gegebenen Vorschriften gelten mit Ausnahme derjenigen im § 12 Satz 2 auch für den Betriebsleiter.

**Buchführung; Lagerung.**

§ 8[1]). Die Betriebsinhaber haben über den Bezug der zur Herstellung der steuerpflichtigen Erzeugnisse benutzten Rohstoffe, über deren Verwendung und über die daraus hergestellten Erzeugnisse und über den Absatz der Erzeugnisse Bücher zu führen, aus denen die einzelnen Bezüge, ihre Verwendung und der Verbleib der hergestellten Erzeugnisse deutlich ersichtlich sind[2]). Fertige unversteuerte Erzeugnisse dürfen nur in den angemeldeten Räumen gelagert und verpackt werden; über die Herstellung und den Absatz sind nach näherer Bestimmung des Bundesrats Anschreibungen zu führen, die der Bestimmung der Steuerbehörde entsprechend aufzubewahren und den Beamten zugänglich zu halten sind.

Die Bestände sind von Zeit zu Zeit amtlich festzustellen und mit den Anschreibungen zu vergleichen. Von der Erhebung der Steuer für Fehlmengen ist abzusehen, wenn und soweit dargetan wird, daß die Fehlmengen auf Umstände zurückzuführen sind, die eine Steuerschuld nicht begründen.

Der Bundesrat kann im Falle des Bedürfnisses Abweichungen von den Vorschriften in Abs. 1 und 2 zulassen und daneben besondere Überwachungsmaßnahmen anordnen.

[1]) Strafbestimmungen vgl. § 15 Absatz, Ziffer 3 und 4.

[2]) Nähere Vorschriften über die Form der Buchführung enthält das Gesetz nicht.

Steueraufsicht.

**§ 9.** Die Herstellungsbetriebe unterliegen der Steueraufsicht. Die Steuerbeamten sind befugt, die Betriebs- und Lagerräume, solange sie geöffnet sind oder darin gearbeitet wird, zu jeder Zeit, andernfalls während der üblichen Geschäftsstunden zu besuchen. Die Aufsichtsbefugnis erstreckt sich auf alle Räume der Betriebsanlage sowie auf die an diese angrenzenden oder damit in Verbindung stehenden Räume. Die Zeitbeschränkung fällt weg, wenn Gefahr im Verzug ist.

**§ 10.** Innerhalb der der Steueraufsicht unterliegenden Räume dürfen keine Maßnahmen getroffen werden, welche die Ausübung der gesetzlichen Aufsicht hindern oder erschweren.

**§ 11.** Die Betriebsinhaber haben den Steuerbeamten jede für die Steueraufsicht oder zu statistischen Zwecken erforderliche Auskunft über den Betrieb zu erteilen und bei den zum Zwecke der Steueraufsicht stattfindenden Amtshandlungen die Hilfsmittel (Geräte, Beleuchtung usw.) zu stellen und die nötigen Hilfsdienste zu leisten.

Den Oberbeamten der Steuerverwaltung sind die auf die Herstellung und Veräußerung der steuerpflichtigen Erzeugnisse bezüglichen Geschäftsbücher und Schriftstücke auf Erfordern zur Einsicht vorzulegen.

**§ 12.** Sind Betriebsinhaber wegen Hinterziehung der Steuer wiederholt bestraft worden, so kann ihr Betrieb besonderen Aufsichtsmaßnahmen unterworfen werden. Die Kosten fallen dem Betriebsinhaber zur Last. Die Einziehung dieser Kosten erfolgt nach den Vorschriften über das Verfahren für die Beitreibung der Zölle und mit dem Vorzugsrechte der letzteren.

## III. Abschnitt.

## Strafvorschriften.

**Steuerhinterziehung.**

**§ 13**[1]). Wer vorsätzlich die gesetzliche Steuer ganz oder zum Teil hinterzieht oder einen ihm nicht gebührenden Steuervorteil erschleicht, wird wegen Steuerhinterziehung mit einer Geldstrafe bestraft, die das Vierfache der Steuerverkürzung oder des Steuervorteils, mindestens aber fünfzig Mark, beträgt.

[1]) Die **Strafvorschriften** lehnen sich an das geltende Recht an, sind aber wie in den übrigen Getränkesteuergesetzentwürfen der neueren Entwicklung des Strafrechts angepaßt. Insbesondere ist der Begriff des **Unternehmens** fallen gelassen; an seine Stelle sind, entsprechend den Vorschriften des Strafgesetzbuchs, die Begriffe der vollendeten **Tat** und des **Versuchs** getreten.

**Versuch.**

**§ 14**[1]). Der Versuch der Steuerhinterziehung ist strafbar; die für die vollendete Tat angedrohte Strafe gilt auch für den Versuch.

Bei dem Versuch ist die Strafe nach der Steuerverkürzung oder dem Steuervorteile zu bemessen, die bei Vollendung der Tat eingetreten wären.

[1]) Vgl. Anmerkung zu § 13: der Versuch wird ebenso schwer bestraft wie die vollendete Tat.

**§ 15.** Der Tatbestand des § 13 wird insbesondere dann als vorliegend angenommen,

1. wenn steuerpflichtig gewordene Erzeugnisse nicht oder unrichtig angemeldet werden (§ 4);
2. wenn mit der Herstellung von steuerpflichtigen Erzeugnissen begonnen wird, bevor die Anzeige des Betriebs in der vorgeschriebenen Weise erfolgt ist (§ 6);

3. wenn die vorgeschriebenen Anschreibungen (§ 8) nicht oder wissentlich[1]) nicht richtig geführt werden;
4. wenn fertige unversteuerte Erzeugnisse vom Hersteller in anderen als den angemeldeten Räumen aufbewahrt werden (§ 8);
5. wenn Erzeugnisse, für die Steuerfreiheit auf Grund von § 3 Abs. 3 Ziffer 3 in Anspruch genommen wird, an andere als die bei der Herstellung beschäftigten Personen abgegeben werden.

[1]) Das Wort wissentlich ist erst in den Beratungen des Ausschusses aufgenommen worden.

**Steuerhehlerei.**

**§ 16.** Wer seines Vorteils wegen vorsätzlich Erzeugnisse, hinsichtlich deren eine Steuerhinterziehung stattgefunden hat, ankauft, zum Pfande nimmt oder sonst an sich bringt, verheimlicht, absetzt oder zu ihrem Absatz mitwirkt, wird wegen Steuerhehlerei mit einer Geldstrafe in Höhe des vierfachen Betrags der Steuer, mindestens aber in Höhe von fünfzig Mark, bestraft.

Der Versuch ist strafbar; § 14 findet entsprechende Anwendung.

**Geldstrafe.**

**§ 17.** Kann der Betrag der Steuerverkürzung oder des Steuervorteils, nach dem die Geldstrafe zu bemessen ist, nicht festgestellt werden, so ist auf eine Geldstrafe von fünfzig Mark bis fünfzigtausend Mark zu erkennen.

**Beihilfe und Begünstigung bei Übertretungen.**

**§ 18.** Liegt eine Übertretung vor, so werden die Beihilfe und die Begünstigung mit Geldstrafe bis zu einhundertfünfzig Mark bestraft.

Rückfall.

**§ 19.** Wer im Inland wegen Steuerhinterziehung oder Steuerhehlerei bestraft worden ist und vor Ablauf von drei Jahren, nachdem die Strafe ganz oder teilweise verbüßt oder erlassen ist, wieder eine dieser Handlungen begeht, wird mit einer Geldstrafe in Höhe des doppelten Betrags der in den §§ 13, 16 bis 18 angedrohten Strafen, mindestens aber in Höhe von einhundert Mark bestraft.

Bei jedem weiteren Rückfall ist die Strafe Gefängnis bis zu zwei Jahren. Sind mildernde Umstände vorhanden, so kann auf Geldstrafe in Höhe des doppelten Betrags der für den ersten Rückfall angedrohten Strafe erkannt werden.

Ordnungswidrigkeiten.

**§ 20.** Wer den Vorschriften dieses Gesetzes oder den dazu erlassenen und öffentlich oder den Beteiligten besonders bekanntgemachten Verwaltungsvorschriften durch andere als die in den §§ 13 bis 19 bezeichneten Handlungen zuwiderhandelt, wird mit einer Ordnungsstrafe von fünf Mark bis dreihundert Mark bestraft, sofern nicht nach anderen Gesetzen eine schwerere Strafe verwirkt ist. Die Ordnungsstrafe tritt auch ein, wenn in den Fällen des § 15 festgestellt wird, daß der Täter ohne den Vorsatz der Hinterziehung der Steuer oder der Erschleichung eines ihm nicht gebührenden Steuervorteils gehandelt hat.

Die Ordnungsstrafe kann auf sechshundert Mark erhöht werden, wenn der Täter durch die Zuwiderhandlung vorsätzlich oder fahrlässig einen Steuerbeamten in der rechtmäßigen Ausübung seines Dienstes behindert.

**Zwangsmaßregeln.**

**§ 21.** Neben der Festsetzung von Ordnungsstrafen kann die Steuerbehörde die Beobachtung der auf Grund dieses Gesetzes getroffenen Anordnungen durch Androhung und Einziehung von Geldstrafen bis zu fünfhundert Mark erzwingen. Sie kann, wenn eine vorgeschriebene Einrichtung nicht getroffen wird, diese auf Kosten der Pflichtigen herstellen lassen. Die Einziehung der hierdurch erwachsenen Auslagen erfolgt nach den Vorschriften für die Beitreibung der Zölle und mit dem Vorzugsrechte der letzteren.

**Haftung für andere Personen.**

**§ 22.** Inhaber der unter dieses Gesetz fallenden Betriebe haften für die von ihren Verwaltern, Geschäftsführern, Gehilfen und sonstigen in ihrem Dienste oder Lohne stehenden Personen sowie von ihren Familien- oder Haushaltsmitgliedern auf Grund dieses Gesetzes verwirkten Geldstrafen und Kosten des Strafverfahrens sowie für die nachzuzahlende Steuer. Die Haftung für die Geldstrafe und die Kosten tritt nicht ein, wenn die Zuwiderhandlung nachweislich ohne Wissen des Inhabers begangen worden ist; die Haftung ist jedoch auch in diesem Falle begründet, wenn es der Inhaber bei der Auswahl oder der Beaufsichtigung des Angestellten oder bei der Beaufsichtigung der Familien- oder Haushaltsmitglieder an der erforderlichen Sorgfalt hat fehlen lassen, oder wenn er aus der Tat einen Vorteil gezogen hat.

**Übertragung der strafrechtlichen Verantwortlichkeit.**

**§ 23.** Betriebsinhaber, die den Betrieb nicht selbst leiten, können die Übertragung der ihnen obliegenden strafrechtlichen Verantwortlichkeit auf den Betriebsleiter bei der Steuerbehörde beantragen. Wird der Antrag genehmigt, so geht die strafrechtliche Verantwortlichkeit unbeschadet der im § 22 vorgesehenen Vertretungsverbindlichkeit des Betriebsinhabers auf den Betriebsleiter über. Die Genehmigung ist jederzeit widerruflich.

**§ 24.** Läßt sich die Geldstrafe von dem Schuldigen nicht beitreiben, so kann die Steuerbehörde davon absehen, den für die Geldstrafe Haftenden in Anspruch zu nehmen, und die an Stelle der Geldstrafe tretende Freiheitsstrafe an dem Schuldigen vollstrecken lassen.

**Ersatzfreiheitsstrafe.**

**§ 25.** Die an die Stelle einer uneinbringlichen Geldstrafe tretende Freiheitsstrafe darf zwei Jahre, im Falle des § 21 drei Monate nicht übersteigen.

**Nachzahlung der Steuer.**

**§ 26.** Die Berechnung und die Verpflichtung zur Zahlung der Steuer wird durch das Strafverfahren nicht berührt.

**Zusammentreffen mehrerer Gesetzesverletzungen.**

**§ 27.** Trifft eine Steuerzuwiderhandlung mit einer nach einem anderen Gesetze strafbaren Handlung zusammen, so sind die in beiden Gesetzen angedrohten Strafen nebeneinander zu verhängen.

Sind auf dieselbe Handlung mehrere Strafvorschriften dieses Gesetzes anwendbar, so ist die Strafe nach der Vorschrift festzusetzen, die die schwerste Strafe und bei ungleicher Strafart die schwerste Strafart androht. Doch darf auf kein niedrigeres Strafmaß und auf keine leichtere

Strafart erkannt werden, als nach den anderen Vorschriften zulässig ist. Auch muß, wenn und insoweit eine der anwendbaren Vorschriften die Einziehung oder die Haftbarkeit dritter Personen vorschreibt, hierauf erkannt werden.

Hat jemand mehrere selbständige Steuerzuwiderhandlungen begangen, so sind alle für diese Handlungen angedrohten Strafen nebeneinander zu verhängen; treffen mehrere Freiheitsstrafen zusammen, so ist auf eine Gesamtstrafe zu erkennen, die in einer Erhöhung der verwirkten schwersten Strafe besteht, drei Jahre jedoch nicht übersteigen darf. Wenn und insoweit neben einer der verwirkten Einzelstrafen die Einziehung oder die Haftbarkeit dritter Personen vorgeschrieben ist, muß auch hierauf erkannt werden.

Auch im Falle des Zusammentreffens darf die an die Stelle uneinbringlicher Geldstrafen tretende Freiheitsstrafe zwei Jahre nicht übersteigen.

**Verjährung.**

**§ 28.** Die Strafverfolgung von Steuerhinterziehungen (§§ 13 bis 15) und von Steuerhehlerei (§ 16) verjährt in drei Jahren, die Strafverfolgung von Zuwiderhandlungen gegen dieses Gesetz, die mit Ordnungsstrafen bedroht sind, in einem Jahre.

**Strafverfahren.**

**§ 29.** Für die Feststellung, Untersuchung und Entscheidung der Steuervergehen sowie für die Strafmilderung und den Erlaß der Strafe im Gnadenwege kommen die Vorschriften zur Anwendung, nach denen sich das Verfahren wegen Vergehens gegen die Zollgesetze bestimmt.

Der Erlös aus den eingezogenen Gegenständen und die nach den Vorschriften dieses Gesetzes verwirkten Geldstrafen fallen der Kasse desjenigen Staates zu, von dessen Behörden die Strafentscheidung im ersten Rechtszug erlassen ist.

**Verrechnung der Geldstrafe.**

**§ 30.** Ein im Strafverfahren eingegangener Geldbetrag ist im Verhältnis zur Reichskasse zunächst auf die Steuer zu verrechnen.

## IV. Abschnitt.

## Besondere Vorschriften.

**Ausgleichungsbeträge.**

**§ 31.** Für die außerhalb der Zollgrenze liegenden Teile des Reichsgebiets kann auf Antrag der Landesregierungen an Stelle der in diesem Gesetze vorgesehenen Steuer durch den Bundesrat die Zahlung eines Ausgleichungsbetrags an die Reichskasse zugelassen werden.

**Verwaltung.**

**§ 32.** Die Verwaltung und Erhebung der Steuer liegt den Landesbehörden ob.

Für die Verwaltungskosten wird aus der Reichskasse eine vom Bundesrate zu bestimmende Vergütung gewährt.

**§ 33.** Die Reichsbevollmächtigten für Zölle und Steuern und die Stationskontrolleure haben in Beziehung auf dieses Gesetz dieselben Rechte und Pflichten, welche ihnen in Ansehung der Zölle und Verbrauchssteuern beigelegt sind.

**Zollanschlüsse.**

**§ 34.** Steuerpflichtige Erzeugnisse, die aus den dem Zollgebiet angeschlossenen Staaten und Gebietsteilen eingehen, sind spätestens beim Eintritt in das Inland zu versteuern.

**Vereinbarungen mit fremden Staaten.**

**§ 35.** Der Reichskanzler kann unter Zustimmung des Bundesrats mit fremden Regierungen wegen Einführung einer den Vorschriften dieses Gesetzes entsprechenden Steuer in den dem Zollgebiet angeschlossenen Staaten und Gebietsteilen, wegen Überweisung der Steuer für die im gegenseitigen Verkehr übergehenden Erzeugnisse oder wegen Begründung einer Gemeinschaft Vereinbarungen treffen.

## V. Abschnitt.

## Übergangsvorschriften.

**Nachsteuer.**

**§ 36**[1]). Erzeugnisse, die sich am Tage des Inkrafttretens dieses Gesetzes außerhalb eines Herstellungsbetriebs oder einer Zollniederlage im Besitze von Händlern, Wirten, Konsumvereinen, Kasinos, Logen und ähnlichen Vereinigungen befinden, unterliegen der Nachsteuer in Höhe der Sätze des § 2.

Die näheren Bestimmungen trifft der Bundesrat.

[1]) Wenn auch die nach diesem Gesetze steuerpflichtigen Erzeugnisse im allgemeinen im Gegensatze zum Weine zu einer längeren Lagerung nicht geeignet erscheinen und demnach mit einer erheblichen Vorversorgung kaum gerechnet zu werden braucht, so kann doch aus finanziellen Gründen auf die **Nachversteuerung** nicht verzichtet werden.

In der Nachsteuerordnung soll zugelassen werden, daß für bierähnliche Getränke zur Vermeidung der **Doppelbesteuerung** die etwa nachweislich gezahlte Brausteuer auf Antrag auf die Nachsteuer angerechnet wird.

**Anzeigen.**

**§ 37.** Von den bestehenden Betrieben zur Herstellung steuerpflichtiger Erzeugnisse sind die nach diesem Gesetz erforderlichen Anzeigen bei Vermeidung der im § 20 angedrohten Ordnungsstrafen spätestens binnen zwei Wochen nach der Verkündung des Gesetzes zu erstatten.

Lieferungsverträge.

**§ 38.** Soweit beim Inkrafttreten dieses Gesetzes Verträge über Lieferung von Erzeugnissen der im § 1 bezeichneten Art bestehen, ist der Abnehmer verpflichtet, dem Lieferer einen um den Betrag der Steuer erhöhten Preis zu zahlen.

Soweit beim Inkrafttreten dieses Gesetzes ein Abnehmer verpflichtet ist, bestimmte Ausschankpreise einzuhalten, ist der Abnehmer berechtigt, eine dem erhöhten Bezugspreis entsprechende Erhöhung der Ausschankpreise eintreten zu lassen.

Die Vorschriften in Abs. 1, 2 finden keine Anwendung, wenn ausdrückliche Vertragsbestimmungen entgegenstehen.

## VI. Abschnitt.

### Erhöhung der Zölle für Kaffee und Tee.

**§ 39**[1]. In Nummer 34 des Zolltarifs ist das Wort „Paraguaytee" zu streichen.

Die Nummern 61 und 65 des Zolltarifs erhalten folgende Fassung:

| | | |
|---|---|---|
| 61 | Kaffee, auch Kaffeeschalen:<br>roh . . . . . . . . . . . . . . . . | 130 Mark für 1 Doppelzentner |
| | nicht roh (z. B. gebrannt [geröstet], auch gemahlen); Kaffeepulver, gemischt mit Zucker, Kaffeeessenz; Auszug von rohen | |

| | | |
|---|---|---|
| | Kaffeeschalen, sirupartig eingedickt ..... | 175 Mark für 1 Doppelzentner |
| 65 | Tee, auch Mate ........ | 220 Mark für 1 Doppelzentner |
| | Anmerkung. Tee zur Herstellung von Tein unter Zollsicherung ... | frei |

In Nummer 212 des Zolltarifs ist hinter den Worten „zur Bereitung von Getränken" einzuschalten: „, anderweit nicht genannt," und es sind zu streichen: das Wort „Kaffee-," in der zweiten Klammer, ferner die Worte „Auszug (Extrakt) von rohen Kaffeeschalen, sirupartig eingedickt;" und die Worte „Kaffeepulver, gemischt mit gebranntem Zucker;".

[1]) Der Entwurf hatte eine Erhöhung der Zölle sowohl für Kaffee und Tee wie für Kakao und Schokolade vorgesehen und in dieser Beziehung hatte die amtliche Begründung folgendes ausgeführt: Der Zusammenhang der vorgeschlagenen **Zollerhöhungen** für Kaffee und Tee mit den vorgelegten Gesetzen über eine stärkere oder neue Belastung von **Getränken** ergibt sich aus der Erwägung, daß jene Belastung die Neigung, sich ihr durch vermehrten Genuß anderer Getränke zu entziehen, erheblich fördern und damit den Ertrag der neuen steuerlichen Maßnahmen beeinträchtigen würde. Sollte daher die Erhöhung der Einnahmen aus den Getränkesteuern im beabsichtigten Umfang erreicht werden, so war es unvermeidlich, auch Kaffee, Tee, Kakao und Schokolade als Stoffe, die zur Herstellung von besonders beliebten Getränken dienen, höheren Abgaben zu unterwerfen, das Vorgehen erschien um so mehr gerechtfertigt, als die Zölle auf Kaffee, Kakao und Tee reine Finanzzölle sind. Doch wurde vom Reichstagsausschuß die Zollerhöhung auf Kakao und Schokolade gestrichen.

Die nicht sehr erheblichen **Änderungen der Anordnung** des Zolltarifs und der einzelnen Tarifnummern beruhen auf dem Streben, die Gliederung des Tarifs noch mehr, als dies bereits bisher geschehen, dem Werte der einzelnen Erzeugnisse anzupassen, zusammengehörige Waren unter derselben Nummer zu vereinigen und entbehrliche Zusätze zu den Bezeichnungen der einzelnen Waren zu vermeiden.

## VII. Abschnitt.

### Schlußvorschrift.

**§ 40.** Dieses Gesetz tritt einen Monat nach der Verkündung, hinsichtlich der §§ 20 und 37 mit der Verkündung in Kraft.

Gegeben Großes Hauptquartier,
den 26. Juli 1918.

(Siegel.) Wilhelm
Dr. Graf von Hertling.

# Biersteuergesetz.

Vom 26. Juli 1918 (RGBl. S. 863).

## Vorbemerkungen.

Die Notwendigkeit, die Einnahmen des Reichs aus der Bierbesteuerung um ein Mehrfaches zu erhöhen, führte zunächst zur Prüfung der Frage, ob es sich empfiehlt, diesen Zweck durch entsprechende Erhöhung der bestehenden Abgaben auf die zur Bierbereitung bestimmten Rohstoffe oder in Verbindung mit dem Übergange zu einer anderen Besteuerungsart zu erreichen.

Die Rohstoffbesteuerung erscheint nur so lange berechtigt, als das Verfahren bei der Herstellung des steuerpflichtigen Erzeugnisses noch in der Entwicklung begriffen ist und die Rohstoffbesteuerung einen Anreiz zur tunlichsten Ausnutzung der Rohstoffe und damit zu Betriebsverbesserungen bietet. Mit der technischen Vervollkommnung steigt die Ausbeute aus dem Rohstoff und demzufolge die steuerliche Belastungsfähigkeit des daraus hergestellten Erzeugnisses. Die Ausbeute an Bier aus einem Doppelzentner Malz war schon vor dem Kriege ständig gestiegen; während des Krieges und namentlich seitdem durch die Verordnung des Bundesrats vom 15. Februar 1915 (RGBl. S. 97) die Malzverwendung in den Bierbrauereien wesentlich eingeschränkt worden ist, hat sie so zugenommen, daß, wie die amtliche Begründung an der Hand eingehender Statistiken nachweist, eine nicht unbeträchtliche Abminderung der Steuerbelastung für das Hektoliter Bier eingetreten ist. Nach dem Kriege werden sich diese Verhältnisse wegen der auch dann noch bestehenden Rohstoffknappheit zunächst kaum wesentlich ändern. Es wird auch nicht angenommen werden können, daß später die Malzverwendung zur Bierbereitung die frühere Höhe wieder erreicht, nachdem die Brauereien sich einmal auf die Herstellung dünner Biere eingerichtet haben, so daß, zumal auch mit einem empfindlichen Rückgang des Verbrauchs im Vergleich zum Verbrauch vor dem Kriege zu rechnen ist, ein doppelt empfindlicher Rückgang der Biersteuer zu erwarten wäre. Gegen die Möglichkeit, einer Bierverdünnung nach dem Kriege durch gesetzliche Maßnahmen, wie die Festsetzung eines Mindeststammwürzegehalts von etwa 11 Gewichtsteilen auf Hundert (der einer Malzverwendung von etwa 18 kg für ein Hektoliter Bier entsprechen würde), entgegenzuwirken, spricht der auch nach dem Kriege noch andauernde Rohstoffmangel und die Rücksichtnahme auf die Volksernährung. Außerdem würden hierdurch Brauereien, die sich, wie viele kleinere Betriebe, hochwertige Rohstoffe nicht verschaffen können oder ungünstige Betriebsverhältnisse haben, schwer getroffen werden. Der Bierverdünnung bei Bemessung der künftigen erhöhten Steuerbelastung des Bieres unter Beibehaltung der bestehenden Malzgewichtsteuer dadurch Rechnung zu tragen, daß hierbei von einer möglichst niedrigen Malzverwendung für ein Hektoliter Bier ausgegangen wird, geht nicht an, weil dann zur Erzielung der beabsichtigten Mehreinnahme von rund 330000000 M. die Brausteuersätze eine so außerordentliche Erhöhung erfahren müßten, daß die ungleiche Wirkung der Malzgewichtsteuer auf das fertige Bier in weit stärkerem Maße als bisher sich geltend machen und die Wettbewerbsverhältnisse der Brauereien beeinflussen würde. Die Ausbeute an Bier aus einem Doppelzentner Malz ist sehr verschieden, je nach den Betriebsverhältnissen der einzelnen Brauerei und der Stärke des hergestellten Bieres; es kann ein Unterschied von mehr als 30 hl vorkommen. Bei der Malzgewichtsteuer ist für das aus einem Doppelzentner Malz erzeugte Bier stets die gleiche Abgabe zu entrichten; die Belastung des fertigen Bieres ist daher bei dieser Besteuerungsart eine sehr verschiedene, je nach der aus dem Malze gewonnenen Biermenge. Dem Verbraucher gegenüber kommt dieses Verhältnis im Bierpreis nicht immer zum Ausdruck; der Hersteller des Bieres dagegen hat aus einer höheren Ausbeute einen erhöhten Gewinn und hat trotzdem keine höhere Abgabe zu entrichten wie bei einer geringeren Ausbeute. Von diesem Standpunkt aus konnte die bestehende Art der Bierbesteuerung, nämlich die Malzsteuer, nicht als gerecht bezeichnet werden. Auch durch eine anderweite Abstufung der Brausteuersätze, unter Belassung der Malzgewichtsteuer, hätte sich eine erhöhte Sicherstellung des Steueraufkommens bei der Herstellung malzarmer Biere nicht erreichen lassen, da die Bierverdünnung nicht nur bei bestimmten Betriebsklassen, wie z. B. Großbetrieben, sondern bei allen Brauereien eingetreten ist. Die unter den gegenwärtigen und künftigen Verhältnissen besonders hervortretende ungleichmäßige Wirkung der Rohstoffbesteuerung auf das fertige Bier und die Unmöglichkeit, hiergegen auf der Grundlage der bestehenden Besteuerungsart durchgreifende und wirksame Abhilfe zu schaffen, hat die Regierung veranlaßt, von der Rohstoffbesteuerung zur Fabrikatsteuer überzugehen, mit anderen Worten, die Abgabe auf das fertige Erzeugnis zu legen. Dadurch soll der tatsächliche Inlandverbrauch an Bier und der hierfür vom Verbraucher gemachte Aufwand gleichmäßiger getroffen und zugleich schon durch die Besteuerungsart selbst ein gewisser Ausgleich für die Verschiedenartigkeit der Betriebsverhältnisse geschaffen werden. Auch ist der Brauer bei der Besteuerung des fertigen Bieres unabhängiger von der Beschaffenheit und Ergiebigkeit der verwendeten Rohstoffe, was besonders kleinen und mittleren Brauereien, die nicht in der Lage sind, hochwertige Gersten zu verarbeiten, zugute kommen würde. Eine Beeinträchtigung der Bestrebungen auf Hebung des deutschen Gerstenbaues befürchteten Regierung und Reichstag nicht, weil der geldkräftige und rechnende Brauer nach wie vor die für ihn vorteilhafteren hochwertigen Gersten verwenden wird, übrigens ist auch die Besteuerung des bei der Bierbereitung gewonnenen Erzeugnisses (Fabrikatsteuer) bereits in verschiedenen Ländern durchgeführt. Das Gesetz will das fertige Bier nach der in den Verbrauch übergehenden Menge besteuern. Das Bier soll im allgemeinen ohne Rücksicht auf seine Beschaffenheit mit gleichmäßigen Sätzen belegt werden, nur ist für Dünnbier eine Ermäßigung und für Starkbier eine Erhöhung der für das übrige Bier in Aussicht genommenen Steuersätze je um die Hälfte vorgesehen. Was als Dünnbier und Starkbier anzusehen ist und was als Vollbier gilt, bestimmt das Gesetz selbst (§ 3).

Die steuerliche Überwachung soll sich im engen Anschluß an das Verfahren bei der jetzt geltenden Malzgewichtsteuer zunächst auf die Überwachung der zur Bierbereitung verwendeten Rohstoffe stützen und in dieser Hinsicht durch eine Erweiterung der Verpflichtung zur Aufstellung von Malzmühlen mit selbsttätiger Verwiegungsvorrichtung ausgebaut werden. Die Rohstoffüberwachung soll ergänzt werden durch eine Buchführung über die Bierbereitung, wie sie jetzt schon in geordneten Brauereibetrieben besteht. Die Steuererhebung soll sich auf die Vorträge über die steuerpflichtig gewordenen Biermengen im Steuerbuche gründen, die sich durch die Anschreibungen über die Rohstoffverwendung und Bierbereitung im Sudbuch und Bierbuche nachprüfen lassen. Eine ähnliche Buchführung ist in vielen Betrieben jetzt schon eingerichtet und bietet den Brauereien keine erheblichen Schwierigkeiten. Manche Klein- und Mittelbrauer werden sich allerdings erst daran gewöhnen müssen, sie werden aber dadurch einen besseren Überblick über ihre Betriebsverhältnisse gewinnen und unter Umständen sogar zu Betriebsverbesserungen angeregt werden. (Die in Bayern seit dem Jahre 1910 mit Erfolg durchgeführte Einrichtung des Sudbuchs hat gezeigt, daß auch kleinen Brauereien eine derartige Buchführung möglich ist.)

Die Steuersätze des Entwurfs für gewöhnliches Bier bewegten sich zwischen 10 und 12,50 M. für ein Hektoliter und bilden annähernd die vierfache Belastung gegenüber der Zeit vor dem Kriege und sind mit einer geringen Verschiebung in den unteren Stufen unverändert vom Reichstag angenommen. Im Vergleiche zu der während des Krieges eingetretenen und vom Verbraucher hingenommenen Bierpreiserhöhung erscheinen sie erträglich. Die Abstufung der Steuersätze erhöht den bisherigen Schutz der Klein- und Mittelbrauer wesentlich, wie das von der amtlichen Begründung durch Zahlen näher dargelegt wird.

Für die Biermengen, die in einer Brauerei innerhalb eines Rechnungsjahrs über eine bestimmte Grenze (Kontingent) hinaus hergestellt werden, sollen während einer Übergangszeit von zehn Jahren nach dem Inkrafttreten des Gesetzes erhöhte Steuersätze zu entrichten sein, und zwar während der ersten fünf Jahre die dreifachen, während der nächsten fünf Jahren die doppelten Steuersätze des § 3 (§ 4 Ges.). Die aus den verschiedenen Kreisen des Braugewerbes gehörten Sachverständigen haben sich übereinstimmend für die Einführung einer solchen Kontingentierung ausgesprochen. Die Kontingentierung soll nicht dauernd, sondern nur bis zur Wiedererstarkung des Gewerbes eintreten, um eine unhemmte Weiterentwicklung des norddeutschen Baugewerbes für die Zukunft offen zu halten. Das Gesetz sieht deshalb im § 4 die Kontingentierung in der Weise vor, daß in jedem Rechnungsjahre bei der einzelnen Brauerei die regelmäßigen Steuersätze des Gesetzes (§ 3) nur insoweit zur Anwendung kommen sollen, als die Beteiligung der Brauerei an dem Gesamtbierverbrauch ihrem Anteilsverhältnis an dem Gesamtbierabsatze der Brauereien im Durchschnitt der Kalenderjahre 1912 und 1913 entspricht. Insoweit in einem Rechnungsjahre die steuerpflichtig gewordene Biermenge diesen Anteil übersteigt, sollen die vorstehend angegebenen doppelten und dreifachen Steuersätze gelten. Damit soll ein allmählicher Abbau der Kontingentierung eintreten, in ähnlicher Weise, wie es im § 6 Abs. 2 des geltenden Brausteuergesetzes hinsichtlich der Abgabenerhöhung für neuentstandene Brauereien vorgesehen ist.

Die Vorschriften des geltenden Brausteuergesetzes über die Bierbereitung, insbesondere das sogenannte Reinheitsgebot, sind aufrechterhalten (§ 13). Dies entspricht dem Wunsche des Braugewerbes. Im Ausschuß ist dann das Reinheitsgebot noch verschärft worden, indem auch die Vermischung von Einfachbier, Starkbier und Vollbier untereinander und der Zuckerzusatz nach Eintritt der Steuerpflicht oder durch Händler und Wirt untersagt und unter schwere Strafen gestellt ist (§ 13 letzter Absatz).

Wegen der Einzelbestimmungen des Gesetzes, besonders wegen des Steuerveranlagungsverfahrens muß auf die Einzelbestimmungen des Gesetzes und die dort gegebenen Erläuterungen Bezug genommen werden.

Wir Wilhelm, von Gottes Gnaden Deutscher Kaiser, König von Preußen usw.

verordnen im Namen des Reichs, nach erfolgter Zustimmung des Bundesrats und des Reichstags für das innerhalb der Zollinie liegende Gebiet des Deutschen Reichs, jedoch mit Ausschluß der Königreiche Bayern und Württemberg, des Großherzogtums Baden, Elsaß-Lothringens, des Großherzoglich Sächsischen Vordergerichts Ostheim und des Herzoglich Sachsen-Coburg und Gothaischen Amtes Königsberg, was folgt:

## 1. Allgemeine Vorschriften.

**Gegenstand der Biersteuer.**

**§ 1**[1]. Bier, das im Geltungsbereiche dieses Gesetzes hergestellt[2]) wird, unterliegt einer in die Reichskasse fließenden Abgabe (Biersteuer).

[1][2]) Die Vorschriften im § 1 Abs. 1 und § 2 bringen zum Ausdruck, daß nur das **innerhalb des Geltungsbereichs des Gesetzes hergestellte** und zum **Verbrauch innerhalb dieses Gebiets** bestimmte **Bier** der **Biersteuer** unterliegen soll. Das aus dem **Zollausland** eingeführte Bier unterliegt dem **Bierzoll.** Die entsprechende Erhöhung des Bierzolls ist auf das ganze Zollgebiet zu erstrecken und deshalb in einem besonderen Gesetz vorgeschlagen. **Für das aus den anderen deutschen Biersteuergebieten eingeführte** Bier wird die **Übergangsabgabe** erhoben. Diese beruht nicht auf dem **Biersteuergesetze,** sondern in den durch § 40 der Reichsverfassung aufrechterhaltenen Vorschriften des **Zollvereinigungsvertrags** vom 8. Juli 1867 (Art. 5, II §§ 2 bis 6).

[2]) Als **hergestellte** Biermengen im Sinne des Abs. 1 und dementsprechend auch des Abs. 5 sollen die in einem **Brauereibetrieb innerhalb eines Rechnungsjahrs steuerpflichtig gewordenen und steuerfrei ausgeführten Biermengen** (siehe § 33 Abs. 4) gelten.

Die Besteuerung der **bierähnlichen Getränke** soll künftig nicht mehr in Verbindung mit der Biersteuer, sondern in Zusammenhang mit der Besteuerung anderer Getränke geregelt werden. Vgl. das in diesem Bändchen ebenfalls zum Abdruck gelangte Gesetz betreffend die Besteuerung der Mineralwässer usw.

**Befreiung.**

§ 2[1]). Von der Biersteuer befreit ist Bier, das unter Steueraufsicht aus dem Geltungsbereiche dieses Gesetzes ausgeführt wird.

[1]) Entsprechend der Absicht des Gesetzes, nur den **Inlandsverbrauch** zu treffen, ist eine Befreiung der **Ausfuhr** in das Ausland vorgesehen. Im übrigen vgl. die Anmerkungen zu § 1.

**Höhe der Steuer.**

§ 3[1]). Die Biersteuer beträgt für jedes Hektoliter der in einem Brauereibetrieb innerhalb eines Rechnungsjahrs hergestellten Biermenge[2])

| | | | | |
|---|---|---|---|---|
| von den ersten[2]) | 2000 | Hektolitern | 10,00 | Mark |
| „ „ folgenden[2]) | 8000 | „ | 10,50 | „ |
| „ „ „ | 10000 | „ | 11,00 | „ |
| „ „ „ | 10000 | „ | 11,50 | „ |
| „ „ „ | 30000 | „ | 12,00 | „ |
| „ „ „ | 60000 | „ | 12,30 | „ |
| „ dem Reste | . . . . . . . . . | | 12,50 | „ |

Die Steuersätze im Abs. 1 ermäßigen sich für Einfachbier und erhöhen sich für Starkbier je um die Hälfte[3]). Einfachbier im Sinne dieses Gesetzes ist Bier mit einem Stammwürzegehalt bis 4,5 vom Hundert. Vollbier ist Bier mit einem Stammwürzegehalt von 8 bis 13 vom Hundert. Starkbier ist Bier mit einem Stammwürzegehalt von mehr als 13 vom Hundert[3]).

Für die vor dem 1. Oktober 1908 betriebsfähig hergerichteten Brauereien wird, sofern in ihnen im Durchschnitt der Rechnungsjahre 1906, 1907 und 1908 und seither bis zum Inkrafttreten dieses Gesetzes in einem Rechnungsjahre nicht mehr als 150 Doppelzentner Braustoffe nach den Vorschriften der Brausteuergesetze vom 3. Juni 1906 und vom 15. Juli 1909 steuerpflichtig geworden sind, die Biersteuer von den ersten 1000 Hektolitern der in einem Rechnungsjahre hergestellten Biermenge auf acht Mark für ein Hektoliter ermäßigt. Die Vorschrift im Abs. 2 findet entsprechende Anwendung. Die Vergünstigung erlischt mit dem Ablauf des Rechnungsjahrs, in dem in der Brauerei mehr als 1000 Hektoliter Bier hergestellt worden sind[4]).

Mehrere Brauereien, die für Rechnung einer und derselben Person oder Gesellschaft betrieben werden, sind im Sinne des Abs. 1 als ein Brauereibetrieb anzusehen. Sind mehrere, am 1. August

1909 für Rechnung einer und derselben Person oder Gesellschaft betriebene Brauereien bis dahin steuerlich getrennt behandelt worden, so sind sie auch nach dem Inkrafttreten des Gesetzes getrennt zu behandeln[4]).

Wird eine Braustätte von mehreren, für eigene Rechnung brauenden Personen gemeinsam benutzt, so ist für die Höhe des Steuersatzes nicht die in der Brauerei insgesamt hergestellte Biermenge, sondern die Biermenge entscheidend, die jede einzelne dieser Personen auf eigene Rechnung herstellt. Nach dem 1. August 1909 errichtete Brauereien dieser Art erhalten die Vergünstigung nicht; Ausnahmen können nach näherer Bestimmung des Bundesrats zugelassen werden[5]).

[1]) Im allgemeinen sei auf die Vorbemerkungen über die Abstufung der Steuersätze Bezug genommen.

[2]) Der Entwurf behält den Grundsatz des Brausteuergesetzes, daß die größeren Betriebe auch an den ermäßigten regelmäßigen Sätzen für Klein- und Mittelbetriebe teilnehmen sollen (**Durchstaffelung**), bei. Für Großbetriebe ist aber eine weitergehende Abstufung der Steuersätze nach oben, als sie das geltende Brausteuergesetz enthält, in Aussicht genommen. Während vor dem Inkrafttreten des neuen Gesetzes der höchste Steuersatz bei einer jährlichen Malzverwendung von 5000 dz, d. i. einer Biererzeugung von etwa 30000 hl begann, enthält der Entwurf erhöhte Steuersätze darüber hinaus für eine Jahreserzeugung von mehr als 60000 hl (9600 dz Malzverwendung) und von mehr als 120000 hl (19200 dz Malzverwendung), um einen erhöhten Ausgleich für die Überlegenheit der Großbetriebe zu schaffen. Dies entspricht einem vor dem Kriege wiederholt geäußerten Wunsche der Klein- und Mittelbrauer.

Die Spannung zwischen der Belastung eines Hektoliters Bier ist, je nachdem er in einer Klein-, Mittel- oder Großbrauerei hergestellt worden ist, gegenüber dem geltenden Gesetz wesentlich erhöht worden. Sie muß als genügend zum

Ausgleich der verschiedenen Betriebsverhältnisse erscheinen. Eine Erschwerung der Abwälzung der erhöhten Abgabenbelastung auf den Verbrauch wird hiervon um so weniger zu befürchten sein, als die Vorschrift im § 4 des Entwurfs einer Betriebsausdehnung während der Übergangszeit entgegenwirkt und nach Ablauf der Kontingentierungszeit sich die Wettbewerbsverhältnisse geklärt und gefestigt haben werden.

[3]) Während das Gesetz sonst keinen Unterschied in der Höhe des Steuersatzes macht, einerlei ob es sich um stärkeres oder dünneres Bier handelt, macht es für sogenanntes **Einfachbier** und **Starkbier** Ausnahmen. Die **Ermäßigung** oder **Erhöhung** der regelmäßigen Steuersätze je um die **Hälfte** dürfte annähernd dem Ausbeuteverhältnis entsprechen, das sich bei der Herstellung von Einfachbier und Starkbier gegenüber der Herstellung des durchschnittlichen Vollbiers aus einem Doppelzentner Malz ergibt.

[4]) Die Vorschriften im Abs. 3 und 4 entsprechen den Vorschriften im § 6 Abs. 3 und 6 des geltenden Brausteuergesetzes.

[5]) Die Vorschrift im Abs. 5 entspricht der Vorschrift im § 6 Abs. 7 des geltenden Brausteuergesetzes. Der Zusatz am Schlusse soll die Möglichkeit geben, in besonderen Fällen, z. B. vorübergehender Betriebseinstellung, die Vergünstigung auch bei Benutzung einer nach dem 1. August 1909 errichteten Brauerei durch mehrere Personen auf eigene Rechnung zu gewähren.

**Überschreitung der zugewiesenen Jahresmenge.**

§ 4[1]). Der Bundesrat bestimmt während der ersten zehn Rechnungsjahre nach dem Inkrafttreten des Gesetzes nach Maßgabe des voraussichtlichen Verbrauchs im Biersteuergebiet für jedes Rechnungsjahr die den Brauereien zur Versteuerung nach den regelmäßigen Abgabesätzen (§ 3) zuzuweisende Gesamtjahresmenge. Die Gesamtjahresmenge wird auf die einzelnen vor dem 1. Januar 1914 in Betrieb genommenen Brauereien nach näherer Anordnung des Bundesrats auf der Grundlage ihres durchschnittlichen Bierabsatzes[1]) in den Kalenderjahren 1912 und 1913 verteilt. Der Bundesrat bestimmt die Grundsätze, nach denen die Jahresmengen für Brauereien, die in der Zeit vom 1. Januar 1914 bis zum 31. März 1918 neu in Betrieb genommen wurden, zu bemessen sind; er kann zur Vermeidung von Ungleichheiten oder Härten für einzelne Betriebe die Jahresmenge anderweit festsetzen[1]).

Übersteigt in einer Brauerei die Biererzeugung[2]) innerhalb eines Rechnungsjahrs die der Brauerei zugewiesene Jahresmenge (Abs. 1), so erhöhen sich für die übersteigende Menge die Steuersätze des § 3 Abs. 1 und 2 während der ersten fünf Jahre nach dem Inkrafttreten des Gesetzes auf das Dreifache, während der zweiten fünf Rechnungsjahre nach dem Inkrafttreten des Gesetzes auf das Zweifache.

Die einem Brauereibetriebe zugewiesene Jahresmenge kann nach näherer Bestimmung des Bundesrats auf eine andere Brauerei, sofern sie vor dem 1. April 1918 in Betrieb genommen worden ist, ganz oder teilweise übertragen werden[3]).

[1]) Diese Vorschrift will, wie bereits im allgemeinen Teil der Begründung hervorgehoben ist, den verhältnismäßigen **Anteil**, den die einzelnen Brauereien an dem Gesamtbierabsatz im Durchschnitt der Kalenderjahre 1912 und 1913 gehabt haben, nach Möglichkeit auch für eine **Übergangszeit** von zehn Jahren nach dem Inkrafttreten des Gesetzes aufrechterhalten. Der Bierabsatz in den Kalenderjahren 1912 und 1913 ist als Grundlage für die den Brauereien zuzuweisende Jahresmenge gewählt worden, weil die durchschnittliche Malzverwendung während dieses Zeitraums auch für die Einschränkung der Malzverwendung in den Brauereien während des Krieges maßgebend ist. Diese durchschnittliche **Malzverwendung** selbst wird aber eine geeignete Grundlage für die **Kontingentierung** nicht bilden können, weil die daraus herstellbaren Biermengen

sehr verschieden waren. Soll die Kontingentierung ihren Zweck, die früheren Wettbewerbsverhältnisse der Brauereien aufrechtzuerhalten, erreichen, so wird sie auf den tatsächlichen **Bierabsatz** im Durchschnitt der Jahre 1912 und 1913 abgestellt werden müssen. Die hiernach in Betracht kommenden Biermengen sollen aus den **Geschäftsbüchern** der Brauereien ermittelt und, wo dies nicht möglich ist, aus ihrem Malzverbrauch unter Annahme einer durchschnittlichen Malzverwendung für ein Hektoliter Bier berechnet werden. Der **Bundesrat** soll für jedes Rechnungsjahr die **Gesamtmenge** des nach den regelmäßigen Sätzen des § 3 zu versteuernden Bieres nach Maßgabe des voraussichtlichen Verbrauchs an Bier, das innerhalb des Biersteuergebiets hergestellt wird, **festsetzen**, wobei auch bei außergewöhnlicher Gestaltung des Verbrauchs eine entsprechende Erhöhung oder Ermäßigung der für ein Rechnungsjahr festgesetzten Gesamtmenge auch während des Rechnungsjahres eintreten kann; diese Menge soll auf die einzelnen Betriebe nach ihrem ein für allemal festgelegten Anteilsverhältnis an dem Bierabsatz in den Kalenderjahren 1912 und 1913 verteilt werden. Steuerbegünstigte Hausbrauer (§ 6 des Gesetzes) sollen bei dieser Regelung außer Betracht bleiben; da bei ihnen ohnehin die Steuerbegünstigung an die Einhaltung der Höchstgrenze von 20 hl Jahreserzeugung geknüpft ist.

[2]) Als **Biererzeugung** im Sinne des Abs. 2 soll die in einem Brauereibetrieb innerhalb eines Rechnungsjahres steuerpflichtig gewordene und steuerfrei ausgeführte Biermenge (s. § 33 Abs. 4) gelten.

[3]) Die **Übertragbarkeit der zugewiesenen Jahresmenge** (§ 4 Abs. 3) soll einerseits Gelegenheit geben, bei Aufgabe des Betriebs das Recht, diese Jahresmenge zu den regelmäßigen Abgabesätzen herstellen zu dürfen, verwerten zu können, andererseits die Möglichkeit bieten, einen Wechsel in der Stärke des Bierverbrauchs innerhalb der einzelnen Gegenden des norddeutschen Biersteuergebiets ausgleichen zu können.

**Neue Brauereien.**

**§ 5**[1]). Für neue Brauereien, die nach dem 1. April 1918 in Betrieb genommen werden, erhöhen sich die Steuersätze im § 3 Abs. 1 und 2 während der ersten fünf Rechnungsjahre nach dem Inkrafttreten des Gesetzes auf das Dreifache, während der zweiten fünf Rechnungsjahre nach dem Inkrafttreten des Gesetzes auf das Zweifache. Die Vorschrift im § 3 Abs. 2 findet sinngemäße Anwendung.

[1]) Nach § 6 Abs. 2 des geltenden **Brausteuergesetzes** haben nach dem 1. August 1909 in Betrieb genommene Brauereien sowie Brauereien, die nach dem 1. August 1909 wieder in Betrieb genommen wurden, nachdem sie mehr als zwei Jahre außer Betrieb waren, bis zum 31. März 1918 erhöhte Steuersätze zu entrichten. Diese Vorschrift ist in das Gesetz bei der Beratung des Entwurfs in der Vollversammlung des Reichstags aufgenommen worden (Nr. 1595 der Reichstagsdrucksachen 1507/1909, Sten. Bericht, Bd. 237, S. 9282), um dem bestehenden Gewerbe als Ausgleich für die Mehrbelastung während einer **Übergangszeit** Schutz gegen Neugründungen zu bieten. Die Notwendigkeit, einer Betriebsausdehnung der bestehenden Betriebe während einer Übergangszeit entgegenzuwirken, ist bereits durch § 4 des Gesetzes anerkannt. Es ist folgerichtig, wenn auch das Entstehen neuer Brauereien zur tunlichsten Erhaltung des Absatzgebiets der bestehenden Brauereien innerhalb dieser Übergangszeit möglichst verhindert wird. Zu diesem Zwecke sollen **nach dem 1. April 1918 neu entstandene Brauereien** für ihr **gesamtes Erzeugnis** die **erhöhten** Abgabesätze zu entrichten haben, wie sie im § 4 Abs. 2 für die Überschreitung der zugewiesenen Jahresmenge vorgeschlagen sind. Auf Betriebe, die in der Zeit vom 1. **August 1909 bis zum 1. April 1918** neu in Betrieb genommen worden sind, sowie auf die **Wiederinbetriebnahme ruhender Brauereien** diese Maßnahme auszudehnen, dürfte mit Rücksicht darauf entbehrlich sein, daß einerseits hierfür nur wenige Brauereien mit geringem Betriebsumfang in Frage kommen werden, anderseits eine unerwünschte Ausdehnung derartiger Betriebe durch die Vorschrift im § 4 des Entwurfs hintangehalten wird.

**Haustrunk und Hausbrauer.**

**§ 6**[1]. Für Bier, das von Brauereien an ihre Angestellten und Arbeiter als Haustrunk gegen Entgelt oder unentgeltlich abgegeben wird, wird die Steuer nicht erhoben. Brauereien dürfen Bier, das nach dieser Vorschrift steuerfrei geblieben ist, an andere Personen als diese Angestellten und Arbeiter nicht abgeben[2].

Für Personen, die obergäriges Bier nur für ihren Hausbedarf bereiten, wird, wenn sie in einem Rechnungsjahre nicht mehr als zwanzig Hektoliter Bier herstellen, die Steuer auf drei Mark für ein Hektoliter ermäßigt.

Es ist verboten, Bier, das zum ermäßigten Satze versteuert worden ist, an nicht zum Haushalt gehörige Personen gegen Entgelt abzugeben.

Bierverkäufer haben auf die Ermäßigung keinen Anspruch.

[1]) Die Vorschrift entspricht dem § 6 Abs. 4 des geltenden **Brausteuergesetzes**. Die Vergünstigung soll jedoch nur Hausbrauern gewährt werden, die in einem Rechnungsjahre nicht mehr als 20 hl Bier herstellen. Damit dürfte dem tatsächlichen Bedürfnis ausreichend Rechnung getragen sein. Weiter zu gehen empfiehlt sich aus steuerlichen und volkswirtschaftlichen Gründen nicht.

[2]) Der Absatz, welcher die Steuerfreiheit des Haustrunks der Brauereiarbeiter und Angestellten vorsieht, ist erst durch den Reichstagsausschuß in das Gesetz gebracht. Ein Vertreter des Reichsschatzamts erklärte, ohne Widerspruch zu finden, das Wort „**Haustrunk**" werde man dahin auffassen können, daß es bedeute „zu dem eigenen Bedarf der Arbeiter und ihrer Familien, nicht aber zum Erwerb". Der Arbeiter dürfe den Haustrunk zwar verkaufen, der Umfang der Gewährung dürfe aber nicht über den eigenen Bedarf des Arbeiters und

seiner Familie hinausgehen. Das sei ja auch in der Praxis nicht der Fall.

**Haftung des Bieres.**

§ 7[1]). Biersteuerpflichtiges Bier haftet ohne Rücksicht auf die Rechte Dritter für den Betrag der darauf ruhenden Biersteuer und kann, solange deren Entrichtung nicht erfolgt ist, von der Steuerbehörde mit Beschlag belegt werden.

[1]) Die Vorschrift soll dem Steueraufkommen eine erhöhte Sicherheit bieten — zu vergleichen § 14 des Vereinszollgesetzes vom 1. Juli 1869, § 3 Abs. 2 des Zuckersteuergesetzes vom 27. Mai 1896, § 8 des Branntweinsteuergesetzes vom 15. Juli 1909 und § 6 des Zündwarensteuergesetzes vom 15. Juli 1909 —. Was unter haften technisch verstanden sein soll, ist allerdings nicht ganz klar. Wäre an ein gesetzliches Pfandrecht gedacht, so hätte es nicht der weiteren Bestimmung bedurft, daß die Steuerbehörde den betreffenden Vorrat „mit Beschlag belegen" könne. Gemeint ist, die Steuerbehörde solle die Möglichkeit haben, jederzeit ohne Rücksicht auf vorher entstandene Rechte Dritter ein Pfandrecht zur Entstehung zu bringen.

**Steuerpflichtiger und Steuerpflicht.**

§ 8. Zur Entrichtung der Biersteuer ist verpflichtet, wer Bier für seine Rechnung herstellt oder herstellen läßt[1]).

Die Steuerpflicht tritt ein, sobald das Bier aus der Brauerei entfernt oder innerhalb der Brauerei getrunken wird[1])[3]). Der Bundesrat kann für die Versendung von Farbebier Ausnahmen zulassen[2]).

[1]) Während nach § 7 Abs. 2 des geltenden **Brausteuergesetzes** die **Steuerpflicht** bereits mit der **Anmeldepflicht** der zur Bierbereitung zu verwendenden **Rohstoffe** oder mit der **Verbringung** des **Malzes** auf die **Malzsteuermühle** beginnt, soll nach dem Entwurfe die Biersteuer erst dann zu entrichten sein, wenn das Bier die **Brauerei verläßt** oder **innerhalb**

**derselben getrunken** wird. Hierdurch und durch die Vorschrift im § 11 des Entwurfs ist für den Brauer die Verpflichtung zur Abgabenentrichtung näher an den Zeitpunkt gerückt, in dem er die **Bezahlung** seines Erzeugnisses vom Abnehmer erhält; eine Abminderung des Zinsverlustes für die vom Brauer verauslagte Steuer ist die Folge.

Die Vorschriften über die Feststellung der steuerpflichtigen **Biermenge** enthalten die §§ 33 bis 36 des Entwurfs. Für abgefundene Brauereien ist die Feststellung der steuerpflichtigen Biermenge und der Eintritt der Zahlungspflicht im § 37 besonders geregelt.

Für Bier, das innerhalb der herstellenden Brauerei **zugrunde** geht oder zum Genuß unbrauchbar wird, soll eine **Steuerpflicht nicht** eintreten; die **Steuerfreiheit** des aus dem Geltungsbereiche des Gesetzes **ausgeführten Bieres** ergibt sich aus § 2 des Entwurfs. Durch § 9 soll die Möglichkeit gegeben werden, in besonderen Fällen für versteuertes Bier, das in die Brauerei zurückgelangt, eine **Abgabenerstattung** eintreten zu lassen.

Bier, das innerhalb der herstellenden Brauerei **getrunken** wird, soll ebenso, wie im geltenden Gesetze, steuerlich dem übrigen in der Brauerei erzeugten Biere gleichgestellt werden. Die **Feststellung** der Menge des in einer Brauerei getrunkenen Bieres soll durch eine vom Bundesrat anzuordnende besondere **Buchführung** erfolgen (§ 10 Abs. 2 des Gesetzes).

[3]) Die im § 8 Abs. 2 Satz 2 vorgesehene Ausnahme für **Farbebier** will eine wiederholte Besteuerung des Farbebieres vermeiden. Für Farbebier wird die Steuerpflicht erst dann eintreten können, wenn das Bier, zu dessen Herstellung das Farbebier verwendet wurde, steuerpflichtig wird.

**Erstattung der Biersteuer.**

**§ 9**[1]). Eine Erstattung der Biersteuer kann nach näherer Bestimmung des Bundesrats gewährt werden für Bier, das in die Brauerei zurückgelangt.

[1]) Wegen der Behandlung des in der Brauerei unbrauchbar gewordenen Bieres vgl. Anmerkung 1 zu § 8.

**Steuerpflichtige Menge.**

**§ 10**[1]. Die steuerpflichtige Menge bestimmt sich nach dem Raumgehalte der Umschließungen (Fässer, Flaschen usw.), in denen das Bier die Brauerei verläßt.

Die Feststellung der steuerpflichtigen Menge des innerhalb der Brauerei getrunkenen Bieres erfolgt nach näherer Anordnung des Bundesrats.

[1]) Vgl. § 8 und die dortigen Anmerkungen.

**Fälligkeit, Stundung.**

**§ 11.** Die Steuer für die in einem Monat steuerpflichtig gewordenen Biermengen (§ 8 Abs. 2) wird am letzten Tage dieses Monats fällig und ist spätestens am siebenten Tage des nächstfolgenden Monats bei der Hebestelle einzuzahlen. Wird die Zahlungsfrist wiederholt versäumt oder liegen Gründe vor, die den Eingang der Steuer gefährdet erscheinen lassen, so kann die Steuerbehörde die Bezahlung oder Sicherstellung der Steuer bei Eintritt der Steuerpflicht fordern.

Gegen Sicherheitsleistung ist die Steuer für eine Frist von drei Monaten zu stunden[1]).

Nebengebühren, insbesondere für Quittungen und Bescheinigungen der Steuerbehörden, werden nicht erhoben.

[1]) Die **Stundungsfrist von drei Monaten** für die Biersteuer (§ 11 Abs. 2) ist mit Rücksicht darauf ausreichend, daß die Biersteuer erst beim Ausgang des Bieres aus der Brauerei fällig wird (zu vergleichen die Ausführungen unter Abs. 1 des § 11).

**Verjährung.**

**§ 12**[1]. Ansprüche auf Zahlung oder Erstattung der Biersteuer verjähren in einem Jahre von dem Tage des Eintritts der Abgabepflicht oder Abgabenentrichtung ab. Der Anspruch auf Nachzahlung eines hinterzogenen Steuerbetrags verjährt in drei Jahren.

Die Verjährung wird durch jede von der zuständigen Behörde zur Geltendmachung des Anspruchs gegen den Zahlungspflichtigen gerichtete Handlung unterbrochen.

[1]) Die Vorschrift entspricht den Grundsätzen in den §§ 11 und 54 Abs. 2 des geltenden Brausteuergesetzes.

**Bierbereitung.**

**§ 13**[1]). Zur Bereitung von untergärigem Biere[1]) darf, abgesehen von der Vorschrift im Abs. 3, nur Gerstenmalz, Hopfen, Hefe und Wasser verwendet werden.

Die Bereitung von obergärigem Biere[1])[2]) unterliegt derselben Vorschrift; es ist hierbei jedoch auch die Verwendung von anderem Malze und die Verwendung von technisch reinem Rohr-, Rüben- oder Invertzucker sowie von Stärkezucker und aus Zucker der bezeichneten Art hergestellten Farbmitteln zulässig[2]).

Die Verwendung von Farbebieren, die nur aus Malz, Hopfen, Hefe und Wasser hergestellt sind, ist bei der Bierbereitung gestattet, unterliegt jedoch den vom Bundesrat anzuordnenden Überwachungsmaßnahmen.

Unter Malz wird alles künstlich zum Keimen gebrachte Getreide verstanden.

Für die Bereitung besonderer Biere sowie von Bier, das nachweislich zur Ausfuhr bestimmt ist, können Abweichungen von den Vorschriften im Abs. 1 und 2 gestattet werden.

Die Vorschriften im Abs. 1 und 2 finden keine Anwendung auf die Bierbereitung der steuerbegünstigten Hausbrauer (§ 6).

Der Zusatz von Wasser zum Biere durch Brauer nach Feststellung des Extraktgehalts der Stammwürze im Gärkeller oder durch Bierhändler oder Wirte ist untersagt. Das Hauptamt kann Brauern unter den erforderlichen Sicherungsmaßnahmen den Zusatz von Wasser zum Biere nach Feststellung des Extraktgehalts der Stammwürze im Gärkeller gestatten[3]).

Die Vermischung von Einfachbier, Vollbier und Starkbier miteinander sowie der Zusatz von Zucker zum Biere durch Brauer nach Eintritt der Steuerpflicht des Bieres oder durch Bierhändler oder Wirte ist untersagt[4]).

[1]) Der § 13 enthält das sogenannte **Reinheitsgebot.** Die Vorschriften des § 13 entsprechen den Vorschriften im § 1 Abs. 1, 2 und 3, § 2 Abs. 2 Satz 1 und § 3 Abs. 3 des geltenden **Brausteuergesetzes.** Die gehörten Vertreter des Braugewerbes haben wegen des Rufes des deutschen Bieres und wegen des Wettbewerbes der Brauereien in den übrigen deutschen Brausteuergebieten, namentlich Bayern, woselbst das unbedingte Reinheitsgebot gilt, die Aufrechterhaltung dieser Vorschriften dringend erbeten und die Gewährung von Ausnahmen oder Erleichterungen als bedenklich bezeichnet. Es war daher kein Anlaß gegeben, die bewährten Grundsätze des geltenden Brausteuergesetzes auch nur zum Teil aufzugeben. Technischen Verbesserungen, wie der Vorbehandlung des Brauwassers, wird auch im Rahmen dieser Grundsätze Rechnung getragen werden können.

[2]) Die Vorschriften des geltenden Gesetzes über die Zulässigkeit der **Verwendung von Zucker** zur Bereitung **obergärigen** Bieres sind im Entwurfe beibehalten worden. Es ist davon abgesehen worden, die von Vertretern der Klein- und Mittelbrauer geforderte Einschränkung der Zuckerverwendung auf kleinere vorwiegend obergäriges Bier herstellende Brauereien vorzuschlagen. Wenn auch die Herstellung von **Süßbier** im Laufe der Zeit eine von der bisherigen Brausteuergesetzgebung nicht gewollte Ausdehnung erfahren hat,

namentlich dadurch, daß größere, hauptsächlich Lagerbier herstellende Brauereien die Erzeugung derartigen Bieres aufgenommen haben, so ist doch nicht zu verkennen, daß das Süßbier, insbesondere während des Krieges, für den Verbrauch an Bedeutung zugenommen hat.

[3]) Nach § 13 Abs. 7 des Entwurfs soll der **Zusatz von Wasser** zum Biere bereits nach **Feststellung** des **Extraktgehaltes** der Stammwürze im Gärkeller und nicht, wie im § 1 Abs. 5 des geltenden Brausteuergesetzes, erst nach **Abschluß des Brauverfahrens, verboten** sein. Mit dieser Vorschrift, die sich auch im Artikel 2 Abs. 5 des bayerischen Malzaufschlaggesetzes vom 18. März 1910 findet, soll verhindert werden, daß die für die Feststellung der steuerpflichtigen Biermengen besonders wichtigen Eintragungen im Sudbuch über Menge und Gehalt der Stammwürze durch einen nachträglichen Wasserzusatz für die Steueraufsicht unbrauchbar werden. Um gegebenenfalls einem betriebstechnischen Bedürfnis Rechnung tragen zu können, ist die Gewährung von Ausnahmen durch das Hauptamt zugelassen. Hierzu bat der Berichterstatter, die **Hauptämter anzuweisen**, die Zusetzung von Wasser **während** des Brauverfahrens nicht zu behindern, mindestens nicht während der Zeit, solange noch die Gerstenbelieferung so gering sei wie jetzt. Die jetzigen Biere mit ganz niedrigem Stammwürzegehalt könnten leidlich schmackhaft nur dann hergestellt werden, wenn das Bier zunächst etwas stärker eingebraut und dann nachträglich während des Brauverfahrens durch Wasserzusatz auf den vorgeschriebenen Stammwürzegehalt verdünnt werde. Er bitte hier um eine Zusage der Regierung. Ein Vertreter des Reichsschatzamts erklärte, es sei in Aussicht genommen, eine ähnliche Vorschrift in die Ausführungsbestimmungen aufzunehmen, wie sie im § 6 der Ausführungsbestimmungen zum bayerischen Malzaufschlaggesetz enthalten sei.

[4]) Der Zusatz ist erst in zweiter Lesung des Reichstagsausschusses zugefügt.

**Verkehr mit Bier.**

**§ 14.** Unter der Bezeichnung Bier — allein oder in Zusammensetzung — oder unter Bezeichnungen oder bildlichen Darstellungen, die den

Anschein erwecken, als ob es sich um Bier handelt, dürfen nur solche Getränke in Verkehr gebracht werden, die gegoren sind und den Vorschriften im § 13 Abs. 1 bis 3 entsprechen. Bier, zu dessen Herstellung außer Malz, Hopfen, Hefe und Wasser auch Zucker verwendet worden ist, darf nur in Verkehr gebracht werden, wenn die Verwendung von Zucker in einer dem Verbraucher erkennbaren Weise kundgemacht wird. Das Nähere bestimmt der Bundesrat[1]).

Der Bundesrat kann anordnen; daß Einfachbier (§ 3 Abs. 2) nur in Verkehr gebracht werden darf, wenn es in einer dem Verbraucher erkennbaren Weise als solches bezeichnet ist. Er kann weiter anordnen, daß Bier unter der Bezeichnung Starkbier oder einer sonstigen Bezeichnung, die den Anschein erweckt, als ob das Bier besonders stark eingebraut sei, nur in den Verkehr gebracht werden darf, wenn der Extraktgehalt der Stammwürze des Bieres nicht unter die festgesetzte Grenze herabgeht[2]).

Vollbier, dessen Stammwürzegehalt der Vorschrift des § 3 Abs. 2 nicht entspricht, darf nicht in Verkehr gebracht werden.

[1]) Während des Krieges sind in verstärktem Umfang Getränke, die nicht dem Begriffe „**Bier**" entsprochen haben, unter Bezeichnungen oder bildlichen Darstellungen in Verkehr gebracht worden, die den Anschein erwecken sollten, als ob es sich um Bier handelte. Es empfiehlt sich, den bisher dem Gebrauch des Wortes „Bier" gewährten Schutz auch auf diese Fälle auszudehnen. Die Vorschrift über die Angabe der **Zuckerverwendung** erscheint wegen der Brauereien erwünscht, die Bier in Verkehr bringen, zu dessen Herstellung Zucker nicht verwendet worden ist. Im übrigen siehe § 13 Ges.

[2]) Die Vorschrift im Abs. 2 soll die Möglichkeit geben, den Verbraucher erforderlichenfalls davor zu schützen, daß

Biere unter einer Bezeichnung in Verkehr gebracht werden, die ihrem Stammwürzegehalt und ihrem Werte nicht entspricht. Wegen der Begriffe Einfachbier und Starkbier vgl. § 3 Abs. 2.

**Zubereitungen.**

**§ 15.** Zur Herstellung von Bier bestimmte Zubereitungen, mit Ausnahme der im § 13 Abs. 2 bezeichneten, aus Zucker hergestellten Farbmittel und der im § 13 Abs. 3 bezeichneten Farbebiere, dürfen nicht in Verkehr gebracht werden[1]).

[1]) Zu vergleichen § 3 Abs. 2 des geltenden Brausteuergesetzes, dem Sinne nach gleichlautend mit § 15.

## 2. Überwachungsvorschriften.

**Bestellung eines Vertreters.**

**§ 16**[1]). Inhaber von Betrieben, die nach dem Biersteuergesetze der steuerlichen Aufsicht unterliegen, haben die ihnen durch das Gesetz und die hierzu ergangenen Ausführungsbestimmungen auferlegten Verpflichtungen entweder selbst zu erfüllen oder einen geeigneten Vertreter zu bestellen.

Die Bestellung eines Vertreters muß erfolgen, wenn der Inhaber an der Erfüllung der Verpflichtungen verhindert ist.

Von der Bestellung eines Vertreters ist der Steuerbehörde Anzeige zu erstatten. Die Steuerbehörde entscheidet über die jederzeit widerrufliche Zulassung des Vertreters.

Wenn und solange der Forderung der Steuerbehörde zur Bestellung eines geeigneten Vertreters nicht entsprochen wird, kann der Betrieb der Brauerei untersagt werden.

[1]) Der § 16 des Gesetzes ist dem § 13 des **bayerischen Malzaufschlaggesetzes** nachgebildet. Er enthält eine Erweiterung der Vorschrift im § 12 des geltenden Brausteuer-

gesetzes insofern, als er die Bestellung eines **Vertreters** zur Pflicht macht, wenn der Inhaber eines der steuerlichen Aufsicht unterliegenden Betriebs die ihm obliegenden Verpflichtungen nicht erfüllen kann. Dies wird insbesondere dann der Fall sein, wenn das unter Steueraufsicht stehende Gewerbe von einer minderjährigen oder wegen Geisteskrankheit entmündigten Person, einer juristischen Person, einer Gesellschaft, Genossenschaft oder einem Vereine betrieben wird. Die Vorschrift im Abs. 4 soll der Steuerbehörde die Möglichkeit geben, wenn nötig, die Aufstellung eines geeigneten Stellvertreters zu erzwingen.

**Erstmalige Betriebsanmeldung.**

**§ 17.** Wer in den Besitz einer Brauerei oder eines nach dem Biersteuergesetze der Steueraufsicht unterliegenden Betriebs gelangt, hat dies innerhalb acht Tagen nach der Besitzerlangung der Steuerbehörde anzuzeigen.

Eine Person oder Gesellschaft, für deren Rechnung mehrere Brauereien betrieben werden oder betrieben werden sollen (§ 3 Abs. 4), hat dies mindestens acht Tage vor Beginn des gemeinsamen Betriebs der Hebestelle anzuzeigen[1]).

[1]) Die Vorschrift im Abs. 2 will in Verbindung mit § 44 Ziffer 2 die Durchführung des § 3 Abs. 4 des Gesetzes sicherstellen.

**Anmeldung der Brauereiräume und Brauereigeräte.**

**§ 18**[1]). Wer Bier herstellen will, hat der Steuerbehörde mindestens acht Tage vor Beginn des erstmaligen Betriebs die Räume zur Aufbewahrung der Braustoffe und zum Betriebe der Brauerei einschließlich der Gärungsräume sowie der Räume, in denen Bier gelagert, abgefüllt und abgegeben werden soll, unter Einreichung eines Grundrisses, ferner die Maisch-, Koch-, Kühl- und Gärgefäße, die Lager- und Fuhrfässer unter Angabe ihres regelmäßigen Standorts und den Einzelraumgehalt der Gefäße schriftlich anzumelden.

Die zur Lagerung, Abfüllung und Abgabe von Bier dienenden Räume unterliegen der steueramtlichen Genehmigung.

[1]) Die Vorschriften der §§ 18—22 entsprechen im allgemeinen den §§ 14 bis 16 des geltenden Brausteuergesetzes; die Änderungen sind durch den Übergang von der Besteuerung der Rohstoffe zur Besteuerung des Biers bedingt.

**Vermessung der Gefäße.**

**§ 19.** Die angemeldeten Gefäße können amtlich vermessen und gestempelt werden; sie sind vom Brauereiinhaber nach näherer Anordnung der Steuerbehörde mit einer Nummer und der Angabe des Raumgehalts zu versehen. Diese Bezeichnung ist gehörig zu erhalten und nötigenfalls zu erneuern.

**Veränderungsanzeige.**

**§ 20.** Werden Betriebsräume neu eingerichtet oder geändert, anmeldepflichtige Gefäße angeschafft oder die vorhandenen abgeschafft, geändert oder in einen anderen Raum gebracht, so hat der Brauereiinhaber dies innerhalb der nächstfolgenden drei Tage anzuzeigen.

**Verkehr mit Brauereigefäßen.**

**§ 21.** Inhaber von Brauereien dürfen anmeldepflichtige Gefäße nicht aus den Händen geben, bevor sie der Steuerbehörde den Empfänger angezeigt und eine Bescheinigung hierüber erhalten haben.

**Verschließung von Brauereigeräten.**

**§ 22.** Für die Zeit, in der Brauereigeräte im Betriebe nicht benutzt werden oder nicht benutzt werden dürfen, können sie amtlich verschlossen werden.

**Aufbewahrung der Vorräte an Braustoffen.**

**§ 23**[1]. Inhaber von Brauereien dürfen Vorräte an Malzschrot und Zucker, soweit sie nach dem Ermessen der Steuerbehörde den Bedarf des eigenen Haushalts übersteigen, nur an bestimmten, ein für allemal vorher anzuzeigenden geeigneten Orten aufbewahren.

Die Aufbewahrungsorte stehen ohne Ausnahme unter Aufsicht der Steuerbehörde.

[1]) Wie bereits in den Vorbemerkungen hervorgehoben, soll die **Feststellung** der steuerpflichtigen **Biermengen** sich zunächst auf die **Überwachung** der **Rohstoffverwendung** nach Maßgabe des geltenden **Brausteuergesetzes** gründen. § 23 des Gesetzes stimmt in dieser Hinsicht mit den Vorschriften im § 18 Abs. 1 und 5 des **Brausteuergesetzes vom 15. Juli 1909** überein. Die Vorschriften über die **Aufbewahrung** von **Zucker** im § 18 Abs. 2 und 4 des letzteren Gesetzes sind in das Gesetz nicht aufgenommen worden, weil dieses eine besondere steuerliche Behandlung des zur Bierbereitung verwendeten Zuckers nicht vorsieht.

**Verpflichtung zum Halten von Malzmühlen.**

**§ 24**[1]. Die Inhaber

1. der am 1. April 1918 bestehenden Brauereien, in denen das Gesamtgewicht der nach dem Brausteuergesetze vom 15. Juli 1909 steuerpflichtig gewordenen Braustoffe 500 Doppelzentner im Durchschnitt der Rechnungsjahre 1912 und 1913 oder in einem späteren Rechnungsjahre bis zum Inkrafttreten des Gesetzes überstiegen hat oder in denen nach dem Inkrafttreten des Gesetzes in einem Rechnungsjahre die hergestellte Biermenge 3000 Hektoliter übersteigt,
2. der nach dem 1. April 1918 errichteten Brauereien

sind verpflichtet, in der Brauerei selbst oder in räumlicher Verbindung mit ihr eigene Mühlenwerke oder Malzquetschen mit einer zugelassenen selbsttätigen Verwiegungsvorrichtung zu halten und ausschließlich zum Schroten des in ihrer Brauerei zur Bierbereitung bestimmten Malzes zu benutzen.

Die Verpflichtung entsteht für die Inhaber der im Abs. 1 Ziffer 1 bezeichneten Brauereien am 1. Oktober 1918 oder nach Ablauf desjenigen Rechnungsjahrs, in dem die Gesamtmenge des steuerpflichtig gewordenen Bieres zuerst 3000 Hektoliter übersteigt. Bei einer voraussichtlich nicht andauernden Übersteigung dieser Grenze oder, wenn die räumlichen Verhältnisse den Einbau der Malzsteuermühle mit Verwiegungsvorrichtung ohne Aufwendung erheblicher Kosten nicht gestatten, soll die Steuerbehörde die Verpflichtung erlassen.

Die Inhaber anderer als der im Abs. 1 bezeichneten Brauereien, die in ihrer Brauerei das zur Bierbereitung bestimmte Malz auf eigenen Mühlenwerken oder Malzquetschen schroten, sind verpflichtet, die Malzmühle mit einer zugelassenen selbsttätigen Verwiegungsvorrichtung zu versehen. Die Verpflichtung entsteht am 1. Oktober 1918; sie soll von der Steuerbehörde erlassen werden, wenn wegen der Beschaffenheit der Malzmühle oder der räumlichen Verhältnisse die steuersichere Anbringung der Verwiegungsvorrichtung nicht oder nur mit erheblichen Kosten möglich ist.

Die Inhaber anderer als der im Abs. 1 und 3 bezeichneten Brauereien sind zur Aufstellung von Malzmühlen mit selbsttätigen Verwiegungsvorrichtungen in ihren Brauereien und zur Bestreitung der durch den Einbau dieser Mühlen entstehenden Kosten verpflichtet, wenn die räumlichen Verhältnisse den Einbau ohne Aufwendung erheblicher Kosten gestatten und die Malzmühlen nebst Verwiegungsvorrichtungen von der Biersteuergemeinschaft kostenlos geliefert werden[3]).

In anderen als den im Abs. 1, 3 und 4 bezeichneten Fällen kann Inhabern von Brauereien von der Steuerbehörde die Verpflichtung zur Aufstellung einer Malzmühle mit selbsttätiger Verwiegungsvorrichtung auferlegt werden, wenn sie sich einer Gefährdung der Biersteuer schuldig machen oder den Überwachungsvorschriften dieses Gesetzes und der hierzu ergangenen Ausführungsbestimmungen fortgesetzt zuwiderhandeln[2]).

Wenn und solange die Inhaber von Brauereien in Erfüllung der Verpflichtung säumig sind, kann ihnen die Bierbereitung untersagt werden[3]).

Die Verpflichtung geht im Falle eines Wechsels im Besitze der Brauerei auf den neuen Inhaber über und erlischt nicht durch spätere Verminderung der Biererzeugung[3]).

Aufstellungsort und Einrichtung der Malzmühlen und der selbsttätigen Verwiegungsvorrichtungen unterliegen der Genehmigung der Steuerbehörde[3]).

Die Verwiegungsvorrichtungen müssen mit den Malzmühlen in feste Verbindung gebracht und beide so eingerichtet sein, daß nach Anlegung des steueramtlichen Verschlusses ohne Anwendung erkennbarer Gewalt Malz nur zum Mahlwerk gelangen kann, nachdem es die Verwiegungsvorrichtung durchlaufen hat[3]).

[1]) Nach dem geltenden **Brausteuergesetze** wird die Menge des zur Bierbereitung verwendeten **Malzes** hauptsächlich durch die Anbringung von selbsttätigen Verwiegungsvorrichtungen an Malzmühlen überwacht (§ 27 des Brausteuer-

gesetzes vom 15. Juli 1909). Hiernach sind zur Aufstellung derartiger Malzmühlen zurzeit verpflichtet Brauereien, die vor dem 1. April 1906 bestanden haben, sobald sie in einem Rechnungsjahre mehr als 2000 dz steuerpflichtige Braustoffe verwendet haben, später errichtete Brauereien dann, wenn bei ihnen das Gesamtgewicht der in einem Jahre steuerpflichtig gewordenen Braustoffe 500 dz übersteigt. Die in Aussicht genommene wesentliche Erhöhung der Belastung des Bieres erfordert eine **Verschärfung der Rohstoffüberwachung.** Zu diesem Zwecke soll nach dem Gesetz die **Verpflichtung zur Aufstellung von Malzmühlen mit selbsttätiger Verwiegungsvorrichtung** für Brauereien, die am 1. April 1918 bestanden haben, bereits bei Überschreitung einer jährlichen Braustoffmenge von 500 dz oder einer Biererzeugung von 3000 hl eintreten, bei später entstandenen Betrieben unbedingt ohne Rücksicht auf ihren Betriebsumfang (§ 24 Abs. 1). Außerdem sollen, soweit es die Betriebsverhältnisse gestatten, Inhaber von Brauereien, die **eigene Malzmühlen** ohne selbsttätige Verwiegungsvorrichtung zum Schroten ihres Malzes benutzen, gehalten sein, an diesen Mühlen **selbsttätige Verwiegungsvorrichtungen** anzubringen (§ 24 Abs. 3). Die strengere Behandlung der nach dem 1. April 1918 neu entstandenen Betriebe entspricht der bereits im § 5 des Gesetzes zum Ausdruck gebrachten Absicht, das Entstehen neuer Brauereien zugunsten der vorhandenen Betriebe zu erschweren. Bei Brauereien, die zum Schroten ihres Malzes eigene Malzmühlen ohne selbsttätige Verwiegungsvorrichtung benutzen, ist die Möglichkeit einer heimlichen Bierbereitung in besonderem Maße gegeben; es empfiehlt sich daher, diese, soweit angängig, zur Anbringung selbsttätiger Verwiegungsvorrichtungen an ihren Malzmühlen zu verpflichten. Den im § 24 Abs. 1 und 3 des Gesetzes bezeichneten Brauereien entsteht durch die Erfüllung der ihnen auferlegten Verpflichtung kein Nachteil, da ihnen nach § 70 Abs. 1 des Gesetzes die **Kosten** für die künftige erstmalige Aufstellung oder Anbringung der Malzmühlen und Verwiegungsvorrichtungen auf **Rechnung der Biersteuergemeinschaft** erstattet werden sollen; die aus steuerlichen Gründen gebotene Maßnahme dürfte ihnen vielmehr manchen Vorteil bringen, da einerseits steuersichere Malzmühlen einen Stoffverlust durch Verstäuben des Malzmehls verhindern, anderseits die Feststellung des Gewichts des verwendeten Malzes durch die Verwiegungsvorrichtungen den Überblick über die Betriebsverhältnisse erleichtert.

[2]) § 24 Abs. 5 des Gesetzes will der Steuerbehörde die Möglichkeit geben, **unzuverlässige Brauer** einer verschärften Überwachung zu unterwerfen. Eine Kostenerstattung soll in derartigen Fällen nach § 70 Abs. 1 des Gesetzes nicht eintreten.

[3]) Die Vorschriften in § 24 Abs. 4, Abs. 6 bis 9 entsprechen den Vorschriften im § 27 Abs. 3 bis 7 des geltenden Brausteuergesetzes.

**Pflichten der Brauer mit Malzmühlen.**

**§ 25.** Inhaber von Brauereien, die gemäß § 24 zur Aufstellung von Malzmühlen mit selbsttätiger Verwiegungsvorrichtung verpflichtet sind, dürfen zur Bierbereitung nur Malz verwenden, das auf der Malzmühle geschrotet worden ist. Die Benutzung der Malzmühle durch andere oder das Ablassen von geschrotetem Malze an andere ist nur mit Genehmigung der Steuerbehörde statthaft.

Besitzen Inhaber von Brauereien außer der von der Steuerbehörde zum Schroten des Braumalzes genehmigten Malzmühle noch andere, für sonstige Zwecke bestimmte, zum Schroten von Malz geeignete Vorrichtungen (Futterschrotmühlen usw.) oder wollen sie sich solche beschaffen, so haben sie hiervon der Steuerbehörde Anzeige zu erstatten und sich den für die Benutzung dieser Vorrichtungen etwa angeordneten Maßnahmen zu unterwerfen.

**Beschädigung der Malzmühle.**

**§ 26.** Beschädigungen der Malzmühle oder der selbsttätigen Verwiegungsvorrichtung, die die Benutzung unterbrechen oder die Sicherheit des Verwiegungsergebnisses mindern, Unregelmäßigkeiten in der Tätigkeit der Verwiegungsvorrichtung sowie

Verletzungen des amtlichen Verschlusses haben Inhaber von Brauereien ohne Verzug und jedenfalls vor Ablauf von 24 Stunden der Hebestelle anzuzeigen. Wenn der amtliche Verschluß verletzt oder sonst die Sicherheit des Verwiegungsergebnisses gefährdet ist, oder wenn die Verwiegungsvorrichtung die Tätigkeit versagt oder unregelmäßig ausübt, darf bis zum Eintreffen eines Steuerbeamten nur unter Zuziehung eines Zeugen Malz auf der Malzmühle geschrotet werden. Das Gewicht des geschroteten Malzes ist in diesem Falle unter Mitwirkung des zugezogenen Zeugen besonders festzustellen und im Mahlbuch (§ 27) anzuschreiben.

Der Steuerbeamte setzt die schadhafte oder unzuverlässige Verwiegungsvorrichtung außer Betrieb und gewährt zur Ausbesserung, Neuaufstellung oder Wiederherstellung der beschädigten Malzmühle eine angemessene Frist. Die einstweilige Benutzung der Malzmühle ohne die Verwiegungsvorrichtung ist, wenn es zur Verhütung einer Betriebsstörung erforderlich ist, unter sichernden Maßnahmen zu gestatten.

**Mahlbuch.**

§ 27. Jedes Schroten von Malz ist nach der Beendigung sofort in ein Mahlbuch einzutragen, das den Stand des an der Verwiegungsvorrichtung befindlichen Zählwerkes fortlaufend nachweist. Die Eintragung muß von dem Inhaber der Brauerei oder dessen bevollmächtigtem Vertreter eigenhändig vollzogen, das Mahlbuch sorgfältig an dem von der Steuerbehörde bestimmten Orte aufbewahrt, den Steuerbeamten jederzeit vorgelegt, zur bestimmten Frist abgeschlossen und der Hebestelle eingereicht werden.

**Genossenschaftsmühlen.**

§ 28[1]). Unter den erforderlichen Maßnahmen darf gestattet werden, daß mehrere zum Halten einer Malzsteuermühle verpflichtete Brauereiinhaber eine solche gemeinschaftlich besitzen oder benutzen.

[1]) Zu vergleichen die §§ 29 bis 32 des **Brausteuergesetzes** vom 15. Juli 1909.

**Verpflichtung der Brauer ohne Malzmühlen.**

a) **Brauanzeige.**

§ 29[1]). Inhaber von Brauereien, die zur Aufstellung von Malzmühlen mit selbsttätiger Verwiegungsvorrichtung nicht verpflichtet sind, haben der Steuerhebestelle schriftlich anzuzeigen, welche Gattung und Menge der zulässigen Braustoffe (§ 13) sie zu jedem Sud nehmen, an welchem Tage und zu welcher Stunde sie einmaischen werden, wieviel Würze und welche Biersorte sie aus den angemeldeten Braustoffen herstellen wollen. Die Anzeige kann auch im voraus für einen bestimmten Zeitraum gemacht werden.

[1]) Brauereien, die nicht gemäß § 24 zur Aufstellung von Malzmühlen mit selbsttätiger Verwiegungsvorrichtung verpflichtet sind, sollen wie bisher (§ 21 des geltenden Gesetzes) zur Erstattung der **Brauanzeige** gehalten sein. Die Vorschriften in §§ 30 und 31 entsprechen den §§ 22, 18 Abs. 3, §§ 24 und 26 des Brausteuergesetzes vom 15. Juli 1909.

§ 30[1]). Die Brauanzeige (§ 29) muß, wenn vormittags gemaischt werden soll, spätestens am Nachmittag des vorhergehenden Tages, und wenn nachmittags gemaischt werden soll, spätestens am Vormittag desselben Tages drei Stunden vorher bei der Steuerbehörde innerhalb der Dienststunden eingehen. Ausnahmen können von der Steuerbehörde zugelassen werden.

Abänderungen der Brauanzeige sind nur innerhalb der für letztere selbst festgesetzten Frist zulässig.

[1]) Vgl. § 29.

b) Betriebsvorschriften.

**§ 31**[1]). In Brauereien, deren Inhaber zur Brauanzeige verpflichtet sind, darf der Vorrat an Malzschrot, sobald Braueinmaischungen angemeldet sind (§ 29), die für den folgenden Tag angemeldete Menge nicht übersteigen.

Die Einmaischungen dürfen nur an Wochentagen geschehen, und zwar in den Monaten vom Oktober bis einschließlich März von morgens 6 bis abends 10 Uhr, in den übrigen Monaten aber von morgens 4 bis abends 10 Uhr. Ausnahmen hiervon können nach Bedürfnis bewilligt und dürfen bei ununterbrochenem Betriebe nicht versagt werden. Als Schluß der Einmaischung gilt der Zeitpunkt, an dem mit dem Ablassen der Würze zum Zwecke des Kochens begonnen wird.

In der Regel soll die ganze Beschickung auf einmal eingemaischt werden, so daß eine Nachmaischung nicht stattfindet. Wird eine Brauerei regelmäßig mit Nachmaischen betrieben, so muß ein für allemal angezeigt werden, in wieviel Abteilungen und mit welchem Gewichte für jede Beschickung gemaischt werden soll.

[1]) Vgl. §§ 29—31.

Zuckerverwendung.

**§ 32**[1]). Wer Zucker zur Bierbereitung verwenden will, hat, abgesehen von der für jeden Sud zu erstattenden Brauanzeige (§ 29), hierüber mindestens drei Tage vor der erstmaligen Verwendung bei der Steuerhebestelle eine schriftliche Erklärung in doppelter Ausfertigung einzureichen.

In der Erklärung, deren eine Ausfertigung in der Brauerei zur Einsicht der Steuerbeamten aufgelegt werden muß, ist die Art und Weise der beabsichtigten Verwendung, insbesondere bei welchem Abschnitt der Bierbereitung sie jedesmal erfolgen soll, näher zu bezeichnen. Bei dem Betrieb ist diese Erklärung genau zu befolgen; später beabsichtigte dauernde Änderungen sind innerhalb gleicher Frist vorher schriftlich anzuzeigen. Soll von dem Inhalt der Erklärung nur für einzelne bestimmte Einmaischungen abgewichen werden, so ist dies in der Brauanzeige anzumelden.

Über den zur Bierbereitung bestimmten Vorrat an Zucker ist nach näherer Anordnung des Bundesrats ein Buch zu führen, das den Steuerbeamten jederzeit vorzulegen ist.

[1]) Die Verwendung von **Zucker** soll wie bisher durch eine **Brauanzeige** angemeldet und durch eine **besondere Buchführung** überwacht werden (§§ 23 und 19 des geltenden Brausteuergesetzes).

**Buchführung.**

**§ 33**[1]). Inhaber von Brauereien haben folgende Bücher zu führen:

1. das Sudbuch,
2. das Steuerbuch.

In das Sudbuch sind die einzelnen Einmaischungen, Menge und Gattung der hierfür verwendeten Braustoffe, die Menge der daraus gewonnenen Bierwürze und deren Extraktgehalt sowie die nach den Betriebsverhältnissen der Brauerei aus der Würzemenge sich berechnende Biermenge einzutragen.

In das Steuerbuch sind die Mengen des steuerpflichtig gewordenen (§ 8 Abs. 2), des nach § 6

Abs. 1 von der Steuer befreiten Bieres und des steuerfrei ausgeführten Bieres (§ 2) einzutragen.

Die im Abs. 1 bezeichneten Bücher sind nach näherer Anordnung des Bundesrats zu führen; der Bundesrat kann über die Buchführung von den Vorschriften in Abs. 1 bis 3 abweichende Bestimmungen treffen. Die Bücher sind an dem von der Steuerbehörde bestimmten Platze sorgfältig aufzubewahren, den Steuerbeamten jederzeit vorzulegen, zur bestimmten Frist abzuschließen und der Steuerbehörde einzusenden.

[1]) Neben der **Überwachung** der zur Bierbereitung verwendeten **Rohstoffe** soll die hauptsächlichste **Grundlage** für die **Feststellung der steuerpflichtigen Biermengen** die im Gesetz vorgesehene **Buchführung** über die Bierbereitung bilden (siehe hierwegen auch die Ausführungen in den einleitenden Vorbemerkungen). Von den vorgeschriebenen Büchern soll das **Sudbuch** die aus den verwendeten Braustoffen gewonnene Bierwürze nach Menge und Stammwürzegehalt festhalten und die Möglichkeit geben, hieraus unter Berücksichtigung der für jede Brauerei besonders zu ermittelnden Schwundverhältnisse die voraussichtliche Menge des aus den Rohstoffen erzeugten Bieres zu berechnen. Im **Steuerbuche** soll die Menge des in der Brauerei erzeugten steuerpflichtigen, steuerfreien (§ 6 Abs. 1) und steuerfrei ausgeführten Bieres festgehalten werden. Die Anschreibung der steuerfrei ausgeführten Biermengen im Steuerbuch ist notwendig, weil für die Anwendung der einzelnen **Steuersätze** die **Gesamtmenge** des in einem Rechnungsjahr in der Brauerei **hergestellten** Bieres entscheidend ist. Die Vorträge im Steuerbuche sollen die Grundlage für die Abgabenerhebung bilden.

Zurzeit liegen noch nicht genügend Erfahrungen darüber vor, wie die im § 33 vorgesehene Buchführung am zweckmäßigsten den Bedürfnissen des Braugewerbes und der Steuerverwaltung anzupassen ist. Es empfiehlt sich deshalb, den **Bundesrat** zu ermächtigen, die Buchführung anders zu gestalten, als sie im Entwurfe vorgeschlagen ist. Hierdurch soll insbesondere die Möglichkeit gegeben werden, im Bedarfsfall

**Erleichterungen** eintreten zu lassen, soweit sie mit der Sicherheit des Steueraufkommens vereinbar sind. Die im § 33 vorgeschlagene **Buchführung** läßt sich so ausgestalten, daß die Verarbeitung der durch die selbsttätigen Verwiegungsvorrichtungen ermittelten und in den Brauanzeigen angemeldeten Rohstoffmengen zu Bier genau verfolgt und die steuerpflichtige Biermenge sicher bestimmt werden kann.

**Abfüllung und Lagerung fertigen Bieres; Entfernen des Bieres aus der Brauerei; Einbringen von Bier.**

**§ 34.** Fertiges, unversteuertes Bier darf nur in den von der Steuerbehörde zugelassenen Räumen gelagert und abgefüllt werden.

Bier darf aus der Brauerei nicht entfernt werden, bevor es in den nach seiner allgemeinen Beschaffenheit und regelmäßigen Brauart zum Genusse fertigen Zustand gebracht ist. Der Bundesrat kann Ausnahmen zulassen.

Die Einbringung von Bier aus dem freien Verkehr in eine Brauerei unterliegt den vom Bundesrat anzuordnenden Überwachungsmaßnahmen.[1]).

[1]) Diese Vorschriften der §§ 34—36 sollen eine wirksame Durchführung der steuerlichen **Überwachung** erleichtern. Bei ihrem Vollzuge können auch besondere Verhältnisse, wie die Herstellung und Abgabe von Jungbier, berücksichtigt und dadurch Betriebserschwerungen vermieden werden.

**Versandgefäße.**

**§ 35.** In Fässern darf Bier aus der Brauerei nur dann entfernt werden, wenn die Fässer amtlich geeicht und mit dem Eichstempel und einer Nummer versehen sind. Auf den Fässern muß die Brauerei, in der das Bier hergestellt ist, bezeichnet und das Jahr der Eichung und der Raumgehalt in Litern angegeben sein. Die Angaben auf den Fässern müssen deutlich und dauerhaft angebracht sein.

In anderen Gefäßen als Fässern darf Bier aus der Brauerei nur entfernt werden, wenn diese Gefäße vorher nach Art und Raumgehalt unter Hinterlegung von Mustern der Steuerbehörde angemeldet worden sind. Auf den Gefäßen muß der Name und Ort der Brauerei, in der das Bier hergestellt ist, angegeben sein.

**Bestandsaufnahme.**

**§ 36.** Nach näherer Bestimmung des Bundesrats werden in den Brauereien Bestandsaufnahmen vorgenommen. Fehlmengen an Bier, die sich hierbei gegenüber den in der Brauerei geführten Anschreibungen ergeben, sind zu versteuern, soweit nicht dargetan wird, daß sie auf Umstände zurückzuführen sind, die eine Steuerschuld nicht begründen.

**Abfindung.**

**§ 37**[1]. Inhaber von Brauereien, in denen in einem Rechnungsjahre nicht mehr als 500 Hektoliter Bier hergestellt werden und die vor dem 1. April 1918 betriebsfähig hergerichtet worden sind, sowie Brauer, die die Steuerermäßigung des § 6 Abs. 2 genießen (Hausbrauer), können abgefunden werden; auf sie finden alsdann die Vorschriften in dem § 8 Abs. 2, §§ 10, 11 Abs. 1 und §§ 33 bis 36 keine Anwendung. Abgefundenen Brauern kann die Führung von Anschreibungen über die erzeugten Biermengen auferlegt werden. Die Biersteuer ist von abgefundenen Brauern nach näherer Bestimmung des Bundesrats von der Biermenge, die aus den zur Bierbereitung angemeldeten Stoffmengen hergestellt werden kann, im voraus durch die Verwaltungsbehörde bindend festzusetzen und, soweit nicht Stundung eintritt, spätestens am siebenten Tage des zweiten auf die Festsetzung folgenden Monats zu entrichten.

[1]) Die Einhaltung der Vorschriften in den §§ 33 bis 36 des Gesetzes über Buchführung, Abgabe, Versand und Bestandsaufnahme des Bieres würde **Zwergbetrieben**, die meist unter den einfachsten Verhältnissen arbeiten, schwer fallen und nur mit einem dem Steueraufkommen nicht entsprechenden Aufwand an Beamtenkräften überwacht werden können. Das Gesetz läßt deshalb für Betriebe mit einer Jahreserzeugung an Bier von nicht mehr als 500 hl, d. i. einem jährlichen Malzverbrauche von etwa 80 dz, eine vereinfachte Form der Ermittlung der steuerpflichtigen Biermengen zu. Die **steuerpflichtigen Biermengen** sollen für diese Betriebe aus den von ihnen zur Bierbereitung angemeldeten **Rohstoffen** nach dem vom Bundesrate zu bestimmenden **Ausbeuteverhältnisse** berechnet werden.

**Bierausschank und Bierhandel der Brauereien.**

**§ 38**[1]). Findet in Verbindung mit einer Brauerei Ausschank von Bier oder Handel mit fremdem Biere statt, so kann der Bundesrat besondere Überwachungsmaßnahmen treffen.

[1]) Der **Ausschank des eigenen oder eines fremden Erzeugnisses sowie der Handel** mit **fremdem Biere** durch eine **Brauerei** bedarf zur Sicherung der Biersteuer einer **besonderen Überwachung**; diese wird hauptsächlich im Wege der **Buchführung** zu geschehen haben.

**Steueraufsicht, Gegenstand und Umfang.**

**§ 39**[1]). Die Brauereien und der Ausschank von Bier in Verbindung mit einer Brauerei unterliegen der Steueraufsicht.

Die Steuerbeamten sind befugt, in den Betriebs- und Lagerräumen einer Brauerei, in den an die Brauerei anstoßenden, mit ihr in Verbindung stehenden Räumen sowie in den Räumen, in denen ein Ausschank von Bier in Verbindung mit einer Brauerei stattfindet, Nachschau zu halten. Die Steuerbeamten sind insbesondere berechtigt, die zum Wiegen der Braustoffe bestimmten Wagen und Gewichte sowie die zur Vermessung der Würze- und Biermengen bestimmten Geräte zu prüfen und im Bedarfsfall deren Richtigstellung zu veranlassen, die Vorräte an Braustoffen nachzuwiegen, die zum Betrieb einer Brauerei bestimmten Geräte und Gefäße, einschließlich der Lager-, Fuhr- und Versandgefäße, nachzumessen und die erzeugten Würze- oder Biermengen sowie deren Extraktgehalt festzustellen. Die Steuerbeamten dürfen in den unter Steueraufsicht stehenden Betrieben unentgeltlich Proben von den Braustoffen, der Bierwürze und dem Biere entnehmen.

Den Steuerbeamten müssen die im Abs. 2 bezeichneten Räume von morgens 6 Uhr bis abends 9 Uhr, und wenn in ihnen gearbeitet wird, jederzeit zugänglich sein; die Zeitbeschränkung fällt weg, wenn Gefahr im Verzug ist.

Es dürfen keine Einrichtungen getroffen werden, die die Ausübung der Nachschau verhindern oder erschweren.

[1]) Die Vorschriften der §§ 39 bis 41 entsprechen im allgemeinen den §§ 34 bis 36 des **Brausteuergesetzes vom 15. Juli 1909**. Die im Gesetz vorgesehenen **Erweiterungen** der **Steueraufsichtsbefugnisse** sind durch den Übergang zur Bierbesteuerung und die beabsichtigte Erhöhung der Bierbelastung bedingt. In dieser Hinsicht sind besonders hervorzuheben die Ausdehnung der Steueraufsicht auf den **Ausschank** von Bier in Verbindung mit einer Brauerei, das Recht der Oberbeamten, von Geschäftsbüchern usw. **Einsicht** zu nehmen und die **Erzwingungsvorschrift** im § 41 Abs. 3.

**Haussuchung.**

**§ 40.** Ist hinreichender Verdacht vorhanden, daß die Biersteuer hinterzogen worden ist oder daß bei der Bierbereitung unzulässige Stoffe verwendet werden, so dürfen die Steuerbeamten auch in anderen als den im § 39 Abs. 2 bezeichneten Räumen unter Beachtung der für Haussuchungen gesetzlich vorgeschriebenen Formen Nachschau halten.

Hilfsdienste.

**§ 41.** In Betrieben, in denen eine Aufsichtshandlung vorgenommen wird, sind den Aufsichtsbeamten unentgeltlich die Hilfsdienste zu leisten, die erforderlich sind, um die den Beamten obliegenden Geschäfte in den vorgeschriebenen Grenzen zu vollziehen. Die zu diesem Zwecke erforderlichen Aufschlüsse müssen erteilt, die benötigten Hilfsmittel, insbesondere die zur Verwiegung der Braustoffe erforderlichen Wagen und Gewichte sowie die zur Feststellung der Würze und Biermengen und des Extraktgehalts der Bierwürze erforderlichen Geräte beschafft, auch muß für ausreichende Beleuchtung gesorgt werden.

Den Oberbeamten der Steuerverwaltung sind die auf die Herstellung und den Verkauf von Bier bezüglichen Geschäftsbücher und Schriftstücke auf Verlangen zur Einsicht vorzulegen.

Wenn und solange diesen Verpflichtungen nicht nachgekommen wird, kann der Betrieb der Brauerei oder der Ausschank von Bier in Verbindung mit einer Brauerei untersagt werden.

## 3. Strafvorschriften.

Biersteuerhinterziehung.

**§ 42**[1]). Wer vorsätzlich die gesetzliche Steuer für Bier ganz oder zum Teil hinterzieht oder einen ihm nicht gebührenden Steuervorteil erschleicht, wird wegen Biersteuerhinterziehung mit einer Geldstrafe bestraft, die das Vierfache der Steuerverkürzung oder des Steuervorteils, mindestens aber fünfzig Mark beträgt.

[1]) Vgl. § 43.

**Versuch.**

**§ 43.** Der Versuch der Biersteuerhinterziehung ist strafbar; die für die vollendete Tat angedrohte Strafe gilt auch für den Versuch.

Bei dem Versuch ist die Strafe nach der Steuerverkürzung oder dem Steuervorteile zu bemessen, die bei Vollendung der Tat eingetreten wären.

[1]) Diese Vorschriften der §§ 42 und 43 entsprechen im allgemeinen den in den §§ 39 und 42 Abs. 1 des geltenden Brausteuergesetzes aufgestellten Grundsätzen, sollen diese jedoch in schärferer Umgrenzung zum Ausdruck bringen.

**§ 44**[1]). Die Biersteuerhinterziehung wird insbesondere dann als vorliegend angenommen:

1. wenn mit der Herstellung von Bier begonnen wird, bevor die Anzeige des Betriebs in der vorgeschriebenen Weise (§ 18) erfolgt ist[1]);
2. wenn die im § 17 Abs. 2 vorgeschriebene Anzeige über den Betrieb mehrerer Brauereien durch eine Person oder Gesellschaft nicht oder nicht rechtzeitig erstattet wird[1])[2]);
3. wenn die im § 33 vorgeschriebenen Bücher nicht oder wissentlich[3]) nicht richtig geführt werden[1])[2])[3]);
4. wenn unbefugt oder ohne ordnungsmäßige Buchung Bier aus der Brauerei entfernt oder in der Brauerei verbraucht wird;
5. wenn über das unter Steueraufsicht stehende Bier unbefugt verfügt wird;
6. wenn Bier, das unter Inanspruchnahme des ermäßigten Biersteuersatzes von 3 Mark für ein Hektoliter nur für den Hausbedarf bereitet ist (§ 6, Abs. 2) an nicht zum Haushalt ge-

hörige Personen gegen Entgelt abgegeben wird [4]) oder, wenn Inhaber von Brauereien, Bier, für das Steuerfreiheit auf Grund von § 6 Abs. 1 in Anspruch genommen wird, an andere Personen als ihre Angestellten und Arbeiter abgeben.

7. wenn in einer Abfindungsbrauerei die gemäß § 37 vom Bundesrate vorgeschriebenen Anmeldungen oder Anschreibungen nicht oder unrichtig bewirkt werden.

[1]) Zu vergleichen die §§ 40 und 41 des **Brausteuergesetzes** vom 15. Juli 1909. Die **Rohstoffüberwachung** ist als wesentlicher Teil der steuerlichen **Sicherungsmaßnahmen** gedacht. Die Tatbestände nach § 45 Ziffer 1 bis 3 sind so schwerwiegende Angriffe gegen diese Überwachung, daß sie ohne Hinterziehungsabsicht auch künftig kaum denkbar sind und daher **gleiche** Sühne erheischen wie die Hinterziehung. Es soll, wenn einer der fraglichen Tatbestände vorliegt, nicht nötig sein, dem Verbleibe des Malzes nachzuspüren, zumal da dies mit besonderen, den Organen der Steuerverwaltung nicht von vornherein zuzumutenden Schwierigkeiten verbunden sein würde. Die Straffestsetzung wird auch hier gegebenenfalls nach § 47 zu erfolgen haben.

[2]) Die Vorschrift im § 44 Ziffer 2 ist getroffen, um der in § 17 Abs. 2 vorgeschriebenen **Anzeigepflicht** über den Betrieb mehrerer Brauereien für Rechnung ein und derselben Person oder Gesellschaft erhöhte Beachtung zu sichern.

[3]) In der Regierungsvorlage fehlte das Wort „wissentlich"; dasselbe ist zur besseren Klarstellung in zweiter Lesung des Ausschusses eingefügt worden.

[4]) In Ziffer 6 ist die entgeltliche Abgabe von steuerbegünstigtem **Haustrunkbier** an nicht zum Haushalt gehörige Personen der **Hinterziehung gleichgestellt**. Nach § 47 Abs. 2 Ziffer 6 des geltenden Gesetzes unterliegt eine derartige Handlung nur einer Ordnungsstrafe. Die vorgeschlagene Verschärfung war wegen des erheblichen Unterschiedes, der künftig zwischen dem ermäßigten Satze des § 6 des Gesetzes und den regelmäßigen Biersteuersätzen bestehen soll, notwendig.

§ 45. Der Biersteuerhinterziehung wird gleich geachtet:

1. wenn in einer Brauerei, die zur Aufstellung einer Malzmühle mit selbsttätiger Verwiegungsvorrichtung verpflichtet ist, ohne Genehmigung der Steuerbehörde Malz zur Verwendung gelangt, das auf einer anderen Mahlvorrichtung als der für die Brauerei genehmigten Malzmühle geschrotet worden, oder das (ausgenommen der Fall des § 26) nicht durch die mit der Malzmühle verbundene selbsttätige Verwiegungsvorrichtung gegangen ist;
2. wenn in einer solchen Brauerei die Malzmühle mit selbsttätiger Verwiegungsvorrichtung in ihrer regelmäßigen Tätigkeit derart vorsätzlich gestört wird, daß das Gewicht des geschroteten Malzes von dem Zählwerk entweder gar nicht oder zu gering angegeben wird;
3. wenn der Inhaber einer solchen Brauerei, obwohl er weiß, daß das Zählwerk der selbsttätigen Verwiegungsvorrichtung seiner Malzmühle das Gewicht des Malzes nicht oder zu niedrig angibt, die Malzmühle zum Schroten benutzt oder benutzen läßt, ohne einen glaubwürdigen Zeugen zuzuziehen und unter dessen Mitbeurkundung das Gewicht des Malzes im Mahlbuch anzuschreiben;
4. wenn dem Biere verbotswidrig (§ 13 Abs. 7) Wasser zugesetzt wird;
5. wenn dem Verbote des § 13 Abs. 8 zuwider Bier vermischt oder dem Bier Zucker zugesetzt wird.
6. wenn fertiges unversteuertes Bier vom Hersteller in anderen als den genehmigten Räumen abgefüllt oder gelagert wird (§ 34 Abs. 1);

7. wenn Bier in Fässern oder Gefäßen aus der Brauerei entfernt wird, die den Vorschriften im § 35 nicht entsprechen;
8. wenn den Vorschriften über die Überwachung des Bierausschankes oder des Bierhandels einer Brauerei zuwidergehandelt wird.

Biersteuerhehlerei.

§ 46[1]). Wer seines Vorteils wegen vorsätzlich Bier, hinsichtlich dessen eine Biersteuerhinterziehung stattgefunden hat, ankauft, zum Pfande nimmt oder sonst an sich bringt, verheimlicht, absetzt oder zu seinem Absatz mitwirkt, wird wegen Biersteuerhehlerei mit einer Geldstrafe in Höhe des vierfachen Betrags der Steuer, mindestens aber in Höhe von fünfzig Mark bestraft.

Der Versuch ist strafbar; § 43 findet entsprechende Anwendung.

[1]) Zu vergleichen § 45 des Zuckersteuergesetzes, § 18 Abs. 2 des Leuchtmittelsteuergesetzes, § 25 des Zündwarensteuergesetzes, § 113 Ziffer 5 des Branntweinsteuergesetzes und § 22 Abs. 2 des Kohlensteuergesetzes.

Geldstrafe.

§ 47[1]). Kann der Betrag der Steuerverkürzung oder des Steuervorteils, nach dem die Geldstrafe zu bemessen ist, nicht festgestellt werden, so ist auf eine Geldstrafe von fünfzig Mark bis fünfzigtausend Mark zu erkennen.

[1]) Zu vergleichen § 43 letzter Satz des geltenden Brausteuergesetzes, § 47 Abs. 4 des Zuckersteuergesetzes, § 17 Abs. 2 des Schaumweinsteuergesetzes, § 19 Abs. 2 des Leuchtmittelsteuergesetzes, § 27 Abs. 2 des Zündwarensteuergesetzes, § 118 des Branntweinsteuergesetzes und § 23 Abs. 2 des Kohlensteuergesetzes.

**Beihilfe und Begünstigung bei Übertretungen.**

**§ 48**[1]). Liegt eine Übertretung vor, so werden die Beihilfe und die Begünstigung mit Geldstrafe bis zu einhundertfünfzig Mark bestraft.

[1]) Zu vergleichen § 47 Abs. 5 des Zuckersteuergesetzes, § 17 Abs. 3 des Schaumweinsteuergesetzes, § 19 Abs. 3 des Leuchtmittelsteuergesetzes, § 28 des Zündwarensteuergesetzes, § 119 des Branntweinsteuergesetzes.

**Rückfall.**

**§ 49.** Wer im Inland wegen Biersteuerhinterziehung oder Biersteuerhehlerei bestraft worden ist und vor Ablauf von drei Jahren, nachdem die Strafe ganz oder teilweise verbüßt oder erlassen ist, wieder eine dieser Handlungen begeht, wird mit einer Geldstrafe in Höhe des doppelten Betrags der in den §§ 42, 46 bis 48 angedrohten Strafen, mindestens aber in Höhe von einhundert Mark bestraft.

Bei jedem weiteren Rückfall ist die Strafe Gefängnis bis zu zwei Jahren. Sind mildernde Umstände vorhanden, so kann auf Geldstrafe in Höhe des doppelten Betrags der für den ersten Rückfall angedrohten Strafe erkannt werden.

**Strafe für Verwendung unzulässiger Stoffe bei der Bierbereitung.**

**§ 50**[1]). Wer vorsätzlich oder fahrlässig andere als die nach § 13 zulässigen Stoffe zur Bereitung von Bier verwendet oder dem fertigen zum Absatze bestimmten Biere zusetzt, wird, soweit nicht nach anderen Gesetzen eine schwerere Strafe verwirkt, ist, mit einer Geldstrafe von fünfzig Mark bis fünftausend Mark bestraft. Ebenso wird bestraft, wer unzulässige Ersatz- oder Zusatzstoffe in einer unter Steueraufsicht stehenden Räumlichkeit (§ 39

Abs. 2) aufbewahrt, sofern die Stoffe nicht nachweislich zu anderen Zwecken als zur Bierbereitung bestimmt sind.

Neben der Geldstrafe kann auf Einziehung der Ersatz- oder Zusatzstoffe, des mit ihnen bereiteten oder versetzten Bieres und der Umschließungen erkannt werden, ohne Unterschied, ob sie dem Verurteilten gehören oder nicht. Ist die Einziehung nicht ausführbar, so ist dem Verurteilten an ihrer Stelle die Zahlung des Wertes der Gegenstände oder, wenn dieser nicht zu ermitteln ist, einer Geldsumme von zehn Mark bis zehntausend Mark aufzuerlegen.

Die Vorschriften im Abs. 1 Satz 1, Abs. 2 finden auf Zuwiderhandlungen gegen das Verbot über die Verbreitung von Zubereitungen der im § 15 bezeichneten Art Anwendung.

[1]) Zu vergleichen § 38 des **Brausteuergesetzes** vom 15. Juli 1909. Mangels einer ausdrücklichen Vorschrift sind nach § 38 des **geltenden Brausteuergesetzes** Zuwiderhandlungen gegen § 1 dieses Gesetzes nur dann zu bestrafen, wenn sie **vorsätzlich** und **wissentlich** begangen sind (Urteil des Reichsgerichts vom 19. November/7. Dezember 1909. Entsch. des Reichsger. in Strafs., Bd. 43, S. 70). Um dem vom Braugewerbe selbst geforderten **Reinheitsgebot** einen erhöhten Nachdruck zu geben, empfiehlt es sich, auch **fahrlässige Zuwiderhandlungen** gegen die Vorschriften des § 13 des Gesetzes mit **Strafe** zu belegen (zu vergleichen Artikel 61 des bayerischen Malzaufschlaggesetzes vom 18. März 1910).

**Ordnungswidrigkeiten.**

**§ 51.** Wer den Vorschriften dieses Gesetzes oder den dazu erlassenen und öffentlich oder den Beteiligten besonders bekanntgemachten Verwaltungsvorschriften durch andere als die in den §§ 42 bis 50 bezeichneten Handlungen zuwiderhandelt, wird mit einer Ordnungsstrafe von fünf Mark bis dreihundert Mark bestraft, sofern nicht nach anderen Gesetzen eine schwerere Strafe verwirkt ist. Die Ordnungsstrafe tritt auch ein, wenn in den Fällen der §§ 44, 45 festgestellt wird, daß der Täter ohne den Vorsatz der Hinterziehung der Biersteuer oder der Erschleichung eines ihm nicht gebührenden Steuervorteils gehandelt hat.

Die Ordnungsstrafe kann bis auf sechshundert Mark erhöht werden, wenn der Täter durch die Zuwiderhandlung vorsätzlich oder fahrlässig einen Steuerbeamten in der rechtmäßigen Ausübung seines Dienstes behindert.

Zwangsmaßregeln.

§ 52[1]). Neben der Festsetzung von Ordnungsstrafen kann die Steuerbehörde die Beobachtung der auf Grund dieses Gesetzes getroffenen Anordnungen durch Androhung und Einziehung von Geldstrafen bis zu fünfhundert Mark erzwingen. Sie kann, wenn eine vorgeschriebene Einrichtung nicht getroffen wird, diese auf Kosten der Pflichtigen herstellen lassen. Die Einziehung der hierdurch erwachsenen Auslagen erfolgt nach den Vorschriften für die Beitreibung der Zölle und mit dem Vorzugsrechte der letzteren.

[1]) Zu vergleichen § 50 des Brausteuergesetzes vom 15. Juli 1909.

Haftung für andere Personen.

§ 53[1]). Inhaber der unter das Biersteuergesetz fallenden Betriebe haften für die von ihren Verwaltern, Geschäftsführern, Gehilfen und sonstigen in ihrem Dienst oder Lohn stehenden Personen sowie von ihren Familien oder Haushaltsmitgliedern auf Grund dieses Gesetzes verwirkten

Geldstrafen und Kosten des Strafverfahrens sowie für die nachzuzahlende Steuer. Die Haftung für die Geldstrafe und die Kosten tritt nicht ein, wenn die Zuwiderhandlung nachweislich ohne Wissen des Inhabers begangen worden ist; die Haftung ist jedoch auch in diesem Falle begründet, wenn es der Inhaber bei der Auswahl oder der Beaufsichtigung des Angestellten oder bei der Beaufsichtigung der Familien- oder Haushaltsmitglieder an der erforderlichen Sorgfalt hat fehlen lassen oder wenn er aus der Tat einen Vorteil gezogen hat.

[1]) Hier soll die Vorschrift in § 51 Abs. 1 des geltenden Brausteuergesetzes dadurch verschärft werden, daß der Nachweis über die die Vertretungsverbindlichkeit ausschließenden Voraussetzungen dem Betriebsinhaber zugeschoben wird.

**Übertragung der strafrechtlichen Verantwortlichkeit.**

**§ 54**[1]). Betriebsinhaber, die den Betrieb nicht selbst leiten, können die Übertragung der ihnen obliegenden strafrechtlichen Verantwortlichkeit auf den Betriebsleiter bei der Steuerbehörde beantragen. Wird der Antrag genehmigt, so geht die strafrechtliche Verantwortlichkeit unbeschadet der im § 53 vorgesehenen Vertretungsverbindlichkeit des Betriebsinhabers auf den Betriebsleiter über. Die Genehmigung ist jederzeit widerruflich.

[1]) Zu den §§ 54 und 55 vergleiche die §§ 13 und 52 des geltenden Brausteuergesetzes.

**§ 55.** Läßt sich die Geldstrafe von dem Schuldigen nicht beitreiben, so kann die Steuerbehörde davon absehen, den für die Geldstrafe Haftenden in Anspruch zu nehmen, und die an die Stelle der Geldstrafe tretende Freiheitsstrafe an dem Schuldigen vollstrecken lassen.

Ersatzfreiheitsstrafe.

§ 56[1]). Die an die Stelle einer uneinbringlichen Geldstrafe tretende Freiheitsstrafe darf zwei Jahre, im Falle des § 52 drei Monate nicht übersteigen.

[1]) Die Vorschrift entspricht dem § 53 des geltenden Brausteuergesetzes, ist aber durch Erweiterung des richterlichen Ermessens vereinfacht worden.

Nachzahlung der Steuer.

§ 57. Die Berechnung und die Verpflichtung zur Zahlung der Biersteuer wird durch das Strafverfahren nicht berührt.

Zusammentreffen mehrere Gesetzesverletzungen.

§ 58[1]). Trifft eine Steuerzuwiderhandlung mit einer nach einem anderen Gesetze strafbaren Handlung zusammen, so sind die in beiden Gesetzen angedrohten Strafen nebeneinander zu verhängen.

Sind auf dieselbe Handlung mehrere Strafvorschriften dieses Gesetzes anwendbar, so ist die Strafe nach der Vorschrift festzusetzen, die die schwerste Strafe und bei ungleicher Strafart die schwerste Strafart androht. Doch darf auf kein niedrigeres Strafmaß und auf keine leichtere Strafart erkannt werden, als nach den anderen Vorschriften zulässig ist. Auch muß, wenn und insoweit eine der anwendbaren Vorschriften die Einziehung oder die Haftbarkeit dritter Personen vorschreibt, hierauf erkannt werden.

Hat jemand mehrere selbständige Steuerzuwiderhandlungen begangen, so sind alle für diese Handlungen angedrohten Strafen nebeneinander zu verhängen; treffen mehrere Freiheitsstrafen zusammen, so ist auf eine Gesamtstrafe zu erkennen, die in einer Erhöhung der verwirkten schwersten Strafe besteht, drei Jahre jedoch nicht übersteigen darf. Wenn und insoweit neben einer der verwirkten Einzelstrafen die Einziehung oder die Haftbarkeit dritter Personen vorgeschrieben ist, muß auch hierauf erkannt werden.

Auch im Falle des Zusammentreffens darf die an die Stelle uneinbringlicher Geldstrafen tretende Freiheitsstrafe zwei Jahre nicht übersteigen.

[1]) Dem Zwecke der Steuervorschriften entspricht es, wenn beim Zusammentreffen mehrerer Gesetzesverletzungen die Steuerstrafe selbständig erkannt wird. Diesem Gedanken soll die Vorschrift im Abs. 1 Rechnung tragen. Die übrigen Vorschriften entsprechen dem geltenden Rechte.

Verjährung.

§ 59. Die Strafverfolgung von Biersteuerhinterziehungen (§§ 42 bis 45), von Biersteuerhehlerei (§ 46) und von Zuwiderhandlungen gegen die in den §§ 13 und 15 getroffenen Vorschriften (§ 50) verjährt in drei Jahren, die Strafverfolgung von Zuwiderhandlungen gegen dieses Gesetz, die mit Ordnungsstrafen bedroht sind, in einem Jahre.

Strafverfahren.

§ 60[1]). Für die Feststellung, Untersuchung und Entscheidung der Biersteuervergehen sowie für die Strafmilderung und den Erlaß der Strafe im Gnadenwege kommen die Vorschriften zur Anwendung, nach denen sich das Verfahren wegen Vergehens gegen die Zollgesetze bestimmt.

Der Erlös aus den eingezogenen Gegenständen und die nach den Vorschriften dieses Gesetzes verwirkten Geldstrafen fallen der Kasse desjenigen Staates zu, von dessen Behörden die Strafentscheidung im ersten Rechtszug erlassen ist.

[1]) Zu vergleichen § 60 des Leuchtmittelsteuergesetzes und § 37 des Zündwarensteuergesetzes.

**Verfehlungen gegen die Vorschriften über die Erhebung der Bierübergangsabgabe.**

**§ 61.** Auf die Bestrafung von Hinterziehungen der Übergangsabgabe vom Biere sowie von sonstigen Zuwiderhandlungen gegen die Bestimmungen über den Verkehr mit übergangsabgabepflichtigem Biere finden die Vorschriften über die Bestrafung der Zollhinterziehungen (§ 135ff. des Vereinszollgesetzes vom 1. Juli 1869 — Bundes-Gesetzbl. S. 317 —) und der Zollordnungswidrigkeiten (§ 152 daselbst) Anwendung.

**Verrechnung.**

**§ 62**[1]. Ein im Strafverfahren eingegangener Geldbetrag ist im Verhältnis zur Reichskasse zunächst auf die Steuer zu verrechnen.

[1]) Zu vergleichen § 33 des Leuchtmittelsteuergesetzes und § 38 des Zündwarensteuergesetzes.

## 4. Abgaben von Bier für Rechnung von Gemeinden.

**§ 63**[1]. Hinsichtlich der Abgabenerhebung von Bier für Rechnung von Gemeinden kommen die Vorschriften im Artikel 5 II § 7 des Vertrags vom 8. Juli 1867, die Fortdauer des deutschen Zoll- und Handelsvereins betreffend, mit den im Abs. 2 bis 5 enthaltenen Änderungen in Anwendung.

Die Abgabe darf nur vom fertigen Biere erhoben werden.

Die Grenze, bis zu der das Bier für Rechnung von Gemeinden besteuert werden darf, wird auf 65 Pfennig für 1 Hektoliter Bier festgesetzt. Für Einfachbier im Sinne dieses Gesetzes darf die Abgabe nicht mehr als 30 Pfennig für 1 Hektoliter betragen.

Abgaben von Bier für Rechnung von Gemeinden sind bei dem Übergang des versteuerten Bieres nach anderen Orten von den Gemeinden in dem nachweislich gezahlten Betrage zu erstatten. In Fällen, in denen bisher eine solche Erstattung nicht stattgefunden hat, kann die oberste Landesverwaltungsbehörde den bisherigen Zustand bis zum 1. Oktober 1920 noch fortdauern lassen.

Für die Fälligkeit, Einzahlung und Stundung der von Gemeinden erhobenen Abgaben vom fertigen Biere gelten die im § 11 festgesetzten Fristen.

[1]) Die Vorschrift entspricht im allgemeinen dem § 58 des geltenden Gesetzes, jedoch soll künftig die **gemeindliche Biersteuer** in gleicher Weise wie die **staatliche** nur vom **fertigen Biere** erhoben werden.

Bei den Vorberatungen über den Entwurf ist geprüft worden, ob den Gemeinden mit Rücksicht auf ihre durch den Krieg erschwerte Finanzlage ein weiterer Ausbau ihres Besteuerungsrechts durch Beseitigung oder Erhöhung der für die gemeindliche Bierbesteuerung geltenden gesetzlichen Grenze zuzubilligen oder ob ihnen eine Schadloshaltung für den Entgang dieser Möglichkeit zu gewähren wäre. Gegen die erstere Maßnahme werden Bedenken erhoben, die insbesondere durch Rücksichtnahme auf das beteiligte Gewerbe begründet werden. Eine etwa aus der Biersteuereinnahme zu gewährende Entschädigung würde bei dem Mangel eines geeigneten Maßstabes kaum in einer den bisherigen Verhältnissen entsprechenden Weise auf die Gemeinden verteilt werden können. Hierfür sind nach Ansicht der Reichsregierung andere Steuerquellen geeigneter, und empfiehlt es sich daher, die Regelung der schwierigen Frage, wenngleich ihre Bedeutung ohne weiteres anerkannt werden muß, für später vorzubehalten. Um indessen dem Gesichtspunkt einer Mitberücksichtigung der Gemeinden schon alsbald Rechnung zu tragen, ist in einem der übrigen gleichzeitig vorgelegten Steuerentwürfe, nämlich dem allgemeinen Umsatzsteuergesetz, eine hohe Beteiligung der Gemeinden am Ertrag vorgesehen.

## 5. Besondere Vorschriften.

**Verwaltung.**

**§ 64.** Die Verwaltung und Erhebung der Biersteuer liegt den Landesbehörden ob.

Für die Verwaltungskosten wird aus der Reichskasse eine vom Bundesrate zu bestimmende Vergütung gewährt.

Die Reichsbevollmächtigten für Zölle und Steuern und die Stationskontrolleure haben in Beziehung auf dieses Gesetz dieselben Rechte und Pflichten, welche ihnen in Ansehung der Zölle und Verbrauchssteuern beigelegt sind.

**Einbeziehung Elsaß-Lothringens.**

**§ 65.** Durch Beschluß des Bundesrats und des Reichstages kann die Einbeziehung Elsaß-Lothringens in den Geltungsbereich des Biersteuergesetzes erfolgen.

**Vereinbarungen mit fremden Staaten.**

**§ 66**[1]. Der Reichskanzler kann unter Zustimmung des Bundesrats mit fremden Regierungen wegen Einführung einer den Vorschriften dieses Gesetzes entsprechenden Steuer in den dem Zollgebiet angeschlossenen Staaten und Gebietsteilen, wegen Überweisung der Steuer für das im gegenseitigen Verkehr übergehende Bier oder wegen Begründung einer Gemeinschaft Vereinbarungen treffen.

[1]) Zu vergleichen § 36 des Leuchtmittelsteuergesetzes und § 41 Satz 2 des Zündwarensteuergesetzes.

**Förderung des Braugewerbes.**

**§ 67**[1]. Zur technischen und wissenschaftlichen Förderung des Braugewerbes darf aus der Biersteuereinnahme ein Betrag bis zur Höhe von

100000 Mark für jedes Rechnungsjahr nach näherer Bestimmung des Bundesrats verwendet werden.

Ein weiterer Betrag bis zur Höhe von 300000 M. für jedes Rechnungsjahr kann nach näherer Bestimmung des Bundesrats für Verbesserungen der Betriebseinrichtungen und zur Herbeiführung eines zweckmäßigen Betriebs kleineren Brauereien gewährt werden.

[1]) Der im § 62 des geltenden Brausteuergesetzes zur technischen und wissenschaftlichen Förderung des Braugewerbes aus der jährlichen Brausteuereinnahme ausgeworfene Betrag von 30000 Mark ist im Gesetz auf 100000 Mark erhöht worden. Damit sollen die berufenen Anstalten auch in die Lage versetzt werden, Betriebsnachprüfungen, insbesondere bei Klein- und Mittelbrauern, in größerem Umfang als bisher vorzunehmen und bei dieser Gelegenheit derartigen Betrieben behilflich zu sein, sich in die neuen Verhältnisse rascher einzuleben.

## 6. Übergangsvorschriften.

§ 68[1]). Bier, das sich am Tage des Inkrafttretens dieses Gesetzes außerhalb der Erzeugungsstätte im Besitz oder Gewahrsam von Bierhändlern oder Wirten befindet, unterliegt nach näherer Bestimmung des Bundesrats der Nachsteuer in Höhe von 8,60 Mark für ein Hektoliter. Die Vorschrift im § 3 Abs. 2 findet sinngemäße Anwendung.

Die Nachsteuer kann, sofern sie mehr als 50 Mark beträgt, auf Antrag für eine Frist von drei Monaten gestundet werden.

[1]) Die Erhebung einer Nachsteuer für das beim Inkrafttreten des Biersteuergesetzes außerhalb der Erzeugungsstätte befindliche Bier läßt sich nicht umgehen. Die Nachversteuerung soll jedoch auf Bier beschränkt bleiben, das sich im genannten Zeitpunkte im Besitze oder Gewahrsam von Bierhändlern oder Wirten befindet. Die Nachversteuerung wird zweckmäßig nur auf größere Biermengen zu erstrecken sein, so daß im all-

gemeinen das Erzeugnis kleiner und mittlerer Brauer von der Nachversteuerung nicht betroffen wird. Mit Rücksicht hierauf rechtfertigt sich auch der Nachsteuersatz von 8,60 M. für ein Hektoliter Vollbier. Er entspricht der Mehrbelastung, wie sie sich nach der Anlage 5 im allgemeinen für Brauereien mit einer Jahreserzeugung von 20000 hl und darüber berechnet. Für Einfachbier und Starkbier soll der Nachsteuersatz für Vollbier in sinngemäßer Anwendung der Vorschrift im § 3 Abs. 2 je um die Hälfte ermäßigt oder erhöht werden.

**§ 69**[1]. Sind zur Herstellung von nach § 8 Abs. 2 steuerpflichtig gewordenem Biere Braustoffe verwendet worden, die nachweislich[1]) der Brausteuer nach den Vorschriften des Brausteuergesetzes vom 15. Juli 1909 unterlegen haben, so ist die Biersteuer nur in dem Betrage zu entrichten, um den sie die Belastung des Bieres mit Brausteuer übersteigt. Die näheren Bestimmungen trifft der Bundesrat.

[1]) In der ersten Zeit nach dem Inkrafttreten des Gesetzes wird mehrfach Bier auf Grund von § 8 Abs. 2 biersteuerpflichtig werden, dessen Braustoffe noch nach den Vorschriften des Brausteuergesetzes vom 15. Juli 1909 steuerpflichtig geworden sind. Zur Vermeidung einer Doppelbesteuerung muß der Betrag der gezahlten oder geschuldeten Brausteuer auf die Biersteuer angerechnet werden. Die Beweispflicht dafür, daß die Braustoffe schon nach dem Brausteuergesetz von 1909 versteuert sind, liegt dem Steuerpflichtigen ob.

**§ 70**[1]. Die Kosten für die erstmalige Aufstellung von Malzmühlen werden Inhabern der im § 24 Abs. 1 Ziffer 1 bezeichneten Brauereien, und die Kosten für die erstmalige Anbringung von selbsttätigen Verwiegungsvorrichtungen werden Inhabern der im § 24 Abs. 3 bezeichneten Brauereien nach näherer Anordnung des Bundesrats von der Biersteuergemeinschaft erstattet. Im Falle des § 24 Abs. 5 findet eine Kostenerstattung nicht statt.

Der Bundesrat ist ermächtigt, den Inhabern anderer als der im § 24 bezeichneten Brauereien die Kosten für die Aufstellung eigener Malzmühlen mit selbsttätiger Verwiegungsvorrichtung bis zur Hälfte auf Rechnung der Biersteuergemeinschaft zu erstatten, wenn die Aufstellung freiwillig innerhalb zweier Jahre nach dem Inkrafttreten des Gesetzes erfolgt[2]).

[1]) Da den Brauereien die Verpflichtung zur Aufstellung von **Malzmühlen** (§ 24 Abs. 1) und von selbsttätigen **Verwiegungsvorrichtungen** (§ 24 Abs. 3) aus Gründen der Steuersicherheit auferlegt werden soll, entspricht es der Billigkeit, ihnen die Kosten für die künftige erstmalige Aufstellung und Anbringung in vollem Umfang zu ersetzen. Im Falle des § 24 Abs. 5 des Gesetzes besteht kein Anlaß zur Kostenerstattung.

[2]) Die Vorschrift im Abs. 2 soll zur Aufstellung eigener Malzmühlen auch in den Fällen anregen, in denen eine gesetzliche Verpflichtung hierzu nicht besteht. Da in diesen Fällen der Brauer zur Aufstellung der Malzmühle auch durch die Vorteile, die ihm diese für seinen Betrieb bietet, bestimmt werden will, rechtfertigt es sich, nur die Hälfte der Kosten zu erstatten.

**§ 71.** Soweit beim Inkrafttreten dieses Gesetzes Verträge über Lieferung von Bier durch Brauer oder Bierhändler bestehen, ist der Abnehmer verpflichtet, dem Brauer oder Bierhändler einen Zuschlag zum Hektoliterpreis in dem Betrage zu zahlen, um den die Steuer für ein Hektoliter des zu liefernden Bieres durch dieses Gesetz erhöht wird. Gegenüber Bierhändlern besteht diese Verpflichtung nicht, soweit der Bierhändler dem Brauer einen erhöhten Hektoliterpreis nicht zu entrichten hat[1]).

Soweit beim Inkrafttreten dieses Gesetzes ein Bierabnehmer vertraglich verpflichtet ist, bestimmte

Ausschankpreise einzuhalten, ist der Abnehmer berechtigt, eine dem erhöhten Bezugspreis entsprechende Erhöhung der Ausschankpreise eintreten zu lassen.

Die Vorschriften in den Abs. 1 und 2 finden keine Anwendung, wenn ausdrückliche Vertragsbestimmungen entgegenstehen.

[1]) Abs. 1 dieser Vorschrift enthält gegenüber dem § 68 Abs. 1 des geltenden Gesetzes insofern eine Erweiterung, als nicht nur **Brauern**, sondern auch **Bierhändlern** das Recht eingeräumt werden soll, trotz laufender Bierlieferungsverträge einen der Abgabenerhöhung entsprechenden **Zuschlag** zum Bierpreis zu fordern.

**§ 72.** Werden Arbeiter oder nach dem Versicherungsgesetz für Angestellte versicherungspflichtige Angestellte eines Brauereibetriebs dadurch beschäftigungslos oder erleiden sie dadurch eine Verminderung ihres Arbeitsverdienstes, daß die dem Betriebe zugewiesene Jahresmenge nach dem Inkrafttreten des Gesetzes ganz oder teilweise auf eine andere Brauerei übertragen wird (§ 4 Abs. 3), so hat der übertragende Brauereibesitzer ihnen den entstehenden Einnahmeausfall für die Dauer von 26 Wochen zu ersetzen. Für Streitigkeiten hierüber sind, wo Gewerbe- oder Kaufmannsgerichte bestehen, diese, sonst die Amtsgerichte zuständig. Dasselbe gilt für Kriegsteilnehmer, die bei Ausbruch des Krieges in einem solchen Betrieb als Arbeiter oder Angestellte beschäftigt waren und die unmittelbar vor ihrem Eintritt in das Heer mindestens ein Jahr lang in diesem Beschäftigungsverhältnisse gestanden haben, sofern die Übertragung vor ihrer Entlassung aus dem Heere stattgefunden hat. Als Entlassung aus dem Heere gilt nicht die Zurückstellung für einen bestimmten Betrieb oder ein bestimmtes Arbeitsgebiet.

Für die aus Abs. 1 entstehenden Ansprüche haften der Veräußerer und der Erwerber der Jahresmenge dem Berechtigten als Gesamtschuldner.

§ 73. Dieses Gesetz tritt am 1. Oktober 1918 in Kraft. Mit diesem Zeitpunkt tritt das Brausteuergesetz vom 15. Juli 1909 (RGBl. S. 773) außer Kraft.

Urkundlich unter Unserer Höchsteigenhändigen Unterschrift und beigedrucktem Kaiserlichen Insiegel.

Gegeben Großes Hauptquartier,
den 26. Juli 1918.

(Siegel.) Wilhelm

Dr. Graf von Hertling.

# Gesetz über den Bierzoll.

Vom 26. Juli 1918 (RGBl. 885).

Wir Wilhelm, von Gottes Gnaden Deutscher Kaiser, König von Preußen usw.

verordnen im Namen des Reichs, nach erfolgter Zustimmung des Bundesrats und des Reichstags, was folgt:

§ 1. Die Nummer 186 des Zolltarifs vom 25. Dezember 1902 erhält folgende Fassung:

Bier aller Art:

| | |
|---|---|
| in Behältnissen bei einem Raumgehalte von 15 Litern oder mehr | 19,35 Mark |
| in anderen Behältnissen | 25,00 „ |

Anmerkung. Der Bundesrat kann für Bier in amtlich geeichten Fässern, auf denen der Eichstempel, das Jahr der Eichung und der Raumgehalt nach Litern deutlich und dauerhaft angegeben sind, wenn der Raumgehalt 15 Liter oder mehr beträgt und seit der Eichung nicht mehr als fünf Jahre verflossen sind, die Verzollung nach dem Raumgehalte der Fässer zum Zollsatz von 25,40 Mark für ein Hektoliter zulassen.

§ 2. Dieses Gesetz tritt am 1. Oktober 1918 in Kraft.

Urkundlich unter Unserer Höchsteigenhändigen Unterschrift und beigedrucktem Kaiserlichen Insiegel.

Gegeben Großes Hauptquartier, den 26. Juli 1918.

(Siegel.) Wilhelm

Dr. Graf von Hertling.

# Gesetz über Biersteuerausgleichungsbeträge.

Vom 26. Juli 1918 (RGBl. S. 886).

Wir Wilhelm, von Gottes Gnaden Deutscher Kaiser, König von Preußen usw.

verordnen im Namen des Reichs, nach erfolgter Zustimmung des Bundesrats und des Reichstags, was folgt:

**§ 1.** Die von den Königreichen Bayern und Württemberg, dem Großherzogtume Baden und Elsaß-Lothringen an Stelle der Biersteuer an die Reichskasse zu zahlenden Ausgleichungsbeträge sollen für das Rechnungsjahr 1918 auf Grund der Einnahmen entrichtet werden, die sich im Biersteuergebiet aus der im Rechnungsjahr 1918 verwendeten Menge von Braustoffen und der im Rechnungsjahr 1917 durchschnittlich auf einen Doppelzentner Malz entfallenden Reineinnahme an Brausteuer und Übergangsabgabe berechnen würden.

Tritt in Bayern, Württemberg, Baden und Elsaß-Lothringen eine Erhöhung der landesrechtlichen Bierbesteuerung noch im Laufe des Rechnungsjahrs 1918 in Kraft, so findet die Vorschrift im Abs. 1 auf das betreffende Gebiet keine Anwendung.

**§ 2.** Dieses Gesetz tritt am 1. Oktober 1918 in Kraft.

Urkundlich unter Unserer Höchsteigenhändigen Unterschrift und beigedrucktem Kaiserlichen Insiegel.

Gegeben Großes Hauptquartier, den 26. Juli 1918.

(Siegel.) Wilhelm

Dr. Graf von Hertling.

# Gesetz über das Branntweinmonopol.

Vom 26. Juli 1918 (RGBl. 887).

## Vorbemerkungen.

Die Besteuerung des Branntweins in Form des Monopols hatten die verbündeten Regierungen dem Reichstag bereits zweimal vergeblich vorgeschlagen: in der Vorlage vom 22 Februar 1886 (Verhandlungen des Reichstags 1885/86, Anlagen Band 5, Drucksache Nr. 155) und in der Vorlage vom 3. November 1908 (Verhandlungen des Reichstags, Anlagen Band 248, Drucksache Nr. 993. Nunmehr zwang die Finanzlage des Reiches aber dazu, alle bisher gegen das Monopol erhobenen und nur teilweise begründeten grundsätzlichen Bedenken zurückzustellen.

Die bisherige Gesetzgebung hat die Entwicklung zum Abschluß im Monopol gefördert. Das Branntweinsteuergesetz vom 24. Juni 1887 schaffte die Voraussetzung für die Monopolbewirtschaftung: die Erfassung der Monopolware durch die Vorschrift des Verschlusses der Brennereien und Lager. Das Kontingent desselben Gesetzes wirkte mittelbar in der gleichen Richtung. Es verfolgte zwar in erster Linie den Zweck, durch Herbeiführung einer günstigeren Preisgestaltung die Brennerei als landwirtschaftliches Nebengewerbe zu erhalten; aber durch die Preiserhöhung und den darauf folgenden Verbrauchsrückgang trat ein Wettbewerb der Reinigungsanstalten ein, dessen Schärfe schließlich zum Zusammenschluß führte. Auch der Ausbau des durch den Anschluß der Brenner erst zu lebensvollem Gebilde erwachsenen Kartells wurde wesentlich erleichtert durch das die Erzeugung und die Entstehung neuer Betriebe regelnde Kontingent. Eine weitere Förderung und einen gewissen Abschluß dieser Entwicklung brachte das Branntweinsteuergesetz vom 15. Juli 1909 (RGBl. S. 661). Während das Kontingent der Branntweinbrennereien im wesentlichen nur die Erzeugung des für Trinkzwecke bestimmten Branntweins umfaßte und in erheblichem Umfang eine Erzeugung über seine Grenzen hinaus zuließ, ermöglicht der Durchschnittsbrand des erwähnten Gesetzes, die Erzeugung dem Bedarf anzupassen, sucht den Unterschied in den nach Betriebsumfang und Betriebsart der einzelnen Brennereien verschiedenen Herstellungskosten auszugleichen, schafft gleichzeitig die Mittel zur Verbilligung des zu gewerblichen Zwecken, zu Zwecken des häuslichen Wirtschaftsbedarfs und zur Ausfuhr bestimmten Branntweins und fördert damit den Absatz solchen Branntweins. Durch hohe Zuschläge zur Betriebsauflage wird eine den Durchschnittsbrand überschreitende Erzeugung gehemmt. Eine gegen Einzelgänger des Gewerbes gerichtete Maßnahme des gleichen Gesetzes bildet die Aufstellung der Vergällungspflicht, die alle Betriebe, die mehr als 150 hl Alkohol herstellen, soweit sie nicht eine Ware erzeugen, die ihrer Natur nach nur als Trinkbranntwein verwertet wird, zwingt, sich an der Bereitstellung von Branntwein für gewerbliche Zwecke zu beteiligen und dessen Absatz zu fördern. Der von der Spiritus-Zentrale besonders gepflegte Absatz von vollständig vergälltem Branntwein zu Koch-, Heizungs-, und Beleuchtungszwecken wird durch die Vorschrift gefördert, daß solcher Branntwein im Kleinverkaufe nur in verschlossenen Behältnissen bestimmter Größe unter Angabe des Alkoholgehalts feilgehalten werden darf. Die durch gesetzliche Maßnahmen unterstützte Bindung des Brennerei- und Reinigungsgewerbes ist unter der Geltung der Kartell-Vereinbarungen so vollkommen, daß von freien Gewerben nicht wohl gesprochen werden kann. Es ist daher auch der sonst gegen Monopole erhobene Vorwurf der Vernichtung der Selbständigkeit und der Beseitigung der Entwicklungsmöglichkeiten gegenüber einem Branntweinmonopole jedenfalls insofern unbegründet, als die erwähnten

Gewerbezweige zur Tätigkeit für das Monopol herangezogen werden.

Die durch den Stillstand und seit 1909/10 Rückgang im Trinkverbrauch ungünstig beeinflußte Erzeugung von Branntwein suchte die Spiritus-Zentrale durch Erweiterung des Absatzgebiets für gewerblichen usw. Branntwein zu heben. Die Bemühungen, unterstützt durch das allmählich immer mehr ausgebaute Vergütungssystem und durch die Vorschrift des Gesetzes über den Absatz des vergällten Branntweins in verschlossenen Behältnissen, haben den Erfolg gehabt, daß im Jahre 1912 die Anzahl der Hektoliter der für den Trinkverbrauch und der für gewerbliche usw. Zwecke verwendeten Alkoholmengen annähernd gleich war. Ohne großzügige Zusammenfassung des Gewerbes und den Bedürfnissen genau folgende Gliederung des Absatzes wäre diese Erweiterung der Branntweinverwertung nicht möglich gewesen und würde bei dem Wegfall jener bald wieder zurückgehen. Das Bedürfnis des landwirtschaftlichen Brennereigewerbes, diesen Absatzweg sich offen zu halten, würde ohne Monopol auch in Zukunft den genossenschaftlichen Zusammenschluß als dem Vorteil der Gesamtheit und der überwiegenden Mehrheit der Einzelnen entsprechend erscheinen lassen.

In der Kriegswirtschaft bot das monopolistische Gefüge des Gewerbes große Vorteile, besonders weil sie sich mit ihren Forderungen im wesentlichen nur an eine Stelle, die Spiritus-Zentrale, zu halten brauchte. Durch die Begründung der Reichsbranntweinstelle (Bekanntmachung vom 15. April 1917, RGBl. S. 279) und die Ausdehnung des Ablieferungszwanges auf Kleinbrennereien und Obstbrennereien (Bekanntmachung vom 24. Februar 1917, RGBl. S. 179) wurde ein Abschluß erreicht, der durchaus die Grundzüge des Monopols enthält. Branntwein ist ein so wichtiger Kriegsrohstoff, daß die Heeresverwaltung auf seine Lieferung in ausreichender Menge und zu billigen

Preisen großes Gewicht legen muß; zu dem Zwecke müssen die vielen Brennereien ihre Erzeugung unter einheitlicher Leitung verwerten und es müssen in Friedenszeiten große Lagerbestände gehalten werden. Ohne Zwang in irgendeiner Form läßt sich dies Ziel nicht erreichen, zumal das Halten großer Branntweinbestände mit erheblichen Kosten verbunden ist; das Monopol löst diese Aufgaben vollkommen.

Ein weiterer Vorzug des Monopols ist die gute Reinigung des Branntweins, der zu Trinkware verarbeitet wird. Ein mit der Verbrauchsabgabe verbundener Reinigungszwang kann keinen Ersatz bieten, weil, wie die Erfahrung in Deutschland gezeigt hat (Verhandlungen des Reichtags 1900/02, Anlagen Band 6, Drucksache Nr. 630, S. 4117), ein solcher Zwang nicht oder wenigstens nicht ohne weitgehende Schädigungen durchführbar ist. Dagegen wurde die Reinheit des von der russischen Monopolverwaltung in den Verkehr gebrachten Trinkbranntweins anerkannt.

Endlich sprechen für die Wahl des Monopols dessen Vorzüge im Hinblick auf die Belastung des Verbrauchers. Gegner des Monopols als Besteuerungsform führen zuweilen aus, daß der durch das Monopol erstrebte Zweck besser und einfacher erreicht werde durch eine entsprechende Erhöhung der Verbrauchsabgabe. Abgesehen davon, daß die Aufgabe des Monopols sich nicht auf die Einnahmesteigerung beschränkt, läßt der Einwand den großen Nachteil des Systems der Verbrauchsabgabe außer acht, daß hierbei der Verbraucher weit stärker belastet wird, als es der Einnahme des Staates entspricht. Unbestreitbar ist nämlich, daß der Branntwein jedesmal durch die Destillateure und Ausschänker und deren hohe Aufschläge wesentlich teurer gemacht worden ist, als der Erhöhung der Branntweinsteuer entsprochen haben würde. Diese hohen Zwischenverdienste würden dem Reich zufallen, wenn der Monopolbetrieb sich nicht auf den Verkauf des rohen oder gereinigten Branntweins beschränkt (Entwurf vom 3. November 1908), sondern die Herstellung der einfachen

Trinkware mitumfaßt und einen Einfluß auf den dem Verbraucher zu stellenden Preis ermöglicht. Soll eine hohe Einnahme erziehlt werden, ohne daß der Verbraucher mehr belastet wird, als es dieser Einnahme entspricht, dann mußten die die Verteuerung verursachenden Zwischenstufen beseitigt werden. In diesem Falle kann der gegen Staatsbetriebe vielfach erhobene Einwand der teueren Arbeit nicht zutreffen: denn auch bei ungünstigster Beurteilung kann nicht bestritten werden, daß einige wenige große Reichsbetriebe billiger arbeiten, als mehrere tausend in gegenseitigem Wettbewerbe durch die hohen Unkosten für Fuhrwerk, Löhne, Geschäftsanpreisungen, kostspielige Aufmachungen, Reisende, Geschenke, Stundungen sich schwer belastende Privatbetriebe. Sodann ist zu berücksichtigen, daß, wenn auch die größeren und geldkräftigeren Firmen im Kriege häufig recht gute Geschäfte gemacht haben, vermutlich viele der kleineren und kleinsten Betriebe, die sich an dem Ankauf der infolge der Branntweinsperre ganz geringfügigen im freien Verkehre befindlichen Branntweinmengen mit Rücksicht auf die ungemein hohen Preise wohl kaum beteiligen konnten, mit sehr großen Schwierigkeiten zu kämpfen hatten und nach dem Kriege aus verschiedenen Gründen den Wettbewerb mit den großen und kapitalkräftigen Firmen überhaupt nicht mehr führen können. Vielen dieser Gewerbetreibenden wird also die Abstandnahme von dem schweren Kampfe um den Absatz und ein endgültiges Abkehren den vom Geschäfte, das seit längerer Zeit nicht oder nur schwach betrieben werden konnte, nicht schwer fallen. Die vom Reiche zu zahlenden Entschädigungen sollen diesen tatsächlich wohl schon in manchen Fällen angebahnten Übergang zu anderem Erwerb erleichtern.

Durch die Einbeziehung der Verarbeitung des Branntweins zu Trinkbranntwein nähert sich das Gesetz dem des Jahres 1886; er vermeidet aber dessen weiteren Schritt, den Absatz der Monopolerzeugnisse an die Verbraucher durch eigene Verschleißer zu betreiben. Die Trinkbranntweine sollen ausschließlich an Wiederverkäufer — (Gastwirte, Feinkosthandlungen usw.) — abgesetzt werden; hierdurch wird vermieden, daß die Monopolverwaltung ein Heer von Beamten und sonstigen von ihr abhängigen Personen beschäftigt. Da der Branntwein durch die bestehenden Reinigungsanstalten im Lohnbetriebe gereinigt werden kann, beschränkt sich die Zahl der Angestellten der Monopolverwaltung auf etwa die Zahl der bei der Spiritus-Zentrale tätigen Personen, zuzüglich der Angestellten und Arbeiter in den Großbetrieben zur Herstellung der Monopolerzeugnisse und den zugehörigen Lagern.

Der gegen ein Monopol häufig erhobene Einwand der nicht genügenden Rücksichtnahme auf Bedürfnisse und Geschmacksrichtungen der Verbraucher ist hinfällig, weil die Monopolverwaltung sich auf die Herstellung der etwa 85 bis 90 Hundertteile der den Gesamtverbrauch ausmachenden einfachen Trinkbranntweine beschränkt. Es ist jedem unbenommen, gegen Entrichtung einer durch Gebührenzeichen (Banderole) zu erhebenden Abgabe außerhalb des Monopols Trinkbranntwein herzustellen und zu vertreiben. Kornbrennereien, Obstbrennereien, Hersteller feiner Markenschnäpse sind also in der Lage, entsprechend dem Geschmacke verwöhnterer Verbraucher, feinere Waren auf den Markt zu bringen. Ebenso ist die Einfuhr nicht grundsätzlich, sondern nur durch die Höhe des Zolles beschränkt.

Die Regelung der Betriebsverhältnisse der Brennereien schließt sich in dem Entwurf an das geltende Recht an. Der Durchschnittsbrand des Branntweinsteuergesetzes wird unter der schon vielfach üblichen kürzeren Bezeichnung „Brennrecht" beibehalten, und zwar nicht nur als System, sondern auch in der für die einzelnen Brennereien geltenden Zumessung.

Das durch das Gesetz vom 14. Juni 1912 für die Königreiche Bayern und Württemberg und das Großherzogtum Baden aufrechterhaltene Kontingent hob die drei süddeutschen Staaten aus der Einheit des Rechtes heraus und trug zur Verwicklung der Bestimmungen erheblich bei. Es ist nunmehr im neuen Gesetz beseitigt.

Die Erfahrungen, die während des Krieges auf dem Gebiete der Erzeugung von Branntwein aus anderen als den bisher üblichen Stoffen gemacht sind, sollen nutzbar gehalten werden. Als solche Stoffe kommen die Ablaugen der Zellstoffabriken, Holz und auch Kalziumkarbid in Betracht. Die uneingeschränkte Zulassung der Verarbeitung dieser Rohstoffe auf Branntwein würde dem für die Ertragsfähigkeit umfangreicher Ackerböden so wichtigen landwirtschaftlichen Brennereigewerbe in empfindlichster Weise Abbruch tun. Anderseits erscheint es nicht gerechtfertigt, die Gewinnung von Branntwein aus den erwähnten Stoffen durch das Gesetz von vornherein unmöglich zu machen. Der Mangel der gewöhnlichen Rohstoffe für die Branntweinbereitung zwang dazu, eine Reihe Laugen- und Holzbrennereien mit Reichs- und Staatsmitteln in Betrieb zu setzen. Das Gesetz geht davon aus, daß diese Werke in dem Umfang, in dem sie bestehen, aufrechterhalten werden, und daß durch Vorbehalt der Verarbeitung insbesondere von Zellstoffen und Kalziumkarbid für das Reich einerseits Vorsorge gegen eine für die Landwirtschaft bei freiem Wettbewerb gefährliche Entwicklung getroffen, anderseits die Möglichkeit offen gehalten wird, Vorteile, die bei weiterer Entwicklung der Verfahren aus der Verarbeitung dieser Stoffe erwachsen können, dem Reiche zuzuführen.

In dem Entwurf eines Gesetzes über den Zwischenhandel des Reichs mit Branntwein vom 3. November 1908 war in Aussicht genommen, ohne Rücksicht auf den steigenden oder fallenden Verbrauch einen festen Jahresertrag herauszuwirtschaften. Dieser Weg ist gangbar, wenn die weitere Entwicklung voraussichtlich ziemlich stetig ist, eine Überspannung der auf dem Hektoliter Alkohol liegenden Steuerlast infolge des Verbrauchsrückganges bei gleicher Gesamteinnahme also nicht zu befürchten ist. Ist aber ein starker Rückgang mit ziemlicher Bestimmtheit vorauszusehen und ist im Hinblick auf die unsichere Lage des gesamten Wirtschaftslebens der Zeitpunkt größerer Stetigkeit des Absatzes erst für eine fernere Zukunft zu erwarten, dann ist es richtiger, die Liter- oder Hektolitereinheit zu belasten. Die Gesamteinnahme folgt dann dem fallenden oder steigenden Verbrauche, wie es bei der Verbrauchsabgabe der Fall ist. Die Belastungsfähigkeit des Branntweins hat sich im Kriege als weit höher erwiesen, als im Frieden angenommen wurde. Mit der zunehmenden Beschränkung in der Abgabe des Branntweins für Trinkzwecke seit dem Frühjahr 1915 (Versteuerungsbeschränkungen) stiegen die Preise für versteuerten Branntwein ganz ungemein. Wenn, wie tatsächlich im Kriege zu beobachten war, für ein entbehrliches Genußmittel bei einem Absatz in immerhin nicht ganz unbeträchtlichem Umfang von 2000 und zuletzt sogar von 8000 und mehr Mark für das Hektoliter gezahlt werden, so konnte eine Belastung, die einen Reinertrag von 800 Mark gewährt, nicht als zu hoch angesehen werden.

Mit den vorstehenden Erwägungen hatte die Regierung ihre Vorlage zum Branntweinmonopol gerechtfertigt.

Bei den Ausschußberatungen wurden dann die Grundzüge des Gesetzes in eingehender Weise erörtert (Drucksachen Nr. 1770, II. Session 1914/18, 13. Leg.-Per. zu Nr. 1460 der Drucksachen). Die Aussprache ging insbesondere dahin, ob überhaupt das Monopol die geeignetste Form sei (S. 3ff.), oder nicht besser die Verbrauchsabgabe beibehalten und erhöht werden sollte (Antrag Nr. 10) und anderseits, ob nicht auch, wenn einmal das Monopol eingeführt werde, nicht nur die Verarbeitung, sondern auch die Herstellung von Trinkbranntwein monopolisiert werden solle. (Antrag Nr. 2 der Drucksachen.) Demgegenüber faßte der Vertreter des Reichsschatzamtes noch einmal alles zusammen, was dafür spräche, die Regelung so zu lassen, wie sie der Regierungsentwurf vorgesehen hatte.

Die Erhöhung der Verbrauchsabgabe statt Einführung des Monopols sei unannehmbar. Die verbündeten Regierungen seien in dem Entwurf von einem doppelten Gesichtspunkt ausgegangen. Einmal hätten sie sich leiten lassen von der Überzeugung, daß aus dem Branntwein das Letzte herausgeholt werden müsse, und daß dies nicht anders möglich sein werde als in Form des Monopols. Man wolle statt eines bisherigen Erträgnisses von 200 Millionen Mark über 800 Millionen Mark erzielen. Damit trete eine so hohe Belastung des Alkohols ein, daß sich der gleiche Ertrag bei einer anderen Form, vor allem bei Erhöhung der Verbrauchsabgabe, nicht erzielen ließe, weil die Kontrolle bei einem solchen Verhältnis zwischen Steuer und dem Wert der Ware nicht durchführbar sei. Nur die Zusammenfassung in der starken Form des Monopols gebe die Möglichkeit, die gewünschten Summen herauszuholen. Der zweite Gesichtspunkt, von dem sich die Verbündeten Regierungen hätten leiten lassen, sei der gewesen, nach Möglichkeit in die bestehenden Verhältnisse nicht einzugreifen. Nach Ansicht der Regierung sei die bisherige Branntweinsteuergesetzgebung in der geltenden Form notwendig gewesen und habe nicht unwesentlich dazu beigetragen, Böden, die für andere Kultur nicht geeignet waren, in Kultur zu bringen. Die bisherige Gesetzgebung habe so auch dazu beigetragen, den Viehbestand auf der Höhe zu halten. Es handle sich hier nicht nur um ein Landeskulturinteresse, sondern um ein allgemeines wirtschaftliches Interesse; davon hätten sich wohl alle Parteien während des Krieges überzeugen können, daß die bisherige Gesetzgebung zugunsten der Landwirtschaft nicht unwesentlich zum Durchhalten beigetragen habe. Man dürfe nicht nur die Verhältnisse im Süden berücksichtigen, sondern müsse auch an die armen Böden in der Mark Brandenburg, in Posen und auch in West- und Ostpreußen denken. Diese Kreise hätten der Landwirtschaft nicht nur die Anwendung des künstlichen Düngers gezeigt, sondern ihnen sei auch die Hebung der Saatzucht zu verdanken. Es sei deshalb gegenwärtig nicht am Platze, die bisherige Grundlage der Gesetzgebung auf einem für die Landwirtschaft so wichtigen Gebiete zu verlassen. Der Vorschlag einer noch weiter gehenden Ausdehnung des Monopols, insbesondere auf die Branntweinherstellung, wie sie in Nr. 2 der Drucksachen beantragt ist, gebe zu Bedenken Anlaß. Wollte man hierbei die Mehrzahl der Brennereien weiter im Betrieb erhalten, so wäre dazu die Einstellung zahlreicher Beamtenkräfte mit hohem Besoldungsaufwand, ferner die Gewährung namhafter Entschädigungen an die bisher selbständigen Betriebsinhaber und ihre Angestellten erforderlich. Aus beiden Ursachen ergäbe sich eine wesentliche Schmälerung des Ertrags und zwar durch die Beamteneinstellung dauernd, durch die Entschädigungen wenigstens für eine längere Übergangszeit. Von größerer Bedeutung seien jedoch die voraussichtlich ungünstigen wirtschaftlichen Folgen des beantragten Vorgehens. Der Wunsch, möglichst vorteilhaft und billig zu arbeiten, würde die Monopolverwaltung wohl bald dazu drängen, zahlreiche Brennereien — in erster Reihe die weniger lohnenden kleineren Betriebe — außer Betrieb zu setzen oder zu größeren Betrieben zu vereinigen. Solche Stillegungen, denen die Monopolverwaltung sich gar nicht entziehen könnte, müßten dann zu schwerwiegenden Verschiebungen in der Verteilung der Brennereibetriebe führen, die im weiteren, soweit von ihnen die landwirtschaftliche Brennerei betroffen würde, nicht ohne nachteiligen Einfluß auf die Versorgung der Viehhaltung mit Schlempe bleiben könnte. Auf die Erhaltung der landwirtschaftlichen Brennerei müsse aber großer Wert gelegt werden.

Nach heftigen Auseinandersetzungen wurde dann

schließlich der Grundgedanke des Regierungsentwurfs (§ 1) mit 14 gegen 12 Stimmen angenommen.

Nach eingehender Aussprache hierüber, insbesondere auch über die Herstellungskosten (S. 13—22 der Drucksachen) des Branntweins wurde dann noch ein Antrag eingebracht (Nr. 13), zu bestimmen, daß der Reichskanzler befugt sein solle, für den Verkauf von Trinkbranntwein angemessene Preise festzusetzen, Bestimmungen über den Alkoholgehalt des Trinkbranntweins zu treffen und die Deklaration des Alkoholgehalts in Hundertteilen des Volumens beim Verkauf anzuordnen (S. 22). Im großen ganzen ist aber schließlich der Regierungsentwurf unverändert angenommen worden. Von den verhältnismäßig geringfügigen Abweichungen sei erwähnt, daß bezüglich der Abfindungsbrennereien (§ 10) die Grenze in den Reichstagsausschußverhandlungen (Nr. 1770 der Drucksachen) von 1 auf 4 Hektoliter erhöht wurde. Ferner wurde die Übertragbarkeit der abgefundenen Obstbrennereien auf ein anderes Grundstück festgelegt (§ 13, Abs. 2), allerdings unter der Bedingung, daß sich im Falle eines Besitzwechsels durch denselben die wirtschaftlichen Verhältnisse nicht wesentlich ändern oder der neue Besitzer ausschließlich selbstgewonnene Stoffe verarbeitet. Die §§ 35—45 des Regierungsentwurfs enthielten eingehende Bestimmungen über die Branntweinkontingente der Sonderrechtsstaaten (Bayern, Württemberg und Baden); sie sind aber entbehrlich geworden und weggefallen, nachdem im Laufe der Beratungen eine Verständigung mit den süddeutschen Staaten erzielt worden war. Die Grundlinien des Gesetzes, wie sie sich aus dem Monopolgedanken ergeben, sind kurz in den Anmerkungen zu § 1 angegeben. Daher sei auf diese Ausführungen verwiesen, im übrigen aber folgendes hervorgehoben.

Der im Inland hergestellte Branntwein ist, soweit nicht in diesem Gesetz Ausnahmen vorgesehen sind, aus der Brennerei zum Branntweinübernahmepreise an das Reich abzuliefern. Die Verarbeitung von Branntwein zu Trinkbranntwein und der Handel mit solchem Trinkbranntweine steht, soweit nicht in diesem Gesetz Ausnahmen vorgesehen sind, ausschließlich dem Reiche zu und wird für seine Rechnung von der Monopolverwaltung betrieben (§ 1).

Hinsichtlich der Art der Brennereien unterscheidet das Gesetz zwischen landwirtschaftlichen Brennereien (§ 2), Obstbrennereien, Laugenbrennereien und sogenannten gewerblichen Brennereien, und behandel- diese in ganz verschiedenartiger Weise bezüglich der Ablieferungsverpflichtung und der Steueraufsicht. Die Brennereien sind im allgemeinen Verschlußbrennereien (§ 8, 9). Für kleinere Brennereien und gewisse Obstbrennereien sind Erleichterungen in Form einer Abfindung vorgesehen (§ 10ff.); es finden die strengen Überwachungsvorschriften der §§ 44—55 auf sie keine Anwendung.

Die Grundlage der Verteilung bildet das Brennrecht (§§ 23ff.). Das Nähere hierüber ist aus dem § 23 und den dazu gegebenen Erläuterungen und Auszügen aus der amtlichen Begründung ersichtlich.

Die §§ 35ff. behandeln die Überwachung der Branntweinerzeugung und enthalten sehr eingehende Kontroll- und Sicherungsvorschriften.

Die Verwaltung des Branntweinmonopols wird durch das Monopolamt und die Verwertungsstelle (§§ 71ff.) geführt.

Von besonderer Wichtigkeit sind die Bestimmungen über die Branntweinübernahme und den Übernahmepreis (§§ 86ff.).

Soweit nicht der Branntwein von dem Brennereibesitzer oder Stoffbesitzer selbst verwertet wird, übernehmen die mit der Branntweinabnahme beauftragten Beamten den Branntwein für Rechnung der Monopolverwaltung und versenden ihn in den von dieser zu stellenden Versandgefäßen an die Empfangsstelle. Die Eisenbahn- und Schiffsfrachten trägt die Monopolverwaltung, soweit nicht etwas anderes bestimmt wird (§ 86) Der Brennereibesitzer ist dabei aufzufordern, der Branntweinabnahme beizuwohnen. Er ist ohne Anspruch auf besonderes Entgelt verpflichtet, die zur ordnungsmäßigen Abnahme des Branntweins einschließlich seiner Vergällung erforderlichen Einrichtungen zu treffen, den Branntwein zur nächsten Güterabfertigungsstelle zu befördern und ihn dort nach den Weisungen der Monopolverwaltung zu verladen. Ist ein Versand auf der Eisenbahn oder dem Wasserwege nach billigem Ermessen der Monopolverwaltung unzweckmäßig, so hat der Brennereibesitzer den Branntwein nach einem von dieser bestimmten Orte zu befördern und an die ihm bezeichnete Empfangsstelle abzuliefern; die Mehrkosten gegenüber der Ablieferung zur nächsten Güterstelle trägt die Monopolverwaltung (§ 87). Der Brennereibesitzer haftet für den Schaden, der durch Verlust oder Beschädigung des von ihm zu befördernden Branntweins bis zu dessen Übernahme durch den neuen Warenführer oder den Empfänger eintritt (§ 88). Für den Branntwein, der im Gärungsverfahren aus anderen Stoffen als aus Ablaugen der Zellstoffgewinnung hergestellt ist, setzt das Monopolamt in gemeinschaftlicher Beschlußfassung mit dem Beirat den Branntweingrundpreis und die Zuschläge und Abzüge fest (§§ 89, 92, 93—100). Die Preise werden in der Regel für das Betriebsjahr festgesetzt; sie können im Laufe des Betriebsjahrs erhöht oder herabgesetzt werden. Der Beschluß ist im Reichsanzeiger bekanntzugeben. Für den in den Grenzen des Brennrechts hergestellten Branntwein, der zu Anfang des Betriebsjahrs noch vor Festsetzung der Jahresübernahmepreise hergestellt und geliefert wird, bestimmt das Monopolamt vorläufige Abschlagpreise, die demnächst ausgeglichen werden (§ 90). Die Brennereibesitzer sind nach näherer Bestimmung des Bundesrats verpflichtet, die für die Festsetzung der Übernahmepreise nötigen tatsächlichen Angaben zu machen (§ 91). Der Branntweingrundpreis wird so festgesetzt, daß er die durchschnittlichen Herstellungskosten eines Hektoliters Alkohol und den allgemeinen Betriebsabzug in gutgeleiteten Kartoffelbrennereien mittleren Umfanges deckt, wobei davon auszugehen ist, daß bei angemessener Verwertung der Kartoffeln die Schlempe dem Brennereibesitzer kostenfrei zur Verfügung bleiben soll. Kartoffelbrennereien mittleren Umfanges in diesem Sinne sind solche, die jährlich durchschnittlich 800 Hektoliter Alkohol erzeugen.

Zum Branntweingrundpreis kommen aber gewisse Zuschläge und Abzüge nach der Art der Rohstoffe oder des Verfahrens der Branntweingewinnung (§§ 92, 93), eine Erhöhung des Branntweingrundpreises für gewisse Fälle (§ 98) und gewisse Betriebsabzüge allgemeiner und besonderer Art (§§ 94, 95, 96, 97), auch können je nach der Stärke und Reinheit des Branntweins gewisse Erhöhungen oder Minderungen des Übernahmepreises vorgenommen werden (§ 102). Besondere Bestimmungen gelten für den Überbrand (§ 103) und für die Bundesstaaten Bayern, Württemberg und Baden (§ 100). Das System der Ausgleichsplätze (§ 101) ist beibehalten.

Nach der Abnahme des Branntweins in der Brennerei erhält der Berechtigte eine Bescheinigung der Übernahme. Die Monopolverwaltung ist zur Zahlung des Branntweinübernahmepreises verpflichtet, sobald festgestellt ist, daß der Brennereibesitzer den ihm nach § 87 obliegenden Verpflichtungen nachgekommen ist. Ergeben sich Anstände, für die der Brennereibesitzer nach § 88 in Anspruch genommen werden kann, so kann bis zu deren Erledigung die Zahlung des Übernahmepreises ganz oder teilweise ausgesetzt werden (§ 104).

Was die Verwertung des Branntweins anlangt, so ist derselbe so zu verwerten, daß nach Deckung sämtlicher

Verwaltungs- und Geschäftskosten einschließlich des Zuschusses beim Absatz von vergälltem Branntwein, der Verzinsung und Tilgung der Anleihe, der für Entschädigungen und gewisse andere Zwecke zu zahlenden oder anzusammelnden Beträge und nach Verzinsung und Rückzahlung eines nach § 106 geleisteten Vorschusses außer der Einnahme an Freigeld (§ 117) an die Reichskasse eine Reineinnahme von 800 Mark für jedes zu regelmäßigen Verkaufspreisen verwertete Hektoliter Alkohol abgeführt wird (Hektolitereinnahme). Der über eine Hektolitereinnahme von 800 M. hinausgehende Betrag der Reineinnahme ist bis zur Höhe von 200 Millionen Mark bei den Betriebsmitteln der Reichshauptkasse anzusammeln. Bleibt die Hektolitereinnahme hinter dem Betrage von 800 Mark zurück, so ist der fehlende Betrag aus dem angesammelten Bestande zu decken; reicht der Bestand hierzu nicht aus, so wird er aus den Betriebsmitteln der Reichshauptkasse vorschußweise für Rechnung der Monopolverwaltung ergänzt.

Der Monopolverwaltung liegt die Herstellung der dem Massenverbrauch dienenden einfachen Trinkbranntweine ob (§ 109), sie bestimmt auch, welche Monopolerzeugnisse hergestellt und in welcher Form sie in den Verkehr gebracht werden (§ 109). Sie setzt auch die Preise und Bezugsbedingungen der Monopolerzeugnisse fest (§ 111).

Trinkbranntwein, den nicht die Monopolverwaltung herstellt, unterliegt bei gewerbsmäßiger Herstellung einer besonderen Gebühr (Freigeld) § 117.

Die außerhalb des Monopolbetriebs hergestellten Trinkbranntweine werden Erzeugnisse sein, die sich in der Beurteilung der Verbraucher durch den Geschmack oder sonstige Eigenschaften besonders auszeichnen und im allgemeinen (auch ohne Freigeld) teurer sein würden als die Monopolerzeugnisse. Wer aber diese besonderen oder durch besonderen Ruf ausgezeichneten Feinschnäpse oder Obstbranntweine trinken will, kann diesen Genuß auch teurer bezahlen; in dem Freigeld wird also der Luxus getroffen. Die Gebühr soll durch Gebührenzeichen entrichtet werden. Die hierzu vorgesehenen Vorschriften lehnen sich an diejenigen des Zigarettensteuergesetzes an. Das Gesetz enthält keine Vorschriften über Stundung des Verkaufpreises für die Monopolerzeugnisse. Er schließt sich in der Versagung dieser Erleichterung dem Vorgehen der Schweiz an. Eine Stundung würde immer eine Schmälerung der Einnahmen bedeuten, die auf andere Weise wieder eingebracht werden muß. Es soll ferner die Monopolverwaltung durch Stundung der Preise für ihre Erzeugnisse auch nicht den Anschein erwecken, als ob sie den Absatz dieser von ihr selbst hergestellten und vertriebenen Schnäpse befördere. Die Monopolverwaltung muß und wird dafür sorgen, daß die Mindestmengen, die ein Wiederverkäufer beziehen kann, so niedrig bemessen sind, daß auch bei kleinerem Betriebskapitale der Bezug nicht schwer fallen kann. Nicht zu unterschätzen ist auch die erhebliche Ersparnis an Verwaltungsarbeit, die durch Versagung der Stundung erzielt wird. Da die Geschäftswelt im Kriege sich an die Barzahlung gewöhnt hat, wird die Durchführung der Maßnahme nicht auf Schwierigkeiten stoßen.

Die Wiederverkäufer (Gastwirte, Händler usw.) sind an die von der Monopolverwaltung für sie festgesetzten Preise bei Abgabe in Mengen von einem Viertelliter oder mehr gebunden. Kleinere Mengen, insbesondere zum unmittelbaren Verzehre, können sie zu beliebigen Preisen abgeben. Gegen Überforderung ist der Verbraucher dadurch geschützt, daß er die Abgabe eines Viertelliters zu dem von der Monopolverwaltung festgesetzten Preise verlangen kann. Dieses Verlangen kann aber nur unbeschadet der aus öffentlichen Gründen erlassenen Einschränkungen und Verbote geltend gemacht werden. Damit der Verbraucher in der Lage ist, die Preisforderung des Wiederverkäufers zu prüfen, kann letzterem aufgegeben werden, die Preistafel der Monopolerzeugnisse in seinem Geschäftsraum offenzulegen (§§ 112—116).

Die Verbote des § 116 dienen der Monopolverwaltung und dem Verbraucher. Dem Verbraucher sichern sie die Lieferung einer dem angelegten Preise entsprechenden Ware; die Monopolverwaltung schützen sie gegen Minderung der Monopoleinnahme durch Lieferung verwässerter Ware. Dieser Schutzzweck ist am sichersten zu erreichen durch Lieferung der Monopolerzeugnisse ausschließlich in Flaschen. Doch ist damit der Nachteil größerer Verpackungs- und Frachtkosten verbunden. Eine gesetzliche Festlegung nach der einen oder anderen Richtung ist nicht zweckmäßig. Deswegen ist zunächst ausschließliche Lieferung in Flaschen vorgesehen, dem Bundesrat aber die Ermächtigung gegeben, die Lieferung in anderen Gefäßen vorzusehen.

Branntwein, der ins Ausland ausgeführt oder zu gewerblichen Zwecken verwendet wird, wird zu ermäßigten Preisen abgegeben (§ 129 ff.)

Die Branntweinherstellung aus Zellstoffen, Kalziumkarbid und ähnlichen bisher noch nicht verwendeten Grundstoffen unterliegt dem Reichsmonopol (§ 136).

Der aus dem Ausland eingeführte Branntwein unterliegt einem hohen Zoll (§§ 140 ff.), so daß seine Kosten mindestens ebenso hoch sind, wie die Monopolerzeugnisse.

Essigsäure unterliegt einer Verbrauchsabgabe (§ 144 ff.).

Die Strafbestimmungen (§§ 155 ff.) sind dem früheren Gesetz nachgebildet und verschärft, auch im einzelnen noch näher ausgearbeitet.

Von besonderer Bedeutung sind die Bestimmungen über die Beschäftigung und Entschädigung der bestehenden Betriebe und der Angestellten.

Die Überleitung aus dem bestehenden Zustand in den des Monopols wird auf dem Gebiete der Reinigung des Branntweins sich am glattesten vollziehen, wenn die in der

Spirituszentrale gebildeten und seit langen Jahren ziemlich unverändert angewendeten Grundsätze übernommen werden. Es ist dies um so eher ratsam, als die ganz überwiegende Mehrzahl der Reinigungsanstalten in zwanzigjähriger Entwickelung sich daran gewöhnt hat, unter Verzicht auf wirtschaftliche Bewegungsfreiheit im Lohne nach festen Maßstäben beschäftigt zu werden.

Nach dem Gesetz sollen die bestehenden Reinigungsanstalten zunächst für eine Übergangszeit von zehn Jahren auf der Grundlage ihrer Reinigungskontingente beschäftigt werden können. Die Betriebe sollen in gleicher Weise wie bei der Spirituszentrale im Monopol für Lohn arbeiten. Ihre bisherigen Reinigungskontingente sollen als Beschäftigungszahlen den Maßstab und die Grenze ihres Anspruchs auf Tätigkeit und Entschädigung bilden. Im Vertragsverhältnisse der Spirituszentrale setzt sich das Entgelt der Reinigungsanstalten entsprechend ihrer vielseitigen Tätigkeit aus einer größeren Anzahl von Einzelposten zusammen. Diese Zahlungen an die Gesamtheit der Reinigungsanstalten werden jährlich in Abschlagszahlungen und Nachzahlungen an die einzelnen Besitzer nach der Menge des abgelieferten Branntweins verteilt. Die Zweiteilung der Entschädigung nach den festen und den mit dem Umfang der Beschäftigung schwankenden Kosten übernimmt das Gesetz durch die Festsetzung einer Grundgebühr, die durch das nach dem Umfang der Tätigkeit sich richtende Geschäftsentgelt ergänzt wird. Die Grundgebühr soll die Verzinsung und Tilgung der Anlagen, die Ausbesserungen, die Kosten der oberen Leitung und des kaufmännischen Betriebs decken. Dafür ist der Inhaber verpflichtet, die Anlage dauernd in gebrauchsfertigem Zustand zu erhalten. Als Satz der Grundgebühr sieht das Gesetz den Betrag von 2,50 M. für jedes Hektoliter der Beschäftigungszahl und 0,50 M. für jedes Hektoliter des Rauminhalts der in den Lagern aufgestellten, nicht zum Versand geeigneten Aufbewahrungsgefäße vor. Das Geschäftsentgelt ist zerlegt in den Reinigungslohn für die eigentliche Reinigungstätigkeit und in ein Entgelt für die übrige Tätigkeit der Reinigungsanstalten. Da die Reinigungsanstalten während einer zehnjährigen Übergangszeit zur Tätigkeit für die Monopolverwaltung verpflichtet sind, kann letztere nicht in Verlegenheit kommen. Denn entweder gelten die Beschäftigungsverträge auf längere Zeit oder die Monopolverwaltung hat bis dahin genügend Gelegenheit gehabt, um sich zu sichern. Welcher Betrag bei der Tätigkeit für das Monopol angemessen sein wird, kann heute nicht gesagt werden. Die für die Reinigungsprämie oben mitgeteilten Sätze galten für Friedensverhältnisse und sind mit Rücksicht auf die Preissteigerungen für Kohlen, Löhne, Ausbesserungen usw. im Kriege wesentlich erhöht worden. Die Entschädigung der ausscheidenden Anstalten ist derart gedacht, daß zunächst bis zum Ablauf des zehnten Betriebsjahres nach dem Inkrafttreten des Gesetzes die Grundgebühr und außerdem eine Gewinnentschädigung gezahlt wird. Die Beschäftigung der Reinigungsanstalten nach Ablauf des zehnten Betriebsjahres soll der freien Vereinbarung vorbehalten sein. Doch soll die Monopolverwaltung bei Nichtzustandekommen einer solchen Vereinbarung verpflichtet sein, noch während fünf weiterer Betriebsjahre für jedes Hektoliter der durch die Tätigkeit nicht erfüllten Beschäftigungszahl die Grundgebühr zu zahlen; dieser Anspruch steht auch den von der weiteren Tätigkeit ausgeschlossenen Reinigungsanstalten zu. Das Recht auf die Entschädigung ist nur Brennereien gegeben, die als Kleinbrennereien zum Brennrecht nicht veranlagt werden oder über ein Brennrecht von nicht mehr als 10 Hektoliter verfügen, weil angenommen wird, daß Abfindungsbrennereien mit einem größeren Brennrecht im allgemeinen in der Lage sein werden, ihren Betrieb unter Verschluß zu stellen. Da aber auch Grenzfälle vorkommen können, oder Fälle, in denen eine Nichtentschädigung eine Härte bedeuten würde, soll dem Bundesrate die Befugnis zustehen, auch größeren Abfindungsbrennereien die Entschädigung zu gewähren.

Für die Aufgabe eines Geschäfts können (auch nebeneinander) zwei Entschädigungsformen in Betracht kommen: Sachentschädigung und Gewinnabfindung. Erstere kann namentlich dann erforderlich werden, wenn Grundstücke, Anlagen, Vorräte und anderes von dem Reichsbetriebe übernommen werden sollen. Ein Übergang von Sachen auf das Reich kommt nach dem Gesetz nicht in Frage. Die Sachentschädigung könnte daher nur ihren Grund haben in einer weitgehenden dauernden Sachentwertung. In welchem Umfange eine solche eintritt, würde aber gerade bei den Destillationsbetrieben und bei der vom Entwurf in Aussicht genommenen Belassung eines Teiles der Trinkbranntweinherstellung in Privatbetrieben ungemein schwer zu beurteilen sein. Bei diesem Ineinandergreifen mehrerer verschiedenartiger Betriebe und der Benutzung gemeinsamer Einrichtungen für sie würde eine gerechte und sachgemäße Abgeltung der Wertminderung, die eine Folge der Einführung des Monopols ist, nicht durchführbar sein. Es kommt hinzu, daß die Betriebe die von ihnen etwa hergestellten oder neue Marken auch in Zukunft erzeugen und vertreiben können. Das Gesetz nimmt daher von Aufstellung besonderer Grundsätze für eine Sachentschädigung Abstand. Durch die Einführung des Monopols eintretende Sachentwertungen sollen durch eine höhere Bemessung der nach dem Umfang des Geschäfts sich richtenden einheitlichen Gewinnabfindung mitabgegolten werden. Als Grundlage für die Entschädigung sind die für das Geschäft im Betriebsjahre 1913/14 stattgehabten Versteuerungen in Aussicht genommen.

Durch Einführung des Monopols werden auch die Gewerbebetriebe betroffen, die unverarbeiteten, versteuerten Branntwein in kleinen Mengen verkauft haben. Denn wenn auch der Absatz solcher kleinen Mengen z. B. an

Apotheker, Krankenanstalten, Laboratorien, Drogerien usw. in Zukunft in gleicher Weise wie bisher stattfinden wird, so fällt doch der Absatz der für Trinkzwecke bestimmten Mengen fort. Entsprechend dem geringeren Gewinn beim Absatz dieser Ware und im Hinblick auf das Verbleiben eines Teils dieses Absatzes bei den bisherigen Verkäufern, sollen diese Branntweinmengen nur mit einem geringen Betrage in Ansatz gebracht werden.

Die Angestellten, die unmittelbar vor Inkrafttreten des Gesetzes in Reinigungsanstalten, in Destillationsbetrieben oder in der Spirituszentrale tätig sind, sollen, soweit sie infolge des Gesetzes nicht oder zu ungünstigeren Bedingungen weiter beschäftigt werden, entschädigt werden. Die entschädigungsberechtigten Angestellten sollen zunächst sämtlich bis zum Ablauf des ersten halben Jahres nach Beendigung des Vertragsverhältnisses ihre bisherigen Bezüge weitererhalten. Dies gilt auch für den Fall, daß das Anstellungsverhältnis unter ungünstigeren Bedingungen, als der abgelaufene Vertrag vorsah, fortgesetzt wird. Hierdurch erhalten die Betroffenen Zeit zur Erlangung einer anderen Anstellung. Im übrigen ist die Entschädigung einmal nach der Länge der Anstellungsdauer und sodann nach dem Lebensalter abgestuft. Das Nähere ergeben die §§ 228—241. Schließlich ist dem Bundesrat die Möglichkeit offengelassen worden, auch solchen Personen eine Entschädigung zu gewähren, denen ein Anspruch nach den Vorschriften des Gesetzes nicht zusteht, für deren Berücksichtigung aber erhebliche Gründe der Billigkeit sprechen.

Wir Wilhelm, von Gottes Gnaden Deutscher Kaiser, König von Preußen usw.

verordnen im Namen des Reichs, nach erfolgter Zustimmung des Bundesrats und des Reichstags, was folgt:

# I. Abschnitt.

## Allgemeine Vorschriften.

### Gegenstand und Geltungsgebiet des Monopols.

**§ 1**[1]. Der im Monopolgebiete[3]) hergestellte Branntwein ist, soweit nicht in diesem Gesetz Ausnahmen vorgesehen sind (§§ 11 und 12), aus der Brennerei zum Branntweinübernahmepreise (§§ 89ff. an das Reich abzuliefern[1]).

Die Verarbeitung von Branntwein zu Trinkbranntwein und der Handel mit solchem Trinkbranntwein im Monopolgebiete steht, soweit nicht in diesem Gesetz Ausnahmen vorgesehen sind (§§ 117 bis 128), ausschließlich dem Reiche zu und wird für seine Rechnung von der Monopolverwaltung betrieben (§§ 71ff.)[2]).

Monopolgebiet ist das Gebiet des Deutschen Reichs mit Ausnahme der Zollausschüsse[3]).

[1]) Das Reich hat ein **Monopol**, und zwar einmal ein Monopol auf **Übernahme** des gesamten, im Monopolgebiet **hergestellten** Branntweins (§ 1), soweit nicht einzelne Ausnahmen vorgesehen sind (§§ 11, 12 Abfindungsbrennereien), und zwar auf Übernahme zu einem bestimmten **Übernahmepreise** (§§ 89ff.). Ferner hat das Reich ein Monopol zur **Verarbeitung** und zum **Handel** mit einfachen **Trinkbranntweinen** (§ 109) im Monopolgebiet. Schließlich hat es noch ein **Herstellungsmonopol** auf Branntwein aus **Zellstoffen, Kalziumkarbid** und anderen, bisher zur Branntweinerzeugung noch nicht verwendeten Stoffen (§ 136).

**Grundlage des Monopols** ist die **Herrschaft** über den zur Verwendung im Monopolgebiete bestimmten Branntwein, also über die im **Inland** (Monopolgebiet) **hergestellte** und die etwa aus dem **Ausland eingeführte** Ware. Die Herrschaft über die im **Inland** (Monopolgebiet) hergestellte Ware wird durch die **Ablieferungspflicht** begründet, die über die **Auslandsware** kann an sich durch alleiniges oder **vorzugsweises Bezugsrecht, Ablieferungspflicht** oder **Zoll** gesichert werden. Am meisten entsprach zwar dem Gedanken eines Monopols der Vorbehalt des alleinigen Bezugsrechts; um aber den Verkehr nicht mehr zu beengen, als zur Erreichung des Monopolzwecks nötig ist, sieht das Gesetz den **Branntweinzoll** (§ 140) vor. Demzufolge ist nur der im Inland (Monopolgebiet) hergestellte Branntwein ablieferungspflichtig.

²) Den vom Brenner übernommenen Branntwein hat die **Monopolverwaltung**, soweit dies erforderlich ist, **reinigen** zu lassen und in den Verkehr zu geben. Entsprechend dem Trinkbedarfe soll die **Monopolverwaltung** den Branntwein zu **Trinkbranntweinen** verarbeiten. Ein Großbetrieb, derart wie ein Branntweinmonopol, befaßt sich zweckmäßig nur mit der Herstellung der dem Massenverbrauche dienenden Waren, also der einfacheren Trinkbranntweine, ohne Anspruch auf Lieferung der nur auf beschränktem Gebiete Absatz findenden Erzeugnisse aus hochwertigen Rohstoffen oder von besonderer Zubereitung. Die **Herstellung** solcher Trinkbranntweine besonderer Art, **Tafelliköre** usw., soll dem **Gewerbe** überlassen bleiben, das (allerdings gegen Entrichtung einer besonderen Gebühr [Freigeld]) seine „Marken" in den Verkehr bringen kann. Auf der 11. Hauptversammlung Deutscher Nahrungsmittelchemiker sind Beschlüsse über die Beurteilung der Trinkbranntweine gefaßt worden (Zeitschrift für Untersuchung der Nahrungs- und Genußmittel 1912, 24. Bd., S. 84). Danach sind „**Trinkbranntweine alkoholische Getränke, die entweder durch Destillation alkoholhaltiger Flüssigkeiten oder auf kaltem Wege aus Alkohol verschiedenen Ursprunges, Wasser und Geruch- und Geschmackstoffen verschiedenen Ursprunges hergestellt werden**". Dieser Umschreibung dürfte zuzustimmen sein mit dem Bemerken, daß der Zusatz von Geruch- und Geschmackstoffen verschiedenen Ursprunges zum Alkohol-Wasser-Gemisch wohl auch nach der Absicht der Umschreibung kein Erfordernis zur Erfüllung des Begriffsinhalts ist. Als Trinkbranntweine im Sinne der Vorschriften über die Erhebung der Verarbeitungsgebühr sind auch diejenigen alkoholhaltigen Erzeugnisse anzusehen, die, wie Punsch-, Glühwein-, Grogessenzen und Extrakte, regelmäßig zwar nicht als Trinkbranntweine Verwendung zu finden bestimmt sind, hierzu aber sehr wohl dienen können.

[3]) Im Regierungsentwurf stand statt des Wortes **Monopolgebiet** das Wort **Inland**. Ein Vertreter des Reichsschatzamts führte hierzu aus: Man habe nicht die Absicht, das Monopolgebiet anders aufzufassen, als das bisherige Geltungsgebiet des Branntweinsteuergesetzes umgrenzt sei, worüber § 1 der Branntweinsteuergrundbestimmungen sage, daß das Branntweinsteuergesetz für das deutsche **Zollgebiet** mit Ausnahme des Großherzogtums **Luxemburg** gelte (Zentralblatt für das Deutsche Reich 1909 S. 946), somit das Gebiet des **Deutschen Reichs** mit **Ausnahme** der sogenannten **„Zollausschlüsse"** und der Insel **Helgoland** umfasse. Es sei aber wohl das Wort Monopolgebiet vorzuziehen.

**Landwirtschaftliche Brennereien.**

**§ 2**[1]). Als landwirtschaftliche Brennereien gelten die Brennereien, die ausschließlich Kartoffeln oder Getreide verarbeiten und bei deren Betriebe die sämtlichen Rückstände in einer oder mehreren den Eigentümern oder Besitzern der Brennerei gehörenden oder von ihnen betriebenen Wirtschaften verfüttert werden und der so gewonnene Dünger vollständig auf dem den Eigentümern oder Besitzern der Brennerei gehörenden oder von ihnen bewirtschafteten Grund und Boden verwendet wird, soweit die Brennereien nicht wegen ihrer Verbindung mit Hefengewinnung zu den gewerblichen Brennereien gehören (§ 6).

In den nach dem 1. September 1902 betriebsfähig hergerichteten Brennereien müssen außerdem die zur Verarbeitung kommenden Rohstoffe an Kartoffeln und Getreide, mit Ausnahme von Roggen, Weizen, Buchweizen, Hafer und Gerste, in der Hauptsache von den Eigentümern oder Besitzern der Brennerei selbst gewonnen sein. Bei Genossenschaftsbrennereien, die als solche nach dem 1. September 1902 entstanden sind, müssen ferner die so gewonnenen Rohstoffe in der Hauptsache von den einzelnen Teilnehmern nach Verhältnis ihrer Beteiligung an der Brennerei geliefert und außerdem die sämtlichen Betriebsrückstände von den Teilnehmern in diesem Verhältnis verfüttert werden. Der Bundesrat wird ermächtigt, im Falle von Mißernten und für Genossenschaftsbrennereien, die vor dem 1. September 1907 als solche bestanden haben, Ausnahmen von den Vorschriften über die Gewinnung der Rohstoffe zu gestatten.

[1]) Hierzu bemerkte die amtliche Begründung zum Gesetzentwurf: Die **Klasseneinteilung** der Brennereien lehnt sich an die des geltenden Rechtes an. Insbesondere ist die Begriffsbestimmung der **landwirtschaftlichen Brennerei** ohne sachliche Änderung aus dem **Branntweinsteuergesetz** (§ 10) übernommen. Wenn nach dem Gesetz in Zukunft auch Rohstoffe sollen verarbeitet werden können, deren gewerbliche Verwertung auf Branntwein durch das geltende Gesetz zum Schutze namentlich der landwirtschaftlichen Brennereien verhindert wurde, so soll doch die Brennerei als landwirtschaftliches Nebengewerbe insoweit aufrechterhalten bleiben, als die Verfolgung jener Ziele es zuläßt. Insbesondere soll den landwirtschaftlichen Brennereien, den Obstbrennereien und den Kornbranntwein herstellenden Brennereien die Gewinnung der zur Deckung des Trinkbranntweinbedarfs notwendigen Alkoholmengen unbedingt vorbehalten sein. Nur landwirtschaftliche Brennereien und Obstbrennereien, die neu entstehen, sollen entsprechend dem geltenden Rechte auch fernerhin zum Brennrecht veranlagt werden können.

Zu einem Antrag (Nr. 96), auch die **Rüben** verarbeitenden Brennereien als landwirtschaftliche gelten zu lassen, gab der Regierungsvertreter folgende Erklärung ab: „Dem Antrage, die Verarbeitung von Rüben in landwirtschaftlichen Brennereien derjenigen von Kartoffeln und Getreide gleichzustellen, gibt zu erheblichen Bedenken Anlaß. Es wird damit der Boden verlassen, auf dem das geltende Gesetz aufgebaut ist; denn die landwirtschaftlichen Brennereien sollen dann nicht mehr den leichten auf Kartoffelbau vornehmlich angewiesenen Böden zugute kommen, sondern werden zugänglich gemacht den guten, für Rübenbau geeigneten Böden. Dazu liegt jedenfalls in Friedenszeiten kein Bedürfnis vor. Im Kriege ist, namentlich Wünschen kleiner süddeutscher Brenner entsprechend, die Verarbeitung von Rüben in landwirtschaftlichen Brennereien in weitem Umfange zugelassen. Dieser Ausnahme lagen aber, wie so vielen anderen Durchbrechungen des Branntweinsteuergesetzes, Bedürfnisse der Kriegswirtschaft zugrunde." Der Antrag wurde daher abgelehnt.

**§ 3**[1]). Nach näherer Bestimmung des Bundesrats kann der Brennereibetrieb als landwirtschaftlicher auch dann behandelt werden, wenn Schlempe oder Dünger vorübergehend veräußert oder wenn neben Kartoffeln und Getreide im Zwischenbetriebe nichtmehlige Stoffe allein verarbeitet werden.

[1]) Auf die Anfrage eines Abgeordneten erklärte ein Regierungsvertreter dazu: „Es ist zutreffend, daß in der geltenden Brennereiordnung nur der Fall geregelt ist, daß ein Stoffbesitzer seine Vorräte von selbsterzeugtem Obst, Wein oder von selbstgewonnenen Trestern sowie von Beeren und Wurzeln unter eigener Anmeldung des Betriebs in einer fremden Abfindungsbrennerei abbrennt. Das Branntweinsteuergesetz schließt aber einen solchen Betrieb auch in einer Verschlußbrennerei nicht aus. Die Beschränkung hat offenbar darin ihren Grund, daß bis zum Erlaß der geltenden Brennereiordnung ein Bedürfnis, Verschlußbrennereien durch Stoffbesitzer benutzen zu lassen, nicht hervorgetreten ist. Auf eine Anregung durch das Gewerbe ist in einer während des Krieges erlassenen Bundesratsverordnung der angegebene Betrieb in Verschlußbrennereien bis auf weiteres gestattet worden. Auch nach dem Entwurf eines Gesetzes über das Branntweinmonopol ist dieser Betrieb nicht ausgeschlossen. Es bestehen keine Bedenken, diesen während des Krieges zugelassenen Betrieb auch später zu gestatten und die künftigen Ausführungsbestimmungen dementsprechend zu gestalten."

**Obstbrennereien.**

**§ 4.** Als Obstbrennereien gelten die Brennereien, die ausschließlich Obst, Beeren, Wein, Weinhefe, Most, Wurzeln oder Rückstände davon verarbeiten.

Im § 12 des Branntweinsteuergesetzes wurden unterschieden: **Obstbrennereien** und ihnen **gleichgestellte** Brennereien. Nach dem neuen Gesetz sind die beiden Gruppen vereinigt. Es gehören dann allerdings zu den Obstbrennereien auch solche Brennereien, die nicht Obst, sondern z. B. Wein, Trester oder Wurzeln verarbeiten; in dieser Ausdehnung des Begriffs über den Wortlaut dürfte aber nichts Erzwungenes liegen. Durch die Vereinigung in einer Gruppe wird eine Änderung der wirtschaftlichen Verhältnisse dieser Brennereien nicht herbeigeführt; denn die Unterscheidung, die in § 40 Abs. 2 des Branntweinsteuergesetzes in der Behandlung der Obstbrennereien und der ihnen gleichgestellten Brennereien gemacht wird, kann auch ohne Trennung in Brennereigruppen beibehalten werden.

Eine wesentliche Änderung ist jedoch bei der Klasse des § 4 durch Ausscheidung der die Rückstände von der **Bierbereitung** verarbeitenden Brennereien vorgenommen. Diese Betriebe gehörten unter der Geltung des Branntweinsteuergesetzes vom 24. Juli 1887 zur Klasse der Materialbrennereien und wurden im Gesetze vom 15. Juli 1909 den den Obstbrennereien gleichgestellten Brennereien zugewiesen. Mit den Brennereien, die Obst, Beeren oder Rückstände davon, Wein, Weinhefe, Most, Wurzeln oder Rückstände davon verarbeiten, haben sie nur deren meist sehr geringen Betriebsumfang gemeinsam. Während jene Brennereien von schwankender Obst- und Weinernte abhängig sind, vielfach für den Hausgebrauch selbstgewonnenes Obst oder Rückstände von solchem verarbeiten und überwiegend wohl mit kleinerem landwirtschaftlichen Besitze verbunden sind, sind die Grundlagen des Betriebs der Brauereirückstände verarbeitenden Brennereien gewerblich, und ihr Erzeugnis gilt infolge des Beigeschmacks als minderwertig. Der diesen Brennereien im geltenden Rechte gewährte Vorzug (Ermäßigung der Verbrauchsabgabe bei einer Erzeugung von nicht mehr als 300 Hektoliter Alkohol, § 5 des Gesetzes vom 14. Juni 1912) bleibt ihnen erhalten, indem der Branntweingrundpreis für die Erzeugung kleinerer Brennereien allgemein erhöht werden soll (§ 103 des Entwurfs, § 99 des Gesetzes). Das weitere Vorrecht dieser Brennereigruppe: Befreiung von der **Vergällungspflicht** infolge Zugehörigkeit zur Klasse der den Obstbrennereien gleichgestellten Brennereien (§ 72 Abs. 5 des Branntweinsteuergesetzes) wird gegenstandslos.

Im Anschluß an die Ausführungen der amtlichen Begründung wurde von verschiedenen Seiten aus dem Ausschuß hervorgehoben, daß die Gleichstellung der Brennereien, welche Rückstände der Bierbereitung verarbeiten, mit den Obstbranntweinbrennereien, wie Antrag Nr. 31 das wolle, nicht erwünscht sei, daß vielmehr die im Gesetzentwurf vorgesehene Regelung den Vorzug verdiene. Dabei wurde es für wünschenswert erklärt, dem § 4 eine Bemerkung anzufügen, daß diejenigen Brennereien, welche Rückstände der Bierbereitung verarbeiteten, im Sinne der bestimmten einzeln aufzuzählenden Paragraphen den Obstbrennereien gleichgestellt sein sollten. Auf eine Anfrage erklärte aber ein Regierungsvertreter, daß solche Brennereien auch durch zeitweiliges Brennen von Obst nicht Obstbrennereien werden, sondern gewerbliche Brennereien bleiben würden; sie sollen aber nach dem Gesetz soweit möglich die Vorteile der Obstbrennereien weitererhalten.

**Laugenbrennereien**[1]).

**§ 5.** Als Laugenbrennereien gelten die Brennereien, die ausschließlich Ablaugen der Zellstoffgewinnung verarbeiten.

[1]) Neu aufgenommen ist die Klasse der **Laugenbrennereien.** Nach Lage des Branntweinsteuergesetzes können im Frieden die vergärbare Stoffe enthaltenden Abwässer der Zellstofffabriken auf Branntwein lohnend nicht verarbeitet werden. Mit Rücksicht auf die großen Mengen und den geringen Zuckergehalt der Ablaugen ist eine nutzbringende Verarbeitung nur im örtlichen Bereiche der **Zellstoffabrik** möglich. Im Frieden errichtete Laugenbrennereien der Zellstoffabriken hätten als neue gewerbliche Betriebe keinen Durchschnittsbrand erhalten können, so daß für die ganze Erzeugung die Betriebsauflage nebst den Zuschlägen für den gewerblichen Betrieb, und für die Zellstoffverarbeitung die erhöhten Sätze des Überbrandes

(§§ 42, 43 Nr. 5, § 48 des Branntweinsteuergesetzes) zu zahlen gewesen wären; auch würde bei der für den Überbrand erforderlichen vollständigen Vergällung ein Anspruch nur auf die geringe Vergütung bestanden haben, die für Branntwein des Überbrandes lediglich in Höhe der durchschnittlichen Belastung der Branntweinerzeugung mit Betriebsauflage zu gewähren ist (§ 58 Abs. 2 aaO.). Infolge dieser in dem Branntweinsteuergesetze begründeten Nachteile war trotz der sehr geringen Gestehungskosten eine Verarbeitung der bezeichneten Rohstoffe auf Branntwein mit Gewinn ausgeschlossen. Die Verhältnisse des Krieges zwangen aber, auf diese zurückzugreifen. Es wurde das dadurch erleichtert, daß die neu errichteten Laugenbrennereien infolge der in den einzelnen Kriegsjahren allgemein zugelassenen Übertragbarkeit des Durchschnittsbrandes solchen in hinreichender Menge erwerben konnten, und daß seit der Bewirtschaftung des Branntweins durch die Reichsbranntweinstelle die Vergällungspflicht und die damit in Zusammenhang stehenden Nachteile einstweilen fortgefallen waren. Für die Verluste durch die Entwertung der Betriebseinrichtungen bei der Wiederaufgabe der Laugenverarbeitung mußten Reich und Bundesstaaten die Haftung übernehmen. Nach dem Gesetz sollen die **Laugenbrennereien erhalten bleiben,** inmal, um die in den Werken angelegten Reichs- und Staatsmittel nicht zu verlieren, sodann, weil es sich um eine nutzbringende Verwertung vor dem Kriege nur als lästig empfundener Abfallstoffe handelt, und schließlich, weil die Gestehungskosten des Branntweins äußerst gering sind, das Reich also durch den im Verhältnis zum Übernahmepreise für anderen Branntwein sehr niedrigen Preis erhebliche Vorteile hat. Der Umfang der Erzeugung der Laugenbrennereien hängt ab von der Entwicklung der **Zellstoffgewinnung.** In dieser Abhängigkeit liegt schon eine Schranke gegen eine von dem übrigen Brennereigewerbe etwa zu befürchtende zu weite Ausdehnung. Da die **Verarbeitung** der **Ablaugen** auf Branntwein dem **Reiche** vorbehalten sein soll (§ 136), ist auch eine nicht erwünschte Betriebszunahme innerhalb der durch die Zellstoffgewinnung gegebenen Grenzen vermeidbar. Diese doppelte Beschränkung läßt es gerechtfertigt erscheinen, die Laugenbrennereien **unabhängig vom Brennrecht** arbeiten zu lassen.

**Gewerbliche Brennereien**[1]).

**§ 6.** Als gewerbliche Brennereien gelten die Brennereien, die weder zu den landwirtschaftlichen Brennereien noch zu den Obstbrennereien oder den Laugenbrennereien gehören, sowie die Brennereien, die Hefe erzeugen.

Brennereien, die bereits vor dem 1. April 1909 als landwirtschaftliche Brennereien mit Hefenerzeugung betrieben sind, gelten auch fernerhin als landwirtschaftliche Brennereien, solange sie die Bedingungen der §§ 2 und 3 erfüllen.

[1]) Vgl. hierzu die Anmerkungen zu den §§ 2–5.

**Reichsbetriebe.**

**§ 7.** Auf Brennereien, die für Rechnung des Reichs betrieben werden (§ 136), finden die Vorschriften über die Klasseneinteilung der Brennereien keine Anwendung.

**Amtliche Überwachung.**

**§ 8.** Die Herstellung des Branntweins und dessen weiterer Vertrieb unterliegen zum Zwecke der Sicherung der Monopoleinnahme der amtlichen Überwachung.

**Verschlußbrennereien.**

**§ 9.** Die Brennereien sind nach den Vorschriften der §§ 44 bis 50 einzurichten (Verschlußbrennereien), soweit nicht im § 10 Ausnahmen vorgesehen sind.

**Abfindung**[1]).

**§ 10.** Brennereien, die vor dem Inkrafttreten dieses Gesetzes betriebsfähig hergerichtet sind, können abgefunden werden, sofern sie bisher abgefunden waren und in einem Betriebsjahr nicht mehr als vier Hektoliter Weingeist herstellen. Außerdem können abgefunden werden nach dem Inkrafttreten dieses Gesetzes betriebsfähig hergerichtete Obstbrennereien (§ 4), die nur selbstgewonnene Stoffe verarbeiten und in einem Betriebsjahr nicht mehr als 50 Liter Weingeist herstellen, sofern durch die Zulassung dieser Brennereien zur Abfindung die Zahl der beim Inkrafttreten dieses Gesetzes in dem Verwaltungsbezirke vorhandenen abgefundenen Obstbrennereien mit einer Jahreserzeugung von nicht mehr als vier Hektoliter Weingeist abzüglich der Brennereien, die für die Aufgabe des Betriebs entschädigt sind (§ 213), nicht erhöht wird. Was unter Verwaltungsbezirk im Sinne dieser Vorschrift zu verstehen ist, bestimmt die oberste Landesfinanzbehörde.

Abgefundene Obstbrennereien können auf ein anderes Grundstück übertragen werden. Findet dabei ein Wechsel des Besitzers statt, so ist die Übertragung nur zuzulassen, wenn sich die wirtschaftlichen Verhältnisse für die Brennerei durch den Besitzwechsel nicht wesentlich ändern, oder wenn der neue Besitzer ausschließlich selbstgewonnene Stoffe (§ 4) verarbeitet.

[1]) Der § 10 lautete im Regierungsentwurf folgendermaßen: „Brennereien, die vor dem Inkrafttreten dieses Gesetzes betriebsfähig hergerichtet sind, können abgefunden werden, sofern sie bisher abgefunden waren und in einem Betriebsjahr nicht mehr als ein Hektoliter Alkohol herstellen. Außerdem können abgefunden werden nach dem Inkrafttreten dieses Gesetzes betriebsfähig hergerichtete Obstbrennereien (§ 7), die nur selbstgewonnene Stoffe verarbeiten und in einem Betriebsjahr nicht mehr als 50 Liter Alkohol herstellen, sofern durch die Zulassung dieser Brennereien zur Abfindung die Zahl der beim Inkrafttreten dieses Gesetzes vorhandenen abgefundenen Obstbrennereien mit einer Jahreserzeugung von nicht mehr als

einem Hektoliter Alkohol nicht erhöht wird. Die näheren Bestimmungen trifft der Bundesrat."

Die **amtliche Begründung** hatte hierzu folgendes ausgeführt: „Nach **§ 15 des Branntweinsteuergesetzes** können **vor dem 1. Oktober 1909 betriebsfähig hergerichtete Brennereien,** die in einem Betriebsjahr **nicht mehr als 30 Hektoliter Alkohol** erzeugen, **abgefunden** werden, d. h. sie entrichten die Branntweinsteuer von einer Alkoholmenge, die durch **Schätzung** ermittelt wird. Ebenso können abgefunden werden **später errichtete Brennereien,** die **selbstgewonnenes Obst** und einige andere den Obstbrennereien vorbehaltene selbstgewonnene Stoffe verarbeiten und **nicht mehr als 50 Liter Alkohol** im Jahre erzeugen. Die nicht vermeidbaren Mängel der Abschätzung und die Unmöglichkeit, eine so große, in die Zehntausende gehende Zahl von kleinen Betrieben hinreichend zu beaufsichtigen, führen dazu, daß die Brennereien erheblich mehr, oft das Vielfache, von dem herstellen, was sie versteuern. Diese schon bei der vergleichsweise geringen Abgabe des Branntweinsteuergesetzes bestehende Gefährdung des Reichsaufkommens wächst mit der um das Mehrfache steigenden Belastung. Bei der hohen Anspannung der Steuerleistung ist eine lückenlose Heranziehung der Pflichtigen von ganz besonderer Bedeutung, teils wegen der dem Reiche sonst entgehenden Beträge, namentlich aber im Hinblick auf die Wirkung, die eine ungleichmäßige Veranlagung auf die zur vollen Steuerleistung herangezogenen Gewerbetreibenden ausüben muß. Sollen die **Reichseinnahmen sichergestellt** und die **kleineren Verschlußbrennereien** sowie sonstige Hersteller von gebührenpflichtigem Trinkbranntwein in ihrer Wettbewerbsfähigkeit **geschützt** werden, so muß die **Abfindungsgrenze** soweit wie möglich **zurückgesetzt** werden. Nach dem **Branntweinsteuergesetze vom 15. Juli 1909** waren **alle** nach dem 30. September 1909 betriebsfähig hergerichteten Brennereien als **Verschlußbrennereien** einzurichten. Diese Maßnahme war als notwendig erachtet worden, um die Einnahme aus der Branntweinverbrauchsabgabe sicherzustellen und um einer unverhältnismäßig starken Vermehrung der nicht allein durch die Abfindung, sondern auch durch die Ermäßigung des Abgabensatzes sowie in den festgelegten Grenzen durch Befreiung von der Betriebsauflage begünstigten Kleinbrennereien wirksam vorzubeugen. Um die bei der Durchführung dieser Vorschrift in Obstgegenden sich zeigenden Schwierigkeiten zu beheben, wurde vom Bundesrate für eine bis Ende September 1918 bemessene Übergangszeit zugelassen (Zentralblatt für das Deutsche Reich 1911 S. 34), abgefundene Obstkleinbrennereien auf ein anderes Grundstück zu verlegen und ausnahmsweise auch für neu entstandene Obstkleinbrennereien die Entrichtung der Steuer im Wege der Abfindung zu gestatten, wenn dadurch die Anzahl der am 1. Oktober 1909 in dem einzelnen Verwaltungsgebiete vorhandenen abgefundenen Obstkleinbrennereien nicht überschritten wird. Da bei der weit höheren Belastung nach dem Entwurf eine unbeschränkte Zulassung von Obstkleinbrennereien zur Abfindung, wie sie das Gesetz vom 14. Juni 1912 wieder vorsah, nicht in Frage kommen kann, eine völlige Ausschließung neu entstehender Obstkleinbrennereien von der Abfindung aber doch vielleicht wieder Schwierigkeiten bereiten könnte, dürfte es sich empfehlen, die Regelung im Anschluß an die vom Bundesrate für eine Übergangszeit erlassenen Bestimmungen zu treffen. Notwendig ist dann aber die Beschränkung auf selbstgewonnene Stoffe der in § 7 des Entwurfs (§ 4 des Gesetzes) genannten Art, wobei als selbstgewonnen solches Obst usw. anzusehen sein wird, das von dem Brennereibesitzer geerntet oder von ihm oder seinem Beauftragten gesammelt oder in einem von ihm für eigene Rechnung geführten Betrieb erzeugt ist. Die etwas veränderte Fassung des Wortlauts und die Hinzufügung des zweiten Absatzes betreffs die Übertragbarkeit der Abfindungsbrennereien auf ein anderes Grundstück beruht auf den Beschlüssen des Reichstagsausschusses.

Über den § 10 (§ 13 des Entwurfs) wurden im Reichstagsausschuß ausführliche Erörterungen gepflogen (Anträge S. 52 ff. der Reichstagsdrucksachen Nr. 1770). Der Abs. 2 und die Änderung des Abs. 1 Schlußsatz ist dann erst durch die Ausschußverhandlungen in das Gesetz gekommen.

**§ 11.** Auf Abfindungsbrennereien[1]) finden die Vorschriften der §§ 44 bis 55 keine Anwendung. Die in ihnen hergestellte Weingeistmenge ist nach näherer Bestimmung des Bundesrats zu ermitteln und dem Brennereibesitzer gegen Entrichtung des Branntweinaufschlags (§ 13) zu überlassen; soweit der Branntwein nicht im eigenen Haushalt des Brennereibesitzers verwendet[2]) oder ohne besondere Entschädigung an die in dem Haushalt oder in dem Betriebe beschäftigten Personen zum eigenen Verbrauch abgegeben wird[2]), unterliegt er außerdem dem Freigeld (§§ 117ff.)[3]).

[1]) Wegen des Begriffes Abfindungsbrennerei vgl. § 10, im übrigen siehe §§ 44—55.

[2]) Auf eine Anfrage, ob auch bei Verwendung des Branntweins im eigenen Haushalt des Herstellers eine **„gewerbsmäßige"** Herstellung des Trinkbranntweins im Sinne des § 117 (Verpflichtung zur Entrichtung von Freigeld) in Frage komme, erwiderte der Vertreter des Reichsschatzamtes, daß die Gebühr für die gewerbsmäßige Herstellung von Trinkbranntwein aus § 117 in dem Falle nicht bezahlt zu werden brauche, wenn der Branntwein im eigenen Haushalt des Brennereibesitzers oder unentgeltlich an die in seinem Haushalt oder Betrieb beschäftigten Personen zum eigenen Verbrauch abgegeben werde, und daß bei Stoffbesitzern, die ihr Material an drittem Orte brennen ließen, die Verbringung des hergestellten Branntweins in das Haus der Stoffbesitzer und die dort erfolgende Herstellung von Trinkbranntwein bei nachfolgendem Verbrauch im gleichen Haushalt im Sinne des Gesetzes ebenso anzusehen sei wie die Verwendung im eigenen Haushalt des Brennereibesitzers.

[3]) Der § 117 des Gesetzes bezieht sich auf das von den im § 11 genannten Abfindungsbrennereien zu zahlende sogenannte Freigeld. Ursprünglich hieß das sogenannte „Freigeld" „Verarbeitungsgebühr" (§ 14 des Entwurfs); hierzu wurde folgendes ausgeführt (Drucksachen Nr. 1770 S. 55): „Aus der Bezeichnung ‚Verarbeitungsgebühr' für die nach § 120 des Entwurfs (§ 117ff. des Gesetzes) zu zahlende Auflage seien Folgerungen gezogen, die dem Begriffsinhalt nicht entsprechen. Es solle nicht die **Verarbeitung** als solche mit einer **Steuer** belegt werden, sondern es solle zunächst eine **Lizenz** für die in der **privaten Herstellung** von Trinkbranntwein

stattfindende **Durchbrechung** des im **Monopolbegriff** liegenden **Grundgedankens** der **Ausschließlichkeit** erhoben werden. Die Verarbeitungsgebühr habe aber auch noch die weitere wichtige Aufgabe, dem ferneren Gedanken des im Entwurf vorliegenden Monopols zur Durchführung zu verhelfen, daß im **Monopolgroßbetrieb** die sich für den **Massenabsatz eignenden Trinkbranntweine** hergestellt werden, im **Privatbetriebe** dagegen die **Luxuserzeugnisse** oder diejenigen Erzeugnisse, für die der Verbraucher höhere Preise anzulegen gewohnt oder gewillt sei. Die Verarbeitungsgebühr solle bewirken, daß der geldlich besser gestellte Verbraucher etwas mehr zur Steuerleistung herangezogen werde. Wolle er diesen Aufwand nicht machen, so könne er sich den Monopolerzeugnissen zuwenden. Die Verarbeitungsgebühr solle ferner verhindern, daß private Großbetriebe der Destillation, die nicht so hochgrädige Ware wie die Monopolverwaltung zu liefern brauchten, von vornherein einen starken geldlichen Vorsprung erhielten. Denn jeder hundertstel Grad eines Liters Alkohol sei etwa 10 Pf. wert, und wenn ein Destillateur mit seinem Erzeugnis z. B. um acht Alkoholgrad hinter der Monopolware zurückbleibe, so habe er von vornherein einen Vorsprung von 80 Pf. auf ein Liter Trinkware. Deswegen müsse auch die Verarbeitungsgebühr in der vorgeschlagenen Höhe erhoben werden. Vielleicht empfehle es sich, das Wort Verarbeitungsgebühr entsprechend seinem nächstliegenden Zweck, eine **Befreiungsgebühr** zu sein, durch ein Wort etwa wie Freigeld, Losgeld, Abgeld oder ein ähnliches zu ersetzen. Es handle sich dann ja nur um die Gewöhnung an den zunächst fremd anmutenden Ausdruck."

**Befreiung von der Ablieferung**[1]).

**§ 12.** Verschlußbrennereien ist die Ablieferung des Branntweins auf Antrag[2]) ganz oder teilweise zu erlassen und der Branntwein gegen Entrichtung des Branntweinaufschlags zur eigenen Verwertung zu überlassen, soweit es sich um Branntwein handelt, der lediglich aus den im § 4 genannten Stoffen hergestellt ist. Das Gleiche gilt für Kornbranntwein (§ 151).

Von der Ablieferungspflicht befreiter Branntwein muß ausgeführt oder zu freigeldpflichtigem Trinkbranntweine verarbeitet werden.

[1]) Der § 12 lautete im Entwurf: „Verschlußbrennereien **kann** die Ablieferung des Branntweins ganz oder teilweise erlassen und der Branntwein gegen Entrichtung des Branntweinaufschlags zur eigenen Verwertung überlassen werden, soweit es sich um Branntwein handelt, der lediglich aus den im § 7 genannten Stoffen oder lediglich aus Roggen, Weizen, Buchweizen, Hafer oder Gerste hergestellt und nicht im Würzeverfahren gewonnen ist. Solcher Branntwein muß ausgeführt oder zu gebührenpflichtigem Trinkbranntwein (§§ 120ff.) verarbeitet werden."

Die amtliche Begründung führte hierzu folgendes aus:

Der Entwurf sieht **Ausnahmen** von der **Ablieferungspflicht** vor für **Abfindungsbrennereien** und solche **Verschlußbrennereien,** deren Erzeugnis nach Art der verarbeiteten **Rohstoffe** zu einer Verwertung als **Markenware** besonders geeignet ist.

Wenn ein Brenner sein Erzeugnis zur **eigenen Verwertung** behalten will, so muß er dem Reiche für den Gewinn, der diesem durch die Entziehung der Verwertung entgeht, Ersatz gewähren durch Entrichtung des im § 16 des Entwurfs (§ 13 des Gesetzes) vorgesehenen **Branntweinaufschlags.** Dieser muß so hoch sein, wie die **Monopoleinnahme** sein würde, wenn das Erzeugnis dieser Brennerei der Regel entsprechend abgeliefert und verwertet würde. Der Branntweinaufschlag soll daher dem Unterschied entsprechen, der sich ergibt, wenn der Branntweingrundpreis (§ 97 des Entwurfs), d. h. der nach den Herstellungskosten einer mittleren Kartoffelbrennerei berechnete Übernahmepreis unter Einstellung des durchschnittlichen Betriebsabzugs (§ 99 des Entwurfs) abgezogen wird von dem regelmäßigen Verkaufspreise der Monopolverwaltung. Damit ist aber noch nicht die Größe dieser Brennerei, ihr **Kontingent** usw. berücksichtigt. Die hierfür anzusetzenden **Sonderbeträge** sind derart einzustellen, daß der der allgemeinen Betriebsauflage des geltenden Gesetzes entsprechende Betriebsabzug (§ 99 des Entwurfs), der Betriebsabzug für gewerbliche Brennereien, für Hefengewinnung, Rüben- oder Rübenstoffverarbeitung, die Herabsetzung des Betriebsabzugs bei kleineren

Brennereien, Kornbrennereien und älteren landwirtschaftlichen Genossenschaftsbrennereien (§§ 100, 101 des Entwurfs) und der Kürzungsbetrag für den Überbrand (§ 107 des Entwurfs) dem nach dem Vorstehenden ermittelten Unterschiedsbetrage hinzugerechnet werden, und daß der Staffelzuschlag für die Erzeugung bis 300 Hektoliter (§ 103 des Entwurfs, bisheriges verkleinertes Kontingent) oder der Kontingentzuschlag (§ 104 des Entwurfs) abgezogen wird. Es ist also zur **Ermittelung des Branntweinaufschlags** eine ähnliche **Berechnung** erforderlich, wie nach dem geltenden Gesetze bei Ermittelung des für die Brennerei maßgebenden **Verbrauchsabgabe- und Betriebsauflagesatzes.**

**Beispiele:** Der Branntweingrundpreis möge 60 ℳ betragen, der regelmäßige Verkaufspreis der Monopolverwaltung für Primasprit 1000 ℳ.

1. Der Besitzer einer vor dem 1. Oktober 1908 betriebsfähig hergerichteten landwirtschaftlichen Brennerei, in der Branntwein aus Roggen hergestellt wird, ist auf Antrag von der Ablieferungspflicht befreit. In einem Betriebsjahr werden weniger als 200 Hektoliter Alkohol erzeugt. Für das 101. Hektoliter beträgt der Branntweinaufschlag nach §§ 99, 101 Nr. 1, § 103

$$1000 - \left[60 - \frac{5 \times 3}{10} + 9\right] = 932{,}50 \text{ ℳ}.$$

2. Wird dieselbe Brennerei als gewerbliche betrieben, so beträgt der Branntweinaufschlag nach §§ 99, 100 Abs. 1 Nr. 2, § 101 Nr. 1, § 103

$$1000 - \left[60 - \frac{(5 + 4)\,3}{10} + 9\right] = 933{,}70 \text{ ℳ}.$$

3. Eine in Baden gelegene, vor dem 1. Oktober 1908 betriebsfähig hergerichtete Obstbrennerei mit einer Jahreserzeugung von 75 Hektoliter Alkohol und einem entsprechenden Kontingent entrichtet für das 70. Hektoliter nach §§ 99, 101 Abs. 1, §§ 103 und 104

$$1000 - \left[60 - \frac{4{,}5 \times 2}{10} + 10\right] = 930{,}90 \text{ ℳ}.$$

4. Eine in Bayern gelegene gewerbliche Getreidebrennerei mit einer Jahreserzeugung von 850 Hektoliter Alkohol und

einem entsprechenden Kontingent entrichtet für das 801. Hektoliter nach §§ 99, 100 Abs. 1 Nr. 2, § 104

1000 — [60 — 8 — 4 + 5] = 947 *M*.

5. Hatte dieselbe Brennerei ein Brennrecht von 900 Hektoliter und ist der Betriebsabzug für den Überbrand (§ 107) auf 25 *M* festgesetzt, so ist der Branntweinaufschlag für das 901. Hektoliter nach §§ 99, 100 Abs. 1 Nr. 2, § 107

1000 — [60 — 8 — 4 — 25] = 977 *M*.

(Vgl. jedoch zu den Beispielen den § 13 und die dortigen Anmerkungen.)

In den Ausschußverhandlungen wurde jedoch die aus dem Gesetz ersichtliche Fassung festgelegt (vgl. auch § 13). Die andere Fassung beruht auf Antrag Nr. 29 (S. 57 der Drucksachen Nr. 1770). Hierzu führte der Antragsteller aus, daß es notwendig erscheine, dem verarbeitenden Gewerbe die **Sicherheit** zu geben, daß der **Obst- und Kornbranntwein nicht abgeliefert** zu werden brauche. Die Regierungsvorlage sehe wohl die **Möglichkeit** der Nichtablieferung vor, stelle es aber in das **Belieben** der Monopolverwaltung, und man müsse daher mit der Möglichkeit rechnen, daß die Monopolverwaltung diese Erlaubnis nicht erteile und den Branntwein zu eigener Verarbeitung einziehen werde. Das solle der Antrag vermeiden. Was die Hereinnahme von **Arrak** und **Rum** betreffe (welche Antragsteller ebenfalls gebrannten Kornbranntwein einbezogen wissen wollte), so handle es sich dabei um Produkte, die bisher lediglich im Ausland hergestellt worden seien, und zwar Arrak aus Reis, und Rum aus der Melasse des Zuckerrohrs. Es sei wünschenswert, die Fabrikation dieser Produkte im Inland ins Leben zu rufen, wie es mit der Herstellung des Kognaks gelungen sei, und wenn dazu vorläufig auch wohl keine Aussichten vorhanden seien, so müsse man doch den Weg dafür offen halten. Regierungsseitig wurde dazu ausgeführt: „Der Antrag bedeute zwar eine gewisse Einschränkung der Monopolverwaltung, die für die Verwaltung nicht ganz angenehm sei, aber die Änderung habe keine ausschlaggebende Bedeutung. Das Gleiche gelte auch für die Herstellung von Arrak und Rum, wobei es sich lediglich um Zukunftshoffnungen handle. Es würden wohl schon seit mehreren Jahren von deutschen Kognakbrennereien Versuche gemacht, diese seien aber bisher an den Schwierigkeiten des Bezugs der ausländischen Rohstoffe und den Zöllen gescheitert. Er fürchte aber, daß man, wenn man diesem Antrag stattgebe, von seiten des Ausfuhrhandels große Anfechtungen erfahren würde, der die echten ausländischen Fabrikate einführe."

Darauf wurde Antrag Nr. 29 angenommen, jedoch unter Streichung von Arrak und Rum.

[2]) Das Wort „**Auf Antrag**" ist erst durch die Ausschußverhandlung (Drucksachen Nr. 1770 S. 57) in das Gesetz hereingekommen, ebenso der Zusatz, daß die Befreiung vom Ablieferungszwang sich auf **Kornbranntwein** beziehe (§ 151), während der Entwurf die Urstoffe des Kornbranntweins aufgezählt hatte.

**Branntweinaufschlag.**

**§ 13.** Der Brantweinaufschlag besteht

1. regelmäßig in dem Unterschiede zwischen dem sich aus den Vorschriften der §§ 92, 94 bis 100 und 103 ergebenden Branntweinübernahmepreis und dem regelmäßigen Branntweinverkaufpreise (§ 107 Abs. 1 Nr. 1),
2. bei Brennereien mit einer Jahreserzeugung von nicht mehr als 4 Hektoliter in einem festen Satze, der beträgt bei einer Jahreserzeugung

| | |
|---|---|
| von nicht mehr als 5 Liter Weingeist | 4 Mark |
| von mehr als 5 Liter, aber nicht mehr als 50 Liter Weingeist | 6 „ |
| von mehr als 50 Liter, aber nicht mehr als 4 Hektoliter Weingeist | 8 „ |

für das Liter Weingeist.

Der § 13 (§ 16 des Entwurfs) lautete ursprünglich: „Der Branntweinaufschlag besteht in dem Unterschiede zwischen dem sich aus den Vorschriften der §§ 97, 99 bis 104 und 107 ergebenden Branntweinübernahmepreis und dem regelmäßigen Branntweinverkaufpreise (§ 111 Abs. 1 Nr. 1)." Die veränderte Fassung beruht auf den Beratungen des Ausschusses. Vgl. im übrigen die Anmerkungen zu den §§ 11, 10 und 12.

**§ 14.** Der Branntweinaufschlag wird fällig:

1. für den in Abfindungsbrennereien hergestellten Branntwein mit dessen Gewinnung,
2. für den in Verschlußbrennereien hergestellten Branntwein, soweit nicht nach § 15 zu verfahren ist, mit dessen Abfertigung aus der amtlichen Überwachung und Überlassung an den Brennereibesitzer.

Der Brantweinaufschlag ist zu entrichten:

im Falle zu 1 drei Monate nach Schluß des Monats oder nach Bestimmung des Bundesrats nach Schluß des Vierteljahrs, in dem der Betrieb stattgefunden hat,

im Falle zu 2 drei Tage, nachdem der Betrag dem Zahlungspflichtigen mitgeteilt ist.

Wird die Zahlungsfrist wiederholt versäumt oder liegen Gründe vor, die den Eingang des Branntweinaufschlags gefährdet erscheinen lassen, so kann die Steuerbehörde Vorausbezahlung oder Sicherstellung des Branntweinaufschlags verlangen.

**Weitere Überwachung des mit Branntweinaufschlag oder mit regelmäßigem Verkaufpreis belasteten Branntweins[1]).**

**§ 15.** Außerhalb des Monopolbetriebs darf Branntwein mit der Maßgabe unter amtlicher Überwachung versandt, gereinigt, gelagert und zu freigeldpflichtigem Trinkbranntweine (§ 117) verarbeitet werden, daß er mit dem der Hektolitereinnahme (§ 105) entsprechenden Teile des Branntweinaufschlags (§ 13) oder des regelmäßigen Verkaufpreises (§ 107 Abs. 1 Nr. 1) belastet bleibt, während der andere Teil wie Branntweinverkaufpreis oder Branntweinaufschlag fällig wird. Der freigeldpflichtige Trinkbranntwein darf mit der Belastung versandt oder gelagert werden.

Der der Hektolitereinnahme entsprechende Teil des Branntweinaufschlags oder Branntweinverkaufspreises wird fällig, sobald der Branntwein oder Trinkbranntwein aus der amtlichen Überwachung in den freien Verkehr tritt; er bleibt unerhoben für den während der Versendung, Reinigung und Lagerung entstehenden Schwund.

Die näheren Bestimmungen trifft der Bundesrat.

[1]) Von der Befugnis, Branntwein unter amtlicher Aufsicht zu trinkfertigen Erzeugnissen zu verarbeiten und unter amtlichem Mitverschluß zu lagern, haben bisher namentlich die Hersteller von **Kognak** Gebrauch gemacht, weil insbesondere bei der für die Geschmacksverbesserung des Erzeugnisses notwendigen langen Lagerung der Zinsverlust beträchtlich gewesen wäre. Bei Herstellung von **Likören** hat sich das Bedürfnis nach Verarbeitung und Lagerung unter Steuersicherung bisher nicht so geltend gemacht. Die Höhe der Monopollast wird indessen auch bei den Herstellern von anderen gebührenpflichtigen Erzeugnissen als Kognak ein solches Bedürfnis nunmehr wohl in erweitertem Umfang hervortreten lassen. Nach dem Gesetz soll die Verarbeitung und Lagerung unter Steuersicherung mit der Maßgabe möglich sein, daß derjenige Teil des regelmäßigen Verkaufspreises oder Barnntweinaufschlags, der über den Betrag der Hektolitereinnahme hinausgeht, alsbald entrichtet wird, während der Branntwein mit dem der Hektolitereinnahme entsprechenden Teil jener Beträge, also stets mit 800 *M* belastet bleibt. Ist z. B. der regelmäßige Verkaufpreis 1000 *M* oder der Branntweinaufschlag 932,50 *M* (Beispiel 1 zu § 10), so würden von dem Käufer 200 *M* und von dem Brennereibesitzer, der seinen Branntwein selbst verwertet, 132,50 *M* alsbald zu zahlen sein, während der Branntwein in beiden Fällen mit 800 *M* für das Hektoliter Alkohol belastet bleibt, bis er in Form von gebührenpflichtigen Erzeugnissen zum freien Verkehr abgefertigt wird. Die alsbaldige Zahlung des über die Hektolitereinnahme hinausgehenden Teiles der geschuldeten Beträge ist aus verwaltungstechnischen Gründen notwendig, weil sonst mit einer Unzahl von Sätzen der Belastung zu rechnen wäre. Das Verfahren paßt sich den

bestehenden Verhältnissen an, wonach der Wert der Ware und die Betriebsauflage, vermindert um den in Form von Gutscheinen etwa gewährten Kontingentsvorteil, von dem Eigentümer des Branntweins vorzulegen war.

Verjährung[1]).

**§ 16.** Ansprüche auf Zahlung oder Erstattung von Branntweinübernahmegeld (§ 104), Branntweinverkaufgeld (§§ 107, 111), Branntweinaufschlag (§ 13) und Freigeld (§ 117) verjähren in einem Jahre von dem Tage des Eintritts der Zahlungspflicht oder der Zahlung.

Der Anspruch auf Nachzahlung dem Reiche durch Hinterziehung vorenthaltener Monopoleinnahmen verjährt in drei Jahren.

Die Verjährung der Ansprüche des Reichs wird durch jede von der zuständigen Behörde zur Geltendmachung des Anspruchs gegen den Zahlungspflichtigen gerichtete Handlung unterbrochen.

[1]) Die Verjährungsfristen entsprechen dem geltenden Rechte (§ 9, Gesetz vom 15. Juli 1909). Der § 16 war im Regierungsentwurf § 2.

Rechte Dritter[1]).

**§ 17.** Rechte Dritter an dem Branntwein, der an das Reich abzuliefern ist, können insoweit nicht geltend gemacht werden, als dadurch die Ablieferung oder die Verwertung für Rechnung des Reichs verhindert oder beeinträchtigt werden würde.

Ein Abgeordneter vermißte eine Bestimmung darüber, daß, wenn der mit den **Rechten dritter Personen** belastete Branntwein (z. B. im Falle einer Pfändung) an das **Reich** abgeliefert würde, an die Stelle des Branntweins der dafür vom Reiche zu zahlende **Preis** träte, und verwies gegenüber der Bemerkung eines Vertreters des Reichsjustizamts, daß der Gläubiger den Anspruch auf den künftigen Abnahmepreis pfänden und sich überweisen lassen könnte, darauf, daß die rechtliche Möglichkeit solcher Pfändung vor der Ablieferung des Branntweins zweifelhaft wäre. Ein anderer Abgeordneter hob die große Belastung der Monopolverwaltung hervor, die dadurch entstehen würde, wenn man den Übernahmepreis an die Stelle des Branntweins treten ließe. Die Regierung erklärte sich bereit, eine Prüfung vorzunehmen, worauf die Frage bis zur zweiten Lesung zurückgestellt wurde.

Ein Vertreter des Reichsjustizamts führte in zweiter Lesung zur Beantwortung der in erster Lesung aufgeworfenen Frage aus: Der erforderliche **Schutz** derjenigen, die **Rechte** an dem auf die Monopolverwaltung **übergehenden** Branntwein hätten, sei durch Artikel 52 des **Ausführungsgesetzes zum Bürgerlichen Gesetzbuch** gegeben. Die Rechtsprechung habe während der Kriegszeit übereinstimmend den Artikel 52 in allen denjenigen Fällen für anwendbar erklärt, wo durch Verordnung des Bundesrats ähnliche Verhältnisse eingetreten seien. Ein Vertreter des Reichsschatzamts bestätigte auf eine Anfrage aus dem Ausschuß, daß die Monopolverwaltung ebenfalls für diese Verhältnisse den Artikel 52 als maßgebend anerkennen werde.

**Haftung des Branntweins.**

**§ 18.** Der Branntwein haftet ohne Rücksicht auf die Rechte Dritter für den darauf ruhenden Branntweinaufschlag (§ 13) oder Branntweinverkaufpreis (§ 107) und das Freigeld (§ 117); er kann, solange die Zahlung nicht geleistet ist, von der Monopolverwaltung oder den nach § 19 zuständigen Landesbehörden mit Beschlag belegt werden.

**Verwaltung der Landesbehörden.**

**§ 19.** Die Ausführung dieses Gesetzes liegt, soweit sie nicht der Monopolverwaltung übertragen ist (§§ 1, 71ff.), den mit der Verwaltung der Zölle und Verbrauchssteuern des Reichs beauftragten Landesbehörden ob.

**§ 20.** Für die Verwaltungskosten wird aus der Monopoleinnahme eine vom Bundesrate näher zu bestimmende Vergütung gewährt.

Die **Ausdehnung** der **Verschlußvorschriften** erfordert eine Vermehrung der Beamtenkräfte, weil der Branntwein in der Brennerei abgenommen werden muß; anderseits ist aber damit zu rechnen, daß durch den Fortfall kleiner Brennereien Beamtenkräfte gespart werden. Denn von den Tausenden von Kleinbetrieben, deren kupferne Geräte für militärische Zwecke eingezogen worden sind, wird wohl eine erhebliche Anzahl nicht wieder in Betrieb kommen. Die Einstellung der Obstgemeinschaftsbrennereien (§ 29) soll die Abkehr von dem Betriebe einer eigenen kleinen Brennerei erleichtern.

**Überwachungsmaßnahmen des Reichs.**

**§ 21.** Die Reichsbevollmächtigten für Zölle und Steuern und die ihnen unterstellten Aufsichtsbeamten haben in Beziehung auf dieses Gesetz dieselben Rechte und Pflichten, die ihnen in Ansehung der Zölle und Verbrauchssteuern beigelegt sind.

**§ 22.** Neben den Beamten der Monopolverwaltung haben alle Reichs- und Landesbeamten, desgleichen die Gemeindebeamten, namentlich alle Polizeibeamten zum Schutze des Monopols mitzuwirken. Sie haben Zuwiderhandlungen gegen dieses Gesetz, die ihnen bei Ausübung ihres Dienstes bekannt werden, sofort den zur strafrechtlichen Verfolgung zuständigen Behörden anzuzeigen.

## II. Abschnitt.

## Brennrecht.

**Brennrecht. Bestehende Brennereien.**

**§ 23.** Der den Brennereien auf Grund der bisherigen Gesetze zugewiesene Durchschnittsbrand bildet ihr Brennrecht.

Hierzu hatte die amtliche Begründung zum Gesetz, welche in den §§ 35 bis 44 noch auf das Kontingent der Sonderrechtsstaaten (Bayern, Württemberg, Baden) Rücksicht genommen hatte, folgendes ausgeführt:

Der durch das Gesetz vom 15. Juli 1909 geschaffene Durchschnittsbrand war eine Ergänzung des damals noch im ganzen Gebiete der Branntweinsteuergemeinschaft bestehenden Kontingents. Letzteres hatte insofern den Vorrang, als nur durch die Veranlagung zum Kontingente Durchschnittsbrand erlangt werden konnte und als bei den zeitweiligen Kürzungen des Durchschnittsbrandes (§ 69 des Branntweinsteuergesetzes) die Kontingentsgrenze nicht überschritten werden sollte. Als durch das Gesetz vom 14. Juni 1912 das Kontingent außerhalb der Sonderrechtsstaaten beseitigt wurde, mußte die selbständige Veranlagung zum Durchschnittsbrand insofern ermöglicht werden, als die Veranlagung zum Kontingent ausgeschlossen war. Im Sonderrechtsgebiete wird den Brennereien durch die Veranlagung zum Kontingent, im Nichtsonderrechtsgebiete durch Veranlagung nach §§ 13 und 14 des Gesetzes vom 14. Juni 1912 Durchschnittsbrand zugewiesen. In beiden Gebieten ist zunächst diejenige Alkoholmenge zu ermitteln, deren Herstellung für die einzelnen in Frage kommenden Brennereien als angemessen zu erachten ist. Im Sonderrechtsgebiet ist von dieser Menge derjenige Teil (als Kontingentsfuß) in Rechnung zu stellen, der dem Verhältnis entspricht, das in den ohne Veranlagung am Kontingente zu beteiligenden Brennereien derselben Art zwischen ihrer Gesamterzeugung und der von ihnen zum niedrigeren Abgabensatze hergestellten Alkoholmenge während der letzten 10 Jahre durchschnittlich bestanden hat. Im Nichtsonderrechtsgebiete dagegen werden von der ermittelten Jahresmenge 60 Hundertteile als Durchschnittsbrand festgesetzt, weil in den landwirtschaftlichen Brennereien und Obstbrennereien Kontingent und Durchschnittsbrand ungefähr im Verhältnisse von 60 zu 100 standen.

Sowohl die als Kontingentsfuß nach § 35 des Branntweinsteuergesetzes in Rechnung gestellte wie die nach § 14 des Gesetzes vom 14. Juni 1912 als Durchschnittsbrand zugewiesene Menge soll bei landwirtschaftlichen Brennereien nicht über 400 und bei Obstbrennereien nicht über 60 Hektoliter Alkohol hinausgehen. (§ 37 des Branntweinsteuergesetzes, § 14 Abs. 2 des Gesetzes vom 14. Juni 1912.) Die als Kontingentsfuß in Rechnung zu stellende Menge gilt noch nicht ohne weiteres als der Durchschnittsbrand, vielmehr ist die

Menge, die aus dem gegebenenfalls nach § 25 des Branntweinsteuergesetzes gekürzten Gesamtkontingent auf den Kontingentsfuß der einzelnen Brennereien entfällt, dem Durchschnittsbrand gleichzuachten, da nach § 70 des Branntweinsteuergesetzes (vgl. § 12 des Gesetzes vom 14. Juni 1912) diese Brennereien für allen außerhalb des Kontingents hergestellten Branntwein die Betriebsauflage für den Überbrand zu entrichten haben. Aus dieser letzteren Vorschrift und der Abhängigkeit des Durchschnittsbrandes vom Kontingente folgt die weitere, bereits erwähnte Vorschrift des § 69 des Branntweinsteuergesetzes, daß bei einer durch den Bundesrat vorzunehmenden Kürzung des Durchschnittsbrandes der Durchschnittsbrand der einzelnen Brennereien des Sonderrechtsgebiets nur unbeschadet ihres Kontingents gekürzt werden soll; denn andernfalls würde die Brennerei für die innerhalb des Kontingents hergestellte Alkoholmenge zwar den Kontingentsvorteil (5 oder 7,50 ℳ) gehabt, anderseits aber diesen Vorteil durch Zahlung der Betriebsauflage für den Überbrand wieder verloren haben. Der Durschchnittsbrand der einzelnen Brennerei konnte also auf Grund einer nach § 69 des Branntweinsteuergesetzes vorgenommenen Kürzung nicht unter das Kontingent sinken; er richtete sich nach diesem. Von Bedeutung ist der fernere Unterschied in der Veranlagung, daß bestehende landwirtschaftliche Brennereien des Sonderrechtsgebiets, deren wirtschaftliche Lage durch Verringerung oder Vergrößerung der regelmäßig beackerten oder sonst landwirtschaftlich genutzten Fläche während der letzten 10 Betriebsjahre eine wesentliche Veränderung erfahren hat, oder deren Kontingent in einem besonders starken Mißverhältnisse zu ihrer landwirtschaftlich genutzten Fläche usw. steht (§ 34 Nr. 2 und 5 des Branntweinsteuergesetzes), zum Kontingente veranlagt werden können. Infolgedessen können im Sonderrechtsgebiet, und nur in diesem, auch bestehende landwirtschaftliche Brennereien innerhalb der Grenze von 400 Hektoliter (§ 37 aaO.) unter Umständen einen höheren Durchschnittsbrand erhalten, als er ihnen bei der ersten Veranlagung zugewiesen war. Für das Nichtsonderrechtsgebiet ist in den §§ 13 und 14 des Gesetzes vom 14. Juni 1912 eine entsprechende Vorschrift nicht vorgesehen. Der Entwurf versucht, diese verwickelten und in den verschiedenen Gebieten auch außerhalb der wirtschaftlichen Wirkungen des Kontingents nicht einheitlichen Bestimmungen dadurch zu vereinfachen, daß er unter Wahrung des den süddeutschen Staaten geschützten Sonderrechts zur Grundlage der weiteren Regelung das **Brennrecht** macht."

**Kleinbrennereien.**

**§ 24.** In Brennereien, die in einem Betriebsjahr nicht mehr als 10 Hektoliter Weingeist herstellen (Kleinbrennereien), gilt der gewonnene Branntwein als innerhalb des Brennrechts hergestellt.

Hierzu führt die amtliche Begründung zum Gesetz aus: „Nach § 28 **des Branntweinsteuergesetzes** werden **landwirtschaftliche Brennereien und Obstbrennereien**, die in einem Betriebsjahr **nicht mehr als 10 Hektoliter Alkohol** herstellen, zum **Kontingente nicht veranlagt** und dürfen ihr gesamtes **Erzeugnis** zu einem **ermäßigten** Verbrauchsabgabensatze herstellen. Durch diese Beschränkung auf das Kontingent sind die Sonderrechtsstaaten über ihr Sonderrecht hinaus bevorzugt, denn für das Nichtsonderrechtsgebiet ist nur für die bis zum 1. April 1912 betriebsfähig hergerichteten landwirtschaftlichen Brennereien und Obstbrennereien eine entsprechende Vorschrift gegeben (§ 4 des Gesetzes vom 14. Juni 1912). Demnach können im Sonderrechtsgebiet in jedem Augenblicke des Kontingentsabschnitts landwirtschaftliche Brennereien und Obstbrennereien der angegebenen Größe entstehen und entrichten ohne Veranlagung nur die ermäßigte Verbrauchsabgabe; ihre Erzeugung gilt als solche innerhalb des Durchschnittsbrandes. Im Nichtsonderrechtsgebiete dagegen müssen solche Brennereien zum Durchschnittsbrande veranlagt werden, müssen also unter Umständen zehn Jahre warten und in dieser Zeit die allgemeine Verbrauchsabgabe zahlen und die Betriebsauflage für den Überbrand. Diese das Gesetz nur weiter verwickelnde Unterscheidung ist nicht gerechtfertigt und soll daher fallen. Eine weitere **Vereinfachung** gegenüber dem geltenden Recht wird durch die **Gleichstellung** der **gewerblichen Kleinbrennereien** mit den **landwirtschaftlichen Kleinbrennereien** und **Obstkleinbrennereien** herbeigeführt Es steht dies in Zusammenhang mit der in § 103 des Entwurfs vorgeschlagenen Ausdehnung der für das versteinerte Kontingent geltenden Vorschriften (§ 5 des Gesetzes vom 14. Juni 1912) auf alle Brennereien mit einer innerhalb des Brennrechts liegenden Jahreserzeugung von nicht mehr als 300 Hektoliter Alkohol."

**Veranlagung.**

§ 25[1]). Von zehn zu zehn Jahren ,zunächst in dem ersten vollen Betriebsjahr, in dem dieses Gesetz in Geltung ist, wird für die in den vorhergehenden zehn Jahren, erstmalig jedoch für die nach dem 30. September 1907 neu entstandenen landwirtschaftlichen Brennereien und Obstbrennereien ein Brennrecht festgesetzt. Auf Brennereien, die nach §§ 23 und 24 zu berücksichtigen sind, findet diese Vorschrift keine Anwendung.

[1]) Die **letzte Veranlagung zum Kontingente** hat im Betriebsjahr 1907/08 stattgefunden für den Kontingentsabschnitt, der am 1. Oktober 1908 begann und zunächst mit dem 30. September 1913, dann aber infolge der Verlängerung der Kontingentsabschnitte von fünf auf zehn Jahre mit dem 30. September 1918 enden sollte. Im Jahre 1917/18 hätte dann die neue Veranlagung für den Abschnitt: 1. Oktober 1918 bis 30. September 1928 stattfinden sollen (vgl. § 24 des Branntweinsteuergesetzes). Eine gleiche Vorschrift gilt für die Veranlagung bis zum 1. Oktober 1917 neu entstandener landwirtschaftlicher Brennereien und Obstbrennereien zum Durchschnittsbrande (§§ 13 und 14 des Gesetzes vom 14. Juni 1912). **Der Anspruch auf Veranlagung neuer Brennereien zum Kontingent oder Durchschnittsbrande** sollte nach den gesetzlichen Vorschriften nur berücksichtigt werden, wenn diese Betriebe bis zum 1. Oktober 1917 betriebsfähig hergerichtet waren. Da dieser Forderung infolge der Kriegsverhältnisse nicht entsprochen werden konnte, hat der Bundesrat auf Grund der Vorschrift im § 3 des **Ermächtigungsgesetzes vom 4. August 1914** (RGBl. S. 327) durch die **Verordnung vom 18. Oktober 1917** (RGBl. S. 934) bestimmt, daß die Zeit der Festsetzung von Durchschnittsbrand und Kontingent um ein Jahr hinausgeschoben wird. Auf diese Verhältnisse nimmt auch § 25 des Gesetzes hinsichtlich des Brennrechts Rücksicht.

**§ 26.** Die Veranlagung zum Brennrecht (§ 25) findet in der Weise statt, daß für die bis zu dem maßgebenden Zeitpunkt neu entstandenen und betriebsfähig hergerichteten landwirtschaftlichen Brennereien und Obstbrennereien nach dem Umfang ihrer Betriebseinrichtungen und dem wirtschaftlichen Bedürfnis, bei landwirtschaftlichen Brennereien unter Berücksichtigung der beackerten oder sonst landwirtschaftlich genutzten Fläche und der gesamten wirtschaftlichen Verhältnisse sowie des Betriebsumfanges anderer am Brennrecht beteiligter Brennereien der im § 23 bezeichneten Art diejenige Weingeistmenge ermittelt wird, deren jährliche Herstellung als angemessen zu erachten ist. Dabei sind zwei Sachverständige zu hören, darunter einer auf Vorschlag des Besitzers der neu zu veranlagenden Brennerei.

Von der nach Abs. 1 ermittelten Jahresmenge werden 60 Hundertteile als Brennrecht festgesetzt; dieses darf jedoch bei einer landwirtschaftlichen Brennerei 400 Hektoliter und bei einer Obstbrennerei 60 Hektoliter Weingeist nicht überschreiten.

In gleicher Weise kann auf Antrag des Brennereibesitzers das Brennrecht anderweit, aber nicht auf mehr als 400 Hektoliter Weingeist festgesetzt werden für landwirtschaftliche Brennereien, deren wirtschaftliche Lage durch Vergrößerung der regelmäßig beackerten oder sonst landwirtschaftlich genutzten Fläche während der letzten zehn Betriebsjahre eine wesentliche Veränderung erfahren hat oder deren Brennrecht in einem besonders starken Mißverhältnisse steht zu ihrer landwirtschaftlich genutzten Fläche, zu dem wirtschaftlichen Bedürfnis und zu dem Brennrecht wirtschaftlich gleichgestellter Brennereien, die in demselben Verwaltungsbezirke liegen.

Die näheren Bestimmungen trifft der Bundesrat.

**Zeitliche Übertragung des Brennrechts.**

**§ 27.** Obstbrennereien, die als Kleinbrennereien betrieben werden, dürfen in Abschnitten von zehn zu zehn Jahren jährlich bis zu 10 Hektoliter Weingeist in beliebigen Jahren dieses Abschnitts mit dem Anspruch herstellen, daß der gewonnene Branntwein als innerhalb des Brennrechts hergestellt gilt.

Obstbrennereien mit einem Brennrecht von mehr als 10, aber nicht mehr als 50 Hektoliter Weingeist, die ausschließlich Obst, Beeren oder Rückstände davon verarbeiten, dürfen innerhalb des nach Abs. 1 maßgebenden Zeitabschnitts den Teil ihres Brennrechts, den sie in einem Betriebsjahr nicht abgebrannt haben, im nächsten oder nächstfolgenden Betriebsjahr mit abbrennen. Ebenso dürfen Brennereien dieser Art das Brennrecht eines Jahres mit dem der folgenden zwei Jahre innerhalb des nach Abs. 1 maßgebenden Zeitabschnitts im voraus abbrennen. Das gleiche Recht haben Brennereien, die ausschließlich die bezeichneten Stoffe verarbeiten, aber ein Brennrecht von mehr als 50 Hektoliter haben, wenn sie auf den über 50 Hektoliter Weingeist hinausgehenden Teil ihres Brennrechts für den hier maßgebenden Zeitabschnitt oder für den Rest dieses Zeitabschnitts von Beginn des Jahres ab, in dem sie von dem Rechte Gebrauch machen wollen, verzichten.

Die Vorschrift des § 40 **des Branntweinsteuergesetzes,** dem der § 27 des Gesetzes entspricht, macht einen **Unterschied** in der Behandlung der **Obstbrennereien** im engeren Sinne und der ihnen **gleichgestellten** Brennereien. Wenn von der Ausscheidung der Brauereirückstände verarbeitenden Brennereien aus der Klasse der Obstbrennereien abgesehen wird, enthält § 27 gegenüber dem jetzigen Zustand keine Änderung.

**Stoffbesitzer.**

**§ 28.** Wer selbstgewonnene Stoffe der im § 4 bezeichneten Art auf einer fremden Brennvorrichtung verarbeiten will, weil er eine eigene Brennvorrichtung nicht hat (Stoffbesitzer), darf nach näherer Bestimmung des Bunsedrats in Abschnitten von zehn zu zehn Jahren für jedes Jahr des Abschnitts bis zu 50 Liter Weingeist in beliebigen Jahren dieses Abschnitts mit dem Anspruch herstellen, daß der gewonnene Branntwein als innerhalb des Brennrechts hergestellt gilt.

Die Vorschriften im § 11 und § 13 Nr. 2 finden entsprechende Anwendung.

**Obstgemeinschaftsbrennereien.**

**§ 29.** Wird eine Brennerei, in der nur Stoffe der im § 4 bezeichneten Art verarbeitet werden, von einer Gemeinde, von einer Genossenschaft oder von einem Vereine betrieben und haben die Mitglieder die Rohstoffe selbst erzeugt oder selbst gewonnen, so gilt nach näherer Bestimmung des Bundesrats der aus diesen Rohstoffen gewonnene Branntwein als im Brennrecht hergestellt. Die Brennerei ist nach den Vorschriften der §§ 44 bis 50 einzurichten. Teilnehmer einer Obstgemeinschaftsbrennerei dürfen Stoffe der im § 4 bezeichneten Art anderweit nicht auf Branntwein verarbeiten.

Die Vorschriften der §§ 12 bis 14 finden entsprechende Anwendung.

Die Einrichtung von **Obstgemeinschaftsbrennereien** soll es erleichtern, daß Besitzer von bisher abgefundenen Obstbrennereien, die entweder wegen Ablieferung der kupfernen Brennvorrichtung den Betrieb einstellen mußten oder wegen Schwierigkeit der Verschlußanlegung von der Fortführung des Betriebs absehen und auf das Brennrecht verzichten, ihr Obst zu Brennzwecken verwenden. Auch sollen die neuen Betriebe es ermöglichen, daß wenigstens ein Teil der ungemein zahlreichen **Stoffbesitzer** (§ 28; im Jahre 1912/13: 73158) ihr Obst in weiterem Umfange verarbeiten, als es bei Benutzung einer fremden Brennvorrichtung in einer Abfindungsbrennerei zulässig ist. Es ist in erster Linie daran gedacht, daß diese Brenner sich zu **Genossenschaften** im Sinne des Gesetzes betreffend die Erwerbs- und Wirtschaftsgenossenschaften vom 20. Mai 1898 (RGBl. S. 810) zusammenschließen, mit Unterstützung der Monopolverwaltung (§ 65) eine Brennerei gründen, zu dieser Brennerei ihre Rohstoffe liefern und das Erzeugnis durch genossenschaftlichen Vertrieb oder durch Ablieferung an die Monopolverwaltung verwerten. Indessen dürfte es zweckmäßig sein, die Errichtung solcher Brennereien auch in anderen Formen zuzulassen. In Frage kommt der Betrieb durch eine **Gemeinde** oder einen Verein. Die **Beschränkung** auf **selbsterzeugte** oder **selbstgewonnene Rohstoffe** ergibt sich aus dem **Zwecke** der Vorschrift. Den vielen kleinen Obstbauern im Süden und Westen Deutschlands soll geholfen werden, es dürfte aber keine Veranlassung vorliegen, die bezeichnete Begünstigung auch auf zugekaufte Rohstoffe auszudehnen. Der schwankenden Teilnehmerzahl und den schwankenden Ernteergebnissen wird die Vorschrift gerecht, daß die ganze Erzeugung dieser Brennereien als Erzeugung innerhalb des Brennrechts gilt. Um den Übergang zu der neuen Form zu erleichtern, soll die Teilnahme an solchen Betrieben mit Vorteilen verbunden sein, die den Abfindungsbrenner oder Stoffbesitzer veranlassen können, sich der neuen Einrichtung zuzuwenden. Bei den erheblichen Vorrechten, die den Obstgemeinschaftsbrennereien eingeräumt sind, muß der Bundesrat die Befugnis haben, schützende Bestimmungen dagegen zu treffen, daß diese Betriebe eine Ausdehnung erfahren, die dem Sinne und Zwecke der Vorschrift zuwiderläuft, oder daß Gründungen dieser Art vorgenommen werden.

**Laugenbrennereien und Reichsbetriebe.**

**§ 30.** Auf Laugenbrennereien und auf sonstige Brennereien, die für Rechnung des Reichs betrieben werden (§ 136), finden die Vorschriften über das Brennrecht keine Anwendung.

**Verlust des Brennrechts**[1]).

**1. Beim Übergang zum gewerblichen Betrieb oder zur Zellstoffverarbeitung.**

**§ 31.** Landwirtschaftliche Brennereien und Obstbrennereien, die zum gewerblichen Betrieb übergehen, verlieren ihr Brennrecht zur Hälfte.

Brennereien, die zur Verarbeitung von Zellstoffen übergehen, verlieren ihr Brennrecht ganz.

Der Verlust tritt ein mit Beginn des Betriebsjahrs, in dem der Übergang stattgefunden hat.

[1]) Nach geltendem Rechte **verlieren landwirtschaftliche** Brennereien und **Obstbrennereien**, die zum **gewerblichen Betrieb übergehen**, nicht nur die Hälfte ihres Durchschnittsbrandes (§ 71 des Branntweinsteuergesetzes), sondern dürfen auch Branntwein zum niedrigeren Abgabensatze nicht mehr herstellen, es sei denn, daß mit dem Übergange zum gewerblichen Betriebe die Hefenerzeugung aufgenommen wird und daß dann nur eine Kürzung des Kontingents vorzunehmen ist (§§ 27, 33, 39 aaO.). Der Entwurf läßt als Folge des Überganges einer landwirtschaftlichen Brennerei oder einer Obstbrennerei zum gewerblichen Betriebe die Kürzung des Brennrechts um die Hälfte eintreten. Dieser teilweise Verlust wirkt auch auf das Kontingent ein; denn da letzteres nicht größer sein darf als das Brennrecht, das die Grundlage des Aufbaues bilden soll, muß es mit der Kürzung des Brennrechts auf dessen Betrag herabgesetzt werden (§ 44). Auch diese eingeschränkte Folge des Betriebswechsels dürfte genügen, um von einem solchen Wechsel der Betriebsart abzuhalten.

**2. Bei sonstigem Betriebswechsel.**

**§ 32.** Geht

1. eine Brennerei, die zuvor andere Stoffe als Getreide verarbeitet hat, zur Getreideverarbei-

tung ohne Hefenerzeugung über, so wird ihr Brennrecht um ein Viertel,

2. eine Brennerei, die zuvor ausschließlich Mais verarbeitet hat, dazu über, ausschließlich Roggen, Weizen, Buchweizen, Hafer oder Gerste zu verarbeiten, so wird ihr Brennrecht um ein Achtel,
3. eine Brennerei ohne Hefenerzeugung zur Hefenerzeugung nach dem Wiener Verfahren oder eine Brennerei von der Hefenerzeugung nach dem Wiener Verfahren zur Hefenerzeugung nach dem Würzeverfahren über, so wird ihr Brennrecht um die Hälfte,
4. eine Brennerei ohne Hefenerzeugung zur Hefenerzeugung nach dem Würzeverfahren über, so wird ihr Brennrecht um drei Viertel,
5. eine gewerbliche Brennerei von der Hefenerzeugung nach dem Würzeverfahren zur Hefenerzeugung nach dem Wiener Verfahren oder zur Getreideverarbeitung ohne Hefenerzeugung über, so wird ihr Brennrecht um die Hälfte,
6. eine landwirtschaftliche Brennerei von der Hefenerzeugung nach dem Würzeverfahren zur Hefenerzeugung nach dem Wiener Verfahren oder zur Getreideverarbeitung ohne Hefenerzeugung über, so wird ihr Brennrecht um ein Achtel,
7. eine Brennerei, die vor dem 1. Oktober 1914 Rübenstoffe (Melasse, Rüben oder Rübensaft) nicht verarbeitet hat, über zur Verarbeitung von Rübenstoffen ohne Hefenerzeugung oder aber zur Verarbeitung von Rübenstoffen mit einer Hefenerzeugung, die in einem zur bisherigen Betriebsweise offenbaren Mißverhält-

nisse steht, so wird ihr Brennrecht um die Hälfte
gekürzt.

Hat der Übergang nur teilweise stattgefunden, so erfolgt Kürzung zu einem entsprechenden Teile.

Bei Wiederholung eines Betriebswechsels derselben Art findet eine nochmalige Kürzung nur insoweit statt, als die Änderung der Betriebsart bei der früheren Kürzung noch nicht berücksichtigt ist.

Die Kürzung tritt mit dem Beginne des Betriebsjahrs ein, in dem der Übergang stattgefunden hat.

Der Bundesrat wird ermächtigt, in Notjahren Ausnahmen von der Vorschrift unter Abs. 1 Nr. 1 zuzulassen.

Über die Entstehungsgeschichte des § 32 gibt die amtliche Begründung zum Gesetz folgende Erläuterungen:

Nach dem **Branntweinsteuergesetze vom 24. Juni 1887** sollte die Jahresmenge Branntwein, welche die Brennereien zu dem niedrigeren Abgabensatze herstellen dürfen, nach dem **Durchschnitt der bisher** von ihnen **bezahlten Steuerbeträge** bemessen werden, wobei diese jedoch entsprechend der im Vergleiche mit Kartoffelbrennereien geringeren Ausbeute an Alkohol aus dem Bottichraume für Hefenbrennereien nur zur Hälfte, für die sonstigen Getreidebrennereien nur zu sieben Achteln in Ansatz kommen sollten. Man mußte auf dem Umweg über die Steuerbeträge die für das zukünftige Kontingent maßgebende bisherige Durchschnittserzeugung berechnen, weil andere hinreichende Unterlagen für eine unmittelbare Feststellung dieser Menge fehlten. Entsprechend diesem auf der Ausbeute aus dem Bottichraume beruhenden Verfahren für die Ermittelung der bei der ersten Veranlagung in Rechnung zu stellenden Alkoholmengen sollte für diejenigen Getreidebrennereien, die nach dem 1. Oktober 1887 zur Branntweinerzeugung mit Hefengewinnung übergingen, die dem niedrigeren Abgabensatz unterliegende Alkoholmenge nach den für die bestehenden Hefenbrennereien geltenden Grundsätzen bestimmt werden. Das Gesetz vom 24. Juni 1887 sah aber nicht ausdrücklich den Fall vor, daß Brennereien, die andere Stoffe als Getreide verwendet haben — regelmäßig Kartoffelbrennereien —, zum Dickmaischverfahren (Getreideverarbeitung) ohne Hefenerzeugung) oder zur Hefenerzeugung übergehen. Diese Lücke füllte das **Gesetz vom 16. Juni 1895** aus, indem es bestimmte, daß die in Rechnung zu stellende Menge: wenn eine dickmaischende Getreidebrennerei zur Hefenerzeugung übergegangen ist, um drei Siebentel, und wenn eine Brennerei, die zuvor andere Stoffe verarbeitet hat, in dieser Zeit zur Hefenerzeugung übergegangen ist, um die Hälfte, und wenn sie zur Getreideverarbeitung ohne Hefenerzeugung übergegangen ist, um ein Achtel gekürzt wird. Der Kürzungssatz von drei Siebentel ist gewählt, weil bei der ersten Veranlagung einer dickmaischenden Getreidebrennerei nur sieben Achtel der Steuerbeträge berücksichtigt waren, so daß ihr damals eine um ein Achtel geringere Alkoholmenge als einer Kartoffelbrennerei mit gleicher Steuerleistung in Rechnung gestellt wurde, und weil durch die Kürzung um drei Siebentel die in Rechnung zu stellende Alkoholmenge auf die für Brennereien mit Hefengewinnung nach ihrer Ausbeute als angemessen erachteten vier Achtel sinkt.

Das **Branntweinsteuergesetz vom 15. Juli 1909** berücksichtigte den weiteren Fall, daß eine Hefenbrennerei vom Wiener Verfahren zum Würzeverfahren übergeht. Es wurde eine Kürzung der in Rechnung zu stellenden Alkoholmenge um ein Halb für angemessen erachtet, um einen durch einen solchen Betriebswechsel sich verschärfenden Wettbewerb der nach dem neuen Verfahren arbeitenden Brennereien zu begegnen. Diese Maßnahme wirkte auf die beim Übergange zur Branntweinerzeugung mit Hefengewinnung ohne Unterschied des Verfahrens geltenden Kürzungssätze insofern zurück, als die in Rechnung zu stellende Menge beim Übergang einer dickmaischenden Getreidebrennerei oder einer Brennerei, die zuvor andere Stoffe als Getreide verarbeitet hatte, zur Hefenerzeugung nach dem Wiener Verfahren wie bisher um ein Halb und beim Übergange zur Hefenerzeugung nach dem Würzeverfahren um zwei Drittel gekürzt wird.

Damit war die Entwicklung des § 33 des Branntweinsteuergesetzes beendet. Da aber die Vorschriften nur für das

Kontingent galten, mußte bei der Einschränkung von dessen Geltungsgebiet durch das **Gesetz vom 14. Juni 1912** eine entsprechende Regelung für den Durchschnittsbrand gegeben werden; dies geschah durch § 11 Abs. 1 Nr. 1, 3 und 4 des erwähnten Gesetzes. In den Nr. 2 und 5 der angeführten Gesetzesstelle wurden noch zwei neue Kürzungsfälle geschaffen: Kürzung des Durchschnittsbrandes um ein Achtel, wenn eine Brennerei, die zuvor ausschließlich Mais verarbeitet hat, dazu übergeht, ausschließlich Roggen, Weizen, Buchweizen, Hafer oder Gerste zu verarbeiten; und Kürzung des Durchschnittsbrandes um ein Halb, wenn eine Brennerei von der Hefenerzeugung nach dem Würzeverfahren zur Hefenerzeugung nach dem Wiener Verfahren oder zum Dickmaischverfahren übergeht. Beide Vorschriften schützen die Kornbrennereien im engeren Sinne (§ 107 Abs. 2 des Branntweinsteuergesetzes) vor neuem Wettbewerbe (vgl. die Übersicht der Kürzungssätze in Anlage 3).

Die **Kürzungssätze** haben, wie erwähnt, ihren **Grund** in dem Maßstab, nach dem durch das Gesetz vom 24. Juni 1887 die Ermittelung der zum niedrigeren Abgabensatze herstellbaren Alkoholmenge geregelt wurde. Da demzufolge die Brennereien, die Getreide mit oder ohne Hefenerzeugung verarbeiteten, ein kleineres Kontingent erhielten als die übrigen Brennereien, wurde bei Betrieben, die zu diesen mit einer geringeren Ausbeute aus dem Bottichraume verbundenen Verfahren übergingen, die in Rechnung zu stellende Alkoholmenge entsprechend gekürzt. Da ferner das Kontingent einer Brennerei ihre Jahreserzeugung beeinflußte, wirkte jener Maßstab auch noch auf die Höhe des der Brennerei zuzuweisenden Durchschnittsbrandes ein. Die nach § 33 des Branntweinsteuergesetzes eintretenden Kürzungen des Kontingents und die ihnen entsprechenden Kürzungen des Durchschnittsbrandes nach § 11 Abs. 1 Nr. 1, 3 und 4 des Gesetzes vom 14. Juni 1912 wirken über jenen Zweck gleichmäßiger Veranlagung hinaus, indem sie die einzelnen Brennereigruppen vor dem Eindringen der Brennereien anderer Gruppen schützen. Die in der mannigfaltigen Höhe der Maßstäbe der Kürzungen sich ausdrückende Folgerichtigkeit und die hierdurch erreichte Gleichmäßigkeit in der Anwendung der für das Kontingent ursprünglich aufgestellten Veranlagungsgrundsätze wird gegenüber dem Erfordernis nach Vereinfachung des Gesetzes insofern zurücktreten dürfen, als für Kontingent und Durchschnittsbrand nicht mehr verschiedene Kürzungssätze beibehalten werden. Es wird keiner Brennereigruppe einen Nachteil bringen, wenn die für den Durchschnittsbrand geltenden Kürzungssätze als maßgebend für das Brennrecht übernommen werden mit der Folge, daß, falls das Brennrecht nach der Kürzung weniger beträgt als das Kontingent, letzteres auf den Betrag des Brennrechts herabzusetzen ist. Es wird damit allgemein angeordnet, was in § 8 des Gesetzes vom 14. Juni 1912 für die in § 11 unter Nr. 2 und 5 dieses Gesetzes neu aufgenommenen Kürzungsvorschriften vorgesehen ist.

In den **Ausschußverhandlungen** ist dann in Ziffer 6, die im Entwurf gefehlt hatte, ein weiterer Kürzungsfall aufgenommen worden.

**3. Durch Abmeldung oder Nichtbetrieb**[1]).

**§ 33.** Eine Brennerei verliert ihr Brennrecht, wenn sie

1. das Unternehmen gänzlich abmeldet,
2. in zehn aufeinanderfolgenden Betriebsjahren nicht mindestens den doppelten Betrag des niedrigsten Jahresbrennrechts (§ 34) benutzt hat.

Werden sämtliche angemeldeten Brenn- und Wiengeräte einer Brennerei abgemeldet oder von dem Brennereigrundstück entfernt, so gilt dies als gänzliche Abmeldung des Unternehmens. Diese Wirkung tritt nicht ein, wenn der Brennereibesitzer spätestens bis zum Schlusse des Betriebsjahrs, in dem das letzte angemeldete Brenn- und Wiengerät abgemeldet oder entfernt wird, der Steuerbehörde schriftlich anzeigt, daß er das Unternehmen aufrechterhalte, und wenn er die betriebsfähige Wiederherrichtung bis zum Ablauf des dritten auf den Zeitpunkt der Abmeldung oder Entfernung der

Geräte vom Brennereigrundstücke folgenden Betriebsjahrs bewirkt.

Sind bei Inkrafttreten dieses Gesetzes sämtliche angemeldeten Brenn- und Wiengeräte von dem Brennereigrundstück entfernt, so gilt das Unternehmen als gänzlich abgemeldet, wenn nicht bis zum Schlusse des auf das Inkrafttreten dieses Gesetzes folgenden Betriebsjahrs der Brennereibesitzer der Steuerbehörde schriftlich anzeigt, daß er das Unternehmen aufrechterhalte, und bis zum Schlusse des dritten darauf folgenden Betriebsjahrs die betriebsfähige Wiederherrichtung der Brennerei bewirkt.

Die in den Absätzen 2 und 3 vorgesehenen Fristen kann der Bundesrat für solche Brennereien verlängern, die durch höhere Gewalt zerstört, durch kriegerische Handlungen beschädigt oder deren Brenn- oder Wiengeräte an die Heeresverwaltung abgeliefert sind[3]). Der Bundesrat ist ermächtigt, diese Befugnis auf die obersten Landesfinanzbehörden zu übertragen[2]).

[1]) Nach **§ 31 des Branntweinsteuergesetzes** werden bei der **Veranlagung zum Kontingent** die vollen, den Kontingenten entsprechenden Alkoholmengen als hergestellt angenommen, wenn wenigstens in zwei von den zehn Jahren die Kontingente vollständig hergestellt worden sind. Nach **§ 10 des Gesetzes vom 14. Juni 1912** verliert eine Brennerei den Durchschnittsbrand (und nach § 8 auch das Kontingent), wenn sie in einem Abschnitt von zehn aufeinanderfolgenden Jahren den Durchschnittsbrand überhaupt nicht benutzt. Diese **beiden Vorschriften** sind in § 33 Abs. 1 Nr. 2 des Entwurfs (§ 33 des Gesetzes) derart **vereinigt**, daß die für das Kontingent geltende Vorschrift des § 31 des Branntweinsteuergesetzes mit dem Brennrecht in Beziehung gesetzt wird. **Neu** ist die Vorschrift (§ 33 Abs. 1 Nr. 1), wonach eine Brennerei das **Brennrecht verliert**, wenn sie das Unternehmen gänzlich **abmeldet**. Diese Folge

ist bisher nicht besonders ausgesprochen worden; es empfiehlt sich aber, hier Klarheit zu schaffen. Ohne Vorgang im geltenden Rechte ist die Vorschrift in § 33 Abs. 2. Es ist vorgekommen, daß eine Brennerei in einem gemieteten Gebäude eingerichtet wurde, und daß nach und nach alle Geräte aus den Brennereiräumen verschwanden; der Mietvertrag war inzwischen beendigt. Eine solche „Brennerei" gilt als fortbestehend, muß in den Büchern weitergeführt werden, erscheint in der Statistik, ihr bleibt das zugewiesene Brennrecht usw. Diesem Zustand will die Vorschrift ein Ende bereiten. Der Vorbehalt, daß das Brennrecht erhalten bleibt, wenn spätestens mit der Abmeldung oder der Entfernung des letzten Geräts der Verwaltungsbehörde die Absicht der Aufrechterhaltung des Unternehmens angezeigt wird und die betriebsfähige Wiederherrichtung binnen Jahresfrist erfolgt, erscheint nicht als eine zu weitgehende Anforderung an die Bedürfnisse des Unternehmens und die Sorgfalt seines Besitzers.

²) Der letzte Absatz des § 33 war im Regierungsentwurf nicht enthalten. Er beruht auf einen Antrag Nr. 43 der Drucksachen. Der Antrag wurde von dem Antragsteller mit dem Hinweis begründet, daß es zweckmäßig sei, dem Bundesrat zu überlassen, den besonderen Verhältnissen des einzelnen Falles Rechnung zu tragen. Der Antrag beziehe sich namentlich auf die in **Ostpreußen** und in **Elsaß-Lothringen zerstörten Brennereien** sowie auf die Betriebe, denen die Apparate beschlagnahmt seien und die noch gar nicht wüßten, ob sie neue Apparate würden beschaffen können. Ein Regierungsvertreter führte dazu aus: Wenn der letztere Antrag angenommen würde, sei es doch zweckmäßig, ihn auf eine Übergangszeit zu beschränken, um nicht dauernd eine so weitgehende Erleichterung herbeizuführen, deshalb sei es gut, den Bundesrat zu ermächtigen. auch eine andere Behörde, insbesondere die Landesbehörden, mit der Prüfung beauftragen zu können, womit sich der Antragsteller einverstanden erklärte.

³) Ein anderer Abgeordneter stellte dazu die Frage, ob auch die **Beschlagnahme der Kartoffeln** durch die staatlichen Behörden als eine durch „**höhere Gewalt**" verursachte Betriebsstörung anzusehen sei, was im Ausschuß allgemein Zustimmung fand.

**Anderweite Bemessung der Brennrechte; Jahresbrennrecht**[1]).

**§ 34.** Der Bundesrat ist befugt, unter Berücksichtigung der Sicherstellung der Volksernährung[2]), der angesammelten Branntweinbestände und des voraussichtlichen Verbrauchs an Branntwein festzusetzen, um wieviel Hundertteile das Brennrecht der einzelnen Brennerei für das Betriebsjahr zu erhöhen oder zu kürzen ist.

Die Brennrechte der Obstbrennereien der im § 27 bezeichneten Art dürfen nicht gekürzt werden. Die Brennrechte anderer Brennereien dürfen nicht unter den Betrag von 10 Hektoliter Weingeist gekürzt werden.

Soweit Obstbrennereien, landwirtschaftliche Brennereien und solche gewerbliche Brennereien, die ausschließlich Roggen, Weizen, Buchweizen, Hafer oder Gerste verarbeiten und nicht Hefe im Würzeverfahren gewinnen, nicht unter Abs. 2 fallen, dürfen ihre Brennrechte nur so weit gekürzt werden, daß die Gesamtlitermenge der Brennrechte dieser Brennereien und der im Abs. 2 bezeichneten Obstbrennereien und die im Durchschnitt der letzten drei Jahre von den Kleinbrennereien, Obstgemeinschaftsbrennereien und Stoffbesitzern hergestellte Weingeistmenge nicht kleiner ist als die Litermenge Weingeist des in dem vorhergehenden Betriebsjahr zu regelmäßigen Verkaufspreisen (§ 107 Abs. 1 Nr. 1) verwerteten Branntweins.

[1]) Hierzu führt die **amtliche Begründung** zum Gesetz aus: Die Vorschrift des Absatzes 1 hat ihren **Ursprung** in § 69 des Branntweinsteuergesetzes.

Daß das Brennrecht der **Obstbrennereien** nicht gekürzt werden darf, soll Schwierigkeiten beheben, die bei Durchführung der entsprechenden Regelung in § 40 des Branntweinsteuergesetzes aufgetreten sind. Durch die fernere Beschränkung in der Kürzung des Brennrechts bei größeren Obstbrennereien, landwirtschaftlichen Brennereien und Brennereien, die ausschließlich Roggen, Weizen, Buchweizen, Hafer oder Gerste verarbeiten und nicht Hefe im Würzeverfahren gewinnen (§ 34 Abs. 3), soll die Rückwirkung der Branntweingewinnung aus den der Verarbeitung im Reichsbetriebe vorbehaltenen Stoffen auf die Erzeugung von Brennereien der genannten Klassen insoweit eingeschränkt werden, daß diesen Brennereien die Herstellung einer Branntweinmenge gesichert bleibt, die namentlich den Trinkbedarf deckt. Wie in dem allgemeinen Teil hervorgehoben ist, läßt sich die Entwicklung der Branntweingewinnung aus Holz und Kalziumkarbid zurzeit noch nicht übersehen. Für den Fall aber, daß durch die neuen Verfahrensarten und die Festsetzung der erforderlichen Mittel im Reichshaushaltsplan eine Ausdehnung der Reichsbetriebe ermöglicht werden sollte, mußte den genannten Brennereigruppen eine gewisse Menge nicht verlierbaren Brennrechts gesichert werden.

[2]) Der Zusatz „**unter Berücksichtigung der Volksernährung**" beruht auf Antrag Nr. 57 der Drucksachen Nr. 1770. Er wurde von dem Antragsteller mit dem Hinweis auf die Wichtigkeit des Getreides und der Kartoffeln für die Volksernährung begründet. Auch noch nach dem Kriege werde die Frage eine wichtige Rolle spielen, ob und in welchem Umfang Getreide und Kartoffeln zur Herstellung von Branntwein freigegeben werden könnten. Unter keinen Umständen dürfe die Gefahr bestehen, daß Kartoffeln und Getreide verbrannt würden, während die Rücksichten auf die menschliche Ernährung und auch auf die Futterversorgung das nicht zuließen.

## III. Abschnitt.

## Überwachung der Branntweinerzeugung.

### Anzeige über die Brenn- und Wiengeräte.

**§ 35.** Die Anfertigung, der Erwerb und der Besitz von Brenn- oder Wiengeräten ist der Steuerbehörde schriftlich anzuzeigen, soweit dies nicht schon auf Grund der bisherigen Vorschriften geschehen ist.

Die Vorschriften über die **Überwachung der Branntweinerzeugung** sind mit nur geringfügigen Änderungen aus dem **Branntweinsteuergesetz** (§§ 73 bis 105) übernommen.

**Neu** ist die Vorschrift in § 53 Abs. 2 des Entwurfs (§ 53 des Gesetzes), wonach Brennereien die Kosten für Errichtung von Sammelgefäßen mit mindestens 150 Hektoliter Raumgehalt ersetzt werden können. Das Vorhandensein großer Sammelgefäße erleichtert die Abnahme und läßt eine erweiterte Anwendung oder Ausnutzung der Kesselwagen zu, vereinfacht und verbilligt also die Überführung an die Bestimmungsstelle.

Der ganze oder teilweise Ersatz der Kosten, die durch die betriebsfähige Herrichtung der **Obstgemeinschaftsbrennereien** entstehen (§ 65 des Entwurfs, § 55 des Gesetzes), soll den betreffenden Kleinbrennern den Übergang erleichtern und diesen im Interesse der Reichseinnahme liegenden Übergang beschleunigen.

**Anmeldung der Brennerei.**

**§ 36.** Wer eine Branntweinbrennerei errichten will, hat die Baupläne, bevor mit ihrer Ausführung begonnen wird, der Steuerbehörde vorzulegen. Die Steuerbehörde bestimmt bei Verschlußbrennereien insbesondere, welche baulichen Einrichtungen zur Sicherung der Feststellung der erzeugten Branntweinmenge und zur Sicherung ihrer Ablieferung an das Reich nach Maßgabe der §§ 44 bis 50 getroffen werden sollen. Diese Vorschriften sind entsprechend anzuwenden, wenn der Umbau einer Brennerei beabsichtigt wird. Für Abfindungsbrennereien können Ausnahmen zugelassen werden.

**§ 37.** Spätestens vierzehn Tage vor der erstmaligen Eröffnung des Betriebs einer Brennerei hat der Brennereibesitzer, soweit dies nicht schon auf Grund der bisherigen Vorschriften geschehen ist, der Steuerbehörde die Brennereiräume und die mit der Brennerei in Verbindung stehenden oder unmittelbar an sie angrenzenden Räume unter Einreichung eines Grundrisses sowie die Brennvorrichtungen, die Gefäße, in denen der Branntwein bis zu seiner Abnahme (§ 60) aufbewahrt wird, die Meßuhren sowie die Geräte, in denen die Gärung stattfindet, unter Angabe ihrer Stellung und auf Verlangen der Steuerbehörde auch den Einzelraumgehalt der Gefäße nach Litern schriftlich anzumelden.

Der Bundesrat wird ermächtigt, Erleichterungen zuzulassen und für Abfindungsbrennereien noch andere Räume und Geräte der Anmeldepflicht zu unterwerfen.

**Vermessung und Bezeichnung der Brennereigeräte.**

**§ 38.** Die angemeldeten Gefäße können amtlich vermessen und gestempelt werden, sie sind vom Brennereibesitzer nach näherer Anordnung der Steuerbehörde mit einer Nummer und der Angabe des Raumgehalts zu versehen. Diese Bezeichnung ist gehörig zu erhalten und nötigenfalls zu erneuern.

**Aufbewahrung der Brennereigeräte.**

**§ 39.** Die angemeldeten Brennereigeräte sind in den Brennereiräumen an den im Grundriß dafür angegebenen Plätzen aufzubewahren. Die Steuerbehörde kann Ausnahmen zulassen.

**Veränderungen im Gerätestande.**

**§ 40.** Besitzer von Brennereien dürfen anmeldepflichtige Brennereigeräte, andere Personen dürfen Brenn- und Wiengeräte weder ganz noch teilweise aus den Händen geben, bevor sie der Steuerbehörde den Empfänger anzeigt und eine Bescheinigung hierüber erhalten haben.

**§ 41.** Sollen angemeldete Brennereigeräte an einem anderen Platze aufgestellt oder geändert werden, oder kommen anmeldepflichtige Brennereigeräte in Zugang, so hat der Brennereibesitzer dies der Steuerbehörde schriftlich anzuzeigen. Gleiche Anzeige ist erforderlich über jede Änderung in Ansehung der angemeldeten Räume.

**Wechsel im Besitze der Brennerei.**

**§ 42.** Jeder Wechsel im Besitz einer Brennerei ist der Steuerbehörde binnen einer Woche vom neuen und in den Fällen freiwilliger Besitzübertragung auch vom bisherigen Besitzer anzuzeigen.

**Außergebrauchsetzung von Geräten.**

**§ 43.** Maischgeräte und Brennvorrichtungen dürfen für die Zeit, für die sie nicht zum Brennereibetrieb angemeldet sind, amtlich gegen Benutzung gesichert oder durch Anordnung der Steuerbehörde außer Gebrauch gesetzt werden.

**Sicherung gegen heimliche Entnahme von Branntwein.**

**§ 44.** In den Brennereien sind nach näherer Anordnung der Steuerbehörde mit den Brennvorrichtungen in fester Verbindung stehende Sammelgefäße aufzustellen, in die der gesamte gewonnene Branntwein geleitet wird, sowie alle sonstigen Einrichtungen zu treffen, welche die Steuerbehörde zur Sicherung gegen heimliche Ableitung oder Entnahme von weingeisthaltigen Dämpfen oder Branntwein für erforderlich erachtet.

**§ 45.** Die Räume zur Aufstellung der Sammelgefäße müssen den Anforderungen der Steuerbehörde entsprechen.

**§ 46.** Die Steuerbehörde kann statt der Sammelgefäße die Aufstellung zuverlässiger, mit der Brennvorrichtung in fester Verbindung stehender Meßuhren zulassen oder anordnen.

**§ 47.** Die Meßuhren sollen die Menge des aus der Brennvorrichtung fließenden Branntweins und des darin enthaltenen Weingeistes fortlaufend anzeigen oder die Menge des Branntweins anzeigen und die spätere amtliche Ermittlung der Stärke durch Zurückbehaltung von Proben ermöglichen.

**§ 48.** Die Steuerbehörde kann die Aufstellung von Sammelgefäßen und zugleich von Meßuhren verlangen; sie kann die Mindestmenge des zur Abfertigung vorzuführenden Weingeistes (§§ 60, 61) im voraus bindend festsetzen.

**§ 49.** Die Brennvorrichtungen, Sammelgefäße und Meßuhren sowie die sie verbindenden Rohrleitungen und die Sammelgefäßräume sind amtlich so zu sichern, daß weingeisthaltige Dämpfe oder Branntwein nicht heimlich abgeleitet oder entnommen werden können.

**§ 50**[1]. Der Bundesrat wird ermächtigt, für Obstbrennereien sowie für diejenigen anderen Brennereien, die früher abgefunden waren, aber nach dem 30. September 1909 Verschlußbrennereien geworden sind, Einrichtungen zuzulassen, die von den Vorschriften der §§ 44 bis 49 abweichen.

[1]) Auf verschiedene Anfragen aus dem Ausschusse wurde regierungsseitig erklärt: Mit Rücksicht auf die bauliche Einrichtung der **kleinen Betriebe** könnten **Erleichterungen** und **Abweichungen** von den sonst allgemein geltenden strengen Vorschriften für die **Verschlußbrennereien** zugelassen werden. Die Änderung der Fassung des Gesetzes gegenüber dem bisherigen Gesetz sei damit begründet, daß die Vorschriften sich geändert hätten, da in den Jahren 1909/1912 neue Abfindungsbrennereien überhaupt nicht hätten entstehen können. Erst

das Gesetz von 1912 habe zugelassen, Abfindungsbrennereien bis zur Grenze von 50 Litern zu errichten.

§ 51[1]). Die Steuerbehörde kann den Betrieb einer Brennerei untersagen, solange die nach §§ 44 bis 50 erforderlichen amtlichen Sicherungen nicht getroffen und die amtlichen Anordnungen in dieser Hinsicht nicht befolgt sind.

[1]) Ein Abgeordneter ersuchte um Klarstellung, daß, bevor die Steuerbehörde den Betrieb einer Brennerei ganz **untersagen könne**, **beide Voraussetzungen** für die Untersagung des Betriebs vorliegen müssen, also sowohl tatsächlich getroffene amtliche Sicherungen wie auch außerdem die Nichtbefolgung der getroffenen Anordnungen. Eine **vorbeugende Untersagung** dürfe also **nicht** stattfinden, ebensowenig eine Untersagung, wenn eine Schuld des betreffenden Brenners nicht vorliege. Es müßte unter allen Umständen Sicherheit gegen eine nicht durch vorsätzliches Verhalten des betreffenden Brennereibesitzers veranlaßte Störung des Betriebs geschaffen werden. Ein Vertreter des Reichsschatzamts bestätigte diese Auffassung. Es müßten für die Untersagung des Betriebs beide Voraussetzungen zusammen vorliegen.

§ 52. Der Brennereibesitzer ist verpflichtet, die Brennerei auf seine Kosten den §§ 44 bis 50 entsprechend herzurichten und in einem diesen Vorschriften entsprechenden Zustand zu erhalten.

**Kosten der Anschaffung von Sammelgefäßen.**

§ 53[1]). Für Brennereien, die bis zum Inkrafttreten dieses Gesetzes der Abfindung unterlegen haben, sowie in den Fällen des § 48 werden die Kosten der erstmaligen Anschaffung von Sammelgefäßen, Meßuhren, Metallkappen, Überrohren und Kunstschlössern von der Monopolverwaltung erstattet.

Brennereien, die, ohne durch Änderung der Art und des Umfanges ihrer Betriebe dazu gezwungen zu sein, kleinere Sammelgefäße durch solche von mindestens 150 Hektoliter Raumgehalt ersetzen, können die Kosten ganz oder teilweise erstattet werden, wenn die Anschaffung für die Verwaltung vorteilhaft ist.

[1]) Zu § 53 erklärte ein Regierungsvertreter auf Anfrage: Die Begünstigung, welche in der **Beihilfe** für den Austausch kleiner Sammelgefäße durch große liege, bezwecke eine **Erleichterung** und **Verbilligung** der **Abfertigung.** Wenn größere Sammelgefäße vorhanden seien, könnten gleichzeitig größere Mengen abgefertigt und Kesselwagen benutzt werden.

**Erstattung von Baukosten.**

**§ 54.** Der Bundesrat wird ermächtigt, in den Fällen des § 53 aus Gründen der Billigkeit auch die Kosten der auf Verlangen der Steuerbehörde ausgeführten baulichen Änderungen ganz oder teilweise durch die Monopolverwaltung erstatten zu lassen, sofern der Brennereibesitzer sich innerhalb fünf Jahren nach dem Inkrafttreten dieses Gesetzes zur Ausführung der Änderungen verpflichtet.

**§ 55.** Der Bundesrat wird ermächtigt, die Kosten des Baues und der inneren Einrichtung von Obstgemeinschaftsbrennereien (§ 29) ganz oder teilweise durch die Monopolverwaltung erstatten zu lassen.

**Betriebsführung.**

**§ 56.** Der Bundesrat trifft Bestimmungen über die Betriebsführung und die Benutzung der Geräte.

**Betriebsanmeldung.**

**§ 57.** Eröffnung, Einstellung, Wiederaufnahme, Art, Umfang und Änderung des Betriebs sind der Steuerbehörde im voraus schriftlich anzumelden.

Die näheren Bestimmungen über Form, Inhalt, Aufbewahrung und Befolgung der Betriebsanmeldung trifft der Bundesrat.

**Betriebsunterbrechung; Verschluß- und Geräteverletzung.**

**§ 58.** Wird der Brennereibetrieb unterbrochen oder ein amtlicher Verschluß oder einer derjenigen Teile der Brennereigeräte einschließlich der Sammelgefäße und der Meßuhr verletzt, aus denen weingeisthaltige Dämpfe oder Branntwein heimlich abgeleitet oder entnommen werden können, oder tritt eine Störung im Gange der Meßuhr ein, so hat der Brennereibesitzer dies alsbald der Steuerbehörde schriftlich anzuzeigen.

**§ 59.** Ist durch die Verletzung ein Zugang zu dem Weingeist ermöglicht oder die regelmäßige Tätigkeit der Meßuhr beeinflußt worden, so hat die Steuerbehörde die erforderlichen Maßnahmen zu treffen; äußerstenfalls kann sie anordnen, daß der Brennereibetrieb vorübergehend eingestellt wird; das Gleiche gilt bei jeder anderen in der regelmäßigen Tätigkeit der Meßuhr eintretenden Störung.

**Branntweinabnahme.**

**§ 60.** Soweit nicht im § 10 Ausnahmen vorgesehen sind, ist die Weingeistmenge des erzeugten Branntweins in der Brennerei amtlich festzustellen und der Branntwein abzufertigen (Branntweinabnahme).

**§ 61**[1]**.** Bleibt in den Fällen, in denen eine Meßuhr benutzt wird oder die Mindestmenge des zur Abfertigung vorzuführenden Weingeistes festgesetzt worden ist, die bei der Branntweinabnahme vorgefundene Weingeistmenge hinter der Anzeige der

Meßuhr oder hinter der auf Grund dieser Anzeige festgestellten Weingeistmenge oder hinter der festgesetzten Mindestmenge zurück, und ist eine Entnahme von Branntwein ausgeschlossen, so bleibt die Fehlmenge außer Anspruch.

[1]) Zu § 61 fragte ein Abgeordneter, was der sprachliche **Sinn** des Ausdrucks sei: **„so bleibt die Fehlmenge außer Anspruch"**. Regierungsseitig wurde erwidert: Der Fehlbetrag, dessen Fehlen **nicht** auf einem **Verschulden des Brenners** beruhe, sei nach dem bisherigen Gesetz abgabefrei gewesen. Da man bei dem Monopol nicht von einer Abgabe reden könne, solle mit dieser Fassung gesagt sein, daß die Monopolverwaltung keinerlei Anspruch irgendwelcher Art bezüglich dieser Fehlmengen gegenüber dem Brenner geltend machen dürfe.

**Amtliche Aufsicht.**

**§ 62.** Die Beamten sind befugt, eine Brennerei, sobald sie zum Betrieb angemeldet ist, zu jeder Zeit, sonst von morgens 6 bis abends 9 Uhr zu besuchen. Die Brennerei muß ihnen zu diesem Zwecke sogleich geöffnet werden. Die Zeitbeschränkung fällt weg, wenn Gefahr im Verzug ist. Die Befugnis erstreckt sich auf alle angemeldeten sowie auf die Räume, in denen Brennereigeräte oder Teile von außer Gebrauch gesetzten Brennereigeräten oder zum Brennereibetriebe bestimmte nichtmehlige Stoffe aufbewahrt werden.

**§ 63.** Solange in der Brennerei gearbeitet wird oder jemand sich darin befindet, müssen die Zugänge zu ihr sowie zum Brennereigrundstück unverschlossen und unbehindert sein. Die Steuerbehörde kann Ausnahmen zulassen.

**§ 64.** Innerhalb der der amtlichen Aufsicht unterliegenden Räume dürfen keine Maßnahmen getroffen werden, welche die Ausübung der Aufsicht hindern oder erschweren.

**§ 65.** Der Brennereibesitzer hat den Beamten jede für die amtliche Aufsicht oder zu statistischen Zwecken erforderliche Auskunft über den Betrieb zu erteilen und für die zum Zwecke der Aufsicht und Abfertigung stattfindenden Amtshandlungen die nötigen Vorkehrungen zu treffen, die Gerätschaften zu stellen und die erforderlichen Hilfsdienste zu leisten.

**§ 66.** Den Oberbeamten der Steuerverwaltung sind die Bücher und Schriftstücke über die Beschaffung der Rohstoffe und die Herstellung des Branntweins, bei landwirtschaftlichen Brennereien auch über den Wirtschaftsbetrieb auf Erfordern zur Einsicht vorzulegen.

**§ 67.** Ist der Brennereibesitzer wegen Hinterziehung bestraft worden, so kann die Brennerei besonderen Aufsichtsmaßnahmen unterworfen werden. Die Kosten fallen dem Brennereibesitzer zur Last; sie werden nach den Vorschriften über das Verfahren für die Beitreibung der Zölle und mit dem Vorzugsrechte der letzteren eingezogen.

**Betriebsleiter.**

**§ 68.** Brennereibesitzer, die den Betrieb nicht selbst leiten, haben der Steuerbehörde diejenigen Personen zu bezeichnen, die als Betriebsleiter in ihrem Namen zu handeln befugt sind.

Die in den §§ 65, 66 und im § 67 Satz 1 für den Brennereibesitzer gegebenen Vorschriften gelten auch für den Betriebsleiter.

**Andere Betriebe unter amtlicher Überwachung.**

**§ 69.** Die Vorschriften in den §§ 62 bis 68 sind nach näherer Bestimmung des Bundesrats sinngemäß auch anzuwenden auf Betriebe, die unter amtlicher Überwachung stehenden Branntwein oder unter amtlicher Überwachung stehende Branntweinerzeugnisse lagern, bearbeiten oder weiterverarbeiten. Den Oberbeamten der Steuerverwaltung sind die auf den Bezug des Branntweins und die Herstellung und Abgabe der Branntweinerzeugnisse sich beziehenden Geschäftsbücher und Geschäftspapiere auf Erfordern zur Einsicht vorzulegen.

**Hefenbetriebe ohne Branntweingewinnung.**

**§ 70.** Betriebe, die im weingeistigen Gärungsverfahren Hefe herstellen und für die ein Brennrecht nicht festgesetzt ist, sind der Steuerbehörde anzumelden und unterliegen einer vom Bundesrate festzusetzenden Überwachungsgebühr.

## IV. Abschnitt.

## Die Verwaltung des Branntweinmonopols.

**Monopolamt und Verwertungsstelle.**

**§ 71.** Das Branntweinmonopol wird unter der Aufsicht des Reichskanzlers von einem Leiter, dem Monopolamt (§ 73) und der Verwertungsstelle (§ 74) verwaltet. Der Monopolverwaltung stehen der Beirat (§§ 77ff.) und der Gewerbeausschuß (§ 81) zur Seite.

**§ 72.** Die Monopolverwaltung hat alle zur Durchführung des Monopols, insbesondere die zur Übernahme und Reinigung des Branntweins und zu seiner Verwertung erforderlichen Maßnahmen zu treffen; sie ist befugt, in angemessenem Umfang Aufwendungen zur wissenschaftlichen Erforschung und technischen Förderung der Branntweinerzeugung zu machen, neue Verfahren zur Gewinnung von Branntwein sowie sonstige die Durchführung des

Monopols fördernde Erfindungen zu erwerben und diesem Zwecke dienende Preisausschreiben zu erlassen.

Der Bundesrat kann bestimmen, daß über Anschaffungen und Einrichtungen, deren Kosten eine von ihm festzusetzende Grenze überschreiten, die Monopolverwaltung gemeinschaftlich mit dem Beirat entscheidet.

**§ 73.** Das Monopolamt ist eine Behörde. Es besteht aus der erforderlichen Anzahl von Abteilungen. Je eine besondere Abteilung ist einzurichten für die Bearbeitung der Geschäfte, die im Zusammenhange stehen

mit der Gewinnung von Branntwein im Gärungsverfahren, mit Ausnahme der Gewinnung von Branntwein aus Zellstoffen und Ablaugen der Zellstoffgewinnung,

mit der Gewinnung von Branntwein in anderen Verfahren als im Gärungsverfahren und aus Zellstoffen und Ablaugen der Zellstoffgewinnung.

**§ 74.** Die Verwertungsstelle ist als kaufmännischer Betrieb einzurichten. Ihre Geschäftsführer bestellt der Reichskanzler auf Vorschlag des Leiters der Monopolverwaltung; sie hat sich nach den grundsätzlichen Weisungen des Monopolamts zu richten.

Jahresbericht und Bilanz nebst Gewinn- und Verlustrechnung müssen durch einen oder mehrere vom Rechnungshofe des Deutschen Reichs zu ernennende beeidigte Buchprüfer geprüft werden und sind alljährlich dem Reichstag mitzuteilen. Der Reichstag kann beschließen, daß der Geschäftsbetrieb der Gesellschaft ganz oder teilweise durch den Rechnungshof des Deutschen Reichs oder einen besonders zu bestimmenden Ausschuß geprüft wird. Die Verwertungsstelle hat alle gewünschten Unterlagen zum Zwecke der Prüfung des Geschäftsbetriebs vorzulegen. Der Bericht über die Prüfung ist dem Reichstag mitzuteilen.

**§ 75.** Der Bundesrat regelt die Zuständigkeit des Monopolamts und der Verwertungsstelle und ordnet ihre Tätigkeit; er ist ermächtigt, die Verwertungsstelle mit dem Monopolamte zu einer nach einheitlichen Grundsätzen gerichteten Behörde zu vereinigen.

**§ 76.** Die Monopolverwaltung legt jährlich dem Bundesrat und dem Reichstag einen Geschäftsbericht vor.

**Beirat.**

**§ 77.** In besonderen im Gesetze vorgesehenen Fällen (§§ 72, 89, 107, 247) entscheidet die Monopolverwaltung in Gemeinschaft mit dem Beirat.

Der Beirat besteht aus zwanzig Mitgliedern. Je fünf sind vom Bundesrat und vom Reichstag aus ihrer Mitte, fünf aus den Kreisen der landwirtschaftlichen Brenner auf Vorschlag einer vom Bundesrate zu bestimmenden Vereinigung und fünf auf Vorschlag der Monopolverwaltung vom Reichskanzler zu berufen. Für jedes Mitglied ist in gleicher Weise ein Stellvertreter zu ernennen. Die Mitglieder sind zur Verschwiegenheit verpflichtet.

Die vom Bundesrat und vom Reichstag ernannten Mitglieder üben ihre Tätigkeit im Beirat während der Zeit aus, die sie Mitglieder des Bundesrats oder des Reichstags sind; die übrigen Mitglieder werden auf fünf Jahre ernannt.

§ 78. Der Beirat wird von dem Leiter der Monopolverwaltung zu den Beratungen einberufen; er ist beschlußfähig bei Anwesenheit von mindestens elf Mitgliedern.

Die Mitglieder des Beirats und ihre Stellvertreter erhalten Ersatz ihrer Auslagen.

§ 79. Die Beschlüsse der Monopolverwaltung und des Beirats werden nach einfacher Stimmenmehrheit der stimmberechtigten Anwesenden gefaßt. Der Monopolverwaltung stehen drei Stimmen zu, die einheitlich abgegeben werden; diese Stimmen entscheiden bei Stimmengleichheit.

§ 80. Mißbraucht ein Mitglied des Beirats die durch sein Amt erlangten Aufschlüsse oder gefährdet es sonst die Belange der Monopolverwaltung, so kann die entsendende Stelle auf Antrag des Reichskanzlers oder von mindestens fünf Mitgliedern des Beirats das Mitglied ausschließen. Der Beirat kann ein solches Mitglied bis zur Entscheidung des Antrags von der Teilnahme an seiner Tätigkeit ausschließen. Der Nachfolger soll binnen einer Frist von drei Monaten ernannt werden.

Gewerbeausschuß.

§ 81. In dem Gewerbeausschusse sollen die an dem Absatz und der Verarbeitung von Branntwein beteiligten Gewerbe entsprechend ihrer wirtschaftlichen Bedeutung vertreten sein. Der Gewerbeausschuß ist berechtigt, fünf Mitglieder mit beratender Stimme zu den Sitzungen des Beirats zu entsenden. Die Mitglieder sind zur Verschwiegenheit verpflichtet.

Das Nähere regelt der Bundesrat.

**Entscheidung des Bundesrats.**

**§ 82.** Der Bundesrat entscheidet endgültig über Beschwerden, die von der Monopolverwaltung oder wenigstens fünf Mitgliedern des Beirats oder wenigstens einem Viertel der Mitglieder des Gewerbeausschusses gegen einen Gemeinschaftsbeschluß erhoben werden.

Der Bundesrat kann für die Erhebung der Beschwerde eine Frist mit ausschließender Wirkung festsetzen.

**Angestellte und Arbeiter.**

**§ 83.** Die Monopolverwaltung soll mit ihren Angestellten oder deren Berufsvereinen Anstellungsverträge abschließen.

Für die Angestellten und Arbeiter der Monopolverwaltung sind durch gleiche und geheime Wahl Angestellten- und Arbeiterausschüsse zu bilden.

**§ 84.** Die Ausübung des gesetzlich gewährten Vereins- und Versammlungsrechts darf den Angestellten und Arbeitern der Betriebe, die diesem Gesetz unterstellt sind, durch keine besondere Abmachung oder Anordnung beeinträchtigt werden.

Den Angestellten und Arbeitern dürfen aus ihrer Zugehörigkeit zu einer Vereinigung oder aus der Ablehnung der Anordnung der Betriebsleitung und ihres Vertreters, einer Vereinigung beizutreten, keine Nachteile erwachsen.

**§ 85.** Die Arbeits- und Lohnverhältnisse sollen für die Arbeiter tariflich für das gesamte Gewerbe ausschließlich der Nebenbetriebe geordnet werden, soweit es sich um Betriebe mit mehr als drei Arbeitern handelt.

Die tarifliche Vereinbarung wird von einem Ausschuß getroffen. Der Ausschuß besteht aus zehn Personen, die je zur Hälfte von dem Beirat der Monopolverwaltung und den Arbeitern bestimmt werden. Der Ausschuß verständigt sich über die Berufung eines Vorsitzenden außerhalb des Kreises des Ausschusses. Kommt eine Einigung nicht zustande, so ernennt der Bundesrat den Vorsitzenden.

## V. Abschnitt.

## Branntweinübernahme und Branntweinübernahmepreise.

**Branntweinübernahme.**

**§ 86**[1]). Soweit nicht der Branntwein von dem Brennereibesitzer oder Stoffbesitzer selbst verwertet wird (§§ 11, 12, 28), übernehmen die mit der Branntweinabnahme (§ 60) beauftragten Beamten den Branntwein für Rechnung der Monopolverwaltung und versenden ihn in den von dieser zu stellenden Versandgefäßen an die Empfangsstelle. Die Eisenbahn- und Schiffsfrachten trägt die Monopolverwaltung, soweit nicht nach § 101 Abs. 1 etwas anderes bestimmt wird.

[1]) Zu den §§ 86 ff. führt die amtliche Begründung folgendes aus: Wenn der Brennereibesitzer den von ihm hergestellten, an die Monopolverwaltung abzuliefernden Branntwein zur nächsten Eisenbahnstelle zu befördern hat, so entspricht ein solches Verfahren einer auch sonst im Geschäftsverkehre befolgten Übung, die zweckmäßig beizubehalten sein wird. Die Beförderung des Branntweins mit Fuhrwerk unmittelbar in eine Reinigungsanstalt oder in ein Lager der Monopolverwaltung kann nur in Frage kommen, wenn ein Versand auf der Eisenbahn oder zu Wasser nach billigem Ermessen der Verwaltung unzweckmäßig ist, insbesondere wenn die Reinigungsanstalt oder das Lager nahe bei der Brennerei liegen. Nach

geltendem Rechte haftet der Brennereibesitzer im Falle der Versendung des unversteuerten Branntweins für die darauf ruhende Verbrauchsabgabe bis zur Abfertigung des Branntweins durch die Empfangsstelle; er trägt die Gefahr der Beraubung und Vernichtung und hat in solchen Fällen für die Verbrauchsabgabe aufzukommen, soweit nicht nach der Vorschrift im § 3 Abs. 2 des Branntweinsteuergesetzes Befreiung eintritt. Nach § 93 des Entwurfs (§ 88 des Gesetzes) soll diese Haftung für den Branntwein wenigstens so lange aufrechterhalten bleiben, als zwar der Brennereibesitzer, nicht aber die Monopolverwaltung in der Lage ist, für die ordnungsmäßige Behandlung des Branntweins Sorge zu tragen.

**§ 87.** Der Brennereibesitzer ist aufzufordern, der Branntweinabnahme beizuwohnen. Er ist ohne Anspruch auf besonderes Entgelt verpflichtet, die zur ordnungsmäßigen Abnahme des Branntweins einschließlich seiner Vergällung erforderlichen Einrichtungen zu treffen, den Branntwein zur nächsten Güterabfertigungsstelle zu befördern und ihn dort nach den Weisungen der Monopolverwaltung zu verladen. Ist ein Versand auf der Eisenbahn oder auf dem Wasserwege nach billigem Ermessen der Monopolverwaltung unzweckmäßig, so hat der Brennereibesitzer den Branntwein nach einem von dieser bestimmten Orte zu befördern und an die ihm bezeichnete Empfangsstelle abzuliefern; die Mehrkosten gegenüber der Ablieferung zur nächsten Güterstelle trägt die Monopolverwaltung.

**§ 88.** Der Brennereibesitzer haftet für den Schaden, der durch Verlust oder Beschädigung des von ihm zu befördernden Branntweins (§ 87) bis zu dessen Übernahme durch den neuen Warenführer oder den Empfänger eintritt; er haftet, falls der Branntwein vorher unter amtlicher Aufsicht in Kesselwagen oder in Schiffe, die zur Beförderung von Flüssigkeiten besonders eingerichtet sind, umgefüllt wird, bis zur Übernahme durch die mit der Beaufsichtigung der Umfüllung beauftragten Beamten.

Der Brennereibesitzer wird von der Haftung frei, wenn durch von ihm nicht verschuldete Vorgänge Branntwein vernichtet worden oder unbrauchbar geworden ist.

**Branntweinübernahmepreise.**

**§ 89.** Für den Branntwein, der im Gärungsverfahren aus anderen Stoffen als aus Ablaugen der Zellstoffgewinnung hergestellt ist, setzt das Monopolamt in gemeinschaftlicher Beschlußfassung mit dem Beirat den Branntweingrundpreis (§ 92) und die Zuschläge und Abzüge (§§ 93 und 101 bis 103) fest.

**§ 90.** Die Preise werden in der Regel für das Betriebsjahr festgesetzt; sie können im Laufe des Betriebsjahrs erhöht oder herabgesetzt werden. Der Beschluß ist im Reichsanzeiger bekanntzugeben. Für den in den Grenzen des Brennrechts hergestellten Branntwein, der zu Anfang des Betriebsjahrs noch vor Festsetzung der Jahresübernahmepreise hergestellt und geliefert wird, bestimmt das Monopolamt vorläufige Abschlagpreise, die demnächst ausgeglichen werden.

**§ 91.** Die Brennereibesitzer sind nach näherer Bestimmung des Bundesrats verpflichtet, die für die Festsetzung der Übernahmepreise nötigen tatsächlichen Angaben zu machen.

**Branntweingrundpreis.**

**§ 92.** Der Branntweingrundpreis wird so festgesetzt, daß er die durchschnittlichen Herstellungskosten eines Hektoliters Weingeist und den allgemeinen Betriebsabzug (§ 94) in gutgeleiteten landwirtschaftlichen Kartoffelbrennereien mittleren Umfanges deckt, wobei davon auszugehen ist, daß bei angemessener Verwertung der Kartoffeln die Schlempe dem Brennereibesitzer kostenfrei zu Verfügung bleibt. Kartoffelbrennereien mittleren Umfanges in diesem Sinne sind solche, die jährlich durchschnittlich 500 Hektoliter Weingeist erzeugen.

**Zuschläge und Abzüge nach Art der Rohstoffe oder des Verfahrens der Branntweingewinnung.**

**§ 93.** Für Branntwein, der innerhalb des Brennrechts ausschließlich aus den im § 4 bezeichneten Stoffen erzeugt oder lediglich aus Roggen, Weizen, Buchweizen, Hafer oder Gerste hergestellt und nicht im Würzeverfahren gewonnen ist, und für Branntwein aus landwirtschaftlichen Kleinbrennereien werden Zuschläge zu dem Branntweingrundpreis festgesetzt.

Für Branntwein, der nicht ausschließlich aus Kartoffeln, Getreide oder den im § 4 bezeichneten Stoffen hergestellt ist oder der in Brennereien gewonnen ist, die Hefe nach dem Würzeverfahren herstellen oder die außer Branntwein oder derart erzeugter Hefe infolge Anwendung einer besonderen Verfahrensart Stoffe gewinnen, deren Wert im Verhältnis zu dem des Branntweins erheblich ist, können Abzüge von dem Branntweingrundpreis oder Zuschläge festgesetzt werden.

Zu Abs. 2 Schluß lag der Antrag Nr. 137 Ziff. 2 vor, im Abs. 2 letzte Zeile nach dem Wort „Branntweingrundpreise" beizufügen **„oder Zuschläge"**, welches Wort im Regierungsentwurf gefehlt hatte. Der Antrag wurde damit begründet, daß man mit der Möglichkeit teuerer Materialien rechnen müsse. Der Hauptvortrag sehe zwar vor, daß den Lüftungsbrennereien ein Abzug von 40 Pf. gemacht werde, tatsächlich hätten sie aber immer den vollen Preis erhalten. Die richtige Ausbeute dieser Brennereien und der wirtschaftlich zweckmäßige Betrieb liege nicht in möglichst geringer Herstellung von Alkohol, sondern in einem durch die Praxis erprobten bestimmten Verhältnis. Der Antrag wurde nach kurzer Aussprache mit großer Mehrheit angenommen.

**Allgemeiner Betriebsabzug.**

**§ 94.** Der Branntweingrundpreis wird gekürzt, und zwar für die Erzeugung

| | | | | | | | |
|---|---|---|---|---|---|---|---|
| | bis | zu | 50 | Hektoliter | .... | um | 4,00 M. |
| über 50 | „ | „ | 100 | „ | .... | „ | 4,50 „ |
| „ 100 | „ | „ | 150 | „ | .... | „ | 5,00 „ |
| „ 150 | „ | „ | 200 | „ | .... | „ | 5,50 „ |
| „ 200 | „ | „ | 300 | „ | .... | „ | 6,00 „ |
| „ 300 | „ | „ | 400 | „ | .... | „ | 6,50 „ |
| „ 400 | „ | „ | 600 | „ | .... | „ | 7,00 „ |
| „ 600 | „ | „ | 800 | „ | .... | „ | 7,50 „ |
| „ 800 | „ | „ | 1000 | „ | .... | „ | 8,00 „ |
| „ 1000 | „ | „ | 1200 | „ | .... | „ | 8,50 „ |
| „ 1200 | „ | „ | 1400 | „ | .... | „ | 9,00 „ |
| „ 1400 | „ | „ | 1600 | „ | .... | „ | 9,50 „ |
| „ 1600 | „ | „ | 1800 | „ | .... | „ | 10,00 „ |
| „ 1800 | „ | „ | 2000 | „ | .... | „ | 10,50 „ |
| „ 2000 | „ | „ | 2200 | „ | .... | „ | 11,00 „ |
| „ 2200 | „ | „ | 2400 | „ | .... | „ | 11,50 „ |
| „ 2400 | „ | „ | 2600 | „ | .... | „ | 12,00 „ |
| „ 2600 | „ | „ | 2800 | „ | .... | „ | 12,50 „ |
| „ 2800 | „ | „ | 3000 | „ | .... | „ | 13,00 „ |
| „ 3000 | | | | | .... | „ | 14,00 „ |

vom Hektoliter Weingeist.

**Betriebsabzug in besonderen Fällen.**

**§ 95.** Der Betriebsabzug (§ 94) erhöht sich:

1. während der Monate, in denen eine Brennerei mit Hefengewinnung betrieben wird, um 3 Mark,

2. bei gewerblichen Brennereien, unbeschadet der Vorschrift in Nr. 1, um 4 Mark,
3. bei Brennereien, die Rübenstoffe (Melasse, Rüben oder Rübensaft) verarbeiten, unbeschadet der Vorschrift in Nr. 1 und 2, um 5 Mark

für das Hektoliter Weingeist.

**Ermäßigung des Betriebsabzugs.**

**§ 96.** Der in den §§ 94 und 95 vorgesehene Betriebsabzug wird ermäßigt:

1. für die vor dem 1. Oktober 1908 betriebsfähig hergerichteten Brennereien mit einer Jahreserzeugung
   - von nicht mehr als 50 Hektoliter Weingeist auf ein Zehntel,
   - von mehr als 50, aber nicht mehr als 100 Hektoliter Weingeist auf zwei Zehntel,
   - von mehr als 100, aber nicht mehr als 200 Hektoliter Weingeist auf drei Zehntel,
   - von mehr als 200, aber nicht mehr als 300 Hektoliter Weingeist auf acht Zehntel;
2. für die vor dem 1. Oktober 1908 betriebsfähig hergerichteten Brennereien, die ausschließlich Roggen, Weizen, Buchweizen, Hafer oder Gerste verarbeiten, bei einer Jahreserzeugung von mehr als 300, aber nicht mehr als 600 Hektoliter Weingeist auf acht Zehntel;
3. für landwirtschaftliche Genossenschaftsbrennereien, die als solche bereits vor dem 1. April 1895 bestanden haben, für den Umfang des damaligen Betriebs auf acht Zehntel.

**Befreiung vom Betriebsabzug.**

**§ 97.** Brennereien, die in einem Betriebsjahr nicht mehr als 10 Hektoliter Weingeist herstellen,

Obstgemeinschaftsbrennereien und Stoffbesitzer sind von dem Betriebsabzuge befreit, soweit der gewonnene Branntwein als innerhalb des Brennrechts hergestellt gilt. Soweit der gewonnene Branntwein nicht als innerhalb des Brennrechts hergestellt gilt, beträgt der Betriebsabzug 20 Mark für das Hektoliter Weingeist.

### Erhöhung des Branntweingrundpreises.

**§ 98.** Der Branntweingrundpreis wird erhöht bei einer in den Grenzen des Brennrechts liegenden Jahreserzeugung

von nicht mehr als 100 Hektoliter Weingeist um 16 Mark,

von mehr als 100, aber nicht mehr als 200 Hektoliter Weingeist um 12 Mark,

von mehr als 200, aber nicht mehr als 300 Hektoliter Weingeist um 8 Mark

für das Hektoliter Weingeist.

Für Branntwein aus Kartoffeln oder Mais erhöhen sich die Sätze bei den beiden ersten Gruppen um je 2 Mark, bei der dritten Gruppe um 1 Mark.

**§ 99.** Der Branntweingrundpreis wird bei Obstgemeinschaftsbrennereien um 50 Mark für das Hektoliter Weingeist des als im Brennrecht erzeugt geltenden Branntweins erhöht.

**§ 100.** Der nach den Vorschriften der §§ 92 bis 97 sich ergebende Branntweingrundpreis erhöht sich in dem Königreiche Bayern, dem Königreiche Württemberg und dem Großherzogtume Baden (Sonderrechtstaaten) für die Weingeistmenge, die innerhalb des nach den Vorschriften dieses Gesetzes jeweils zustehenden Brennrechts hergestellt wird, bei landwirtschaftlichen Brennereien und Obstbrennereien um 7,50 Mark,

bei gewerblichen Brennereien, denen im Betriebsjahr 1917/18 ein Kontingent zustand, um 5,00 Mark

für das Hektoliter Weingeist.

Diese Erhöhung des Branntweingrundpreises tritt nicht ein, soweit die weitergehende Erhöhung nach § 98 oder § 99 begründet ist.

**Ausgleichplätze.**

**§ 101**[1]). Das Monopolamt stellt in gemeinschaftlicher Beschlußfassung mit dem Beirat eine Liste der Orte (Ausgleichplätze) auf, bis zu denen der Brennereibesitzer den Branntwein frachtfrei zu liefern hat und bestimmt gleichzeitig, für welche dieser Orte ein Zuschlag zu dem Branntweinübernahmepreis (Aufgeld) oder ein Abzug von diesem (Untergeld) zu machen ist. Hierbei ist im allgemeinen das Aufgeld für Gegenden festzusetzen, in denen die Erzeugung von Branntwein hinter dem Verbrauche zurückbleibt, das Untergeld für Gegenden, in denen die Erzeugung größer ist als der Verbrauch. Der Brennereibesitzer hat den Ausgleichplatz vor der ersten Branntweinabnahme zu wählen, die Fracht bis zu diesem Platze aber auch dann zu tragen, wenn nach Bestimmung der Monopolverwaltung der Branntwein nach einem anderen Orte zu verladen ist. Der gewählte Ausgleichplatz gilt dauernd; er kann mit Gültigkeit für mindestens ein Betriebsjahr durch schriftliche Erklärung gegenüber dem Monopolamt geändert werden; die Erklärung ist nur bindend, wenn sie mindestens eine Woche vor der ersten Abnahme des Branntweins im neuen Betriebsjahr bei dem Monopolamt eingeht.

Der Ausgleich kann auch in der Weise herbeigeführt werden, daß das Monopolamt in gemeinschaftlicher Beschlußfassung mit dem Beirat Herstellungsgebiete bestimmt, in deren Bereich Aufgelder oder Untergelder ohne Verpflichtung des Brennereibesitzers zur Frachtentragung zu berechnen sind.

[1]) Da der **Osten** Deutschlands **Überschußgebiet** für Branntweinerzeugung ist, der **Süden** und **Westen** dagegen **Bedarfsgebiet**, wird im ersteren Gebiete durch das vermehrte Angebot der Preis gedrückt, im anderen Gebiete dagegen durch die gesteigerte Nachfrage gehoben. Diesen Verhältnissen hat die **Spiritus-Zentrale** durch die einen Ausgleich der Ankaufspreise für die ihr angeschlossenen Brennereien herbeiführenden „**Paritätplätze**" Rechnung getragen. Die Zentrale gewährt nämlich jedem Brenner das Recht, für die Berechnung des ihm zu gewährenden Entgelts sich einen der in einem besonderen Verzeichnis aufgeführten Paritätplätze zu wählen. Bei den einzelnen Plätzen sind Auf- oder Untergelder verzeichnet, die bei der Berechnung zugunsten oder zu Lasten des Brenners angewendet werden. Der Brenner hat dann die Fracht von der Brennerei bis zu dem gewählten Paritätplatze nach den maßgebenden Eisenbahntarifen zu tragen, gleichviel ob die Zentrale den Branntwein an diesem oder an einem anderen von ihr zu bestimmenden Platze in Empfang nimmt. Es empfahl sich, daß die Monopolverwaltung das in langjähriger Übung bewährte Verfahren der Spiritus-Zentrale übernimmt. Allerdings ist mit diesem Verfahren eine sehr erhebliche Rechenarbeit verbunden. Um wenigstens die Möglichkeit zu geben, zu einem einfacheren Verfahren überzugehen, ist in Abs. 2 eine Regelung vorgesehen, nach der für jede Brennerei feststeht, ob für sie Aufgeld oder Untergeld anzusetzen ist, und bei der für jede Brennerei ein bestimmter Ausgleichsplatz festgesetzt wird, bei der dann aber auch die Monopolverwaltung die gesamten Frachtkosten, also auch die von der Brennerei zum Ausgleichsplatze zu tragen hat.

**Erhöhung oder Minderung des Übernahmepreises je nach Stärke und Reinheit des Branntweins.**

**§ 102**[1]. Der für die Brennerei maßgebende Übernahmepreis kann erhöht werden, wenn der Branntwein über einer von der Monopolverwaltung festgesetzten Stärke abgeliefert wird oder sich durch besondere Reinheit auszeichnet; er kann gemindert werden, wenn der Branntwein unter einer von der Monopolverwaltung festgesetzten Stärke abgeliefert wird oder erhebliche Verunreinigungen aufweist.

[1]) Die **amtliche Begründung** bemerkt hierzu: Es ist schon mit Rücksicht auf Frachtersparnis erwünscht, daß der Branntwein in der Brennerei mit einem so hohen Gehalt an Alkohol hergestellt wird, daß er unter Ersparung besonderer Reinigungskosten in weitem Umfang verwendet werden kann. Es wird dadurch auch denjenigen Brennereien, die nicht Reinigungsanstalten im Sinne der Reinigungsordnung sind, ermöglicht, ihre Reinigungsgeräte weiter auszunutzen. Bei Anwendung der Vorschrift, daß der Übernahmepreis gemindert werden kann, wenn der Branntwein unter einer von der Monopolverwaltung festgesetzten Stärke abgeliefert wird oder erhebliche Verunreinigungen aufweist, wird auf die Betriebsverhältnisse kleinerer Brennereien in angemessener Weise Rücksicht zu nehmen sein.

**Überbrand.**

**§ 103.** Für den außerhalb des Brennrechts hergestellten Branntwein wird der erforderlichenfalls um die Betriebsabzüge der §§ 94 und 95 geminderte Grundpreis (§ 92) herabgesetzt, und zwar um einen Betrag der für Branntwein aus Obstbrennereien mindestens 10 Hundertteilen, für Branntwein aus anderen Brennereien mindestens 20 Hundertteilen des Grundpreises entspricht.

Nach § 48 des **Branntweinsteuergesetzes** erhöht sich für den **Überbrand** die Betriebsauflage um fünf Zehntel, jedoch bei gewerblichen Brennereien auf mindestens 22 *M*, bei den übrigen Brennereien (mit Ausnahme derjenigen, die ausschließlich Wein, Weinhefe, Weintrester, Steinobst, Kernobst, Beeren oder Wurzeln verarbeiten) auf mindestens 18 *M*. Bei Hefenerzeugung ist der Mindestsatz 25 *M*. Wird der Durchschnittsbrand gekürzt, so ist eine weitere Erhöhung der Betriebsauflage vorgesehen. Der gesamte Überbrand mit Ausnahme desjenigen der Brennereien mit einer Jahreserzeugung von nicht mehr als 150 Hektoliter Alkohol, der Obstbrennereien und der Kornbranntwein (§ 107 Abs. 2 Branntweinsteuergesetz) herstellenden Brennereien ist vollständig zu vergällen (§ 72 aaO.). Die Vergütung der Betriebsauflage bei der Vergällung darf jedoch nicht mehr als die durchschnittliche Belastung der Branntweinerzeugung durch die Betriebsauflage betragen (§ 58 Abs. 2 aaO.). Diese durchschnittliche Belastung betrug im Jahre 1912/13 für das Hektoliter Alkohol 7,48 *M*.

Von diesen mannigfaltigen Vorschriften hat das Gesetz die **günstigere Stellung der Obstbrennereien** übernommen, ohne Beschränkung auf die im § 48 Abs. 1 Nr. 2 des Branntweinsteuergesetzes bezeichneten Rohstoffe. Diese Sonderstellung hat ihren Grund in dem wechselnden Ausfall der Ernte, deren günstiger Ertrag es als eine Härte empfinden lassen könnte, die Verwertung über die Grenze des Brennrechts hinaus übermäßig zu erschweren. Das Mindestmaß der Preisermäßigung soll gesetzlich bestimmt werden, die obere Grenze soll das Monopolamt in gemeinschaftlicher Beschlußfassung mit dem Beirat alljährlich festsetzen. Die Minderung des Grundpreises findet in der Weise statt, daß zunächst die Abzüge nach §§ 94 und 95 vorgenommen werden und daß von dem so herabgesetzten Grundpreis weiter der Betriebsabzug für den Überbrand abgesetzt wird.

**Erhebung des Übernahmepreises.**

**§ 104.** Nach der Abnahme des Branntweins in der Brennerei erhält der Berechtigte eine Bescheinigung der Übernahme. Die Monopolverwaltung ist zur Zahlung des Branntweinübernahmepreises verpflichtet, sobald festgestellt ist, daß der Brennereibesitzer den ihm nach § 87 obliegenden Verpflichtungen nachgekommen ist. Ergeben sich

Anstände, für die der Brennereibesitzer nach § 83 in Anspruch genommen werden kann, so kann bis zu deren Erledigung die Zahlung des Übernahmepreises ganz oder teilweise ausgesetzt werden.

## VI. Abschnitt.

## Branntweinverwertung.

**Hektolitereinnahme.**

**§ 105** [1]. Der Branntwein ist so zu verwerten, daß nach Deckung sämtlicher Verwaltungs- und Geschäftskosten einschließlich des Zuschusses beim Absatz von vergälltem Branntwein, der Verzinsung und Tilgung der Anleihe, der für Entschädigungen zu zahlenden oder anzusammelnden Beträge, der zur Bekämpfung der Trunksucht, zur Förderung des Kartoffelbaues und der Kartoffelverwertung sowie zur Ermäßigung der Kosten der weingeisthaltigen Heilmittel für die minderbemittelten Volkskreise zu leistenden Zahlungen und nach Verzinsung und Rückzahlung eines nach § 106 geleisteten Vorschusses außer der Einnahme an Freigeld an die Reichskasse eine Reineinnahme von 800 Mark für jedes zu regelmäßigen Verkaufpreisen verwertete Hektoliter Weingeist abgeführt wird (Hektolitereinnahme).

[1] Nach dem Entwurf eines Gesetzes über den **Zwischenhandel** des Reichs mit Branntwein sollte das Monopol eine gesetzlich **festgelegte Jahreseinnahme** erbringen. Wie in der Einleitung bemerkt, läßt die Unsicherheit in der Beurteilung der weiteren wirtschaftlichen Entwicklung eine solche Regelung vorerst nicht zu. Das Gesetz wählt daher die der Verbrauchsabgabe sich nähernde Form der Belastung der **Branntweineinheit.** Dieser Belastung treten außer dem Übernahmepreise die dauernden Verwaltungs- und Geschäftskosten, die vorübergehenden Entschädigungszahlungen und weiteren Aufwendungen des § 105

hinzu. Mit dem Wegfall der letzteren wird die Belastung des Hektoliters Alkohol entsprechend geringer.

Ausgleichstock.

**§ 106.** Der über eine Hektolitereinnahme von 800 Mark hinausgehende Betrag der Reineinnahme ist bei den Betriebsmitteln der Reichshauptkasse zu einem Ausgleichstock anzusammeln, der 200 Millionen Mark dauernd nicht übersteigen soll.

Bleibt die Hektolitereinnahme hinter dem Betrage von 800 Mark zurück, so ist der fehlende Betrag aus dem angesammelten Bestande zu decken; reicht der Bestand hierzu nicht aus, so wird er aus den Betriebsmitteln der Reichshauptkasse vorschußweise für Rechnung der Monopolverwaltung ergänzt.

Verwertung des unverarbeiteten Branntweins.

**§ 107.** Es werden festgesetzt:

1. regelmäßige Verkaufspreise zur Verwertung des unverarbeiteten Branntweins nach den Vorschriften des § 105,
2. ermäßigte Verkaufspreise zur Verwertung des unverarbeiteten Branntweins nach den Vorschriften der §§ 129 bis 135.

Bezieht ein Hersteller freigeldpflichtigen Trinkbranntweins in einem der auf das Inkrafttreten des Gesetzes folgenden zehn Betriebsjahre zum nicht ermäßigten Verkaufspreis mehr Branntwein, als ihm nach § 219 zusteht, so hat er zum regelmäßigen Verkaufspreis einen Zuschlag von 300 Mark für jedes überschießende Hektoliter Weingeist zu zahlen. Der Bundesrat kann aus Rücksichten der Billigkeit den Zuschlag nachlassen oder ermäßigen.

Die Verkaufspreise werden in gemeinschaftlicher Beschlußfassung von der Monopolverwaltung und dem Beirat festgesetzt und im Reichsanzeiger bekanntgemacht. Die Monopolverwaltung setzt die weiteren Bezugsbedingungen fest und macht sie in gleicher Weise bekannt.

[1]) Soweit nicht der Branntwein zu **ermäßigten** Verkaufpreisen abzugeben ist, ist er zu **regelmäßigen** Verkaufpreisen zu verwerten. Regelmäßige Verkaufpreise sind demnach im allgemeinen für solchen Branntwein zu zahlen, der nach den bisherigen Vorschriften unter Erhebung der Verbrauchsabgabe in den freien Verkehr gebracht wird. Auch Händler und Kleingewerbetreibende können Branntwein zu regelmäßigen Verkaufpreisen beziehen und ihn unverarbeitet weiterveräußern. Sie können den Branntwein auch auf Lager nehmen und je nach Bedürfnis von diesem abfertigen lassen. Der Absatz des unverarbeiteten (rohen oder gereinigten) Branntweins an die Gewerbetreibenden zur Verwertung ohne Vergällung oder nach unvollständiger Vergällung soll in der bisher üblichen Weise durch Vermittlung der Reinigungsanstalten und Lagerinhaber geschehen.

**Verarbeitung des Branntweins zu Trinkbranntwein im Monopolbetriebe.**

**§ 108**[1]). Zur Herstellung von Trinkbranntwein (Monopolerzeugnisse) werden von der Monopolverwaltung die erforderlichen Unternehmungen betrieben. Die Monopolverwaltung ist befugt, zu diesem Zwecke besondere Betriebe zu errichten und bestehende Betriebe anzukaufen, zu pachten oder lohnweise zu beschäftigen.

[1]) Die amtliche Begründung hatte bereits hierzu folgendes ausgeführt:

Die überwiegende Menge des **Trinkbranntweins** besteht in auf Trinkstärke herabgesetztem **Sprit**, dem häufig **Essenzen**, ätherische Öle oder Kornlutter zugesetzt sind. Diese alkoholischen Getränke werden in großem Umfang „auf kaltem Wege" hergestellt, ohne daß besondere, verteuernd wirkende Kosten in Betracht kommen. Nur etwa 10 bis 15 Hundertteile der Trinkbranntweine sollen Liköre im engeren Sinne, Bitterschnäpse,

Edelbranntweinweine sein (vgl. Dr. Paul Köpke „Deutsches Branntweingewerbe" S. 55/56). Die Monopolverwaltung wird daher die großen Mengen **einfacherer Trinkbranntweine** liefern. Sie wird zu prüfen haben, ob es zweckmäßiger ist, die Monopolerzeugnisse in **eigenen Betrieben** oder im **Lohnbetriebe** herzustellen. Einige Reichsbetriebe zur Herstellung der Monopolerzeugnisse werden bald zu errichten sein, schon um einen Maßstab für die Beurteilung des Lohnbetriebs zu haben. Da bei Inkrafttreten des Gesetzes Trinkbranntwein nur in verschwindend kleinen Mengen im Verkehre sein wird, und da der Verkehr mit weiteren Mengen nur allmählich steigend entsprechend der Zunahme der Branntweinerzeugung von der Monopolverwaltung wird versorgt werden können, ist diese in der Lage, der langsamen Zunahme des Absatzes folgend, den Bedürfnissen sich anzupassen. Die Anzahl der Herstellungsbetriebe und ihre örtliche Lage wird sich im wesentlichen nur nach dem Gesichtspunkt der besten Verteilung und Frachtersparnis bestimmen. Die Zuleitung der Monopolerzeugnisse zu den Wiederverkäufern wird teils durch die mit den Herstellungsbetrieben verbundenen Lager, teils durch Vermittler geschehen.

Der Entwurf enthält keine Vorschriften über **Stundung** des Verkaufpreises für die Monopolerzeugnisse. Er schließt sich in der Versagung dieser Erleichterung dem Vorgehen der Schweiz an. Eine Stundung würde immer eine Schmälerung der Einnahmen bedeuten, die auf andere Weise wieder eingebracht werden muß. Es soll ferner die Monopolverwaltung durch Stundung der Preise für ihre Erzeugnisse auch nicht den Anschein erwecken, als ob sie den Absatz dieser von ihr selbst hergestellten und vertriebenen Schnäpse befördere. Die Monopolverwaltung muß und wird dafür sorgen, daß die Mindestmengen, die ein Wiederverkäufer beziehen kann, so niedrig bemessen sind, daß auch bei kleinerem Betriebskapitale der Bezug nicht schwer fallen kann. Nicht zu unterschätzen ist auch die erhebliche Ersparnis an Verwaltungsarbeit, die durch Versagung der Stundung erzielt wird. Da die Geschäftswelt im Kriege sich an die Barzahlung gewöhnt hat, wird die Durchführung der Maßnahme nicht auf Schwierigkeiten stoßen.

Die **Wiederverkäufer** (Gastwirte, Händler usw.) sind an die von der Monopolverwaltung für sie festgesetzten **Preise** bei Abgabe in Mengen von einem Viertelliter oder mehr gebunden. Kleinere Mengen, insbesondere zum unmittelbaren Verzehre, können sie zu beliebigen Preisen abgeben (§ 114). Gegen **Überforderung** ist der Verbraucher dadurch geschützt, daß er die Abgabe eines Viertelliters zu dem von der Monopolverwaltung festgesetzten Preise verlangen kann (§ 114). Dieses Verlangen kann aber nur unbeschadet der aus öffentlichen Gründen erlassenen Einschränkungen und Verbote geltend gemacht werden. Damit der Verbraucher in der Lage ist, die Preisforderung des Wiederverkäufers zu prüfen, kann letzterem aufgegeben werden, die **Preistafel** der Monopolerzeugnisse in seinem Geschäftsraum offenzulegen (§ 115).

Die **Verbote** des § 116 dienen der **Monopolverwaltung** und dem **Verbraucher.** Dem Verbraucher sichern sie die Lieferung einer dem angelegten Preise entsprechenden Ware; die Monopolverwaltung schützen sie gegen Minderung der Monopoleinnahme durch Lieferung verwässerter Ware. Dieser Schutzzweck ist am sichersten zu erreichen durch Lieferung der Monopolerzeugnisse ausschließlich in Flaschen. Doch ist damit der Nachteil größerer Verpackungs- und Frachtkosten verbunden. Eine gesetzliche Festlegung nach der einen oder anderen Richtung ist nicht zweckmäßig. Deswegen ist zunächst ausschließliche Lieferung in Flaschen vorgesehen, dem Bundesrat aber die Ermächtigung gegeben, die Lieferung in anderen Behältnissen zuzulassen.

**§ 109.** Der Monopolverwaltung liegt die Verarbeitung des Branntweins zu Monopolerzeugnissen ob, soweit es sich um die Herstellung der dem Massenverbrauche dienenden einfachen Trinkbranntweine handelt. Als solche sins insbesondere Verschnitte von Kognak, Arrak und Rum und solche gesüßten Branntweine, die mehr als 10 Kilogramm Zucker in 100 Liter enthalten, nicht anzusehen.

Die Monopolverwaltung bestimmt, welche Monopolerzeugnisse hergestellt und in welcher Form sie in den Verkehr gebracht werden.

Der § 109 lautete im Regierungsentwurf folgendermaßen:

Dem Monopolamt liegt die Verarbeitung des Branntweins zu Monopolerzeugnissen ob, soweit es sich um die Herstellung der dem Massenverbrauche dienenden Erzeugnisse handelt. Die Verarbeitung von ausländischem Branntwein zu Monopolerzeugnissen ist nur insoweit gestattet, als es sich nicht um die Herstellung von Erzeugnissen handelt, die als Verschnitte von Kognak, Arrak oder Rum anzusehen sind.

Das Monopolamt bestimmt, welche Monopolerzeugnisse hergestellt und in welcher Form sie in den Verkehr gebracht werden.

Die geänderte Fassung beruht auf einen Antrag Nr. 71 der Ausschußverhandlungen. Zu dem Antrag hatte der Antragsteller ausgeführt: Im Interesse des **Destillationsgewerbes** sei es notwendig, entsprechend den von der Regierung selbst abgegebenen Erklärungen die Herstellung von Trinkbranntwein auf die dem **Massenverbrauch** dienenden gewöhnlichen Sorten zu beschränken und die Herstellung der feineren Getränke, Liköre und Verschnitte dem freien Gewerbe vorzubehalten. Das müsse aber auch gesetzlich festgelegt werden, sonst sei es möglich, daß die Monopolverwaltung später doch zu den feineren Sorten übergehe und das freie Gewerbe völlig beseitige, ohne daß dann eine Entschädigung gezahlt zu werden brauche, wie sie jetzt für die übrigen Destillateure festgelegt sei.

Ein Vertreter des Reichsschatzamts erklärte dazu: „Nach § 113 des Monopolentwurfs liegt dem Monopolamt die Verarbeitung des Branntweins zu Monopolerzeugnissen, d. h. Trinkbranntweinen ob, soweit es sich um die Herstellung der dem **Massenverbrauch** dienenden Erzeugnisse handelt. Eine genaue Bestimmung des **Begriffs**: Erzeugnisse, die dem Massenverbrauch dienen, läßt sich nicht geben, ohne der Monopolverwaltung Schranken zu ziehen, die ihre Tätigkeit in einer dem Monopolgedanken abträglichen Weise einengen. Die **Schranken** ergeben sich aus dem **Monopolbetriebe** selbst. In jedem Großbetriebe liegt das Bestreben der Vereinheitlichung, der Vereinfachung. Die Erzeugnisse solcher Betriebe müssen gewissen (und zwar tunlichst wenigen) Typen entsprechen. Es wird daher die Monopolverwaltung zwangsläufig davon ferngehalten werden, Trinkbranntweine, die heute als Spezialitäten, als feinere Tafelliköre usw. zum Teil wohl unter Markenschutz vertrieben werden, in Wettbewerb mit diesen privaten Betrieben herzustellen. Die Herstellung solcher, meist hochwertiger **Feinschnäpse** besonderer Art soll und wird den **Privatbetrieben** schon um deswillen vorbehalten bleiben, weil ihre Herstellung und ihr Vertrieb mit dem Großumsatz des Monopols nicht vereinbar ist."

**§ 110**[1]). Bestehen bei Inkrafttreten dieses Gesetzes Vereinigungen von Brennereien, die entweder lediglich Kornbranntwein (§ 151) oder Branntwein lediglich aus den im § 4 bezeichneten Stoffen herstellen, so hat die Monopolverwaltung einer solchen Vereinigung auf Antrag die Übernahme und Verwertung dieses Branntweins, soweit der Erzeuger nicht nach § 12 die Überlassung zur eigenen Verwertung beantragt hat, zu überlassen, sofern die Vereinigung lediglich diesen Branntwein zu Trinkbranntwein verarbeitet und Sicherheit dafür bietet, daß vom Inkrafttreten des Gesetzes an die ihr gestellten Bedingungen erfüllt werden, insbesondere daß der für die Überlassung des Branntweins festgesetzte Preis gezahlt wird. Die Verpflichtung der Monopolverwaltung zur Überlassung des Branntweins besteht nur gegenüber je einer Vereinigung innerhalb der bezeichneten zwei Brennereigruppen; beantragen mehrere Vereinigungen einer Brennereigruppe die Überlassung des Branntweins, so bestimmt der Bundesrat die berechtigte Vereinigung. Die Verpflichtung der Monopolverwaltung zur Überlassung des Branntweins erlischt, wenn eine Vereinigung zu bestehen aufhört oder ihren Verpflichtungen nicht nachkommt.

[1]) Der § 110 ist erst durch die Ausschußverhandlungen in das Gesetz gekommen (§ 113a des Entwurfs). Er bezweckt den für die Existenz der **Kornbrennereien** notwendigen Zusammen-

schluß der Betriebe jetzt in der Form der Freiwilligkeit ins Leben zu rufen.

**§ 111.** Die Monopolverwaltung setzt die Preise der Monopolerzeugnisse und die weiteren Bezugsbedingungen fest. Die Preise sind auf der Grundlage der regelmäßigen Verkaufspreise für unverarbeiteten Branntwein (§ 107 Abs. 1 Nr. 1) unter Berücksichtigung der Kosten für die Verarbeitung des Branntweins zu Monopolerzeugnissen und der Kosten beim Betriebe dieser Erzeugnisse festzusetzen.

Vertrieb.

**§ 112.** Die Monopolerzeugnisse sind an jeden, der sich gewerbsmäßig mit dem Verkaufe von Trinkbranntwein an Verbraucher befaßt (Wiederverkäufer) zu liefern, eine Abgabe unmittelbar an Verbraucher findet nicht statt. Die Monopolverwaltung kann die Lieferung ablehnen, wenn der Wiederverkäufer wiederholt wegen Verletzung der Vorschriften der §§ 114 bis 116 bestraft worden ist.

Die Monopolverwaltung kann Mindestmengen für die Lieferungen festsetzen.

Der Raumgehalt der Kleinverkaufbehältnisse, in denen Monopolerzeugnisse geliefert werden, darf nicht kleiner als 0,25 Liter sein.

Wiederverkäufer.

**§ 113.** Der Wiederverkäufer hat vor Eröffnung seines Betriebs der Steuerbehörde schriftliche Anzeige hiervon zu machen. Er erhält eine Bescheinigung, die auf Verlangen beim Bezuge der Erzeugnisse sowie den die Aufsicht führenden Beamten oder den Beauftragten der Monopolverwaltung vorzulegen ist.

**§ 114.** Wiederverkäufer sind, soweit sie Monopolerzeugnisse in einzelnen Mengen von 0,25 Liter oder mehr abgeben, an die von der Monopolverwaltung festgesetzten Preise gebunden. Sie dürfen die Abgabe in diesen Mengen, sofern die Erzeugnisse nicht an der Verkaufsstelle verzehrt werden, nicht verweigern.

**§ 115.** Wiederverkäufer haben auf Verlangen der Steuerbehörde Abdrucke einzelner Teile dieses Gesetzes oder die die Preisgrenzen enthaltenden Bestimmungen der Monopolverwaltung in der Verkaufsstelle an in die Augen fallender Stelle auszuhängen.

**Verbote.**

**§ 116.** Es ist verboten:

1. die Monopolerzeugnisse in Weingeistgehalt, Geruch, Geschmack oder Aussehen zu verändern; jedoch ist das Mischen der Monopolerzeugnisse miteinander oder mit anderen Stoffen auf Verlangen des Verbrauchers zum Zwecke des sofortigen Genusses gestattet;
2. die Verschlüsse der Kleinverkaufbehältnisse oder die zu ihrer Sicherung angebrachten Vorkehrungen zu entfernen, bevor die Behältnisse geöffnet werden;
3. die Monopolerzeugnisse anders als unmittelbar aus den Behältnissen, in denen sie geliefert sind, abzugeben;
4. die Monopolerzeugnisse in Mengen von 0,25 Liter oder mehr anders als in den verschlossenen Kleinverkaufbehältnissen der Monopolverwaltung abzugeben.

Der Bundesrat kann Ausnahmen von den Vorschriften im Abs. 1 Nr. 3 und 4 zulassen.

Freigeld.

**§ 117**[1]. Trinkbranntwein, den nicht die Monopolverwaltung herstellt, unterliegt bei gewerbsmäßiger Herstellung einer besonderen in die Reichskasse fließenden Abgabe von 1 Mark für das Liter fertigen Trinkbranntwein (Freigeld).

[1]) Der § 117 (§ 120 des Entwurfs) hatte das **Freigeld** ursprünglich „Verarbeitungsgebühr" genannt, was dem Wesen dieser Lizenz nicht recht entsprach. Über die Bedeutung des § 117 gibt die amtliche Begründung dahin Aufschluß: Die **außerhalb** des Monopolbetriebs hergestellten **Trinkbranntweine** werden Erzeugnisse sein, die sich in der Beurteilung der Verbraucher durch den **Geschmack** oder sonstige Eigenschaften besonders **auszeichnen** und im allgemeinen (auch ohne Verarbeitungsgebühr, Freigeld) teurer sein würden, als die Monopolerzeugnisse. Wer aber diese besonderen oder durch besonderen Ruf ausgezeichneten Feinschnäpse oder Obstbranntweine trinken will, kann diesen Genuß auch teurer bezahlen; in der Verarbeitungsgebühr (Freigeld) wird der Luxus getroffen.

Die Gebühr soll durch **Gebührenzeichen** entrichtet werden. Die hierzu vorgesehenen Vorschriften lehnen sich an diejenigen des Zigarettensteuergesetzes an. In den Ausschußverhandlungen erklärte dann ein Regierungsvertreter auf eine Anfrage, daß für den **ausgeführten** Trinkbranntwein die Verarbeitungsgebühr (Freigeld) nicht bezahlt zu werden brauche. Das sei die Bedeutung der Bestimmung, daß „keine Gebührenzeichen angebracht zu werden brauchten" (§ 119). Die gleiche Ausdrucksweise sei auch in anderen Gesetzen üblich.

Entrichtung des Freigeldes.

**§ 118.** Das Freigeld ist mittels Anbringens von Freigeldzeichen an den Kleinverkaufbehältnissen von demjenigen zu entrichten, in dessen Auftrag oder für dessen Rechnung die Behältnisse mit Trinkbranntwein befüllt werden, bevor die fertigen befüllten Behältnisse aus der Füllstätte entfernt werden.

Die näheren Bestimmungen über die Wertbeträge der Freigeldzeichen, über ihre Form, ihre Anfertigung, ihren Vertrieb und die Art ihrer Verwendung trifft der Bundesrat. Er stellt die Voraussetzungen fest, unter denen für verwendete oder unverwendbar gewordene Freigeldzeichen ein Ersatz der bezahlten Freigeldbeträge gewährt werden darf. Freigeldzeichen, die nicht in der vorgeschriebenen Weise verwendet und entwertet sind, werden als nicht verwendet angesehen.

Die Freigeldzeichen sollen, soweit es sich nicht um unverschnittene ausländische Branntweine handelt, die Aufschrift „Deutsches Erzeugnis" tragen.

**§ 119.** Freigeldzeichen brauchen nicht angebracht zu werden, wenn der freigeldpflichtige Trinkbranntwein zur Ausfuhr unter amtlicher Aufsicht vor der Entnahme aus der Füllstätte angemeldet wird.

Vgl. hierzu die Ausführungen am Schluß der Anmerkung zu § 117.

**Verpackungszwang.**

**§ 120.** Freigeldpflichtiger Trinkbranntwein darf nur in verschlossenen Behältnissen von nicht mehr als einem Liter Rauminhalt aus dem Herstellungsbetrieb entfernt werden. Der Bundesrat kann die Versendung freigeldpflichtiger Erzeugnisse, die nicht in der Herstellungsstätte auf Behältnisse der bezeichneten Art gefüllt sind, unter Anordnung von Sicherungsmaßnahmen zulassen.

Auf jedem Behältnis ist der Inhalt nach Art, Menge und Weingeistgehalt sowie der Name und Sitz der Firma des Freigeldpflichtigen anzugeben. Die Firmenbezeichnung kann durch ein gesetzlich geschütztes, der Steuerbehörde mitzuteilendes Warenzeichen ersetzt werden. Diese Vorschriften beziehen sich nicht auf Trinkbranntwein, der zur Ausfuhr bestimmt ist.

Anmeldung des Betriebs und der Räume.

**§ 121.** Wer gewerbsmäßig freigeldpflichtigen Trinkbranntwein herstellen will, hat dies vor der Eröffnung des Betriebs unter Bezeichnung der Erzeugnisse der Steuerbehörde schriftlich anzuzeigen und gleichzeitig eine Beschreibung der Betriebs- und Lagerräume sowie der damit in Verbindung stehenden oder unmittelbar daran angrenzenden Räume vorzulegen.

Freigeldpflichtiger Trinkbranntwein darf nur in den angemeldeten Betriebsräumen gewerbsmäßig hergestellt werden.

Wer neben der gewerbsmäßigen Herstellung von freigeldpflichtigem Trinkbranntweine den Verkauf von Trinkbranntwein im kleinen, insbesondere zum Verzehr an der Verkaufsstelle betreiben will, hat dies unter genauer Beschreibung der Räume für den Kleinverkauf der Steuerbehörde anzuzeigen. Die Betriebe unterliegen den von der Steuerbehörde zur Sicherung der Einnahme anzuordnenden Maßnahmen.

Anzeige von Änderungen.

**§ 122.** Jede Änderung in den angemeldeten Verhältnissen ist der Steuerbehörde binnen einer Woche anzuzeigen.

Betriebsinhaber, die den Betrieb nicht selbst leiten, haben der Steuerbehörde diejenige Person zu bezeichnen, die als Betriebsleiter in ihrem Namen handelt.

Die im folgenden für den Betriebsinhaber gegebenen Vorschriften gelten mit Ausnahme derjenigen im § 128 Satz 2 auch für den Betriebsleiter.

**Lagerung des Trinkbranntweins und Buchführung.**

**§ 123.** Freigeldpflichtiger Trinkbranntwein darf nur in den angemeldeten Räumen gelagert, auf Kleinverkaufbehältnisse gefüllt und absatzfertig gemacht werden. Er ist in geordneter Weise derart zu lagern, daß die Aufsichtsbeamten jederzeit in der Lage sind, die Bestände festzustellen. Über Zu- und Abgang der Erzeugnisse sind Anschreibungen zu führen, die der Bestimmung der Steuerbehörde entsprechend aufzubewahren und den Beamten zugänglich zu halten sind.

Die Bestände sind von Zeit zu Zeit amtlich festzustellen und mit den Anschreibungen zu vergleichen. Von der Erhebung des Freigeldes für Fehlmengen ist abzusehen, wenn und soweit dargetan wird, daß die Fehlmengen auf Umstände zurückzuführen sind, die eine Freigeldschuld nicht begründen.

Inhaber von Betrieben, in denen freigeldpflichtiger Trinkbranntwein hergestellt wird, sind verpflichtet, über den Bezug und die Verarbeitung des Branntweins sowie über den Verbleib des Branntweins, insbesondere über den Absatz des Trinkbranntweins, nach näherer Anweisung des Bundesrats Buch zu führen. Nach Ermessen der Steuerbehörde kann die Verpflichtung zur Führung von Anschreibungen auch auf die zur Verarbeitung bezogenen Zusatzstoffe und die Kleinverkaufbehältnisse ausgedehnt werden.

**§ 124.** Die Vorschriften der §§ 62 bis 69 finden auf Betriebe, in denen freigeldpflichtiger Trinkbranntwein hergestellt, behandelt oder gelagert wird, entsprechende Anwendung.

**Handel mit freigeldpflichtigem Trinkbranntwein.**

**§ 125.** Wer sich gewerbsmäßig mit dem Verkauf oder dem Ausschank von freigeldpflichtigem

Trinkbranntweine befassen will, hat dies vor Eröffnung seines Betriebs der Steuerbehörde schriftlich anzuzeigen. Er ist verpflichtet, den Beamten der Steuerverwaltung seine Vorräte an Waren der bezeichneten Art zum Nachweis, daß sie mit den vorgeschriebenen Freigeldzeichen versehen sind, zu den üblichen Geschäftsstunden auf Verlangen vorzuzeigen.

**§ 126.** Die Freigeldzeichen sind an den Behältnissen so lange zu erhalten, bis diese geöffnet werden. Geöffnete, ganz oder teilweise entleerte Behältnisse dürfen mit Trinkbranntwein nicht nachgefüllt werden. Teilmengen eines Behältnisses dürfen zum Verzehr an der Abgabestelle nur aus dem zugehörigen Behältnis abgegeben werden.

Geleerte Behältnisse dürfen ohne vorherige Beseitigung der Freigeldzeichen weder an Hersteller zurückgegeben noch von diesen wieder verwendet werden.

Wer als Verkäufer freigeldpflichtigen Trinkbranntwein empfängt, der nicht in Behältnisse der vorgeschriebenen Art abgefüllt oder der in Behältnisse abgefüllt ist, die nicht in der vorgeschriebenen Weise bezeichnet und mit Freigeldzeichen versehen sind, hat innerhalb einer Frist von drei Tagen der Steuerbehörde Anzeige zu erstatten.

### Gemischte Betriebe.

**§ 127.** Für Betriebe, in denen freigeldpflichtiger Trinkbranntwein hergestellt und in denen noch zu anderen Zwecken Branntwein verwendet wird oder die mit einem Ausschank von Trinkbranntwein verbunden sind, können von der Steuerbehörde besondere Maßnahmen zur Sicherung des Monopolaufkommens getroffen werden.

**Verschärfte Aufsicht.**

**§ 128.** Sind Hersteller oder Verkäufer von freigeldpflichtigem Trinkbranntweine wegen Hinterziehung des Freigeldes bestraft worden, so kann der Betrieb besonderen Aufsichtsmaßnahmen unterstellt, im Wiederholungsfall auch von der obersten Landesfinanzbehörde untersagt werden. Die Kosten fallen dem Betriebsinhaber zur Last.

**Verwertung des Branntweins zu ermäßigten Verkaufpreisen.**

**§ 129.** Zu ermäßigten Verkaufpreisen ist abzugeben:

1. Branntwein, der ausgeführt wird,
2. Branntwein, der zu gewerblichen Zwecken, zur Bereitung von Speiseessig oder zu Putz-, Heizungs-, Koch- oder Beleuchtungszwecken verwendet wird, nach näherer Bestimmung des Bundesrats.

Der Bundesrat wird ermächtigt, auch die Abgabe solchen Branntweins zu ermäßigten Verkaufpreisen zuzulassen, der in öffentlichen Kranken-, Entbindungs- und ähnlichen Anstalten oder in öffentlichen wissenschaftlichen Lehr- und Forschungsanstalten verwendet wird.

Zu **ermäßigten Verkaufpreisen** soll im allgemeinen der Branntwein abgesetzt werden, der nach **§ 3 des Branntweinsteuergesetzes** von der Verbrauchsabgabe befreit ist.

Die Zulässigkeit der Verwertung von Branntwein zu ermäßigten Verkaufpreisen bei Verwendung in **Kranken-, Entbindungs- und ähnlichen Anstalten** entspricht dem Grundsatz des geltenden Rechtes.

Der zu **gewerblichen Zwecken** einschließlich der Essigbereitung zu Putz-, Heizungs-, Koch- oder Beleuchtungszwecken verwendete Branntwein ist nicht nur von der Verbrauchsabgabe befreit, sondern noch dadurch begünstigt, daß aus den Einnahmen an Betriebsauflage und dem daraus angesammelten Geldbestande nach der Vergällung Vergütungen gezahlt werden. Durch die Zuschüsse in dieser Höhe war es möglich, daß insbesondere der vollständig vergällte Branntwein in immer steigendem Maße Absatz fand, so daß eine dem Rückgang des Trinkverbrauchs entsprechende Einschränkung der Erzeugung vermieden werden konnte. Würde die Monopolverwaltung gezwungen sein, den vollständig vergällten Branntwein zu dem Preise abzusetzen, der sich aus dem dem Brenner zu zahlenden Übernahmepreis und dem entsprechenden Anteil an den gesamten Verwaltungskosten ergibt sowie zuzüglich der Kosten der Vergällung und des Vertriebs, so würde der Umfang dieses Absatzes stark sinken, so daß die Brennereien nicht nur unter dem weiteren Rückgang des Trinkverbrauchs leiden würden, sondern auch ihre Erzeugung wegen erheblichen Rückganges im Verbrauche des zu anderen Zwecken bestimmten Branntweins noch weiter einschränken müßten. Es sind demnach **Maßnahmen** zu treffen, die eine Verwertung des zu gewerblichen Zwecken ausschließlich der Essigbereitung, zu Putz-, Heizungs-, Koch- oder Beleuchtungszwecken bestimmten Branntweins zu Preisen ermöglichen, die unter den Gestehungskosten bleiben. Das ist in dem § 131 geschehen.

**Branntwein zu gewerblichen Zwecken.**

**§ 130.** Der zu ermäßigten Verkaufpreisen abzugebende Branntwein ist besonderen Aufsichtsmaßnahmen zu unterwerfen; er kann zu dem Zwecke vergällt werden.

Die Vergällung des Branntweins ist entweder vollständig, d. h. derart, unverwendbar zu machen, oder unvollständig, d. h. derart, daß sie an sich als genügend erachtet wird, den Branntwein zum Trinkverbrauch unverwendbar zu machen, oder unvollständig, d. h. derart, daß außerdem weitere Maßnahmen zur Verhütung mißbräuchlicher Verwendung des Branntweins zu treffen sind.

Die vollständige Vergällung des Branntweins steht ausschließlich der Monopolverwaltung zu.

[1]) Die **vollständige Vergällung** soll ausschließlich der **Monopolverwaltung** zustehen (§ 130 Abs. 3). Das ist für die Verbraucher vorteilhaft und dient der Sicherung der Monopoleinnahme. Die Verwaltung ist in der Lage, einen für die gewerblichen Zwecke ausgewählten Branntwein zu verwenden und dem Verbraucher gegenüber eine Gewähr für die Eigenschaften der Ware zu übernehmen. Die Verwaltung kann ferner durch Großbezug die Kosten des Vergällungsmittels verbilligen und durch richtige Zuleitung der Mengen an die Verbrauchsstellen auf Ersparnisse hinwirken. Sodann ist zu erwägen, daß mit der höheren Belastung des Branntweins zugunsten der Reichskasse die Gefahr der Hinterziehung gesteigert wird. Übernimmt die Monopolverwaltung die vollständige Vergällung, so kann sie dieser Gefahr wirksam begegnen, indem sie von Zeit zu Zeit dem Vergällungsmittel Zusätze beifügt, die nicht sogleich erkannt werden können und die Wiedergewinnung von Trinkbranntwein im Wege der Destillation wesentlich erschweren, auch die Entdeckung solcher Hinterziehung erleichtern. Der vollständig vergällte Branntwein wird in der bisher üblichen Weise weiter abgesetzt werden. Die Reinigungsanstalten oder besondere große Abfüllstellen sollen die Mittelpunkte für die Versorgung eines bestimmten Absatzgebiets bilden. Ihnen würde der Branntwein zu einem Einheitspreise geliefert und die Verpflichtung auferlegt werden, ihn mit einem festen Aufschlag für die Abfüllkosten und die sonst mit dem Vertriebe verbundenen Lasten an Wiederverkäufer und Verbraucher weiterzugeben. Der Branntwein wäre wie bisher in verschlossenen Behältnissen bestimmter Größe mit Angabe des Alkoholgehalts zu vertreiben (§ 143); hierdurch wird Gewähr für einwandfreie Beschaffenheit der gelieferten Ware in Beziehung auf Reinheit und Alkoholgehalt geboten.

**§ 131.** Die Verkaufpreise für Branntwein, der zu gewerblichen Zwecken, zu Putz-, Heizungs-, Koch- oder Beleuchtungszwecken verwendet wird, sollen für das Hektoliter Weingeist mindestens 20 Mark niedriger sein als der Branntweingrundpreis; sie können unter anteiliger Berücksichtigung der niedrigeren Gestehungskosten des in Reichsbetrieben, in Laugenbrennereien oder im Überbrande hergestellten Branntweins allgemein oder für einzelne Verwendungszwecke weiter ermäßigt oder bis zum Betrage der Gestehungskosten von Branntwein dieser Art herabgesetzt werden. Die Mehrkosten, die durch den Vertrieb von vollständig vergälltem Branntwein in Kleinhandelbehältnissen (§ 143) entstehen, trägt die Monopolverwaltung.

[1]) Vgl. hierzu die Anmerkungen zu § 130.

**§ 132.** Der Verkaufpreis für Branntwein, der nach unvollständiger Vergällung zur Bereitung von Speiseessig verwendet wird, wird unter Wahrung der Selbstkosten in den Grenzen festgesetzt, innerhalb deren die Herstellung von solchem Essig aus Branntwein gegenüber der Herstellung von Essigsäure, die der Verbrauchsabgabe unterliegt (§ 144), wettbewerbsfähig bleibt.

Hierzu führt die amtliche Begründung aus: Während nach dem **Branntweinsteuergesetze vom 24. Juni 1887** in seiner zuletzt geltenden Fassung für Branntwein, der zur **Essigbereitung** verwendet wurde, die Maischbottichsteuer erstattet und die Brennsteuer vergütet wurde, gewährte das Branntweinsteuergesetz vom 15. Juli 1909 keine Vergütung der Betriebsauflage bei Verwendung des Branntweins zur Essigbereitung. Der Schutz des Gärungsessiggewerbes gegen die damals allein in Betracht kommende Holzessigindustrie wurde durch eine Verbrauchsabgabe gewährt, die auf 0,30 *M* für das Kilogramm wasserfreie Essigsäure festgesetzt wurde (§ 110 Branntweinsteuergesetz). Dieser Satz scheint einen Vergleich darzustellen zwischen dem Beschlusse der 32. Kommission des Reichstags, nach dem 0,40 *M* verlangt wurden, und dem Antrage einiger Abgeordneten in der Vollversammlung, der dahin ging, für die Belastung des Branntweins mit Betriebsauflage in Höhe von 18 *M* auf der Grundlage einer

Ausbeute von 100 Kilogramm wasserfreier Essigsäure aus 135 Liter Alkohol durch Belastung der Essigsäure mit $\frac{18 \times 135}{100}$ = 24 *M* Entschädigung zu gewähren (Verhandlungen des Reichstags Bd. 237 S. 9041 bis 9045, S. 9303 B C D und 9307 A und Bd. 257 S. 7970, Drucksache Nr. 1602 Ziff. 8). Durch das **Gesetz vom 14. Juni 1912** wurde wieder eine Vergütung der Betriebsauflage für Branntwein zur Essiggewinnung angeordnet, die Essigsäureverbrauchsabgabe aber mit Rücksicht auf die nach Aufhebung des Branntweinsteuerkontingents zu erwartende Steigerung des Branntweinpreises aufrechterhalten. Dieser Schutz genügte anscheinend im Frieden, um die zurzeit etwa 680 Gärungsessigbetriebe lebensfähig zu erhalten. Im Kriege fiel der Wettbewerb der Holzessigsäure fort, da der essigsaure Kalk fehlte, der bis dahin zumeist aus Amerika eingeführt wurde; der Preis des Essigbranntweins konnte im Kriege infolge des Fehlens dieses Wettbewerbes wesentlich erhöht werden, so daß er die Gestehungskosten nicht unerheblich überstieg und eine Senkung der Preise des für andere Zwecke abzugebenden Branntweins ermöglichte. Nach § 110 des Branntweinsteuergesetzes wird nur von der Essigsäure die Verbrauchsabgabe erhoben, die im Inland aus Holzessig oder essigsauren Salzen gewonnen ist. Im Kriege begann sich eine Industrie zu entwickeln, die aus Kalziumkarbid oder dem bei einem besonderen Verfahren abfallenden Aldehyd Essigsäure gewinnt. Bei Einführung der Essigsäureverbrauchsabgabe kam die gewerbsmäßige Herstellung von Essigsäure aus Aldehyd noch nicht in Betracht; anderenfalls wäre ohne Zweifel auch diese Essigsäure mit der Verbrauchsabgabe belastet worden. Durch den Fortschritt der Industrie kam es zu dem unerwünschten Zustande, daß zum Schutze des Gärungsessiggewerbes nur der ältere Wettbewerber (Holzessigindustrie) belastet wurde, der neu aufgetretene Wettbewerber (Aldehydessigindustrie) aber nicht. Diesen Unzuträglichkeiten war in Übereinstimmung mit der Absicht des Branntweinsteuergesetzes nur dadurch abzuhelfen, daß alle in anderer Weise als im Gärungsverfahren gewonnene Essigsäure der im § 110 des genannten Gesetzes bezeichneten Essigsäure gleichgestellt und damit, soweit sie nicht ausgeführt oder zu gewerblichen Zwecken verwendet werden soll, der Verbrauchsabgabe unterworfen wurde. Die Bekanntmachung des Bundesrats vom 18. Oktober 1917 (RGBl. S. 934) zog diese Schlußfolgerung. Eine so weitgehende Begünstigung, wie sie der zur Herstellung von Essig bestimmte Branntwein durch das Gesetz vom 14. Juni 1912 erfahren hat, beizubehalten und den Branntwein grundsätzlich noch unter den Selbstkosten abzugeben, erschien aber nicht gerechtfertigt. Soweit es sich mit der Erhaltung des Gärungsessiggewerbes vereinbaren läßt, wird der zur Speiseessigbereitung bestimmte Branntwein durch die Monopolverwaltung so zu verwerten sein, daß der Verkaufspreis mindestens den Übernahmepreis und die Kosten des Vertriebs deckt, tunlichst auch zu den Kosten des Vertriebs des vollständig vergällten Branntweins beiträgt und wenn möglich einen, wenn auch geringen, Überschuß abwirft. Die Unterlagen für die Beurteilung der zukünftigen Gestaltung sind zu unsicher, um jetzt bestimmte Preisgrenzen bezeichnen zu können, innerhalb deren die angegebenen Ziele zu erreichen wären. Es dürfte daher das richtige sein, auf das angegebene Friedensverhältnis als Grundlage der neuen Berechnung der Essigsäureverbrauchsabgabe zurückzugreifen, aber diese nicht in ein starres Verhältnis zu dem Branntweinpreise zu bringen. Der Ungewißheit der weiteren Entwicklung gegenüber empfiehlt es sich, der preisbestimmenden Stelle (Monopolamt und Beirat) weitgehende Freiheit in der Berücksichtigung aller Umstände zu lassen und ihr nur als allgemeine Richtlinie die Vorschrift zu geben, daß der Preis für den zur Speiseessigbereitung bestimmten Branntwein so bemessen werden soll, daß die Herstellung von Essig aus Branntwein gegenüber der Herstellung von Essigsäure, die der Verbrauchsabgabe unterliegt, wettbewerbsfähig bleibt. Da diese Vorschrift eine Sollvorschrift ist, ist die preisbestimmende Stelle auch in der Richtung jener allgemeinen Vorschrift nicht unbedingt festgelegt. Sollte sich hieraus etwa eine Gefährdung für das Gärungsessiggewerbe ergeben, der auch der Bundesrat nicht abhelfen könnte (eine Entwicklung, die nur bei dauernder und sehr weitgehender Preisunterbietung der Essigsäureindustrie denkbar erscheint), dann bliebe allerdings nur anderweite gesetzliche Regelung übrig.

**Ausfuhr.**

**§ 133.** Für Branntwein, der ausgeführt werden soll, darf der Verkaufspreis bis zur Grenze des Selbstkostenpreises ermäßigt werden.

**§ 134.** Bei der Ausfuhr von Branntwein, der mit dem der Hektolitereinnahme entsprechenden Teile des regelmäßigen Branntweinverkaufpreises oder Branntweinaufschlags belastet war (§ 15), und von in gleicher Weise belastetem Trinkbranntweine kann nach näherer Bestimmung des Bundesrats der Unterschied zwischen dem Restbetrage des um den der Hektolitereinnahme entsprechenden Teil gekürzten regelmäßigen Verkaufpreises und dem Selbstkostenpreise vergütet werden.

Bei der Ausfuhr von Branntwein, der nach § 12 dem Hersteller oder nach § 110 einer Vereinigung zur Verwertung überlassen wurde, und von aus solchem Branntwein hergestelltem Trinkbranntweine wird der Branntweinaufschlag, soweit er bezahlt worden ist, in Höhe eines vom Bundesrate festzusetzenden Durchschnittsbetrags rückvergütet.

Mehrere Ausschußmitglieder brachten zu § 134 die in einer Eingabe der Hamburger **Ausfuhrfirmen** vorgetragenen Bedenken zur Sprache; diesen Bedenken könne dadurch Rechnung getragen werden, daß das Reichsschatzamt erkläre, es sei nicht die Absicht der Monopolverwaltung, sich auf den **Exporthandel** einzulassen. Es sei doch ziemlich selbstverständlich, daß die Monopolverwaltung sich nicht auf den Exporthandel einlassen werde, und daß sie, wenn sie einmal zu einer Ausfuhr kommen sollte, nicht etwa ausländischen Händlern den Vorzug vor dem deutschen Ausfuhrhandel geben werde. Ein Vertreter des Reichsschatzamts erklärte: Die Monopolverwaltung habe nicht die Absicht, Ausfuhrhandel zu betreiben. Natürlich könne diese Erklärung aber nicht für alle Zeiten gelten, da man unmöglich die Entwicklung der Verhältnisse für alle Zukunft übersehen könne.

Der Abs. 2 beruht auf einen Antrag Nr. 137 der Drucksachen. Der Antrag wurde kurz mit der Notwendigkeit begründet, den **Ausfuhrhandel** möglichst zu **begünstigen** und jedenfalls von einer nicht gerechtfertigten Belastung freizustellen. Auf Anregung eines Regierungsvertreters änderte der Antragsteller den Antrag dahin ab, daß er die ursprünglich in dem Antrag vorhanden gewesenen Worte „in voller Höhe" ersetzte durch die Worte „in Höhe eines vom Bundesrat festzusetzenden Durchschnittsbetrags". Mit dieser Änderung wurde der Antrag mit großer Mehrheit angenommen, wodurch der Abs. 2 in der aus § 134 ersichtlichen Form Gesetz wurde.

**§ 135.** Bei der Ausfuhr von Trinkbranntwein, der im freien Verkehre hergestellt ist, sowie von Erzeugnissen, zu deren Herstellung Branntwein aus dem freien Verkehre verwendet worden ist, kann nach näherer Bestimmung des Bundesrats der Unterschied zwischen dem regelmäßigen Verkaufpreis und dem Selbstkostenpreise vergütet werden.

## VII. Abschnitt.

## Besondere Vorschriften.

### Branntweingewinnung im Reichsbetriebe.

**§ 136.** Die Herstellung von Branntwein aus Zellstoffen, einschließlich der Ablaugen der Zellstoffgewinnung, sowie aus Kalziumkarbid und aus anderen Stoffen, aus denen Branntwein im Inland gewerblich bisher nicht gewonnen worden ist, steht, soweit nicht vom Bundesrat Ausnahmen zugelassen sind, ausschließlich dem Reiche zu.

Die Monopolverwaltung hat die Maßnahmen zu treffen, die zur Herstellung von Branntwein aus den dem Reichsbetriebe vorbehaltenen Stoffen innerhalb der im § 138 vorgesehenen Grenzen erforderlich sind.

**§ 137.** Der Reichskanzler kann zur Förderung oder Nutzbarmachung nach dem Inkrafttreten dieses Gesetzes erfundener oder in wirtschaftlich wertvoller Weise vervollkommneter Verfahren der Branntweingewinnung aus den dem Reichsbetriebe vorbehaltenen Stoffen (§ 136 Abs. 1) genehmigen, daß Betriebe, in denen solche Verfahren erfunden oder vervollkommnet sind, in diesem Verfahren Branntwein ausschließlich für gewerbliche Zwecke des eigenen Betriebs herstellen. Diese Branntweinmengen sind auf die nach § 138 der Erzeugung durch Laugenbrennereien und Reichsbetriebe vorbehaltenen Mengen anzurechnen.

**§ 138.** Die Laugenbrennereien und die Reichsbetriebe zusammen dürfen, soweit nicht Beschränkungen nach § 137 einzutreten haben, in einem Betriebsjahr eine Branntweinmenge herstellen, die 10 Hundertteilen der gesamten Branntweinerzeugung des vorhergehenden Betriebsjahrs entspricht. Steigt der gesamte Jahresbedarf an Branntwein über eine Menge von drei Millionen Hektoliter Weingeist, so ist den Laugenbrennereien und den Reichsbetrieben zusammen die Hälfte der darüber hinausgehenden Menge zur Herstellung weiter zu überweisen.

Der § 138 des Gesetzes (§ 140 des Entwurfs) lautete ursprünglich:

In den zur Zeit des Inkrafttretens dieses Gesetzes zur Herstellung von Branntwein aus Stoffen, deren Verarbeitung auf Branntwein dem Reiche vorbehalten ist, betriebsfähig hergerichteten Betrieben, mit Ausnahme der Laugenbrennereien, darf Branntwein nur in dem der Leistungsfähigkeit der Betriebe zu der angegebenen Zeit entsprechenden Umfang hergestellt werden; die Ausdehnung solcher Betriebe oder die Errichtung neuer Betriebe dieser Art ist nur aus Mitteln zulässig, die durch den Reichshaushaltsplan bereit gestellt sind.

In den Reichsbetrieben und in den Laugenbrennereien darf nur so viel Branntwein hergestellt werden, als zu ermäßigten Verkaufpreisen (§ 132) zu verwerten ist, vermindert um eine Menge, die der in anderen Betrieben als Nebenerzeugnis gewonnenen Branntweinmenge entspricht, sofern die Unterlassung dieser Gewinnung infolge der Nichtausnutzung von Abfallstoffen des Hauptbetriebs nach näherer Bestimmung des Bundesrats wirtschaftlich nicht tunlich ist.

Die neue Fassung beruht auf einen Antrag Nr. 54 der Drucksachen, einen § 139a (§ 137 des Gesetzes) einzuschieben und dem § 140 (§ 138 des Gesetzes) die aus dem Gesetz ersichtliche Fassung zu geben. Der Antragsteller führte aus, für einen Teil der Branntweinherstellung das Erzeugermonopol einzuführen, habe er die schwersten Bedenken. Sein Antrag (Nr. 54; § 137 Ges.) solle es der Industrie wenigstens ermöglichen, an der technischen Entwicklung teilzunehmen und Nutzen daraus zu ziehen, insbesondere auch der Teerindustrie zu ermöglichen, für ihre Betriebe selbst Spiritus zu erzeugen. Um auch sonst dem bisher unentwickelten Verfahren eine Entwicklungsmöglichkeit zu verschaffen, schlage er im Gegensatz zu § 140 der Vorlage eine neue Fassung vor, welche eine Kontingentierung für den Gärungsspiritus und den chemischen Spiritus vorsehe. Die bisherige Erzeugung habe insgesamt etwa $3^1/_2$ Millionen Hektoliter betragen, wovon die Hälfte zu Trinkzwecken und die andere Hälfte als technischer Spiritus verwertet worden sei. Wenn man einen Rückgang des Trinkverbrauchs um die Hälfte zugrunde lege und der Verbrauch an technischem Spiritus sich gleich bleibe, hätte man einen Gesamtverbrauch von 2,7 Millionen Hektolitern. Es bestünden heute bereits Reichsbetriebe für Laugen- und Zellstoffbrennereien, die eine Jahresproduktion bis zu 300000 Hektoliter ermöglichten. Wenn man also für diese Reichsbetriebe 10 % vorbehalte, so könnten die vorhandenen Betriebe sich voll betätigen und noch darüber hinaus eine Steigerung erfahren. Natürlich müsse auch das Gärungsgewerbe Gewicht darauf legen, eine weitere Entwicklungsmöglichkeit zu haben, deshalb schlage er vor, von dem über 3 Millionen Hektoliter hinaus zu erzeugenden Branntwein die Hälfte dem Gärungsgewerbe zu überweisen.

**Schiedsgerichte.**

**§ 139.** Zur Entscheidung von Streitigkeiten, für die der ordentliche Rechtsweg zulässig sein würde, können nach näherer Bestimmung des Bundesrats Schiedsgerichte eingerichtet werden, die unter Ausschluß des Rechtswegs endgültig entscheiden. Diese Vorschrift gilt nicht, soweit durch § 241 den Beteiligten die Beschreitung des ordentlichen Rechtswegs vorbehalten ist.

Die Zahlung des Branntweinübernahmepreises (§ 104) gilt nicht als Leistung aus öffentlichen Kassen im Sinne des Artikel 92 des Einführungsgesetzes zum Bürgerlichen Gesetzbuch.

**§ 140.** Die nachstehend genannten Nummern des Zolltarifs erhalten folgende Fassung:

| Nummer des Zolltarifs | | Zollsatz f. 1 dz M |
|---|---|---|
| | 178/9 Branntwein: | |
| 178 | in Behältnissen bei einem Raumgehalte von 15 Liter oder mehr | |
| | Likör .................... | 1400 |
| | Kognak mit einem Weingeistgehalte von nicht mehr als 58 Gewichtsteilen in 100 ... | 1300 |
| | anderer Trinkbranntwein mit einem Weingeistgehalte von nicht mehr als 55 Gewichtsteilen in 100 .............. | 750 |
| | sonstige gebrannte geistige Flüssigkeiten .............. | 1300 |
| | Anmerkung. Rum und Arrak mit einem Weingeistgehalte von mehr als 55, | |

| Nummer des Zolltarifs | | Zollsatz f. 1 dz M. |
|---|---|---|
| | aber nicht mehr als 74 Gewichtsteilen in 100, bei Verarbeitung zu freigeldpflichtigem Trinkbranntweine mit einem Weingeistgehalte von nicht mehr als 55 Gewichtsteilen in 100 unter Zollsicherung...... | 750 |
| 179 | in anderen Behältnissen ...... | 1400 |
| | Anmerkung zu 178/9. Für Trinkbranntwein ist neben dem Zolle das Freigeld nach den für inländische Erzeugnisse geltenden Vorschriften zu entrichten. | |
| 187 | Speiseessig: | |
| | Weinessig: | |
| | in Behältnissen bei einem Raumgehalte von 15 Liter oder mehr | 100 |
| | in anderen Behältnissen ...... | 125 |
| | anderer Speiseessig: | |
| | in Behältnissen bei einem Raumgehalte von 15 Liter oder mehr | 50 |
| | in anderen Behältnissen ...... | 100 |
| | Anmerkung: Als Weinessig ist jeder Speiseessig zu verzollen, dessen Extraktgehalt mehr als 3 Gramm im Liter beträgt. | |
| 277 | Essigsäure: | |
| | in Behältnissen bei einem Gewichte von: | |
| | 20 kg oder mehr ........ | 180 |
| | weniger als 20 kg ....... | 210 |
| | Anmerkung. Essigsäure zur gewerblichen Verwendung unter Zollsicherung. | |

| Nummer des Zolltarifs | | Zollsatz f. 1 dz M. |
|---|---|---|
| 347 | Äther: | |
| | Äthyläther .................... | 1300 |
| | anderer, auch Önanthäther: | |
| | in Behältnissen bei einem Raumgehalte von 15 Liter oder mehr | 1300 |
| | in anderen Behältnissen ...... | 1400 |

Der Bundesrat ist ermächtigt, für äther- oder weingeisthaltige Erzeugnisse die Erhebung eines Zollzuschlags bis zu 800 Mark für den Doppelzentner vorzuschreiben.

Der **Eingangszoll** muß in der Zeit geregelter Verhältnisse den **Wettbewerb gleichartiger ausländischer Branntweine** mit den **Monopolerzeugnissen ausschließen.** Nur unentbehrliche Ware oder Luxuserzeugnisse (Rum, Arrak, Kognak, hochwertige Feinschnäpse) sollen und werden in dem Zolle keine unübersteigbare Schranke finden. Keinenfalls darf die Möglichkeit bestehen, Sprit mit Aussicht auf Gewinn einzuführen. Da die Ware sehr hochgrädig sein kann, auch die Preise für Auslandssprit infolge von Ausfuhrzuschüssen weit niedriger gestellt werden könnten als die Übernahmepreise der Monopolverwaltung, und da ferner die Monopolverwaltung, namentlich in den ersten Jahren nach dem Inkrafttreten des Gesetzes, mit erhöhten Unkosten rechnen muß, ist der Zollsatz dementsprechend bemessen worden.

Außer den in § 140 aufgeführten Erzeugnissen kommen noch **äther- oder weingeisthaltige** oder unter Verwendung von Äther oder Weingeist hergestellte **Erzeugnisse** in Betracht, für die die Zollbestimmung innerhalb der vorgesehenen Grenze zweckmäßig dem Bundesrat vorzubehalten sein wird, weil sich zurzeit noch nicht völlig übersehen läßt, welche Erzeugnisse zu berücksichtigen sind und welches die angemessenen Sätze sein werden. In Frage werden namentlich kommen: Nahrungs-

und Genußmittel, die mit Äther- oder Weingeist zubereitet oder darin eingelegt sind; äther- oder weingeisthaltige Riech- und Schönheitsmittel; äther- oder weingeisthaltige Arzneiwaren und sonstige pharmazeutische Erzeugnisse einschließlich der Geheimmittel; äther- oder weingeisthaltige Erzeugnisse zum Gewerbegebrauche, beispielsweise Weingeistlacke.

**Übergangsabgabe.**

**§ 141.** Von dem aus dem freien Verkehre derjenigen Teile des deutschen Zollgebiets, die nicht Reichsgebiet sind, eingehenden Branntwein wird, soweit er nicht nachweislich verzollt worden ist, eine Übergangsabgabe erhoben in Höhe des durchschnittlichen Unterschieds zwischen dem Branntweinübernahmepreis und dem regelmäßigen Verkaufpreis. Beim Eingang von Trinkbranntwein ist neben der Übergangsabgabe das Freigeld zu entrichten, und zwar beim Eingang in Behältnissen der im § 120 bezeichneten Art gleichzeitig mit ersterer.

**Kleinhandel mit vergälltem Branntwein.**

**§ 142.** Der Bundesrat wird ermächtigt:

1. den Kleinhandel mit vergälltem Branntwein abweichend von den Vorschriften des § 33 der Gewerbeordnung zu regeln;
2. zu bestimmen, daß beim Kleinhandel mit vergälltem Branntwein der Weingeistgehalt durch Aushang in der Verkaufsstelle ersichtlich gemacht wird.

**§ 143.** Vollständig vergällter Branntwein darf im Kleinhandel nur in Behältnissen von 50, 20, 10, 5 und einem Liter Raumgehalte feilgehalten werden, die verschlossen und mit einer Angabe des Weingeistgehaltes versehen sind. Der Bundesrat wird ermächtigt, im Falle des Bedürfnisses Erleichterungen in bezug auf die Größe der Behältnisse und den Verschluß zuzulassen.

**Essigsäureverbrauchsabgabe.**

**§ 144.** Essigsäure, die im Inland in anderer Weise als durch Gärung gewonnen ist, unterliegt einer in die Reichskasse fließenden Verbrauchsabgabe, die 160 Mark für den Doppelzentner wasserfreie Säure beträgt. Die Verbrauchsabgabe ist durch Abfertigung festzustellen und vom Hersteller zu entrichten, sobald die Essigsäure die Erzeugungsstätte verläßt.

**§ 145.** Die Essigsäure und ihre Herstellung unterliegen zum Zwecke der Erhebung der Verbrauchsabgabe der amtlichen Überwachung. Der Hersteller darf Essigsäure nur an den dazu angemeldeten Stätten lagern, behandeln und verpacken.

**§ 146.** Von der Verbrauchsabgabe befreit bleibt nach näherer Bestimmung des Bundesrats Essigsäure, die ausgeführt oder zu gewerblichen Zwecken verwendet wird. Gewerbetreibende, die Essigsäure ausschließlich zu gewerblichen Zwecken oder für die Ausfuhr herstellen, sind nur insoweit einer amtlichen Überwachung zu unterwerfen, als diese notwendig ist, um sicherzustellen, daß Essigsäure nicht zu Genußzwecken verwendet wird.

Zu § 146 erklärte ein Regierungsvertreter auf Anfrage: Die Gewährung einer **Zollvergütung** für verarbeitete **Essigsäure** sei dem bisherigen System fremd. Einzelne Ausnahmen, wie die Vergütung des Tabakzolls bei der Ausfuhr von Tabakfabrikaten und die Vergütung des Kakaozolls bei der Ausfuhr von Kakaowaren, beruhten auf besonderen darüber erlassenen Gesetzen. Im Verwaltungswege könne man eine solche Vergütung nicht schaffen. Falls sie gewünscht werde, könne man einen entsprechenden Antrag in das Gesetz hineinnehmen. Der Fragesteller verwies darauf, daß die im Freihafen für den

Export arbeitende Fischkonservenindustrie von der Abgabe frei sei. Die gleiche Vergünstigung müsse auch der im Inland für den Export arbeitenden Industrie gewährt werden. Natürlich müsse eine entsprechende Kontrolle erfolgen, die aber nicht so schwierig sein würde.

**§ 147.** Die §§ 16, 18, 20, 57, 62 bis 68, 141 und 262 sind nach näherer Bestimmung des Bundesrats sinngemäß anzuwenden, und zwar § 141 mit der Maßgabe, daß die Übergangsabgabe 160 Mark für den Doppelzentner wasserfreie Essigsäure beträgt.

**§ 148.** Für Betriebe, in denen im Betriebsjahr 1913/14 zu Speisezwecken bestimmter Essig aus Branntwein hergestellt ist, werden Bezugsrechte gebildet, deren Gesamtbetrag 160000 Hektoliter Weingeist nicht übersteigen darf. Die Bezugsrechte werden auf der Grundlage der von der Verteilungsstelle für das deutsche Essiggewerbe für den Bezug von Branntwein im letzten Betriebsjahr vor dem Inkrafttreten dieses Gesetzes getroffenen Regelung von der Monopolverwaltung festgesetzt. Läßt sich hiernach eine Festsetzung nicht treffen oder ergeben sich Zweifel, so bestimmt der Bundesrat das Nähere für die Festsetzung.

Der Bundesrat wird ermächtigt, aus Rücksichten der Billigkeit für andere Betriebe der Gärungsessigindustrie Bezugsrechte bis zum Höchstbetrage von insgesamt 16000 Hektolitern zu gewähren.

Der Verkaufpreis für Branntwein, dessen Menge die dem Bezugsrecht entsprechende Weingeistmenge übersteigt, erhöht sich um 50 Mark für das Hektoliter Weingeist.

Die Bezugsrechte sind unbeschränkt übertragbar und auf Antrag in Betriebsrechte (§ 149) umzurechnen.

**§ 149.** Für Betriebe, in denen im Betriebsjahr 1913/14 der Verbrauchsabgabe unterliegende Essigsäure gewonnen ist, werden Betriebsrechte gebildet. Die Betriebsrechte werden in Höhe der in den Betrieben im Durchschnitt der Jahre 1910/11 bis 1913/14 unter Weglassung der Jahre mit der höchsten und niedrigsten Herstellungszahl zu verbrauchsabgabepflichtigen Zwecken hergestellten Mengen wasserfreier Essigsäure von der Monopolverwaltung festgesetzt. Läßt sich hiernach eine Festsetzung nicht treffen oder ergeben sich Zweifel, so bestimmt der Bundesrat das Nähere für die Festsetzung.

Die Verbrauchsabgabe (§ 144) erhöht sich um 85 Mark für 100 Kilogramm wasserfreie Essigsäure für diejenigen Mengen, die über das Betriebsrecht hinaus in den freien Verkehr abgefertigt werden.

Die Betriebsrechte sind unbeschränkt übertragbar.

**Branntweinschärfen.**

**§ 150.** Die Verwendung von Branntweinschärfen ist untersagt. Die Bestimmungen, die über Branntweinschärfen vom Bundesrate getroffen werden, sind dem Reichstag mitzuteilen.

**Verkehrsbezeichnungen für Kornbranntwein usw.**

**§ 151.** Unter der Bezeichnung Kornbranntwein darf nur Branntwein in den Verkehr gebracht werden, der ausschließlich aus Roggen, Weizen, Buchweizen, Hafer oder Gerste hergestellt und nicht im Würzeverfahren gewonnen ist. Mischungen von Kornbranntwein mit weingeisthaltigen Erzeugnissen anderer Art dürfen nicht unter der Bezeichnung Kornverschnitt oder unter einer ähnlichen Bezeichnung, die auf die Herstellung aus Korn (Roggen,

Weizen, Buchweizen, Hafer oder Gerste) schließen läßt, in den Verkehr gebracht werden.

§ 152. Unter der Bezeichnung Kirschwasser, Zwetschenwasser, Heidelbeergeist oder ähnlichen Bezeichnungen, die auf die Herstellung aus Kirschen, Zwetschen, Heidelbeeren oder sonstigen Obst- und Beerenarten hinweisen (Kirschbranntwein, Kirsch, Zwetschenbranntwein, Steinobstbranntwein, Kernobstbranntwein und dergleichen), darf nur Branntwein in den Verkehr gebracht werden, der ausschließlich aus den betreffenden Obst- oder Beerenarten hergestellt ist. Die Vorschrift im § 151 Satz 2 findet entsprechende Anwendung.

Unter der Bezeichnung Steinhäger darf nur Trinkbranntwein in den Verkehr gebracht werden, der unbeschadet der Vorschrift im § 151 ausschließlich durch Abtrieb unter Verwendung von Wachholderlutter aus vergorener Wachholderbeermaische hergestellt ist.

**Methylalkohol.**

§ 153. Nahrungs- und Genußmittel — insbesondere weingeisthaltige Getränke —, Heil-, Vorbeugungs- und Kräftigungsmittel, Riechmittel und Mittel zur Reinigung, Pflege oder Färbung der Haut, des Haares, der Nägel oder der Mundhöhle dürfen nicht so hergestellt werden, daß sie Methylalkohol enthalten. Zubereitungen dieser Art, die Methylalkohol enthalten, dürfen nicht in den Verkehr gebracht oder aus dem Ausland eingeführt werden.

Die Vorschriften des Abs. 1 finden keine Anwendung:

1. auf Formaldehydlösungen und auf Formaldehydzubereitungen, deren Gehalt an

Methylalkohol auf die Verwendung von Formaldehydlösungen zurückzuführen ist;

2. auf Zubereitungen, in denen technisch nicht vermeidbare geringe Mengen von Methylalkohol sich aus darin enthaltenen Methylverbindungen gebildet haben oder durch andere mit der Herstellung verbundene natürliche Vorgänge entstanden sind.

Hefe.

**§ 154.** Gemische von Branntweinhefe mit Bierhefe dürfen nicht in den Verkehr gebracht, auch nicht im gewerbsmäßigen Verkehr angekündigt oder vorrätig gehalten werden.

Unter Branntweinhefe (Lufthefe, Preßhefe, Pfundhefe, Stückhefe, Bärme) im Sinne dieses Gesetzes werden die bei der Branntweinbereitung unter Verwendung von stärkemehl- oder zuckerhaltigen Rohstoffen, insbesondere von Getreide (Roggen, Weizen, Gerste, Mais), Kartoffeln, Buchweizen, Melasse oder Gemischen der bezeichneten Rohstoffe erzeugten obergärigen frischen Hefen oder Gemische dieser Hefen verstanden.

Branntweinhefe darf nicht unter einer Bezeichnung in den Verkehr gebracht werden, die auf die Herstellung aus einem bestimmten Rohstoff hinweist (z. B. als Getreidehefe, Roggenhefe, Maishefe, Kartoffelhefe, Melassehefe), wenn die Hefe nicht ausschließlich aus diesem Rohstoff hergestellt worden ist.

Unter Bierhefe im Sinne dieses Gesetzes wird diejenige frische Hefe verstanden, die bei der Bereitung von Bier oder bierähnlichen Getränken unter Verwendung der durch die Biersteuergesetzgebung zugelassenen Rohstoffe erzeugt ist.

Bierhefe darf nur unter dieser Bezeichnung, Preßhefe, die aus Bierhefe hergestellt ist, jedoch auch als Bierpreßhefe in den Verkehr gebracht werden.

Branntwein- und Bierhefe, die einen Zusatz von anderen Stoffen erhalten hat, darf nicht in den Verkehr gebracht werden.

Der Bundesrat wird ermächtigt, Vorschriften für die Untersuchung der Hefe zu erlassen.

## VIII. Abschnitt.

## Strafvorschriften.

**Hinterziehung.**

**§ 155.** Wer vorsätzlich dem Reiche eine in diesem Gesetze vorgesehene Einnahme aus dem Branntweinmonopol vorenthält oder einen ihm nach diesem Gesetze nicht gebührenden Vorteil erschleicht, wird wegen Hinterziehung mit einer Geldstrafe bestraft, die das Vierfache der hinterzogenen Einnahme oder des erschlichenen Vorteils, mindestens aber fünfzig Mark beträgt.

[1]) Die **Strafvorschriften** lehnen sich an das **geltende Recht** an, sind aber, wie auch in anderen Steuergesetzentwürfen, der neueren **Entwicklung** des Strafrechts angepaßt. Insbesondere ist der Begriff des **Unternehmens** fallen gelassen; an seine Stelle sind, entsprechend den Vorschriften des Strafgesetzbuchs, die Begriffe der **vollendeten Tat** und des **Versuchs** getreten. Die Strafen sind im Hinblick auf die durch die gesteigerte Belastung wesentlich erhöhte Gefährdung heraufgesetzt.

Auf Anfrage gab ein Vertreter des Reichsschatzamts folgende Erklärung ab: „Entsprechend den Vorschriften im Vereinszollgesetz und einigen anderen Abgabengesetzen sind in den §§ 157ff. Tatbestände zusammengestellt, bei deren Vorliegen ein **Nachweis der Hinterziehungsabsicht** nicht erforderlich sein, sondern die Hinterziehung ohne weiteres als vollendet angesehen werden soll. Klar zum Ausdruck bringt diesen Gedanken § 13 Abs. 2 Satz 1 des Salzabgabengesetzes. Eine entsprechende Vorschrift ist in andere Abgabengesetze nicht übernommen worden, anscheinend weil sie als überflüssig angesehen wurde. Eine Ergänzung bildet die Vorschrift in § 180 Abs. 1 Satz 2, des Gesetzes, wonach beim Fehlen des Vorsatzes nur Ordnungsstrafe eintritt."

Versuch.

**§ 156.** Der Versuch der Hinterziehung ist strafbar; die für die vollendete Tat angedrohte Strafe gilt auch für den Versuch.

Bei dem Versuch ist die Strafe nach der Verkürzung oder dem Vorteil zu bemessen, die bei Vollendung der Tat eingetreten wäre.

Einzelne Tatbestände.

**§ 157.** Der Tatbestand des § 155 wird insbesondere dann als vorliegend angenommen:

1. wenn ohne die vorgeschriebene Betriebsanmeldung oder an anderen Tagen, in anderen Räumen oder unter Benutzung von anderen Brennvorrichtungen, als in der Betriebsanmeldung angegeben, Branntwein hergestellt wird;
2. wenn für Abfindungsbrennereien (§§ 10, 243) vorgeschriebene Brennbücher nicht oder unrichtig geführt werden oder in solchen Brennereien unter Verwendung nicht angemeldeter Stoffe Branntwein hergestellt oder Maische zubereitet oder aufbewahrt wird;
3. wenn weingeisthaltige Dämpfe oder Branntwein unbefugt abgeleitet oder entnommen werden;
4. wenn über den unter amtlicher Überwachung stehenden Branntwein unbefugt verfügt wird.

[1]) Vgl. Anmerkung zu § 155.

**§ 158.** Der Tatbestand des § 155 wird ferner als vorliegend angenommen:

1. wenn mit der Herstellung von freigeldpflichtigem Trinkbranntwein begonnen wird, bevor der Betrieb in der vorgeschriebenen Weise angezeigt ist (§ 121);
2. wenn freigeldpflichtiger Trinkbranntwein vom Hersteller oder Abfüller in anderen als den hierfür angemeldeten Räumen aufbewahrt wird;
3. wenn freigeldpflichtiger Trinkbranntwein aus der Herstellungsstätte oder aus der Abfüllstätte in den Inlandverkehr gebracht wird, ohne daß er in der vorgeschriebenen Weise in Kleinverkaufbehältnisse gefüllt ist, und ohne daß diese mit den im § 120 bezeichneten Angaben und den zutreffenden Freigeldzeichen versehen sind;
4. wenn Verkäufer freigeldpflichtigen Trinkbranntwein in Gewahrsam haben, der der Vorschrift dieses Gesetzes zuwider mit den erforderlichen Freigeldzeichen nicht versehen ist;
5. wenn geöffnete, mit Freigeldzeichen versehene Kleinverkaufbehältnisse der Vorschrift des § 126 zuwider nachgefüllt werden;
6. wenn die über Herstellung, Abfüllung und Vertrieb von freigeldpflichtigem Trinkbranntweine vorgeschriebenen Anschreibungen unrichtig geführt werden;
7. wenn Branntwein aus den im § 4 und § 151 Satz 1 genannten Stoffen, für den der Branntweinaufschlag zu entrichten ist, der Verarbeitung zu freigeldpflichtigem Trinkbranntwein entzogen wird.

[1]) Vgl. Anmerkung zu § 155.

**§ 159.** Der Hinterziehung wird es gleichgeachtet:

1. wenn Brennvorrichtungen, die durch amtliche Sicherungen oder durch Anordnungen der Steuerbehörde außer Gebrauch gesetzt worden sind, unbefugt in Betrieb genommen werden;
2. wenn ein auf Grund der §§ 44 bis 50 oder der dazu erlassenen Ausführungsbestimmungen angelegter amtlicher Verschluß oder einer derjenigen Teile der Brennereigeräte einschließlich der Branntweinsammelgefäße und der Meßuhr, aus denen weingeisthaltige Dämpfe oder Branntwein abgeleitet oder entnommen werden können, unbefugt verletzt wird;
3. wenn in einer Brennerei, in der eine Meßuhr aufgestellt ist, Handlungen vorgenommen werden, die die regelmäßige Tätigkeit der Meßuhr zu stören geeignet sind, oder wenn eine Meßuhr, die unrichtig zeigt, fortbenutzt wird.

**§ 160.** Neben der Geldstrafe ist in den Fällen des § 157 Nr. 3 und des § 159 Nr. 3, wenn die Handlung in der Absicht der Hinterziehung begangen wird, auf eine Gefängnisstrafe bis zu einem Jahre zu erkennen.

**Monopolhehlerei.**

**§ 161.** Wer seines Vorteils wegen vorsätzlich Branntwein, einschließlich des zu Trinkbranntwein verarbeiteten, hinsichtlich dessen eine Hinterziehung stattgefunden hat, ankauft, zum Pfande nimmt oder sonst an sich bringt, verheimlicht, absetzt oder zu seinem Absatz mitwirkt, wird mit Geldstrafe in Höhe des vierfachen Betrags der hinterzogenen Einnahme, mindestens aber in Höhe von fünfzig Mark, bestraft.

Der Versuch ist strafbar; § 156 findet entsprechende Anwendung.

**Berechnung der hinterzogenen Monopoleinnahme und der Strafe.**

**§ 162.** Die hinterzogene Monopoleinnahme und die Strafe werden, wenn eine Brennvorrichtung unbefugt in Betrieb genommen worden ist, nach der Weingeistmenge berechnet, die bei unausgesetztem Betriebe während der dem Zeitpunkt der Entdeckung vorhergegangenen drei Monate damit gewonnen werden konnte, sofern nicht festgestellt wird, daß die Brennvorrichtung in einem größeren oder in einem geringeren Umfang benutzt worden ist.

**§ 163.** Sind weingeisthaltige Dämpfe oder Branntwein unbefugt abgeleitet oder entnommen, oder ist der Gang der Meßuhr absichtlich gestört worden, so werden die Monopoleinnahmen und die Strafe in der Art berechnet, daß für die dem Zeitpunkt der Entdeckung vorhergehenden drei Monate der unterbrochene Bestand der Ableitung, Entnahme oder Störung angenommen wird, sofern nicht eine andere Dauer oder eine größere Hinterziehung festgestellt wird.

**§ 164.** Kann der Betrag der hinterzogenen Monopoleinnahme oder des erschlichenen Vorteils, nach dem die Geldstrafe zu bemessen ist, nicht festgestellt werden, so ist auf eine Geldstrafe von fünfzig Mark bis zu einer Million Mark zu erkennen.

**Beihilfe und Begünstigung bei Übertretungen.**

**§ 165.** Liegt eine Übertretung vor, so werden die Beihilfe und die Begünstigung mit Geldstrafe bis zu einhundertfünfzig Mark bestraft.

**Strafverschärfung beim Rückfall.**

**§ 166.** Wer im Inland wegen Hinterziehung der Monopoleinnahme oder wegen Monopolhehlerei bestraft worden ist und vor Ablauf von drei Jahren, nachdem die Strafe ganz oder teilweise verbüßt oder erlassen ist, wieder eine dieser Handlungen begeht, wird mit einer Geldstrafe in Höhe des doppelten Betrags der in den §§ 155, 161, 162 bis 165 angedrohten Strafen, mindestens aber in Höhe von einhundert Mark, bestraft.

Bei jedem weiteren Rückfall ist die Strafe Gefängnis bis zu drei Jahren. Sind mildernde Umstände vorhanden, so kann auf Haft oder auf Geldstrafe in Höhe des doppelten Betrags der für den ersten Rückfall angedrohten Strafe erkannt werden.

Die Bestrafung wegen Rückfalls tritt in gleicher Weise auch dann ein, wenn der Täter im Inland nach den bisherigen Gesetzen wegen Branntweinsteuerhinterziehung bestraft worden ist.

**Strafen für Brennereibesitzer und Brennereileiter.**

**§ 167.** Der Besitzer einer Brennerei, in der weingeisthaltige Dämpfe oder Branntwein unbefugt abgeleitet oder entnommen worden sind, oder in der der Gang der Meßuhr absichtlich gestört ist, wird als solcher mit Geldstrafe von fünfzig bis zu eintausend Mark bestraft.

**§ 168.** Sind in einer Brennerei aus besonderen Anlagen bestehende heimliche Vorrichtungen getroffen, um weingeisthaltige Dämpfe oder Branntwein abzuleiten oder zu entnehmen, oder den Gang der Meßuhr zu stören, so verfällt der Brennereibesitzer als solcher in eine Geldstrafe von fünfhundert bis zu zehntausend Mark.

**§ 169.** Wird in einer Brennerei ein amtlicher Verschluß oder einer derjenigen Teile der Brennereigeräte, aus denen weingeisthaltige Dämpfe oder Branntwein abgeleitet oder entnommen werden können (§ 159 Nr. 2), unbefugt verletzt, so trifft den Brennereibesitzer als solchen eine Geldstrafe von fünfundzwanzig bis zu fünfhundert Mark.

**Übertragung der strafrechtlichen Verantwortlichkeit.**

**§ 170.** Brennereibesitzer, die den Betrieb nicht selbst leiten, können die Übertragung der ihnen gemäß §§ 167 bis 169 obliegenden strafrechtlichen Verantwortlichkeit auf den Betriebsleiter (§ 68) bei der Steuerbehörde beantragen. Wird der Antrag genehmigt, so geht die strafrechtliche Verantwortlichkeit, unbeschadet der im § 181 vorgesehenen Vertretungsverbindlichkeit des Brennereibesitzers, auf den Betriebsleiter über. Die Genehmigung ist jederzeit widerruflich.

**§ 171.** Die Strafe tritt in den Fällen der §§ 167 bis 169 nur dann ein, wenn festgestellt ist, daß die Zuwiderhandlung mit Wissen des Brennereibesitzers, in den Fällen des § 170 nur dann, wenn festgestellt ist, daß die Zuwiderhandlung mit Wissen des Brennereileiters verübt worden ist.

**Untersagung des Gewerbebetriebs.**

**§ 172.** Werden Brennereibesitzer wegen einer Hinterziehung verurteilt, die durch unangemeldete Branntweinbereitung, durch unbefugte Ableitung oder Entnahme von weingeisthaltigen Dämpfen oder Branntwein (§ 157 Nr. 1, 3) oder durch absichtliche Störung des Ganges der Meßuhr (§ 159 Nr. 3) begangen ist, so kann ihnen nach Rechtskraft der Entscheidung von der obersten Landesfinanzbehörde untersagt werden, das Brennereigewerbe selbst wieder auszuüben oder durch andere zu ihrem Vorteil ausüben zu lassen.

**Strafe der unterlassenen Anmeldung der Brenn- oder Wiengeräte.**

**§ 173.** Wer Brenn- oder Wiengeräte anfertigt, erwirbt oder an andere Personen überläßt, ohne der Steuerbehörde die vorgeschriebene Anzeige gemacht zu haben, wird mit einer Geldstrafe von zehn bis zu dreitausend Mark bestraft.

**Einziehung.**

**§ 174.** Freigeldpflichtiger Trinkbranntwein, der im freien Verkehr in anderen als den im § 120 vorgesehenen Behältnissen ohne die vorgeschriebene Bezeichnung oder ohne die vorgeschriebenen Freigeldzeichen angetroffen wird, unterliegt der Einziehung, gleichviel, wem er gehört und ob gegen eine bestimmte Person ein Strafverfahren eingeleitet wird.

**Fälschung von Freigeldzeichen.**

**§ 175.** Mit Gefängnis nicht unter drei Monaten wird bestraft, wer unechte Freigeldzeichen in der Absicht anfertigt, sie als echt zu verwenden, oder echte Freigeldzeichen in der Absicht verfälscht, sie zu einem höheren Werte zu verwenden, oder wissentlich von falschen oder verfälschten Freigeldzeichen Gebrauch macht.

Neben der Strafe kann auf Verlust der bürgerlichen Ehrenrechte erkannt werden.

**§ 176.** Wer wissentlich schon einmal verwendete Freigeldzeichen verwendet, wird mit Geldstrafe bis zu sechshundert Mark bestraft.

**§ 177.** Neben der in den §§ 175 und 176 vorgesehenen Strafe kommt die durch die Hinterziehung der Monopoleinnahme begründete Strafe zur Anwendung.

**§ 178.** Mit Geldstrafe bis zu einhundertfünfzig Mark oder mit Haft wird bestraft, wer ohne schriftlichen Auftrag einer Behörde

1. Stempel, Siegel, Stiche, Platten oder andere Formen, die zur Anfertigung von Freigeldzeichen dienen können, anfertigt oder an einen anderen als die Behörde verabfolgt;
2. Stempel, Stiche, Platten oder Formen der in Nr. 1 bezeichneten Art abdruckt, abzudrucken versucht oder solche Abdrucke an einen anderen als die Behörde verabfolgt.

Neben der Strafe kann auf Einziehung der Stempel, Siegel, Stiche, Platten oder anderen Formen sowie der Abdrucke erkannt werden, ohne Unterschied, ob sie dem Verurteilten gehören oder nicht.

**§ 179.** Mit Geldstrafe bis zu einhundertfünfzig Mark wird bestraft, wer wissentlich schon einmal verwendete Freigeldzeichen veräußert oder feilhält.

**Ordnungswidrigkeiten.**

**§ 180.** Wer den Vorschriften dieses Gesetzes oder den dazu erlassenen und öffentlich oder den Beteiligten besonders bekanntgemachten Verwaltungsvorschriften durch andere als die in den §§ 155 bis 179 bezeichneten Handlungen zuwiderhandelt, wird mit einer Ordnungsstrafe von fünf Mark bis zu eintausend Mark bestraft, sofern nicht nach anderen Gesetzen eine schwerere Strafe verwirkt ist. Die Ordnungsstrafe tritt auch ein, wenn in den Fällen der §§ 157 bis 159 festgestellt wird, daß der

Täter ohne den Vorsatz der Hinterziehung der Monopoleinnahme oder der Erschleichung eines ihm nicht gebührenden Vorteils gehandelt hat.

Die Ordnungsstrafe kann bis auf zweitausend Mark erhöht werden, wenn der Täter durch die Zuwiderhandlung vorsätzlich oder fahrlässig einen mit der Durchführung dieses Gesetzes beauftragten Beamten in der rechtmäßigen Ausübung seines Dienstes behindert.

**Haftung für andere Personen.**

**§ 181.** Inhaber der unter dieses Gesetz fallenden Betriebe haften für die von ihren Verwaltern, Geschäftsführern, Gehilfen und sonstigen in ihrem Dienste oder Lohne stehenden Personen sowie von ihren Familien- oder Hausmitgliedern verwirkten Geldstrafen und Kosten des Strafverfahrens sowie für die nachzuzahlende Monopoleinnahme. Die Haftung für die Geldstrafe und die Kosten tritt nicht ein, wenn die Zuwiderhandlung nachweislich ohne Wissen des Inhabers begangen worden ist. Die Haftung ist jedoch auch in diesem Falle begründet, wenn es der Inhaber bei der Auswahl oder der Beaufsichtigung des Angestellten oder bei der Beaufsichtigung der Familien- oder Hausmitglieder an der erforderlichen Sorgfalt hat fehlen lassen oder wenn er aus der Tat einen Vorteil gezogen hat.

**§ 182.** Als Verletzung der erforderlichen Sorgfalt (§ 181 Schlußsatz) gilt insbesondere die Anstellung oder Beibehaltung eines wegen Branntweinsteuerhinterziehung im Sinne des bisher geltenden Branntweinsteuergesetzes oder wegen Hinterziehung der Monopoleinnahme bereits bestraften Verwalters, Geschäftsführers oder Gewerbegehilfen, falls nicht die oberste Landesfinanzbehörde die Anstellung oder Beibehaltung genehmigt hat.

**§ 183.** Läßt sich die Geldstrafe von dem Schuldigen nicht beitreiben, so kann die Steuerbehörde davon absehen, den für die Geldstrafe Haftenden in Anspruch zu nehmen und die an die Stelle der Geldstrafe tretende Freiheitsstrafe an dem Schuldigen vollstrecken lassen.

**Zwangsmaßregeln.**

**§ 184.** Neben der Festsetzung von Ordnungsstrafen kann die Steuerbehörde die Beobachtung der auf Grund dieses Gesetzes getroffenen Anordnungen durch Androhung und Einziehung von Geldstrafen bis zu eintausend Mark im einzelnen Falle erzwingen; sie kann, wenn eine vorgeschriebene Einrichtung nicht getroffen oder Verrichtung nicht ausgeführt wird, auf Kosten des Pflichtigen das Erforderliche veranlassen. Die hierdurch erwachsenen Auslagen und die Geldstrafen werden nach den Vorschriften über das Verfahren für die Beitreibung der Zölle und mit dem Vorzugsrechte der letzteren eingezogen.

**Ersatzfreiheitsstrafe.**

**§ 185.** Die an die Stelle einer uneinbringlichen Geldstrafe tretende Freiheitsstrafe darf drei Jahre, in den Fällen der §§ 184, 202 drei Monateni cht übersteigen.

**Strafverjährung.**

**§ 186.** Die Strafverfolgung von Hinterziehungen und von Monopolhehlerei verjährt in drei Jahren, die von Ordnungswidrigkeiten in einem Jahre.

Die Strafverfolgung auf Grund der Vorschriften der §§ 167 bis 171 verjährt zugleich mit dem Eintritt der Verjährung gegen den eigentlichen Täter.

**Strafverfahren.**

**§ 187.** In Ansehung des Verwaltungsstrafverfahrens, der Strafmilderung und des Erlasses der Strafe im Gnadenwege sowie in Ansehung der Strafvollstreckung kommen die Vorschriften zur Anwendung, nach denen sich das Verfahren wegen Zuwiderhandlung gegen die Zollgesetze bestimmt.

**§ 188.** Der Erlös aus eingezogenen Gegenständen und die Geldstrafen fallen dem Staate zu, von dessen Behörden die Strafentscheidung im ersten Rechtszug erlassen ist.

**Nachzahlung der Monopoleinnahme.**

**§ 189.** Die Berechnung und die Verpflichtung zur Zahlung der Monopoleinnahme wird durch das Strafverfahren nicht berührt.

**§ 190.** Ein im Strafverfahren eingegangener Geldbetrag ist zunächst auf die Monopoleinnahme zu verrechnen.

**Hinterziehung der Übergangsabgabe.**

**§ 191.** Auf die Bestrafung von Hinterziehungen der Übergangsabgabe (§ 141) sowie von sonstigen Zuwiderhandlungen gegen die Bestimmungen über den Verkehr mit übergangsabgabepflichtigem Branntwein sind die Vorschriften über die Bestrafung der Zollhinterziehungen und der Zollordnungswidrigkeiten anzuwenden.

**Hinterziehung der Essigsäureverbrauchsabgabe.**

**§ 192.** Wer vorsätzlich die Essigsäureverbrauchsabgabe (§ 144) vorenthält oder einen ihm nach den §§ 144 bis 149 nicht zustehenden Vorteil erschleicht, wird wegen Hinterziehung mit einer Geldstrafe bestraft, die das Vierfache der hinterzogenen Abgabe oder des erschlichenen Vorteils, mindestens aber fünfzig Mark beträgt.

Die §§ 156, 161, 164 bis 166, 180, 181, 183 bis 191 finden entsprechende Anwendung.

### Zusammentreffen mehrerer Verletzungen des Gesetzes.

**§ 193.** Trifft eine nach den §§ 155 bis 192 strafbare Zuwiderhandlung mit einer nach den §§ 194 bis 196 oder nach einem anderen Gesetze strafbaren Handlungen zusammen, so sind die in beiden Fällen angedrohten Strafen nebeneinander zu verhängen.

Sind auf dieselbe Handlung mehrere Vorschriften der §§ 155 bis 192 anwendbar, so ist die Strafe nach der Vorschrift festzusetzen, die die schwerste Strafe und bei ungleicher Strafart die schwerste Strafart androht. Doch darf auf kein niedrigeres Strafmaß und keine leichtere Strafart erkannt werden, als nach den anderen Vorschriften zulässig ist. Auch muß, wenn und insoweit durch eine der anwendbaren Vorschriften die Einziehung oder die Haftbarkeit dritter Personen angeordnet ist, hierauf erkannt werden.

Hat jemand mehrere selbständige Zuwiderhandlungen gegen die §§ 155 bis 192 begangen, so sind alle für diese Handlungen angedrohten Strafen nebeneinander zu verhängen; treffen mehrere Freiheitsstrafen zusammen, so ist auf eine Gesamtstrafe zu erkennen, die in einer Erhöhung der verwirkten schwersten Strafe besteht, drei Jahre jedoch nicht übersteigen darf. Wenn und insoweit neben einer der verwirkten Einzelstrafen die Einziehung oder die Haftbarkeit dritter Personen vorgeschrieben ist, muß auch hierauf erkannt werden.

Auch im Falle des Zusammentreffens darf die an die Stelle uneinbringlicher Geldstrafen tretende Freiheitsstrafe drei Jahre nicht übersteigen.

**Verletzung der Verkehrsbeschränkungen.**

**§ 194.** Wer den Vorschriften der §§ 150 bis 152, 154 oder den vom Bundesrate dazu erlassenen Bestimmungen vorsätzlich oder fahrlässig zuwiderhandelt, wird in den Fällen der §§ 150 und 154 mit Geldstrafe bis zu sechshundert Mark oder mit Haft, in den Fällen der §§ 151 und 152 mit Geldstrafe bis zu zweitausend Mark bestraft.

**§ 195.** Wer der Vorschrift des § 153 vorsätzlich zuwiderhandelt, wird mit Gefängnis bis zu sechs Monaten und mit Geldstrafe bis zu zehntausend Mark oder mit einer dieser Strafen bestraft. Ist die Zuwiderhandlung aus Fahrlässigkeit begangen, so ist auf Geldstrafe bis zu eintausend Mark oder auf Gefängnis bis zu zwei Monaten zu erkennen.

**§ 196.** Neben der Strafe kann auf Einziehung der Gegenstände erkannt werden, die den Vorschriften in den §§ 150 bis 154 zuwider hergestellt, in den Verkehr gebracht oder eingeführt worden sind, ohne Unterschied, ob sie dem Verurteilten gehören oder nicht; auch kann die Vernichtung ausgesprochen werden. Ist die Verfolgung oder Verurteilung einer bestimmten Person nicht ausführbar, so kann auf die Einziehung selbständig erkannt werden.

Die Vorschriften der §§ 15, 16 des Gesetzes, betreffend den Verkehr mit Nahrungsmitteln, Genußmitteln und Gebrauchsgegenständen, vom 14. Mai 1879 (Reichs-Gesetzbl. S. 145) finden auch bei Strafverfolgungen auf Grund der Vorschriften in den §§ 194 und 195 Anwendung.

**§ 197.** Die Vorschriften anderer Gesetze, nach denen in den Fällen der §§ 150 bis 154 eine schwerere Strafe verwirkt ist, bleiben unberührt. Die Einziehung oder Vernichtung sowie die öffentliche Bekanntmachung der Verurteilung sind auch dann zulässig, wenn die Strafe gemäß § 73 des Strafgesetzbuchs auf Grund eines anderen Gesetzes zu bestimmen ist.

**§ 198.** Für das Strafverfahren in den Fällen der §§ 194 bis 196 sind die ordentlichen Gerichte zuständig; die Vorschriften, nach denen sich das Verfahren wegen Zuwiderhandlung gegen die Zollgesetze bestimmt, bleiben außer Anwendung.

## IX. Abschnitt.

## Beschäftigung und Entschädigung der bestehenden Betriebe und der Angestellten.

**Branntweinreinigungsanstalten.**

**§ 199.** Inhaber von besonderen Anstalten zur Reinigung von Branntwein (Branntweinreinigungsanstalten), in denen nach dem 30. September 1909 in wenigstens drei Betriebsjahren unter steuerlicher Aufsicht stehender Branntwein gereinigt worden ist, werden von der Monopolverwaltung nach deren Wahl gegen Entgelt beschäftigt oder entschädigt.

Hierzu bemerkt die amtliche Begründung:

Die **Überleitung** aus dem bestehenden Zustand in den des **Monopols** wird auf dem Gebiete der **Reinigung** des Branntweins sich am glattesten vollziehen, wenn die in der **Spiritus-Zentrale** gebildeten und seit langen Jahren ziemlich unverändert angewendeten **Grundsätze** übernommen werden. Es ist dies um so eher ratsam, als die ganz überwiegende Mehrzahl der Reinigungsanstalten in zwanzigjähriger Entwicklung sich daran gewöhnt hat, unter Verzicht auf wirtschaftliche Bewegungsfreiheit im **Lohne** nach festen Maßstäben beschäftigt zu werden. Auf Grund der für die einzelnen Reinigungsanstalten vertragsmäßig gebildeten Reinigungskontingente haben Verschiebungen innerhalb der in der Zentrale zusammengeschlossenen Betriebe stattgefunden; es sind einzelne Anstalten unter Übertragung ihrer Beschäftigungsrechte auf andere gänzlich ausgeschaltet, in anderen Fällen ist nur eine zeitliche Verschiebung in der Beschäftigung vorgenommen worden. Für die wenigen außenstehenden Reinigungsanstalten sind bei Begründung der Reichsbranntweinstelle auf Grund der Verordnung vom 15. April 1916 (RGBl. S. 279) die Beschäftigungsrechte besonders festgesetzt worden. Auch bei unmittelbarem Anschluß an diese Entwicklung ließe sich die weitere Behandlung in **zwei** auseinanderlaufenden **Richtungen** verfolgen. Man könnte daran denken, das Entgelt der Reinigungsanstalten zeitlich abgestuft und von höheren zu niedrigeren Sätzen fallend so zu bemessen, daß eine allmähliche selbsttätige Ausscheidung der weniger wirtschaftlich arbeitenden Betriebe eintritt und daß durch die Übertragbarkeit der Reinigungskontingente in dem bei deren Verkauf gewährten Preise für die ausscheidenden schwächeren Betriebe ein Entgelt geschaffen wird. Solche Bestrebungen des Großgewerbes, die schwächeren Betriebe aufzusaugen, sollen nicht das Ziel gesetzlicher Maßnahmen sein. Wie dies auch in der Vorlage vom 3. November 1908 (Drucksache Nr. 993) zum Ausdruck gekommen ist, muß die Monopolverwaltung dahin streben, die Reinigungstätigkeit, mit der auch die Lagerung und Marktversorgung auf das engste verbunden ist, mit der Zeit ganz in die Hand zu bekommen. Würde man jetzt einen Aufsaugungsvorgang der angedeuteten Art zulassen, so würde das Ziel, die Monopolherrschaft auch auf das Gebiet der Reinigungstätigkeit und der Verteilung des Branntweins in die Verbrauchsrinnen auszudehnen, nur hinausgesteckt und die später doch zu erstrebende Erreichung verteuert werden. Es wird daher für erforderlich gehalten, alsbald der Richtung zu folgen, die zu einer unmittelbaren, aber allmählichen Überleitung der Reinigungstätigkeit auf die Monopolverwaltung führt.

Nach dem Gesetz sollen zunächst für eine **Übergangszeit** von zehn Jahren die **bestehenden Reinigungsanstalten** auf der Grundlage ihrer **Reinigungskontingente beschäftigt** werden können. Die Betriebe sollen in gleicher Weise wie bei der Spiritus-Zentrale im Monopol für **Lohn** arbeiten und ihre bisherigen **Reinigungskontingente** sollen als **Beschäftigungszahlen** den Maßstab und die Grenze ihres Anspruchs auf Tätigkeit und Entschädigung bilden (§§ 200, 201). Da sich nicht übersehen läßt, ob durch diese Verteilung der Kontingente die Angelegenheit erschöpfend geregelt ist, empfiehlt es sich, dem Bundesrat eine entsprechende Befugnis zu geben. Die von ihm getroffene Entscheidung ist endgültig. Wie in der Zentrale Betriebseinstellung und Beschäftigungsänderungen vorkamen, so darf auch im Monopol nicht völlige Gebundenheit herrschen. Die Verwaltung muß in der Lage sein, Betriebe ganz oder teilweise, dauernd oder auf Zeit auszuschalten und über die freigewordenen Beschäftigungszahlen zu verfügen. Ohne diese Bewegungsfreiheit wäre es nicht möglich, die Branntweinreinigung und den Absatz so einfach und zweckmäßig wie möglich zu gestalten.

Im Vertragsverhältnisse der **Spiritus-Zentrale** setzt sich das **Entgelt** der **Reinigungsanstalten** entsprechend ihrer vielseitigen Tätigkeit aus einer größeren Anzahl von Einzelposten zusammen. Denn die Tätigkeit dieser Betriebe erschöpft sich nicht in dem Reinigen des Branntweins, sondern umfaßt auch die Hereinnahme und den weiteren Vertrieb der Ware. So werden gewährt nach dem Umfang des zur Verfügung gestellten Lagerraums für jedes Hektoliter Rauminhalt eine Miete von 0,50 *M*; für Gestellung von Fässern je nach Größe der Fässer eine besondere Miete; eine Kesselwagenmiete; Rollgeld für Anrollen des Branntweins an die Stadtkundschaft in gewissem Umfang; eine Expeditionsgebühr für gewisse Verladungen nicht selbst gereinigter Ware; für Übernahme der Pflichten eines Agenten eine Verkaufsprovision; für Vornahme von Vergällungen eine Vergällungsgebühr; für die Vermittelung der Ablieferung des Branntweins aus Brennereien eine Vermittlerprovision. Der Inhaber einer Reinigungsanstalt hat ferner in einem dem Anfordern der Spiritus-Zentrale entsprechenden Umfang den ihm zugewiesenen Branntwein in seine Lager aufzunehmen, zu lagern, nach Anweisung der Zentrale auszulagern und für die Zeit der Lagerung zu einem von der Zentrale zu bestimmenden Preise zu bezahlen; er hat die Ware zu versichern und den Lagerschwund zu tragen. Als Entschädigung hierfür und insbesondere auch zur Deckung für die Kapitalanlage erhält der Inhaber der Reinigungsanstalt eine Vergütung von 1 v. H. Zinsen über den am Ende eines jeden Kalendermonats gültigen Warenlombardsatz der Reichsbank auf den Monat berechnet und bezogen auf den buchmäßigen Wert der am gleichen Monatsende bei ihm lagernden Ware. Diese Entschädigung bildet den „Report". Endlich erhält die Gesamtheit der in dem Vertragsverhältnisse der Spiritus-Zentrale stehenden Reinigungsanstalten eine „Reinigungsprämie" sowie ein „Pauschale" von 2 ℳ für jedes Hektoliter des Reinigungskontingents als Entgelt für die gesamte Geschäftstätigkeit, soweit sie in den erwähnten Einzelposten nicht als abgegolten anzusehen ist. Diese Zahlungen an die Gesamtheit der Reinigungsanstalten werden jährlich in Abschlagszahlungen und Nachzahlungen an die einzelnen Besitzer nach der Menge des abgelieferten Branntweins verteilt.

Diese **Zweiteilung der Entschädigung** nach den **festen** und den mit dem Umfang der Beschäftigung **schwankenden** Kosten übernimmt das Gesetz durch die Festsetzung einer **Grundgebühr** (§ 205), die durch das nach dem Umfang der Tätigkeit sich richtende **Geschäftsentgelt** (§ 206) ergänzt wird. Die **Grundgebühr** soll die Verzinsung und Tilgung der Anlagen, die Ausbesserungen, die Kosten der oberen Leitung und des kaufmännischen Betriebs decken. Dafür ist der Inhaber verpflichtet, die Anlage dauernd in gebrauchsfertigem Zustand zu erhalten. Als Satz der Grundgebühr sieht das Gesetz den Betrag von 2,50 ℳ für jedes Hektoliter der Beschäftigungszahl und 0,50 ℳ für jedes Hektoliter des Rauminhalts der in den Lagern aufgestellten, nicht zum Versand geeigneten Aufbewahrungsgefäße vor (§ 205). Das **Geschäftsentgelt** ist zerlegt in den **Reinigungslohn** für die eigentliche Reinigungstätigkeit und in ein **Entgelt** für die **übrige Tätigkeit** der Reinigungsanstalten, für die das Entgelt nach den obigen Angaben in vielfachen Einzelsätzen gewährt wird. Die Reinigungsanstalten sind während einer zehnjährigen Übergangszeit zur Tätigkeit für die Monopolverwaltung verpflichtet (§§ 201, 202).

Die **Entschädigung** der **ausscheidenden Anstalten** ist derart gedacht, daß zunächst bis zum Ablauf des zehnten Betriebsjahrs nach dem Inkrafttreten des Gesetzes die Grundgebühr und außerdem eine Gewinnentschädigung gezahlt wird (§ 208).

Die **Beschäftigung der Reinigungsanstalten** nach Ablauf des zehnten Betriebsjahrs soll der freien Vereinbarung vorbehalten sein (§ 210). Doch soll die Monopolverwaltung bei Nichtzustandekommen einer solchen Vereinbarung verpflichtet sein, noch während fünf weiterer Betriebsjahre für jedes Hektoliter der durch die Tätigkeit nicht erfüllten Beschäftigungszahl die Grundgebühr zu zahlen; dieser Anspruch steht auch den nach § 208 von der weiteren Tätigkeit ausgeschlossenen Reinigungsanstalten zu.

Der **Anspruch der Reinigungsanstalten auf Beschäftigung** ist der Höhe nach durch die Beschäftigungszahl begrenzt (§ 200). Wenn auch kaum anzunehmen ist, daß in absehbarer Zeit eine größere Menge Branntwein, als den vollen Beschäftigungszahlen entspricht, gereinigt werden wird, so liegt doch die Möglichkeit hierfür vor. Wahrscheinlich ist es, daß auch bei größter Sorgfalt für die gute Reinigung des zu Monopolerzeugnissen verwendeten Branntweins mit dem sinkenden Trinkverbrauch die Reinigungstätigkeit sinkt. Im Falle der Erweiterung der Reinigungstätigeitk haben die Anstalten ebensowenig einen Anspruch auf Erhöhung ihrer Beschäftigungszahl wie im Falle des Ausschaltens von Betrieben auf Zuwachs der freigewordenen Anteile; vielmehr soll die Monopolverwaltung frei darüber befinden, ob die entsprechenden Branntweinmengen in bestehenden Betrieben oder in eigenen Werken gereinigt werden sollen (§ 209).

**§ 200.** Die Beschäftigung oder Entschädigung richtet sich nach den bisher auf Grund von Vereinbarungen für die Beteiligung der Reinigungsanstalten an der Reinigung von Branntwein in Rechnung gestellten Beschäftigungszahlen und innerhalb dieser nach den besonderen Beschäftigungszahlen für die Herstellung von über Holzkohle filtriertem Primasprit, Feinsprit und Weinsprit. Soweit solche Vereinbarungen nicht bestanden, werden die allgemeinen und besonderen Beschäftigungszahlen nach dem durchschnittlichen Umfang der Reinigungstätigkeit in den Betriebsjahren 1910/11 bis 1914/15 unter Weglassung der beiden Jahre mit der höchsten und der niedrigsten Menge berechnet.

Läßt sich nach den Vorschriften des Abs. 1 eine Feststellung nicht treffen oder ergeben sich Zweifel, so setzt der Bundesrat die Beschäftigungszahl fest oder bestimmt die Grundlage für die Beschäftigung oder Entschädigung. Die gleiche Befugnis hat der Bundesrat für solche Fälle, in denen die Festsetzung nach Abs. 1 zu besonderen Härten führen würde.

**§ 201**[1]). Die Reinigungsanstalten sind verpflichtet, bis zum Schlusse des zehnten Betriebsjahrs nach dem Inkrafttreten dieses Gesetzes auf Verlangen der Monopolverwaltung und nach deren Anweisung die bisher mit dem Betrieb einer Reinigungsanstalt geschäftsüblicherweise verbundenen Leistungen zu übernehmen. Sie haben insbesondere den Übernahmepreis des aus den Brennereien überwiesenen Branntweins für Rechnung der Monopolverwaltung zu zahlen, den bei ihnen lagernden Branntwein gegen Feuersgefahr zu versichern und für den bei der Reinigung und Lagerung entstehenden Schwund aufzukommen. Die Reinigungsanstalten sind befugt, ihr Branntweinlager bis zur Höhe des von ihnen gezahlten Übernahmepreises zu lombardieren.

[1]) Der Zusatz, daß die Reinigungsanstalten befugt sind, ihr Branntweinlager bis zur Höhe des von ihnen gezahlten Übernahmepreises zu lombardieren, beruht auf einen Antrag Nr. 98 Ziff. 3 der Ausschußverhandlungen.

Der Antragsteller verwies auf die Begründung der Vorlage, die selbst auf die **Lombardierung** der Ware verweise, sowie auf § 24 des Hauptvertrags (S. 144 der Vorlage). Wenn die Reinigungsanstalten entsprechend der bisherigen Übung verpflichtet würden, den Branntwein zu bezahlen, dann müsse ihnen auch gestattet sein, sich die erforderlichen, unter Umständen gewaltigen Beträge bis zur Höhe dieser Zahlungen durch Lombardierung zu beschaffen Ein Regierungsvertreter erklärte: Das werde sich im Wege der Vereinbarung ordnen lassen. Die Kreditwürdigkeit sei aber unter Umständen zweifelhaft, man könne deshalb eine derartige allgemeine Bestimmung nicht treffen. Der Antragsteller erwiderte, daß die Frage der Kreditwürdigkeit hier ganz ausscheide. Die Lombardierung werde nur in Höhe derjenigen Beträge für zulässig erklärt, welche tatsächlich von der Reinigungsanstalt vorschußweise für die Monopolverwaltung bezahlt worden seien. Wenn die Monopolverwaltung auf diese Weise den Kredit dritter Personen unter Umständen für einen Zeitraum von Monaten in Anspruch nehme, müsse sie sich auch in diesem Rahmen die Lombardierung gefallen lassen. Der Antrag wurde darauf einstimmig angenommen.

**§ 202.** Unbeschadet der verwirkten Ordnungsstrafen kann die Monopolverwaltung die Ausführung der Reinigung, Lagerung und Versendung von Branntwein für ihre Rechnung durch Androhung und Einziehung von Geldstrafen bis zu zwanzigtausend Mark im einzelnen Falle erzwingen, auch, wenn die Ausführung abgelehnt wird, diese auf Kosten des Pflichtigen bewirken lassen. Das Verfahren regelt sich nach § 184.

**§ 203.** Reinigungsanstalten, die weiterbeschäftigt werden, erhalten für ihre Tätigkeit bis zum Schlusse des zehnten Betriebsjahrs nach dem Inkrafttreten dieses Gesetzes

1. für jedes Hektoliter ihrer Beschäftigungszahl eine Grundgebühr (§ 205),
2. ein nach dem Umfang ihrer Tätigkeit sich richtendes Geschäftsentgelt (§ 206).

**§ 204.** Die Beschäftigung der Reinigungsanstalten hat sich nach dem Verhältnis der Beschäftigungszahlen zu der Menge des in einem Betriebsjahr zu reinigenden Branntweins zu richten (Jahreszahl). Die Beschäftigung der Reinigungsanstalten mit der Herstellung von über Holzkohle filtriertem Primasprit, Feinsprit und Weinsprit hat sich nach der Nachfrage nach den Erzeugnissen bestimmter Reinigungsanstalten, möglichst jedoch nach dem Verhältnis der für diese Sorten festgesetzten besonderen Beschäftigungszahlen (§ 200) zu richten. Ungleichheiten sind durch erhöhte Beschäftigung im folgenden Betriebsjahr oder durch eine Entschädigung für entgangenen Gewinn abzugelten.

**§ 205.** Die Grundgebühr beträgt für jedes Hektoliter der Beschäftigungszahl 2,50 Mark und für jedes Hektoliter des Raumgehalts der in den Lagern aufgestellten, nicht zum Versand geeigneten Aufbewahrungsgefäße 0,50 Mark ohne Rücksicht darauf, ob die Tätigkeit oder die Lager in Anspruch genommen werden. Die Reinigungsanstalt hat als Gegenleistung ihre gesamten Betriebseinrichtungen, insbesondere Gebäude, Branntweinlager, Branntweinreinigungsgeräte, Maschinen, Versandeinrichtungen dauernd in gebrauchsfertigem Zustand zu erhalten.

Die nach § 200 zur Herstellung von über Holzkohle filtriertem Primasprit, Feinsprit und Weinsprit befugten Reinigungsanstalten können von der Bereitstellung der zur Herstellung dienenden besonderen Einrichtungen durch die Monopolverwaltung befreit werden. Soweit sie diese Einrichtungen in gebrauchsfertigem Zustand erhalten, wird ihnen ein von dem im § 212 bestellten Ausschuß festzusetzender angemessener Zuschlag zur Grundgebühr nach Maßgabe der besonderen Beschäftigungszahlen für über Holzkohle filtrierten Primasprit, Feinsprit und Weinsprit gezahlt.

**§ 206.** Das Geschäftsentgelt besteht aus dem Lohne für die eigentliche Reinigungstätigkeit (Reinigungslohn) und dem Entgelte für die übrigen nach § 201 zu übernehmenden Leistungen.

Der Reinigungslohn ist auf das Hektoliter zu bemessen und in der Weise festzusetzen, daß die höheren Arbeitskosten, insbesondere für kleinere Betriebe, durch Zuschläge ausgeglichen werden.

Für die Herstellung von über Holzkohle filtriertem Primasprit, Feinsprit und Weinsprit werden unter Berücksichtigung der höheren Verwertung dieser Erzeugnisse Zuschläge gezahlt.

**§ 207.** Die Reinigungsanstalten sind auf ein innerhalb des ersten Jahres nach Inkrafttreten dieses Gesetzes gestelltes Verlangen verpflichtet, ihre Kesselwagen der Monopolverwaltung gegen einen angemessenen Übernahmepreis zu überlassen.

**§ 208.** Reinigungsanstalten, die nicht beschäftigt werden, erhalten vom Tage der Betriebseinstellung ab bis zum Schlusse des zehnten Betriebsjahrs nach dem Inkrafttreten dieses Gesetzes außer der Grundgebühr und dem für besondere Fälle vorgesehenen Zuschlag (§§ 205, 206) für jedes Hektoliter der allgemeinen Beschäftigungszahl (§ 200) eine Gewinnentschädigung und für jedes Hektoliter der besonderen Beschäftigungszahlen (§ 200) einen Zuschlag zur Gewinnentschädigung. Grundgebühr und Gewinnentschädigung sind am Schlusse der einzelnen Betriebsjahre zu zahlen. Der Anspruch auf weitere Entschädigungen nach Ablauf des zehnten Betriebsjahrs (§ 210) wird hierdurch nicht berührt.

**§ 209.** Über die Reinigung der auf freigewordene Beschäftigungszahlen entfallenden Branntweinmenge entscheidet die Monopolverwaltung.

**§ 210.** Die Beschäftigung der Reinigungsanstalten nach Schluß des zehnten Betriebsjahrs nach dem Inkrafttreten dieses Gesetzes unterliegt der freien Vereinbarung. Kommt eine solche nicht zustande, so zahlt die Monopolverwaltung während fünf weiterer Betriebsjahre je an deren Schluß für jedes Hektoliter der Beschäftigungszahl 2,50 Mark und für jedes Hektoliter des nicht benutzten Raumgehalts der in den Lagern aufgestellten, nicht zum Versand geeigneten Aufbewahrungsgefäße 0,50 Mark jährlich als Entschädigung; die Verpflichtung der Reinigungsanstalt zur Gegenleistung erlischt.

**§ 211.** Durch die in den §§ 205, 206, 208 und 210 vorgesehenen Entschädigungen werden die Reinigungsanstalten zugleich in Beziehung auf alle in den §§ 228 bis 239 nicht berücksichtigten Ansprüche von Vorstandsmitgliedern, Geschäftsführern, Angestellten, Mitgliedern des Aufsichtsrats oder anderen Personen, mit denen sie hinsichtlich des Betriebs, der Versendung oder des Absatzes von Branntwein Verträge abgeschlossen haben, endgültig abgefunden.

**§ 212.** Das Geschäftsentgelt und die Zuschläge, die Gewinnentschädigung und den Zuschlag zur Grundgebühr (§§ 203, 204, 205, 206, 208) setzt ein Ausschuß fest, der aus zwei vom Reichskanzler zu ernennenden höheren Verwaltungsbeamten, von denen einer Vorsitzer ist, zwei Mitgliedern des Monopolamts und zwei Vertretern der Reinigungsanstalten besteht; bei Stimmengleichheit entscheidet die Stimme des Vorsitzers. Der Ausschuß kann Sachverständige vernehmen.

Gegen die Entscheidung des Ausschusses ist Beschwerde beim Reichskanzler zulässig, der endgültig entscheidet. Der Bundesrat trifft die näheren Bestimmungen über das Verfahren und über die Wahl der Vertreter der Reinigungsanstalten.

**Brennereibesitzer.**

**§ 213.** Haben Besitzer von Brennereien, deren Brennrecht 300 Hektoliter Weingeist nicht übersteigt, in der Zeit vom 1. Oktober 1907 bis 30. September 1917 in wenigstens zwei Betriebsjahren gebrannt, so werden sie auf Antrag von der Monopolverwaltung entschädigt, wenn sie ihre Brennerei gänzlich abmelden (§ 33 Abs. 1 Nr. 1). Ebenso werden entschädigt Besitzer von Brennereien ohne Brennrecht, die im Durchschnitt der Betriebsjahre 1904/05 bis 1913/14 nicht mehr als 300 Hektoliter Weingeist hergestellt haben. Anträge auf Zubilligung der Entschädigung sind nur zu berücksichtigen, wenn sie innerhalb fünf Jahren nach dem Inkrafttreten dieses Gesetzes bei der zuständigen Verwaltungsbehörde eingegangen sind.

Die Entschädigung wird für die ersten zehn vollen Betriebsjahre nach dem Inkrafttreten dieses Gesetzes frühestens von dem Jahre ab gewährt, in dem die Brennerei dauernd außer Betrieb gewesen ist. Sie beträgt für ein Liter des Brennrechts oder, wenn die Brennerei ein Brennrecht nicht besitzt, für ein Liter der in den Betriebsjahren 1904/05 bis 1913/14 durchschnittlich hergestellten Weingeistmenge eine Mark, mindestens aber 50 Mark, und für Brennereien mit einer zu entschädigenden Menge von nicht mehr als 200 Hektoliter Weingeist höchstens 2000 Mark für Brennereien, deren Entschädigungsmenge mehr beträgt, höchstens 2500 Mark jährlich.

Die näheren Bestimmungen trifft der Bundesrat.

Die Vorschrift steht in Zusammenhang mit der Ausdehnung des **Verschlußzwanges** für Brennereien. Ein **Recht** auf die **Entschädigung** ist nur Brennereien gegeben, die als Kleinbrennereien zum Brennrecht nicht veranlagt werden oder über ein geringes Brennrecht verfügen.

**Destillateure.**

**§ 214**[1]). Inhaber von Betrieben, in denen im Betriebsjahr 1913/14 gewerbsmäßig Trinkbranntwein hergestellt ist, oder deren Rechtsnachfolger werden für die Aufgabe oder Einschränkung des Betriebs von der Monopolverwaltung entschädigt; Anträge auf Zubilligung der Entschädigung sind nur zu berücksichtigen, wenn sie innerhalb zweier Jahre nach dem Inkrafttreten dieses Gesetzes bei der zuständigen Verwaltungsbehörde eingegangen sind. Diese Vorschrift gilt nicht für Inhaber von Gast- oder Schankwirtschaften, soweit sie zum Absatz in ihrer Gast- oder Schankwirtschaft Branntwein zu Trinkbranntwein verarbeitet haben.

Ist ein nach Abs. 1 einen Anspruch auf Entschädigung begründender Betrieb durch ein erst nach dem 30. November 1917 abgeschlossenes Rechtsgeschäft unter Lebenden erworben, so besteht kein Anspruch auf Entschädigung; der Bundesrat kann aus Billigkeitsgründen eine angemessene Entschädigung gewähren.

Die Vorschriften der beiden ersten Absätze finden auch auf andere Betriebe Anwendung, insoweit sie unverarbeiteten Branntwein in Mengen von nicht mehr als 280 Liter Weingeist im Einzelfall abgesetzt haben.

[1]) Für die **Aufgabe eines Geschäfts** können (auch nebeneinander) **zwei Entschädigungsformen** in Betracht kommen: **Sachentschädigung** und **Gewinnabfindung**. Erstere kann namentlich dann erforderlich werden, wenn Grundstücke, An-

lagen, Vorräte und anderes von dem Reichsbetriebe übernommen werden sollen. Ein Übergang von Sachen auf das Reich kommt nach dem Gesetz nicht in Frage. Die Sachentschädigung könnte daher nur ihren Grund haben in einer weitgehenden dauernden Sachentwertung. In welchem Umfang eine solche eintritt, würde aber gerade bei den Destillationsbetrieben und bei der vom Gesetz in Aussicht genommenen Belassung eines Teiles der Trinkbranntweinherstellung in Privatbetrieben ungemein schwer zu beurteilen sein. Bei dem bestehenden Ineinandergreifen mehrerer verschiedenartiger Betriebe und der Benutzung gemeinsamer Einrichtungen für sie würde eine gerechte und sachgemäße Abgeltung der Wertminderung, die eine Folge der Einführung des Monopols ist, nicht durchführbar sein. Es kommt hinzu, daß die Betriebe die von ihnen etwa hergestellten oder neue Marken auch in Zukunft erzeugen und vertreiben können. Das Gesetz nimmt daher von Aufstellung besonderer Grundsätze für eine Sachentschädigung Abstand. Durch die Einführung des Monopols eintretende Sachentwertungen sollen durch eine höhere Bemessung der nach dem Umfange des Geschäfts sich richtenden einheitlichen Gewinnabfindung mitabgegolten werden.

Als **Grundlage** für die Entschädigung sind die für das Geschäft im Betriebsjahre 1913/14 stattgehabten Versteuerungen vorgesehen (§ 216). Diese Regelung empfahl sich, weil die Einschränkung der Trinkbranntweinerzeugung im Jahre 1915 und 1916 auf der Grundlage der Versteuerungen im Jahre 1913/14 durchgeführt wurde (Bekanntmachung vom 31. März 1915, RGBl. S. 208) und das Gewerbe sich gewöhnt hat, die hiermit geschafften „Versteuerungsrechte" als Grundlage für die ferneren Zuweisungen von Branntwein und somit ihrer gesamten Geschäftstätigkeit anzusehen. Die im Jahre 1915 festgesetzten Zahlen können allerdings nicht überall ohne weiteres der Entschädigung zugrunde gelegt werden. Unter den Berechtigten sind, wie die amtliche Begründung ausführt, viele Gewerbetreibende, die nicht Destillateure sind, z. B. Händler und Reinigungsanstalten. Außerdem gibt es sehr viele Destillateure, die den zu Trinkware verarbeiteten Branntwein nicht selbst versteuert, sondern versteuert bezogen haben. Die Zahlen der Versteuerungsrechte können daher ohne weiteres nur insoweit maßgebend sein, als ein Hersteller von Trinkbranntwein, der nach dem Gesetz entschädigungsberechtigt ist, den Branntwein selbst versteuert hat. Ausscheiden müssen die Versteuerungsrechte insoweit, als ihre Inhaber Trinkbranntwein nicht hergestellt haben. Anderseits müssen denjenigen Herstellern von Trinkbranntwein, die Branntwein nicht selbst versteuert haben, Entschädigungszahlen nach dem Umfange des Bezugs von versteuertem Branntwein zugewiesen werden. Dies wird nach dem Urteil Sachverständiger nicht schwer fallen, da, falls Unterlagen für diese Feststellung aus dem eigenen Geschäfte nicht beigebracht werden können, die Geschäftsbücher der liefernden Stelle (Spritfabrik, Händler) Aufschluß geben. Schon unter Geltung der Verordnung vom 31. März 1915 wurde von den Beteiligten verlangt, daß die Inhaber der Versteuerungsrechte solchen Abnehmern, die von ihnen früher den Branntwein versteuert bezogen hatten, auch weiterhin dem früheren Bezug unter Berücksichtigung der inzwischen erfolgten Einschränkung entsprechend Branntwein lieferten. Diesem Verlangen trug die Verordnung vom 28. Oktober 1915 (RGBl. S. 718) Rechnung. Bei diesen Vorgängen wird die Ermittelung der Entschädigungszahlen voraussichtlich ohne erhebliche Schwierigkeiten durchzuführen sein. Es hätte nahe gelegen, die Berechnung der Entschädigungszahl auf Grund der Versteuerungen usw. mehrerer Betriebsjahre vorzusehen. Aber einmal haben sich die Beteiligten daran gewöhnt, mit den Zahlen des Jahres 1913/14 zu rechnen und sodann (was wichtiger sein dürfte) verliert die Feststellung an Zuverlässigkeit, je weiter der maßgebende Zeitraum zurückliegt. Durch Einführung des Monopols werden auch die Gewerbebetriebe betroffen, die unverarbeiteten, versteuerten Branntwein in kleinen Mengen verkauft haben. Denn wenn auch der Absatz solcher kleinen Mengen z. B. an **Apotheker**, Krankenanstalten, Laboratorien, **Drogerien** usw. in Zukunft in gleicher Weise wie bisher stattfinden wird, so fällt doch der Absatz der für Trinkzwecke bestimmten Mengen fort. Entsprechend dem geringeren Gewinn beim Absatz dieser Ware und im Hinblick auf das Verbleiben eines Teils dieses Absatzes bei den bisherigen Verkäufern, hat das Gesetz im § 216 auch für diesen Fall Vorsorge getroffen.

**§ 215.** Mehrere Betriebe, die für Rechnung einer und derselben Person oder Gesellschaft geführt worden sind, gelten für die Berechnung der Entschädigung als ein Betrieb.

**§ 216.** Als Grundlage für die Berechnung der Entschädigung wird die Weingeistmenge ermittelt, die in dem Betriebe des Berechtigten in der Zeit vom 1. Oktober 1913 bis zum 31. Juli 1914 nachweislich gegen Entrichtung der Verbrauchsabgabe in den freien Verkehr gesetzt oder versteuert bezogen oder unversteuert ausgeführt worden ist. Von der ermittelten Menge wird die Menge, die in dem gleichen Zeitraum in dem Betriebe des Berechtigten

1. zu Trinkbranntwein verarbeitet ist, mit ihrem vollen Betrage, vermehrt um ein Fünftel,
2. als unverarbeiteter Branntwein in Mengen von nicht mehr als 280 Liter Weingeist im Einzelfall abgesetzt ist, mit fünfzehn Hundertteilen ihres Betrags, vermehrt um ein Fünftel,

in Ansatz gebracht (Entschädigungszahl).

Die näheren Bestimmungen trifft der Bundesrat.

**§ 217.** Die Entschädigung wird für die ersten zehn Betriebsjahre nach dem Inkrafttreten dieses Gesetzes gewährt und beträgt jährlich für das Hektoliter der Entschädigungszahl,

| | | | |
|---|---|---|---|
| wenn diese nicht höher ist als | 100 | ... 40 | M. |
| " " " " " " | 200 | ... 38 | " |
| " " " " " " | 300 | ... 36 | " |
| " " " " " " | 400 | ... 34 | " |
| " " " " " " | 500 | ... 32 | " |
| " " " " " " | 600 | ... 30 | " |
| " " " " " " | 700 | ... 28 | " |
| " " " " " " | 800 | ... 26 | " |
| " " " " " " | 900 | ... 24 | " |

wenn diese nicht höher ist als 1000 ... 22 M.
„ „ höher ist als 1000 ... 20 „

In jeder höheren Staffel wird als Gesamtentschädigung mindestens so viel gewährt, wie sich ergeben würde, wenn die Grenzzahl der vorhergehenden Staffel zu berücksichtigen wäre.

**§ 218.** Zur Herstellung von freigeldpflichtigem Trinkbranntweine verwendete Weingeistmengen werden auf die Entschädigungszahl angerechnet. Dies gilt auch im Falle eines Wechsels im Besitze des Betriebs, wenn der Betrieb unter der gleichen oder einer anderen ein Nachfolgeverhältnis andeutenden Firma fortgesetzt wird, oder wenn der freigeldpflichtige Trinkbranntwein unter Formen in den Verkehr gebracht wird, die ihn als gleichartig mit Erzeugnissen erscheinen lassen sollen, wie sie von dem Entschädigungsberechtigten abgesetzt worden sind.

**§ 219.** Der Bundesrat kann unter Berücksichtigung der angesammelten Bestände und des voraussichtlichen Verbrauchs von Trinkbranntwein festsetzen, welchen Teil der der Entschädigungszahl entsprechenden Branntweinmenge jeder Hersteller von freigeldpflichtigem Trinkbranntweine zum regelmäßigen Verkaufspreise beziehen darf.

Mehrere Hersteller von freigeldpflichtigem Trinkbranntweine dürfen die ihnen hiernach zustehenden Mengen auch gemeinsam beziehen und verarbeiten.

**§ 220.** Die Entschädigungen werden am Schlusse eines jeden mit dem Brennereibetriebsjahre sich deckenden Entschädigungsjahrs gezahlt. Dem Entschädigungsberechtigten, sofern er auf die Herstellung freigeldpflichtigen Trinkbranntweins völlig verzichtet, ist auf Antrag eine Bescheinigung auszustellen, aus der die Höhe seiner gesamten Entschädigungsansprüche ersichtlich ist.

Zu § 220 (§ 219 des Entwurfs).

Hierzu lag der Antrag Nr. 93 Ziff. 3 vor: dem § 219 folgende Fassung zu geben: „Die Entschädigungen werden am Schlusse eines jeden mit dem Brennereibetriebsjahr sich deckenden Entschädigungsjahrs gezahlt. Dem Entschädigungsberechtigten, sofern er auf die Herstellung gebührenpflichtigen Branntweins völlig verzichtet, ist auf Antrag eine Urkunde auszustellen, aus der die Höhe seiner gesamten Entschädigungsansprüche ersichtlich ist."

Zur Begründung wurde ausgeführt: Es handle sich darum, daß die entschädigungsberechtigten Personen in der Lage sein würden, sich auf die Urkunde **Geld** zu verschaffen.

Von anderer Seite wurde der Antrag unterstützt, aber darauf hingewiesen, daß das Wort „Branntwein" richtig „Trinkbranntwein" heißen müsse, entsprechend der Ausdrucksweise der Vorlage. Der Antrag wurde mit großer Mehrheit angenommen.

**§ 221.** Durch die in den §§ 217 bis 220 vorgesehene Entschädigung werden sämtliche Ansprüche des Berechtigten aus der Aufgabe oder Einschränkung seines Betriebs abgegolten.

**Besitzer von Abfüllstellen.**

**§ 222.** Inhaber von Betrieben — mit Ausnahme von Reinigungsanstalten —, in denen im Betriebsjahr 1913/14 vollständig vergällter Branntwein gewerbsmäßig und im großen in die für den Kleinhandel bestimmten Behältnisse abgefüllt und in diesen Behältnissen an Kleinhändler abgesetzt ist, werden von der Monopolverwaltung weiterbeschäftigt oder entschädigt.

Als Grundlage für die Berechnung der Entschädigung wird die Weingeistmenge vollständig vergällten Branntweins ermittelt, die in dem Betriebe des Berechtigten im Betriebsjahr 1913/14 nachweislich in der im Abs. 1 angegebenen Weise abgefüllt und abgesetzt ist.

Die Entschädigung wird für die ersten drei Betriebsjahre nach dem Inkrafttreten dieses Gesetzes gewährt und beträgt

für die ersten im Betriebsjahr 1913/14 abgesetzten 10000 Hektoliter Branntwein ........................ 0,60 M.
für die zweiten im Betriebsjahr 1913/14 abgesetzten 10000 Hektoliter Branntwein ........................ 0,50 M.
für den Rest der im Betriebsjahr 1913/14 abgesetzten Branntweinmengen ...................... 0,40 M.

für das Hektoliter Weingeist.

Die Entschädigungszeit mindert sich um den Zeitraum, der auf die Beschäftigung durch die Monopolverwaltung entfällt.

Die Vorschriften der §§ 220 und 221 finden entsprechende Anwendung.

**Besitzer von Branntweinlagern.**

**§ 223.** Auf Branntweinlager, die vor den 1. Oktober 1917 betriebsfähig bestanden haben und nicht zu einer Reinigungsanstalt gehören, werden die für die Lager der Reinigungsanstalten geltenden Vorschriften sinngemäß angewendet.

Der § 223 (§ 221 des Gesetzes) lautete im Regierungsentwurf:

„Die Besitzer von solchen Branntweinlagern unter amtlichem Mitverschlusse, die vor dem 1. Oktober 1917 betriebsfähig bestanden haben und den bisher geltenden Bestimmungen entsprechende Lagereinrichtungen haben, können zu der Monopolverwaltung in ein Vertragsverhältnis treten und die Lagerung und Versendung des Branntweins gegen Entgelt übernehmen. Kommt ein Vertrag nicht zustande, so werden die

Besitzer der Branntweinlager auf Antrag in angemessenen Grenzen entschädigt."

Hierzu hatte die amtliche Begründung ausgeführt: Die **Branntweinlager** bilden die notwendige **Ergänzung** der **Reinigungsanstalten**, insbesondere in Gegenden, wo letztere fehlen oder wenn deren Lager nicht genügende Einrichtungen haben. Es ist auch hier das Zweckmäßigste, an das Bestehende anzuknüpfen und mit den Lagerbesitzern Mietverträge abzuschließen. Ein Lager, das zu einer Reinigungsanstalt gehört, gilt als Teil der Anstalt und wird nach den für diese geltenden Vorschriften behandelt.

**Vermittler.**

**§ 224.** Gewerbetreibende, die nach dem 30. September 1912 wenigstens drei Jahre lang den Branntweinverkehr zwischen der Brennerei und dem Abnehmer des Branntweins vermittelt haben, werden nach Wahl der Monopolverwaltung auf die Dauer von zehn Jahren nach dem Inkrafttreten dieses Gesetzes weiterbeschäftigt oder in angemessenen Grenzen entschädigt.

Hierzu lag der Antrag Nr. 94 Ziff. 1 vor, dem § 221 die aus dem Gesetz ersichtliche Fassung zu geben, was der Antragsteller damit begründete, daß die Fassung zweckmäßiger sei. Der Antrag wurde angenommen.

Zu § 224 (§ 222 des Entwurfs) fragte ein Mitglied des Ausschusses, was unter **„angemessene Grenze"** zu verstehen sei. Ein Vertreter des Reichsschatzamts verwies auf § 227. Der Bundesrat solle die maßgebenden Grundsätze aufstellen. Die Verhandlungen mit den beteiligten Personen seien ergebnislos geblieben. Man müsse es also dem Bundesrat überlassen.

Der Grund der Vorschrift des § 224 ist der, daß seit Jahrzehnten Verträge über die **Vermittelung** des Branntweinverkehrs zwischen der Brennerei und dem Abnehmer des Branntweins (Spiritus-Zentrale) bestehen, nach denen der Vermittler dem Brennereibesitzer Fässer oder Kesselwagen zu den Branntweinabnahmen stellt und Vorschüsse gewährt.

Die Beibehaltung dieser Vermittler wird die Überleitung in die neuen Verhältnisse wesentlich erleichtern.

**Händler.**

**§ 225.** Wer in den Betriebsjahren 1911/12 bis 1913/14 mit Branntwein gewerbsmäßig im großen gehandelt hat, wird auf Antrag in angemessenen Grenzen entschädigt. Auf Branntweinreinigungsanstalten ist diese Vorschrift nicht anwendbar. Der Antrag ist vor Ablauf des zweiten Jahres nach dem Inkrafttreten dieses Gesetzes bei der zuständigen Verwaltungsbehörde zu stellen.

Die Spiritus-Zentrale und die ihr angeschlossenen Reinigungsanstalten verfügen über den weitaus größten Teil des Branntweinmarktes. Es haben jedoch wenigstens in früheren Jahren einige **Großhändler** neben der Zentrale bestanden. Den Inhabern solcher Geschäfte für das Aufhören des Handels eine gewisse Entschädigung zu gewähren, erschien billig.

**Agenten.**

**§ 226.** Gewerbetreibende, die nach dem 30. September 1912 im Namen der Spirituszentrale oder einer Reinigungsanstalt Geschäfte über die Lieferung von Branntwein einschließlich des vergällten Branntweins abgeschlossen haben, werden auf Antrag weiterbeschäftigt oder entschädigt. Die Entschädigung wird in Höhe der Hälfte der nachweislich im Betriebsjahr 1913/14 gezahlten Vermittlergebühren auf die Dauer von fünf Jahren gewährt. Die Entschädigungszeit mindert sich um den Zeitraum, der auf die Beschäftigung durch die Monopolverwaltung entfällt.

**§ 227.** Der Bundesrat wird ermächtigt, Grundsätze aufzustellen, nach denen in den Fällen der §§ 224 und 225 die Entschädigungen zu bemessen sind.

Die Festsetzung der Maßstäbe, nach denen Besitzer von Branntweinlagern, Vermittler und Großhändler entschädigt werden sollen, ist der Bestimmung des **Bundesrats** vorbehalten, weil es sich hier nur um einen beschränkten Kreis von Gewerbetreibenden handelt, ferner, weil es zweifelhaft ist, ob eine nennenswerte Anzahl dieser Personen, bei der Möglichkeit ihrer weiteren Verwendung im Monopolbetriebe, für die Entschädigung in Betracht kommt und weil schließlich für diesen Fall der Bundesrat eher in der Lage ist, seine Bestimmungen der Verschiedenartigkeit des Falles anzupassen.

**Angestellte.**

**§ 228.** Die über 21 Jahre alten Personen, die bei Inkrafttreten dieses Gesetzes im Betrieb einer Reinigungsanstalt angestellt waren und nachweislich infolge dieses Gesetzes nicht oder zu ungünstigeren Bedingungen weiterbeschäftigt werden, erhalten von der Monopolverwaltung ihre bisherigen Bezüge bis zum Ablauf der sechs Monate, die dem Inkrafttreten dieses Gesetzes folgen.

Statt der im Abs. 1 bezeichneten Entschädigung erhalten die Angestellten, die ununterbrochen seit dem 1. August 1914 in einer Reinigungsanstalt angestellt waren, als Entschädigung für jedes auch nur begonnene Jahr die Hälfte der Bezüge des letzten Anstellungsjahrs. Angestellte, die zur Zeit des Inkrafttretens dieses Gesetzes das fünfundvierzigste Lebensjahr vollendet haben, erhalten für jedes auch nur begonnene weitere Anstellungsjahr drei Viertel, Angestellte, die zur angegebenen Zeit das fünfundfünfzigste Lebensjahr vollendet haben, erhalten die vollen Bezüge des letzten Anstellungsjahrs.

Als Unterbrechung gilt nicht die Tätigkeit in der Spirituszentrale, in einer der für Rechnung dieser Gesellschaft betriebenen Unternehmungen oder in Spiritusverwertungsgenossenschaften, ebenso nicht der Dienst im Heere, in der Marine oder im vaterländischen Hilfsdienst.

Die **Angestellten**, die unmittelbar vor Inkrafttreten des Gesetzes in **Reinigungsanstalten**, in **Destillationsbetrieben** oder in der **Spiritus-Zentrale** tätig sind, sollen, soweit sie infolge des Gesetzes nicht oder zu ungünstigeren Bedingungen weiter beschäftigt werden, **entschädigt** werden. Im Geschäftsbereiche der Spiritus-Zentrale werden solche Fälle kaum vorkommen und in dem der Reinigungsanstalten voraussichtlich nur in geringem Umfang; denn soweit nicht an sich schon Mangel an Arbeitskräften herrscht, hat die Zahl der Angestellten durch Betriebszusammenlegungen abgenommen, so daß nach Wiederkehr geregelter Zustände eher Neueinstellungen zu erwarten sind. Die Angestellten der Spiritus-Zentrale werden in der Monopolverwaltung dringend gebraucht werden, und das Gleiche gilt mit gewissen Einschränkungen für die Angestellten der Reinigungsanstalten, da diese Betriebe grundsätzlich gegen feste Lohnsätze beschäftigt werden sollen.

Die **entschädigungsberechtigten Angestellten** sollen zunächst sämtlich bis zum Ablauf des ersten halben Jahres nach Beendigung des Vertragsverhältnisses (Inkrafttreten des Gesetzes) ihre **bisherigen Bezüge weitererhalten**. Dies gilt auch für den Fall, daß das Anstellungsverhältnis unter ungünstigeren Bedingungen, als der abgelaufene Vertrag vorsah, fortgesetzt wird. Hierdurch erhalten die Betroffenen Zeit zur Erlangung einer anderen Anstellung. Im übrigen empfahl es sich, wie es in dem Entwurf eines Gesetzes über den Verkehr mit Leuchtöl vorgeschlagen war (Verhandlungen des Reichstags I. Session 1912/14 Nr. 544 der Drucksachen), die Entschädigung einmal nach der Länge der **Anstellungsdauer** und sodann nach dem **Lebensalter** abzustufen. Hatten Angestellte das 45. Lebensjahr vollendet, so ist ein besonderer Anspruch auf Berücksichtigung erworben.

Es bestand in den Ausschußverhandlungen Einverständnis darüber, daß nach der Fassung des § 225 alle **diejenigen Personen** zu dem Kreise der Entschädigungsberechtigten gehören, die bei Inkrafttreten dieses Gesetzes **das 21. Lebensjahr vollendet** haben.

Ebenso war der Ausschuß darin einig, daß bei einem etwaigen **Wechsel** der **Beschäftigung** zwischen einer **Reinigungsanstalt** und einem der in § 235 **genannten Betriebe** die Beschäftigung im Sinne der Entschädigungsberechtigung als eine **einheitliche** anzusehen sein würde, unter entsprechender Zusammenrechnung der fortlaufenden Beschäftigungszeiträume.

**§ 229.** Als Bezüge gelten neben dem Gehalt oder Lohne die geschäftsüblichen Geldgeschenke, Provisionen, freie Wohnung, Beleuchtung und sonstigen Vorteile, die sich als Gegenleistung für die im bisherigen Geschäftsbetriebe geleistete Arbeit kennzeichnen.

Wurden die Bezüge nach dem 1. Juli 1918 erhöht, so wird die Erhöhung nicht berücksichtigt, es sei denn, daß sie der bisherigen Übung des Betriebs oder den Zeitverhältnissen entsprach.

Für Kriegsteilnehmer können diese Bezüge aus Rücksichten der Billigkeit erhöht werden.

[1]) Im Ausschuß herrschte Einverständnis, daß unter die „**sonstigen Vorteile**" des § 229 auch die Leistung von Beiträgen für die Angestellten, sei es zu staatlichen **Kassen**, sei es zu privater **Versicherung**, wie überhaupt **jede Zahlung** fällt, die über die gesetzlichen Verpflichtungen des Arbeitgebers hinaus geleistet worden ist und sich als eine Gegenleistung für die Dienstverrichtung darstellt; ebenso Reisespesen, soweit sie als ein Teil des Gehalts anzusehen sind.

[2]) Es war die Absicht des Ausschusses, dafür zu sorgen, daß die Kriegsteilnehmer nicht hinter ihren zu Hause gebliebenen Kollegen in gleicher Stellung zurückgesetzt werden sollten, soweit es sich im Rahmen des Gesetzes ermöglichen ließ. Insbesondere sollte die vom Ausschuß vorgeschlagene Berücksichtigung der „**Zeitverhältnisse**" diesem Zwecke dienen.

**§ 230.** Die Entschädigung darf insgesamt nicht mehr als das Siebeneinhalbfache der Bezüge des letzten Anstellungsjahrs und nicht mehr als hunderttausend Mark betragen.

**§ 231.** Angestellte, die zu den bisherigen Bedingungen zunächst weiterbeschäftigt werden, denen aber später gekündigt wird, haben, wenn die Kündigung nicht aus einem in ihrer Person liegenden wichtigen Grunde erfolgt (§ 72 des Handelsgesetzbuchs),

1. bei Kündigung innerhalb der ersten drei Jahre nach dem Inkrafttreten dieses Gesetzes Anspruch auf volle Entschädigung,
2. bei späterer Kündigung Anspruch auf die um ein Neuntel für jedes volle Jahr, um das der Angestellte länger als drei Jahre weiterbeschäftigt worden ist, geminderte Entschädigung.

Wird dem Angestellten gekündigt, weil er durch Krankheit oder unverschuldetes Unglück an der Verrichtung seiner Dienste verhindert wird, so wird die Entschädigung nicht gemindert. Das Gleiche gilt, wenn der Angestellte aus einem wichtigen Grunde (§ 71 des Handelsgesetzbuchs) kündigt.

**§ 232.** Angestellte, die innerhalb der ersten drei Jahre nach dem Inkrafttreten dieses Gesetzes ohne wichtigen Grund es ablehnen, eine ihnen von der Monopolverwaltung unter Belassung der bisherigen Bezüge angebotene, ihrer beruflichen Vorbildung entsprechende Beschäftigung auszuführen, werden nicht entschädigt. Das Gleiche gilt, wenn ein Angestellter, der zunächst weiter beschäftigt worden ist, während der ersten drei Jahre nach Inkrafttreten dieses Gesetzes kündigt.

Im Falle einer späteren Kündigung erhält der Angestellte als Entschädigung die Hälfte der Bezüge, die ihm nach § 231 Abs. 1 Ziff. 2 zustehen würden.

**§ 233.** Die Entschädigungen sind alsbald nach Beendigung des Anstellungsverhältnisses auszuzahlen.

Stirbt der Angestellte, bevor der nach den Vorschriften der §§ 228 bis 232 entstandene Entschädigungsanspruch befriedigt oder erloschen ist, und hinterläßt er eine Ehefrau oder Erben erster Ordnung, so wird die Entschädigung in dem Betrage, zu dem sie am Schlusse des letzten Vierteljahrs zu beanspruchen war, jedoch gemindert um ein Drittel, an die Erben gezahlt.

Der § 233 (§ 230 des Entwurfs) lautete ursprünglich:

§ 230. Die Entschädigungen werden am Schlusse jedes Monats im voraus in den Beträgen gezahlt, die den bisherigen Bezügen der Angestellten entsprechen, jedoch nicht über einen Betrag von jährlich zwölftausend Mark hinaus. Der Angestellte muß sich auf die Entschädigung anrechnen lassen, was er infolge einer neuen Anstellung erwirbt oder zu erwerben unterläßt.

Im Falle des § 229 Abs. 2 kann die Monopolverwaltung auf Antrag die Entschädigung alsbald in einer Summe zahlen.

Die veränderte Fassung beruht auf Antrag Nr. 154 der Drucksachen.

**§ 234.** Zu den Angestellten im Sinne dieser Vorschriften sind auch die Vorstandsmitglieder von Gesellschaften zu rechnen. Reisende gelten als Angestellte nur insoweit, als sie bereits am 1. Oktober 1917 als Handlungsgehilfen im Sinne des sechsten Abschnitts des ersten Buches des Handelsgesetzbuchs mit festem Gehalt angestellt waren.

**§ 235.** Die Vorschriften der §§ 228 bis 234 finden sinngemäße Anwendung auf Angestellte, die bei Inkrafttreten dieses Gesetzes

1. im Geschäftsbetriebe der Spirituszentrale, Gesellschaft mit beschränkter Haftung in Berlin, oder in einer der für Rechnung dieser

Gesellschaft betriebenen Unternehmungen tätig sind oder

2. in Spiritusverwertungsgenossenschaften oder
3. in Betrieben tätig sind, deren Inhaber nach § 214 entschädigungsberechtigt sind, oder entschädigungsberechtigt sein würden, wenn die Vorschrift in § 214 Abs. 2 auf sie keine Anwendung fände,

sofern die Angestellten infolge dieses Gesetzes nicht oder zu ungünstigeren Bedingungen weiterbeschäftigt werden.

**Arbeiter.**

**§ 236.** Die mehr als ein Jahr in einem nach den Vorschriften dieses Abschnitts entschädigungsberechtigten Betriebe beschäftigt gewesenen Arbeiter, die nachweislich infolge dieses Gesetzes innerhalb des ersten Jahres nach dessen Inkrafttreten arbeitslos werden, ohne anderweit entsprechende Beschäftigung zu finden, oder wegen notwendig gewordenen Berufswechsels oder wegen Einschränkung des Betriebs geschädigt werden, erhalten aus Mitteln der Monopolverwaltung Unterstützungen bis zu einem Zeitraum von einem halben Jahre.

Statt der in Abs. 1 gewährten Entschädigung erhalten Arbeiter, die mindestens zwei Jahre vor dem Inkrafttreten dieses Gesetzes ununterbrochen in einem nach den Vorschriften dieses Abschnitts entschädigungsberechtigten Betriebe beschäftigt waren, die Entschädigung für einen Zeitraum bis zu einem Jahre.

Für jedes weitere begonnene Jahr der Beschäftigung bis zu neun Jahren verlängert sich der Zeitraum, bis zu dem die Unterstützung gewährt wird, um ein halbes Jahr.

**§ 237.** Die §§ 229 und 233 finden entsprechende Anwendung.

Bei Abmessung der Unterstützung ist Rücksicht auf die Erwerbsfähigkeit der Arbeiter zu nehmen und nach billigem Ermessen zu berücksichtigen, wie weit der Arbeiter behindert ist, eine Beschäftigung in einem anderen Betrieb aufzunehmen. Bestehen solche Behinderungen in der Aufnahme der Arbeit, so kann die Unterstützung für einen längeren Zeitraum oder für den entgangenen Verdienst in der neuen Stellung gewährt werden.

**§ 238.** Für Arbeiter, die bei Inkrafttreten dieses Gesetzes mindestens 10 Jahre ununterbrochen in einem nach den Vorschriften dieses Abschnitts entschädigungsberechtigten Betrieb beschäftigt waren, finden die Vorschriften der §§ 228 bis 234 entsprechende Anwendung.

**§ 239.** Die näheren Bestimmungen über Umfang und Bedingungen der Zuwendungen erläßt der Bundesrat, jedoch mit der Maßgabe, daß die Unterstützung im Falle eingetretener Arbeitslosigkeit nicht weniger betragen darf als drei Viertel des entgangenen Arbeitsverdienstes.

**Entschädigungsverfahren.**

**§ 240.** Die nach den Vorschriften der §§ 214 bis 239 zu zahlenden Entschädigungen werden durch Entschädigungsausschüsse festgesetzt.

Die Entschädigungsausschüsse entscheiden auf Grund freier Beweiswürdigung. Sie sind befugt, Zeugen und Sachverständige eidlich zu vernehmen und Versicherungen an Eides Statt entgegenzunehmen.

Die näheren Bestimmungen für die Ausführung trifft der Bundesrat.

Zu § 240 erklärte ein Vertreter des Reichsschatzamts, der Bundesrat werde die **Entschädigungsausschüsse** paritätisch zusammensetzen und dabei, soweit tunlich, die in Frage kommenden Berufsvertretungen hören. Allerdings müsse dabei auf der anderen Seite berücksichtigt werden, daß die Angestellten und namentlich die Arbeiter in diesen Betrieben vielfach nicht organisiert seien und in solchen Fällen auf den berechtigten Wunsch derselben Rücksicht zu nehmen sei, Leute aus dem eigenen Betrieb in den Ausschuß zu berufen, denen die zu beurteilenden Verhältnisse bekannt seien.

Zu **Vorsitzenden** der Entschädigungsausschüsse werden sich die Oberbeamten der örtlichen **Zollverwaltungen** eignen, da diese in genügender Anzahl über das ganze Reich verbreitet tätig sind, und da sie aus ihren Amtsgeschäften mit den gesetzlichen Bestimmungen und den wirtschaftlichen Verhältnissen der Entschädigungsberechtigten vertraut sind.

**§ 241.** Gegen die Entscheidung der Ausschüsse kann binnen einer Frist von vier Wochen nach der Zustellung des Bescheids der ordentliche Rechtsweg beschritten werden.

**Entschädigungen aus Billigkeitsrücksichten.**

**§ 242.** Der Bundesrat ist befugt, aus Rücksichten der Billigkeit auch anderen als den nach den Vorschriften der §§ 199 bis 239 in Betracht kommenden Personen, die durch die Einführung dieses Gesetzes in ihrem Erwerbe geschädigt werden, aus Mitteln der Monopolverwaltung Entschädigungen zu gewähren. Der Bundesrat kann die Befugnis auf eine andere Stelle übertragen.

Der Antrag auf Entschädigung ist binnen sechs Monaten nach dem Inkrafttreten dieses Gesetzes an die Monopolverwaltung zu richten.

Dem **Bundesrate** mußte die Möglichkeit offengelassen werden, auch **solchen Personen** eine Entschädigung zu gewähren, denen ein **Anspruch** nach den Vorschriften des Gesetzes nicht zusteht, für deren Berücksichtigung aber erhebliche Gründe der

**Billigkeit** sprechen. Die Wirkung des Krieges kann in Verbindung mit der Einführung des Monopols Angestellte des Spiritusgewerbes in Mitleidenschaft gezogen haben, ohne daß das Gesetz die Handhabe zu einer Entschädigung bietet. In solchen Fällen, deren Verschiedenartigkeit im einzelnen gesetzlich nicht festzuhalten ist, soll die Vorschrift des § 242 eine angemessene Hilfe ermöglichen, soweit nicht auch hier die Monopolverwaltung durch Aufnahme des Betroffenen in ihren Betrieb dem Bedürfnisse des Falles gerecht werden kann.

Bei den Beratungen über den § 242 fand allseitig die Erklärung Zustimmung, daß solche Angestellte, die etwa lediglich mit Rücksicht auf die Einführung des Monopols und die dadurch bewirkte Aufgabe oder Einschränkung eines Geschäftsbetriebs schon vor dem Inkrafttreten des Gesetzes gekündigt werden sollten, zu dem Kreise der durch die Einführung des Monopols geschädigten Personen (§ 242) gehören, wenn sie infolge der Entlassung tatsächlich einen Schaden erleiden.

Was die **Reisenden** betrifft, so mußte auf die besonderen Verhältnisse im Destillationsgewerbe Rücksicht genommen werden. Wenn darnach die gesetzliche Regelung ihrer Entschädigungsansprüche nicht über die Bestimmung im § 234 hinaus erweitert werden könnte, so war doch keine Meinungsverschiedenheit darüber, daß die Reisenden im übrigen nach § 242 entsprechend berücksichtigt werden mußten.

Von einer Seite aus dem Ausschuß wurde darauf hingewiesen, daß solche Personen, die etwa infolge des Krieges oder durch Maßnahmen der **staatlichen Kriegswirtschaft**, z. B. durch Stillegung von Betrieben oder Beschlagnahme der Geräte, stellungslos geworden seien, bei wohlwollender Auslegung des § 242 auch unter die nach dieser Bestimmung zu entschädigenden Personen gerechnet werden müßten.

## X. Abschnitt.
## Übergangsvorschriften.

**Abfindungsbrennereien.**

**§ 243.** Der Bundesrat kann für eine Zeitdauer bis zu fünf Jahren nach dem Inkrafttreten dieses Gesetzes auch andere als im § 10 genannte bisher abgefundene Brennereien weiter zur Abfindung zulassen.

**Übertragung von Brennrechten.**

**§ 244.** Brennereien, die in der Zeit vom 1. Oktober 1909 bis einschließlich 30. September 1917 wenigstens in einem Betriebsjahr den Durchschnittsbrand benutzt haben, dürfen ihre Brennrechte auf andere Brennereien der gleichen Klasse (§§ 2, 4, 6) übertragen. Für landwirtschaftliche Brennereien mit einem Brennrecht von mehr als 300 Hektoliter gilt dies nur, wenn die Brennereien demselben Besitzer gehören und nicht weiter als 25 Kilometer voneinander entfernt liegen; diese Beschränkung gilt nicht für landwirtschaftliche Brennereien, die in der Zeit vom 1. Oktober 1909 bis 30. September 1912 Hefe im Würzeverfahren, wenn auch nur zeitweise, gewonnen haben und nicht bis zum 30. September 1914 ausschließlich zur Getreideverarbeitung mit Hefenerzeugung nach dem Wiener Verfahren übergegangen sind.

In bezug auf die Übertragung des Brennrechts bilden das Königreich Bayern, das Königreich Württemberg, das Großherzogtum Baden und die übrigen Teile der Branntweinsteuergemeinschaft je ein besonderes Gebiet mit der Folge, daß die Übertragung von Brennrechten aus dem einen Gebiet in das andere unzulässig ist.

Anträgen auf Übertragung des Brennrechts ist nur zu entsprechen, wenn sie vor Schluß des zehnten Betriebsjahrs nach dem Inkrafttreten dieses Gesetzes bei der zuständigen Verwaltungsbehörde eingegangen sind, und wenn die das Brennrecht abgebende Brennerei zugleich das Brennereiunternehmen unter Verzicht auf einen etwaigen Rest an

Brennrecht (§ 33 Abs. 1 Nr. 1) abmeldet und die das Brennrecht erwerbende Brennerei selbst ein Brennrecht besitzt.

Der Bundesrat trifft die näheren Bestimmungen; er kann für Notjahre eine Übertragung der Brennrechte allgemein zulassen.

**Bestehende Holzbrennereien.**

**§ 245.** Der Bundesrat wird ermächtigt, die Anteile der Bundesstaaten und Personen, die sich an den zur Herstellung von Branntwein aus Holz gegründeten Unternehmungen beteiligt haben, auf das Reich zu übernehmen; die fälligen Beträge sind aus dem nach § 106 anzusammelnden Ausgleichsstock zu bezahlen.

**Übernahme der Branntweinbestände.**

**§ 246.** Mit dem Zeitpunkt des Inkrafttretens des Gesetzes geht das Eigentum an dem unter steueramtlicher Überwachung stehenden Branntwein auf das Reich über. Von dem Eigentumsübergang ist ausgeschlossen Kornbranntwein (§ 151) und Branntwein, der lediglich aus den im § 4 bezeichneten Stoffen hergestellt ist. Der Branntwein, dessen Eigentum auf das Reich übergegangen ist, ist bis zu anderweiter Verfügung durch die Monopolverwaltung von dem bisherigen Eigentümer aufzubewahren, pfleglich zu behandeln und in handelsüblicher Weise zu versichern.

Auf Antrag kann die Monopolverwaltung auf das Eigentum an dem Branntwein verzichten sowie Kornbranntwein für Rechnung des Reichs erwerben. Anträge dieser Art sind nur zu berücksichtigen, wenn sie vor Ablauf des ersten Monats, in dem das Gesetz in Kraft tritt, bei dem Monopolamt eingehen.

Da mit geringen Ausnahmen der erzeugte Branntwein sich in den Lagern der Spiritus-Zentrale befindet, wird die Übernahme der vorhandenen Bestände auf das Reich sich einfach gestalten. Von der **Übernahme ausgeschlossen** sein soll **Obstbranntwein** und **Kornbranntwein.** Wenn hier überhaupt noch Vorräte vorhanden sind, so können sie nur gering sein.

Der für den in das Eigentum des Reichs übergegangenen Branntwein zu zahlende Preis soll alsbald nach der Verwertung, spätestens jedoch innerhalb eines Jahres nach dem Inkrafttreten des Gesetzes, gezahlt werden. In dieser Befristung liegt keine Unbilligkeit gegen die Eigentümer des Branntweins; denn auch bei der Liquidation der Zentrale wären die bei Ablauf des Hauptvertrags als Bestand verbliebenen Mengen von der Gesellschaft für Rechnung der Brennergemeinschaft naturgemäß erst allmählich zu verwerten gewesen, so daß die Brennergemeinschaft den Liquidationserlös in den dem Absatz entsprechenden Abschlagszahlungen, wenn nicht erst nach Durchführung des Liquidationsverfahrens ausgezahlt bekommen hätte.

**§ 247.** Für den Branntwein, dessen Eigentum nach § 246 Abs. 1 auf das Reich übergeht, ist ein angemessener Übernahmepreis zu zahlen, den das Monopolamt in gemeinschaftlicher Beschlußfassung mit dem Beirat festsetzt. Der Preis enthält zugleich eine Vergütung für die Lagerung und Versicherung bis zu anderweiter Verfügung durch die Monopolverwaltung. Die Zahlung des Preises hat alsbald nach Verwertung des Branntweins durch die Monopolverwaltung, spätestens innerhalb eines Jahres nach dem Inkrafttreten dieses Gesetzes, zu geschehen; neben dem Preise sind für die Zeit vom Tage des Eigentumsüberganges bis zum Tage der Zahlung 5 vom Hundert Zinsen zu entrichten.

[1]) Vgl. hierzu die Anmerkung zu § 246.

**§ 248.** Für den Branntwein, dessen Eigentum nach § 246 auf das Reich nicht übergeht, hat der

Verfügungsberechtigte einen Betrag zu zahlen, der dem Unterschiede zwischen dem nach § 247 festzusetzenden Übernahmepreis und dem regelmäßigen Verkaufpreis (§ 107 Abs. 1 Nr. 1) entspricht. Die Zahlung hat zu erfolgen, sobald der Branntwein in den freien Verkehr abgefertigt wird, spätestens am letzten Tage des Vierteljahrs, in dem das Gesetz in Kraft tritt. Die nach dem bisherigen Gesetz auf dem Branntwein ruhenden Abgaben fallen fort. Die Vorschriften des § 15 sind sinngemäß anzuwenden.

**Freigeld.**

**§ 249.** Dem Freigeld unterliegen auch die beim Inkrafttreten dieses Gesetzes im freien Verkehre befindlichen, bei anderen als Verbrauchern vorhandenen Bestände an Trinkbranntwein, soweit sie nicht bis zum Ablauf des mit dem Inkrafttreten dieses Gesetzes beginnenden Kalendervierteljahrs an Verbraucher abgegeben werden. Wer die Befreiung von dem Freigeld in Anspruch nimmt, hat dies der Steuerbehörde anzuzeigen und über die Bestände, den etwaigen Zugang und den Abgang nach näherer Bestimmung des Bundesrats Anschreibungen zu führen, die mit den Beständen des Aufsichtsbeamten der Steuerverwaltung auf Verlangen vorzuzeigen sind. Auf die von dem Freigeld nicht befreiten Bestände finden die Vorschriften in §§ 117ff. und im VIII. Abschnitt entsprechende Anwendung.

**Zuschlag zur Verbrauchsabgabe.**

**§ 250.** Soweit und solange der Branntwein der Verbrauchsabgabe (§ 1 des Branntweinsteuergesetzes vom 15. Juni 1909 Reichs-Gesetzbl. S. 661) unterliegt, wird zu ihr ein Zuschlag erhoben, der 6,75 Mark für das Liter Weingeist beträgt.

Der Zuschlag wird ermäßigt für Obstbrennereien und Stoffbesitzer, wenn sie im Betriebsjahr

nicht mehr als fünf Liter Weingeist herstellen auf 3,16 Mark,

mehr als fünf aber nicht mehr als fünfzig Liter Weingeist herstellen auf 5,16 Mark.

Die auf die Verbrauchsabgabe bezüglichen Vorschriften des Branntweinsteuergesetzes sind auch auf den Zuschlag zur Verbrauchsabgabe anzuwenden.

Für die Erhebung und Verwaltung des Zuschlags zur Verbrauchsabgabe wird den Bundesstaaten eine Vergütung nicht gewährt.

Für die im Abs. 1 bezeichnete Zeit wird die Übergangsabgabe (§ 22 des Branntweinsteuergesetzes) auf 8,25 Mark festgesetzt.

§ 250 des Gesetzes lautete im Regierungsentwurf (§ 244):

„Branntwein aller Art und Branntweinerzeugnisse unterliegen, sofern sie sich beim Inkrafttreten dieses Gesetzes im freien Verkehre befinden und nicht nachweislich zu den im § 142 bezeichneten Sätzen verzollt worden sind, nach näherer Bestimmung des Bundesrats einer Nachsteuer von 675 Mark für das Hektoliter Alkohol."

Er wurde ergänzt durch folgende §§ 245 und 251 des Entwurfs:

§ 245.

„Von der Nachsteuer befreit ist:

1. aller Branntwein, der auf Grund der bisher geltenden Vorschriften von der Verbrauchsabgabe befreit war;
2. Branntwein des freien Verkehrs im Besitze von Gewerbetreibenden, die die Erlaubnis zum Ausschänken von Branntwein oder zum Kleinhandel mit Trinkbranntwein haben, in Mengen von nicht mehr als 20 Liter, im Besitze von Haushaltsvorständen, die nicht zu den bezeichneten Gewerbtreibenden gehören, in Mengen von nicht mehr als 10 Liter Alkohol."

Und § 251.

„Der Bundesrat wird ermächtigt, von der Erhebung der Nachsteuer (§§ 244, 247) abzusehen."

Hierzu lag der Antrag Nr. 108 vor: die §§ 244, 245 und 251 der Regierungsvorlage zu streichen. An ihre Stelle sollten folgende Vorschriften treten:

§ 244. Soweit und solange der Branntwein der Verbrauchsabgabe (§ 1 des Branntweinsteuergesetzes vom 15. Juli 1909, RGBl. S. 661) unterliegt, wird zu ihr ein Zuschlag erhoben, der 6,75 ℳ für das Liter Alkohol beträgt. Für die gleiche Zeit wird die Übergangsabgabe (§ 22 des Branntweinsteuergesetzes) auf 8,25 ℳ festgesetzt.

Die auf die Verbrauchsabgabe bezüglichen Vorschriften des Branntweinsteuergesetzes sind auch auf den Zuschlag zur Verbrauchsabgabe anzuwenden. Für die Erhebung und Verwaltung des Zuschlags zur Verbrauchsabgabe wird den Bundesstaaten eine Vergütung nicht gewährt.

§ 245. Soweit zu dem Zeitpunkt, von dem ab der Zuschlag zur Verbrauchsabgabe erhoben wird, vertragsmäßige Bestimmungen über Lieferung von Branntwein bestehen, ist der Abnehmer verpflichtet, dem Lieferer einen Zuschlag zum Preise in Höhe des auf die gelieferte Menge fallenden Zuschlags zur Verbrauchsabgabe zu zahlen, wenn dem nicht ausdrückliche Vertragsbestimmungen entgegenstehen.

Der Antragsteller begründete diesen Antrag damit, daß die **Nachsteuer** immer etwas Unsympathisches habe, im vorliegenden Falle aber durchaus nicht am Platze sei, da die Lager leer seien und die Einführung des Monopols nicht eine Preiserhöhung bringe, sondern zunächst mit einem großen Preissturz zusammentreffen werde. Jetzt seien die Preise wahnsinnig hoch, das Monopol würde voraussichtlich aber erst in Kraft treten, wenn es wieder möglich sei, reichlicher Branntwein auf den Markt zu bringen, dann würden die Preise stark zurückgehen. Deshalb sei es besser, sofort einen Zuschlag zur Verbrauchsabgabe in entsprechender Höhe festzusetzen, um auch den dann schon im Verkehre befindlichen Branntwein zu treffen. Ein Vertreter des Reichsschatzamts empfahl diesen Antrag zur Annahme, da das Monopol voraussichtlich noch nicht gleich in Kraft treten könne, wenn der Friede geschlossen werde. Die dann vorhandenen Spiritusbestände würden dann aber wenigstens im gewissen Umfang freigegeben werden müssen und es müsse die Möglichkeit vorhanden sein, diese in den

Verkehr gelangenden Mengen dann sofort entsprechend besteuern zu können. Ein Mitglied des Ausschusses erklärte, es sei nicht einzusehen, weshalb man einen Teil des Gesetzes rückwirkend gestalten wolle. Wenn man die Nachsteuer für unzweckmäßig halte, dürfe auch die Essigsäure keiner Nachsteuer unterworfen werden. Ein anderer Abgeordneter erwiderte: Man müsse den Branntwein möglichst sofort entsprechend besteuern. Jedenfalls werde es aber notwendig sein, die §§ 244 und 245 nach dem Antrag Nr. 108 möglichst bald in Kraft treten zu lassen. Ein Vertreter des Reichsschatzamts führte aus, daß die Essigsäureverbrauchsabgabe erhöht werde. Deshalb sei es nötig, darauf eine Nachsteuer zu erheben. Es sei nicht angängig, die vorhandenen Bestände freizulassen.

In zweiter Lesung lagen die Anträge vor: Nr. 115 Ziff. 1: den § 250 des Gesetzes (§ 244 des Entwurfs) wie folgt zu fassen:

§ 244. Soweit und solange der Branntwein der Verbrauchsabgabe (§ 1 des Branntweinsteuergesetzes vom 15. Juli 1909, RGBl. S. 661) unterliegt, wird zu ihr ein Zuschlag erhoben, der 6,75 Mark für das Liter Alkohol beträgt.

Der Zuschlag wird ermäßigt für Obstbrennereien und Stoffbesitzer, wenn sie im Betriebsjahre

nicht mehr als 5 Liter herstellen, auf 3,50 Mark,
mehr als fünf, aber nicht mehr als fünfzig Liter Alkohol herstellen, auf 5 Mark

für das Liter Alkohol.

Die auf die Verbrauchsabgabe bezüglichen Vorschriften des Branntweinsteuergesetzes sind auch auf den Zuschlag zur Verbrauchsabgabe anzuwenden.

Für die Erhebung und Verwaltung des Zuschlags zur Verbrauchsabgabe wird den Bundesstaaten eine Vergütung nicht gewährt.

Für die im Abs. 1 bezeichnete Zeit wird die Übergangsabgabe (§ 22 des Branntweinsteuergesetzes) auf 8,25 Mark festgesetzt.

Und der Abänderungsantrag Nr. 148 zum Antrag Nr. 115 Ziff. 1: im § 244 Abs. 2 statt „3,50 Mark" zu setzen „3,16 Mark" und statt „5 Mark" zu setzen „5,16 Mark".

Die Anträge wurden angenommen, wodurch der § 250 seine jetzige Fassung erhielt.

Essigsäurenachsteuer.

**§ 251.** Essigsäure (§ 144), die sich am Tage des Inkrafttretens dieses Gesetzes im freien Verkehre befindet, unterliegt nach näherer Bestimmung des Bundesrats einer Nachsteuer von 130 Mark für den Doppelzentner wasserfreie Säure.

**§ 252.** Von der Nachsteuer befreit ist Essigsäure des freien Verkehrs,

1. soweit sie von der Verbrauchsabgabe befreit ist;
2. soweit sie nachweislich nach den Sätzen des § 140 verzollt ist;
3. im Besitze von Gewerbetreibenden in Mengen von nicht mehr als 5 Kilogramm, im Besitze von anderen Haushaltsvorständen in Mengen von nicht mehr als 1 Kilogramm wasserfreie Säure.

**§ 253.** Die Vorschriften in den §§ 16, 18, 20, 21, 180 und 192 sind auf die Nachsteuer des § 251 sinngemäß anzuwenden.

**§ 254.** Soweit beim Inkrafttreten dieses Gesetzes vertragsmäßige Bestimmungen über Lieferung von Essigsäure bestehen, ist der Abnehmer verpflichtet, dem Lieferer einen Zuschlag zu dem ohne Verbrauchsabgabe geltenden Preise in Höhe der auf die gelieferte Menge fallenden Verbrauchsabgabe zu zahlen, wenn dem nicht ausdrückliche Vertragsbestimmungen entgegenstehen.

**§ 255.** Der Bundesrat wird ermächtigt, von der Erhebung der Nachsteuer (§ 251) abzusehen.

Geldbestand der Betriebsauflage.

**§ 256.** Ein bei Inkrafttreten dieses Gesetzes nach den bisherigen Vorschriften aus den Einnahmen an Betriebsauflage angesammelter Geldbestand ist dem nach § 106 anzusammelnden Ausgleichstock zu überweisen.

**Hefebetriebe besonderer Art.**

**§ 257.** Soweit Unternehmungen während des Krieges zum Zwecke der Herstellung von Hefe ganz oder teilweise aus Reichsmitteln eingerichtet worden sind, dürfen diese Einrichtungen während zehn Jahren vom Inkrafttreten dieses Gesetzes an nur mit Genehmigung des Bundesrats zur Herstellung von Backhefe benutzt werden.

Zu § 257 wurde in längerer Aussprache ausgeführt, daß der Antrag sich natürlich nicht auf solche Betriebe bezieht, welche **vor** dem Kriege **Backhefe hergestellt** haben und während des Krieges zur Herstellung von **anderer** Hefe **übergegangen** sind. Ferner herrschte Einverständnis, daß die Bestimmung des § 257 ein grundsätzliches **Verbot** des **Übergangs** zum **Backhefebetriebe**, für die mit **Reichsunterstützung** eingerichteten **Betriebe** darstellen solle, und daß die Genehmigung des Bundesrats zu solchem Übergang nur für die nicht voraussehbaren Fälle eines etwaigen dringlichen Bedarfs an Backhefe, der durch die bestehenden Betriebe nicht ausreichend gedeckt werden könnte, vorbehalten bleiben müsse.

## XI. Abschnitt.

## Schlußvorschriften.

**Aufwendungen für Wohlfahrts- und Wirtschaftszwecke.**

**§ 258.** Aus der Monopoleinnahme sind jährlich

1. vier Millionen Mark zur Bekämpfung der Trunksucht und ihrer Ursachen sowie zur Milderung der durch die Trunksucht herbeigeführten Schäden,
2. zwei Millionen Mark zur wissenschaftlichen Erforschung und praktischen Förderung des Kartoffelbaues und der Kartoffelverwertung,

3. bis zu sechzehn Millionen Mark zur Ermäßigung der Kosten der weingeisthaltigen Heilmittel für die minderbemittelten Volkskreise, wovon den Krankenkassen (§ 225 der Reichsversicherungsordnung) und knappschaftlichen Krankenkassen für jedes Mitglied und Jahr mindestens 60 Pfennig als Rückvergütung zu gewähren sind,

dem Reichskanzler zur Verfügung zu stellen. Die Beträge sind in den Reichshaushaltsplan einzustellen.

Sonderrechte.

**§ 259.** Die Reineinnahme aus dem Branntweinmonopol wird bis zu einem Betrage von jährlich 195 Millionen Mark den einzelnen Bundesstaaten nach dem Maßstab der Bevölkerung, mit der sie zu den Matrikularbeiträgen herangezogen werden, überwiesen.

Die Vorschriften in Abs. 1 und in § 100 können nicht ohne Zustimmung der Königreiche Bayern und Württemberg und des Großherzogtums Baden geändert werden.

Beseitigung landesgesetzlicher Abgaben.

**§ 260.** Für Rechnung von Bundesstaaten dürfen vom Zeitpunkt des Inkrafttretens dieses Gesetzes im Monopolgebiet Abgaben auf Branntwein nicht erhoben werden. Bundesstaaten, die im Rechnungsjahr 1913 Abgaben für Landesrechnung erhoben haben, erhalten fünf Jahre lang nach Inkrafttreten dieses Gesetzes eine Entschädigung in Höhe des durchschnittlich in den Landesrechnungsjahren 1893 bis 1912 nach den Landesrechnungen aufgekommenen Ertrags ihrer Branntweinabgaben.

**Zollausschlüsse.**

**§ 261.** Durch Beschluß des Bundesrats können die Vorschriften dieses Gesetzes in den außerhalb der Zollgrenze liegenden Teilen eines Bundesstaats auf Antrag dieses Bundesstaats in Wirksamkeit gesetzt werden.

**Abmachungen mit anderen Staaten.**

**§ 262.** Der Reichskanzler kann unter Zustimmung des Bundesrats wegen Herbeiführung einer den Vorschriften dieses Gesetzes entsprechenden Behandlung des Branntweins in den dem Zollgebiet angeschlossenen Staaten und Gebietsteilen wegen Überweisung der Einnahmen für den im gegenseitigen Verkehr übergehenden Branntwein oder wegen Begründung einer Gemeinschaft mit den fremden Regierungen Vereinbarungen treffen.

**Betriebsmittel der Monopolverwaltung.**

**§ 263.** Der Monopolverwaltung wird an Betriebsmitteln sowie zur Bestreitung einmaliger ordentlicher Ausgaben für die Durchführung dieses Gesetzes, dem Bedarf entsprechend, ein Geldbetrag bis zu 100 Millionen Mark zur Verfügung gestellt. Der Geldbetrag ist von der Monopolverwaltung nach näherer Bestimmung des Bundesrats zu verzinsen und binnen 20 Jahren nach dem Inkrafttreten dieses Gesetzes in Teilzahlungen zu tilgen.

**Vorbereitende Maßnahmen.**

**§ 264.** Der Bundesrat und der Reichskanzler werden ermächtigt, alsbald nach der Verkündung dieses Gesetzes Maßnahmen zu treffen, die für dessen Durchführung erforderlich sind.

**§ 265.** Die Vorschriften der §§ 148 und 149 treten mit Schluß des zehnten Betriebsjahrs nach dem Inkrafttreten dieses Gesetzes außer Kraft.

Inkrafttreten.

**§ 266.** Die Vorschriften der §§ 263 und 264 treten mit der Verkündung dieses Gesetzes, die Vorschriften der §§ 140 und 250 am 1. Oktober 1918, in Kraft.

Das Inkrafttreten der übrigen Vorschriften dieses Gesetzes wird durch Kaiserliche Verordnung bestimmt; gleichzeitig treten die bisher geltenden Gesetze über die Besteuerung des Branntweins außer Kraft.

Urkundlich unter Unserer Höchsteigenhändigen Unterschrift und beigedrucktem Kaiserlichen Insiegel.

Gegeben Großes Hauptquartier,
den 26. Juli 1918.

(Siegel.) Wilhelm
Dr. Graf von Hertling.

# Gesetz zur Aenderung des Schaumweinsteuergesetzes.

Vom 26. Juli 1918 (RGBl. S. 847).

## Vorbemerkungen.

Im früheren Schaumweinsteuergesetz waren drei Steuerklassen mit folgenden Preisabstufungen vorgesehen:

1 M. bei einem Flaschenpreise von nicht mehr als 4 M.,

2 M. bei einem Flaschenpreise von mehr als 4 und nicht mehr als 5 M.,

3 M. bei einem Flaschenpreise von mehr als 5 M.

Die Steuerergebnisse der Jahre 1910 bis 1916 waren nun so, daß auf die hochwertigen Schaumweine der Klasse 3 (3 M. Steuer für Schaumweine über 5 M.) nur ein ganz geringfügiger, fast überhaupt verschwindender Bruchteil der Gesamtmenge entfiel. Die an die Staffelung der Schaumweinsteuer geknüpfte Erwartung, aus den höherwertigen Schaumweinen größere Einnahmen zu erzielen, ist mithin nicht in Erfüllung gegangen. Der Grund hierfür ist darin zu suchen, daß die Schaumweinkellereien wegen der Abneigung der Verbraucher gegen die durch die Steuerstaffelung noch mehr verteuerten einheimischen Schaumweine sich nur in ganz beschränktem Maße mit der Herstellung teurer Marken befaßt haben, so daß die Deckung des Bedarfs an solchen dem französischen Wettbewerb überlassen blieb. Im heimischen Interesse läge es aber, wenn die deutschen Schaumweinkellereien sich auch der Herstellung der feineren Schaumweine in größerem Umfang zuwenden würden. Hierzu wäre jetzt die Gelegenheit günstig, da die Einfuhr französischer Schaumweine infolge des Krieges aufgehört hat und sich auch nach Beendigung des Krieges nur ganz allmählich wieder einstellen dürfte.

Aus diesen Erwägungen empfahl die Regierungsvorlage zur Abänderung des Schaumweinsteuergesetzes zu dem Systeme der Besteuerung nach einem einheitlichen Satze, wie es auch in dem Gesetze vom 9. Mai 1902 ursprünglich vorgesehen war, zurückzukehren und diesen einheitlichen Steuersatz auf 3 M. für die Flasche zu normieren.

Für den aus Fruchtwein hergestellten Schaumwein (§ 2 Abs. 1 unter a des Gesetzes vom 9. Mai 1902) ist durch das Gesetz vom 15. Juli 1909 weder in der Art der Besteuerung noch am Steuersatz eine Änderung eingetreten. Der Umfang der Fruchtschaumweinerzeugung ist im Vergleiche zu jenem der Herstellung von Schaumwein aus Traubenwein ein geringer, gleichwohl schien auch hier der Regierung eine Vermehrung der Einnahmen durch entsprechende Erhöhung des Steuersatzes, und zwar auf 0,60 M. für die Flasche angebracht.

Durch Artikel 9 des vorliegenden Gesetzes ist der Reichskanzler ermächtigt, den Text des Schaumweingesetzes vom 9. Mai 1902/15. Juli 1909 unter Berücksichtigung der durch das vorliegende Gesetz beteiligten Änderungen in fortlaufender Nummernfolge zu veröffentlichen.

**Wir Wilhelm, von Gottes Gnaden Deutscher Kaiser, König von Preußen usw.**

**verordnen im Namen des Reichs, nach erfolgter Zustimmung des Bundesrats und des Reichstags, was folgt:**

**Art. 1.** § 2 Abs. 1 des Schaumweinsteuergesetzes vom 9. Mai 1902/15. Juli 1909 (RGBl. 1902, S. 155; 1909, S. 714) erhält folgende Fassung:

Die Schaumweinsteuer[1][2]) beträgt

a) für Schaumwein, der aus Fruchtwein[2]) ohne Zusatz von Traubenwein hergestellt ist, sechzig Pfennig für jede Flasche;

b) für anderen Schaumwein[1]) und schaumweinähnliche Getränke[1]) drei Mark für jede Flasche.

[1] [2]) Vgl. die Vorbemerkungen zum Gesetz.

**Art. 2.** In § 3 des Schaumweinsteuergesetzes wird eingeschaltet

1. hinter Satz 1 von Abs. 1 folgender Satz:
   Für den aus dem Ausland eingehenden Schaumwein ist die Steuer neben dem Eingangszoll und zugleich mit diesem vom Einbringer zu entrichten[1]).
2. hinter Abs. 1 folgender Absatz:
   Der Bundesrat kann im Falle des Bedürfnisses die Versteuerung nach den Sätzen des § 2 unter Befreiung von der Verwendung von Steuerzeichen auf Grund einer besonderen Buchführung und der sonst erforderlichen Sicherungsmaßnahmen gestatten[2]).

[1]) Nach dem Vorgang bei der Salzsteuer, Leuchtmittelsteuer, Zündwarensteuer usw. soll in Zukunft auch bei den **ausländischen Schaumweinen** die stärkere Belastung, die sich als Folge der Erhöhung der **inneren Steuer** ergibt, **nicht** durch Erhöhung des **Zollsatzes**, sondern dadurch zum Ausdruck kommen, daß **neben** dem **Eingangszolle** die **innere** Steuer erhoben wird; hierdurch würden die auf die Anfertigung und Anbringung von Zollzeichen bezüglichen Vorschriften des Gesetzes vom 9. Mai 1902 wegfallen. Der Zoll von 180 M. für den Doppelzentner wird hiernach in Zukunft den reinen **Zollschutz** gegenüber dem ausländischen Wettbewerb bilden, während er bisher die Verbrauchsabgabe in sich schloß. Seine Ermäßigung verbietet sich, wenn der Zweck erreicht werden soll, dem einheimischen Gewerbe die Herstellung feinerer Schaumweine zu ermöglichen.

[2]) Die im Art. 2 Ziff. 2 vorgesehene Befugnis des Bundesrats soll die **Möglichkeit** gewähren, die Besteuerung in der einfacheren Form der **Buchführung** durchzuführen, falls dies ohne Beeinträchtigung der Steuersicherheit angängig sein sollte.

**Art. 3.** § 5 des Schaumweinsteuergesetzes[1]) erhält folgende Fassung:

Für versteuerten Schaumwein, der als Probe unentgeltlich abgegeben oder der dem Hersteller vom Empfänger als unbrauchbar zur Verfügung gestellt wird, erhält der Hersteller nach näherer Bestimmung des Bundesrats eine Vergütung der Steuer.

[1]) Die Änderung des § 5 des Gesetzes (Art. 3) bezweckt, die Bestimmung der **Steuervergütung** für versteuerten Schaumwein, der als **Probe** unentgeltlich abgegeben oder der dem Hersteller vom Empfänger als **unbrauchbar** zur Verfügung gestellt wird, dem **Bundesrat** zu überlassen. Die nach der bisherigen Vorschrift des § 5 zu gewährende Pauschvergütung mit 5 Hundertstel des Steuerwerts der in der Fabrik verwendeten Schaumweinsteuerzeichen ist zu hoch bemessen und hat in Verbindung mit den Einzelvergütungen gemäß § 18 der Ausführungsbestimmungen Doppelvergütungen zur Folge. Daß die Steuervergütung nur für unentgeltlich abgegebene Proben Platz greifen soll, ist nach der Entstehungsgeschichte des § 5 nicht zweifelhaft. Die Notwendigkeit der vorgeschlagenen Änderung ergibt sich auch aus der nach dem vorstehenden Absatz für den Bundesrat vorgesehenen Befugnis, die Steuer anstatt durch Verwendung von Steuerzeichen auf Grund besonderer Buchführung entrichten zu lassen.

**Art. 4.** § 1 Abs. 3[1]), §§ 3a und 30[3]) des Schaumweinsteuergesetzes werden aufgehoben.

[1]) Der § 1 Absatz 3 bestimmte, daß Schaumwein, der nachweislich bei der Einfuhr aus dem Ausland der **Verzollung** unterlegen hat, von der inneren Verbrauchssteuer befreit bleiben solle. Vgl. hierzu die Anmerkungen zu Artikel 3.

[2]) § 3a bestimmte, daß für die Höhe der Steuer der **Preis** maßgeblich ist. Da das neue Gesetz keinen Unterschied der Steuer bezüglich des Preises des Weines mehr kennt (vgl. Vorbemerkungen vor § 1), so ergab sich die Notwendigkeit der Aufhebung des § 3a.

[3]) Der § 30 bestimmte, daß der Bundesrat anordnen könne, daß die Umschließungen des verzollten Schaumweins mit einer amtlichen Bezeichnung zu versehen sind, aus der hervorgehe, daß der Zoll erhoben sei (vgl. hierzu Anmerkung 1).

**Art. 5.** In § 15 und in § 16 Abs. 2 Buchstabe c werden die Worte „oder Zollzeichen (§ 30)", in § 22 die Worte „oder unechte Zollzeichen (§ 30)" gestrichen, in § 22, in § 23, in § 25 Abs. 1 Ziffer 1 und in § 26 des Schaumweinsteuergesetzes die Worte „Schaumweinsteuer- oder Zollzeichen" durch „Schaumweinsteuerzeichen" ersetzt.

**Art. 6.** § 29 Abs. 1 des Schaumweinsteuergesetzes erhält folgende Fassung:

> Schaumwein, der aus den dem Zollgebiet angeschlossenen Staaten und Gebietsteilen zum Verbrauch eingeht, ist spätestens beim Eintritt in das Inland mit den Steuerzeichen (§ 3) zu versehen.

**Art. 7.** Artikel 3 des Gesetzes zur Abänderung des Schaumweinsteuergesetzes vom 15. Juli 1909 wird aufgehoben.

**Art. 8.** Dieses Gesetz tritt einen Monat nach der Verkündung in Kraft[1]).

Schaumwein, der sich beim Inkrafttreten dieses Gesetzes außerhalb der Erzeugungsstätte (§ 3) oder einer Zollniederlage befindet, unterliegt nach näherer Bestimmung des Bundesrats einer Nachsteuer[1]), die für Schaumwein aus Fruchtwein (§ 2 Abs. 1 unter a) sechzig Pfennig und für Schaumwein aus Traubenwein und schaumweinähnliche Getränke (§ 2 Abs. 1 unter b) drei Mark für die Flasche beträgt. Bereits entrichtete Steuerbeträge sind auf die Nachsteuer anzurechnen.

[1]) Aus Gründen der Steueraufsicht und aus finanziellen Gründen konnte auf die Nachsteuer nicht verzichtet werden. Aus den gleichen Gründen verbot es sich auch, Ausnahmen von der Nachversteuerung zuzulassen, wie sie in den Gesetzen vom 9. Mai 1902 und vom 15. Juli 1909 zugelassen waren.

Eine Grenze für die Anzahl der Flaschen ist nicht gezogen, so daß, falls die Ausführungen des Bundesrates nicht noch eine Grenze ziehen, auch einzelne Flaschen der Nachsteuer unterliegen.

**Art. 9.** Der Reichskanzler wird ermächtigt, den Text des Schaumweinsteuergesetzes vom 9. Mai 1902:15. Juli 1909, wie er sich aus den vorstehenden Änderungen ergibt, in fortlaufender Nummernfolge der Paragraphen als „Schaumweinsteuergesetz" mit dem Datum des vorliegenden Gesetzes durch das Reichs-Gesetzblatt bekanntzumachen.

Soweit in anderen Gesetzen auf Vorschriften des Schaumweinsteuergesetzes verwiesen ist, treten die entsprechenden Vorschriften des vom Reichskanzler bekanntgegebenen Textes an die Stelle.

Urkundlich unter Unserer Höchsteigenhändigen Unterschrift und beigedrucktem Kaiserlichen Insiegel.

Gegeben Großes Hauptquartier,
den 26. Juli 1918.

Wilhelm.

(Siegel.) Dr. Graf von Hertling.

# Sachregister.

(Die Zahlen verweisen auf die Seiten.)

## A.

**Abendmahlswein** 21.
**Abfindungsbrauereien** 82, 105, 109.
**Abfindungsbrennereien** 158, 161, 291.
**Abfüllung** von Bier 104, 111; — von Wein 16.
**Abfüllstellen** 279.
**Ablieferungspflicht** (Befreiung) 163.
**Abnahme** des Branntweins 197.
**Absatzbeschränkungen** beim Wein 20, 31.
**Abwälzung** der Weinsteuer 43.
**Abzüge** vom Grundpreis 209.
**Äther** 242.
**Agenten** 282.
**Alte Brauereien** 77.
**Angestellte** 83; s. a. Arbeiter.
**Angestellte** in Reinigungsanstalten 283.
**Anmeldung** von Brennerei- und Wiengeräten 191, 196, 227, 256; — des Weins 18; — der Brauerei 92.
**Anzeigepflicht** der Bierherstellung 109; beim Weinhandel 23, 36; bei Mineralwasser 56.
**Apfelsaft** 50.
**Apotheke** 276.
**Arbeiter,** Entschädigung 288; Haustrunk 83; — der Monopolverwaltung 204.
**Arrak** 220.
**Aufsicht** über Brennereien 198; bei Mineralwassersteuer 58.
**Ausgleichungsbeträge** 33, 65.
**Ausgleichsplätze** 212.
**Ausgleichsstock** 217.
**Ausschankpreise** 43, 44, 125.
**Ausfuhr** von Branntwein 230, 236.
**Ausfuhrbier** 87.
**Auslandsweine** 40.
**Ausland** (Einführung aus) 54, 55.

## B.

**Backhefe** 300.
**Baukosten** für Brennereien 196.

**Beerenwein** 12.
**Befreiung** von Biersteuer 76; — von Mineralwassersteuer 54.
**Begünstigung** 60, 253.
**Beihilfe** 60, 113, 253.
**Beirat** der Monopolverwaltung 202.
**Besitzwechsel** von Brennereien 193.
**Bestandsaufnahme** von Wein 25; — von Bier 705.
**Bescheinigung** der Entschädigungsansprüche 278.
**Betriebsabzug** 209, 210.
**Betriebsanmeldung** (Betriebsführung) von Brennereien 196.
**Betriebsauflage** 299.
**Betriebsleiter** 24, 26, 31, 57, 62, 116, 199.
**Betriebswechsel** s. Brennrechtverlust.
**Bier** (Begriff) 89 ff., 91, 113.
**Bierähnliche Getränke** 50.
**Bierausschank** 106.
**Bierbereitung** 113.
**Bierhandel** 100.
**Bierhändler** 124.
**Bierhefe** 248.
**Biersteuer** 70 ff., 75 ff.
**Biersteuerhehlerei** 111, 112.
**Biersteuerhinterziehung** 108.
**Biertreberverarbeitung** 155, 156.
**Bierübergangsabgabe** 119.
**Bierverkäufe** 83.
**Bierzoll** 127.
**Billigkeitsrücksichten** 290.
**Buchführung** über Wein 18, 25, 26, 27; — über Branntwein 228; — über Zuckerverwendung beim Bier 101; — über Bierherstellung 102; — über Mineralwasser 57.
**Branntwein** 21.
**Branntweinaufschlag** 167.
**Branntweinbestände** (Übernahme) 293.
**Branntweinhefe** 248.
**Branntweinlager** 280.
**Branntweinreinigungsanstalten** 263.
**Branntweinübernahme** 207.
**Brauanzeige** 100.
**Brauerei** 84.
**Braugewerbe** (Förderung) 121.
**Braustoffe** 94.
**Brennereibesitzer** 273.
**Brennereigeräte** 192.
**Brennrecht** 172; Verlust des —s 181, 186; anderweite Feststellung 189.
**Bundesrat** 204; Ausdehnung der Mineralwassersteuer 48.

## D.

**Doppelbesteuerung** 34, 123.
**Drogerien** 276.

## E.

Eichung von Bierfässern 104.
Einfachbier 77, 88, 90, 119, 122, 123.
Eingangszoll s. Zoll.
Einmaischung 101.
Einziehung 31, 32, 64, 111, 112, 113; — von Branntwein 256.
Elsaß-Lothringen (Biersteuer) 42, 43, 121.
Entschädigung beschäftigungsloser Arbeiter und Angestellter 125, 285 ff.
Entschädigungsausschüsse 290.
Erhöhung des Branntweingrundpreises 211.
Ersatzfreiheitsstrafe 63.
Erstattung von Biersteuern 85.
Essig 21; — aus Wein 38.
Essigsäure, Essigsäureverbrauchsabgabe 230, 240, 249, 260.
Export s. Ausfuhr.

## F.

Farbebiere, Farbmittel 84, 87, 88, 91.
Fälligkeit der Weinsteuer 17; — der Biersteuer 86.
Fässer 104.
Fehlmengen 26, 57; — von Bier 105.
Flaschen als Branntweingefäße 220.
Flaschenwein 22.
Förderung des Weinbaues 43.
Fracht 16, 206.
Freigeld 162, 225, 226, 256, 295.
Freiheitsstrafe 259; — für Biersteuerhinterziehung 117, 259; s. a. Strafbestimmungen.
Freitrunk s. Haustrunk.
Fruchtsaft 11, 50.
Futterschrotmühlen 98.

## G.

Gastwirte 220.
Gärungsräume 92.
Gebührenzeichen 225.
Gefäße (Weinsteuer) 51, (Brausteuer) 92, 93.
Gefängnisstrafe 113.
Gefährdung der Biersteuer 86.
Geldstrafe bei Biersteuer 111 ff., 114; s. a. Strafbestimmungen.
Gemeinden (Weinbesteuerung) 42; Betriebe derselben 23.
Gemeinsame Brauereien 92, 109.
Gemeinsame Aufbewahrung von Wein 35.
Gemeinschaftliche Brauereien 77.
Gemischte Betriebe 229.
Genossenschaftsmühlen 100.
Geräte der Brennereien 92, 100, 107, 250.

**Gerstenmalz** 87, 90.
**Gesamtstrafe** 64, 107.
**Geschäftsbücher,** Einsicht 58.
**Geschäftsentgelt** 266, 271, 272.
**Gewerbeausschuß** 203.
**Gewerbegerichte,** Zuständigkeit im Biersteuergesetz 125.
**Gewerbliche Brennereien** 158.
**Gewerbliche Verwertung** von Branntwein 231, 233.
**Gnadenerlaß** bei Biersteuer 118.
**Grundgebühr** 266, 270.
**Grundpreis** 207.

## H.

**Haftung** für andere Personen bei der Weinsteuer 30, Mineralwässer 62, Biersteuer 115, Branntwein 258, des Branntweins 171, des Bieres 84, des Brennereibesitzers 206.
**Handel** mit freigeldpflichtigem Branntwein 228.
**Händler** 66, 282.
**Hausbedarf** an Bier 109.
**Hausbrauer** 83, 87, 105.
**Haussuchung** 107.
**Haustrunk** 11, 21, 22, 54.
**Hefe** 87, 90, 248.
**Hefebetriebe** 200, 300.
**Hefewein** 11.
**Hehlerei** 60; — im Monopolgesetz 252.
**Herstellung** von Mineralwasser usw. 51, 54, 55, 56; von Wein 13, 14, 15; — von Bier 84.
**Hektolitereinnahme** 217.
**Hinterziehung** von Branntweineinnahmen 249; Mineralwassersteuer 59; s. a. Strafbestimmungen.
**Höhe** der Biersteuer 76.
**Holzbrennereien** 293.
**Hopfen** 87, 90.

## J.

**Inverkehrbringen** von Mineralwasser, Limonade usw. 51, 54, 55.

## K.

**Kaffee** = Café 67ff.
**Kellerbehandlung** 21.
**Kirschwasser** 247.
**Kleinbrennereien** 175.
**Kleinhandel** mit vergälltem Branntwein 243.
**Kleinverkauf** von Wein 13, 18.
**Kognak** 38, 220, 169, 240.
**Konsumvereine** 66.
**Kontingent** 79ff., 187.
**Kornbranntwein** 246, 294.
**Kornbrennereien** 222.
**Krankenanstalten** 230.
**Kriegsteilnehmer,** Entschädigung durch Brausteuergesetz 125.
**Kumiß** 40.

**Kunstlimonade** 48, 50.
**Kunstwein** 11.

## L.

**Lager** von Branntwein 280; — von Wein 24.
**Lagerung** von Bier 92, 104, 111; — von Mineralwasser 57; — von Branntwein 228, 280; — von Wein 16, 21.
**Lagerräume** für Wein 24; — für Bier 92.
**Landesgesetzliche Branntweinabgaben** 301.
**Landesweinsteuer** 35, 42.
**Landwirtschaftliche Brennereien** 152.
**Laugen** 52.
**Laugenbrennereien** 156, 238.
**Lieferungsverträge** 67, 124.
**Likör** 151, 169.
**Limonaden** 45ff., 48ff., 49.

## M.

**Mahlbuch** 99, 111.
**Malz** 87ff., 90.
**Malzmühlen** 94ff., 98, 111, 123.
**Maltonweine** 12.
**Menge des Bieres** 86.
**Meßuhren** 194, 252, 253.
**Met** 39.
**Methylalkohol** 247.
**Mineralwasser** 45ff., 48ff.
**Milchwein** 40.
**Monopol, Monopolverwaltung** 150ff., 200, 302.
**Muster** (von Fässern, Gefäßen) 53.
**Most** 39; Obstmost 12.

## N.

**Nachbesteuerung** beim Wein 31, 33; — beim Bier 106ff., 117, 122; — beim Branntwein 297; — bei Schaumwein 309.
**Nachmaische** 101.
**Neue Brauereien** 81.

## O.

**Obergäriges Bier** 83.
**Obstbranntwein** 294.
**Obstbrennereien** 155, 179, 215.
**Obstwein** 12, 24, 39, 41.
**Ordnungsstrafen** 114; — im Branntweinsteuergesetz 256.

## P.

**Packung** 49.
**Preistafel** 220.
**Probewein** 21, 307.
**Prüfungsämter** für Wein 19, 20.

## R.

**Raumgehalt der Gefäße** 53.
**Rechnungsausstellung**, Pflicht zur Ausstellung 15.
**Reichsbetriebe** 158.

**Reichsbevollmächtigte** 34.
**Reinheitsgebot** 88, 113, 214.
**Reinigungsanstalten** 263ff., 268ff.
**Reisende** 291.
**Rohrzucker** 87, 101.
**Rum** 220.
**Rüben** 153.
**Rübenzucker** 87, 101.
**Rückfall** 29, 61, 113, 254.

## S.

**Salze** 52.
**Sammelgefäße** 195.
**Schankwirtschaften** (Weinverkauf) 18.
**Schärfen** von Branntwein 246.
**Schaumwein** 21, 38, 306ff.
**Schiedsgerichte** 240.
**Sicherheitsleistung** 35.
**Sonderrechte** der Bundesstaaten 301.
**Speiseessig** 240, 241, 245.
**Spirituszentrale** 284, 287.
**Stammwürzegehalt** 77, 88, 90.
**Starkbier** 77, 88, 90, 122, 123.
**Steinhäger** 247.
**Steuerbuch** 84, 103.
**Steuerpflicht** beim Bier 84.
**Stoffbesitzer** 179.
**Steuerbefreiungen** bei der Weinsteuer 20ff.
**Steuerhehlerei** 60; s. a. Hehlerei.
**Stundung** der Weinsteuer 22, 35; — der Mineralwassersteuer 54; — der Biersteuer 86; — des Branntweinverkaufspreises 219.
**Strafbestimmungen** im Weinsteuergesetz 26, 27ff., 31, 33, Branntweinsteuer 249ff., Biersteuer 118, 119, Mineralwasser 64.
**Strafverjährung** 259.
**Sudbuch** 102.
**Süßbier** 88.

## T.

**Tarif** (Weinsteuer) 53.
**Tee** 67ff.
**Traubenmaische** 20.
**Traubenmost** 10, 20.
**Tresterwein** 11.
**Trinkbranntwein** 151, 162, 220.

## U.

**Unbeitreibliche Geldstrafen** 177.
**Untersagung** der Bierbereitung 96; — der Brennerei 195; — der Brauerei 108, 105; des Betriebes 255.
**Überbrand** 214.
**Übergangsabgabe** 243.
**Übergangsvorschriften**, beim Bier 122.
**Übernahme** des Branntweins 205, 207.
**Übertragung** strafrechtlicher Verantwortlichkeit 62, 116,

255; — des Kontingents 81; — des Brennrechts 292.
**Überschreitung** des Bierkontingents 81.
**Überwachung** der Herstellung und des Vertriebs von Branntwein 158; — der Bierherstellung und Menge 103, 104.
**Untergäriges Bier** 87.
**Unverarbeiteter Branntwein** 217, 218.

## V.

**Veranlagung** zum Brennrecht 176.
**Verbrauchsabgabe** (Zuschlag zur) 295; — für Essig 244.
**Vereinigungen** von Brennereien 222.
**Vergällung** 231.
**Verjährung** der Weinsteuer 22; — des Branntweinübernahmegeldes, Verkaufsgeldaufschlags und Freigeldes 170; — der Mineralwassersteuer 55; — der Weinsteuer 33; — der Strafen 64, 118.
**Verkaufspreise**, regelmäßige von Branntwein 218; ermäßigte 218, 230.
**Verkehrsbeschränkungen** 262.
**Vermischung** 88.
**Vermittler** 281.
**Verpackungszwang** 226.
**Versammlungsrecht** 204.
**Versandgefäße** für Bier 101.
**Verschärfung** der Aufsicht 230.
**Versuch** 27, 59, 109, 249.
**Vertreter** für Brauereien 91.
**Verwaltung** der Weinsteuer 34.
**Verwertung** des Branntweins 215, 216.
**Verwiegungsvorrichtung** 111.
**Verschlußbrennereien** 158, 163.
**Vollbier** 77, 88, 90.

## W.

**Wasserzusatz** 88, 111.
**Wermutwein** 38.
**Wein**, Begriff 10.
**Weinähnliche** (weinhaltige) Getränke 10, 37.
**Weinbergsbesitzer** 21.
**Weinessig** 38, 240, 241.
**Weingeistgehalt** von Limonaden 53.
**Weinhändler** 13.
**Weinsteuer**, Vorbemerkungen 7 ff., Gesetz 10 ff., Höhe der Steuer 10 ff., Steuerpflichtige 12; Eintritt der Steuerpflicht 15 ff., Fälligkeit 17, Steuerbefreiungen 20 ff., Überwachung 23 ff., 24 ff., Verjährung 22 ff., Stundung 22, Strafen 27 ff., Hinterziehung 27 ff.
**Weintrauben** 37.
**Wert** des Weines 16.
**Wirt** 13, 66.
**Wissenschaftliche Zwecke** 21, 220.

Winzergenossenschaft 18.
Wohlfahrtszwecke 300.

## Z.

Zoll 240ff.; — von Bier 127; — von Kaffee, Tee 67; — von Wein 16, 37ff.; — von Schaumwein 306, 308.
Zollanschlüsse 34, 65.
Zollausschlüsse 302.
Zucker, Zuckerverwendung 87, 90, 101, 111.
Zusammentreffen von Gesetzesverletzungen bei der Weinsteuer 32, Biersteuer 117.
Zusatz von Wasser 87, 88, 111; — von Zucker 87, 88.
Zuschläge zum Grundpreis 208.
Zwangsmaßregeln 30, 62, 115, 259.
Zwergbetriebe 106.
Zwetschgenwasser 247.
Zwischenhandel 216.

J. Guttentag, Verlagsbuchhandlung, G. m. b. H.,
Berlin W 10, Genthiner Straße 38.

# Norden-Friedlaender
# Kommentar zum Kriegssteuergesetz
Fortsetzung:
# Die
# Kriegsabgabe für 1918

**(Mehreinkommensteuer, Vermögensabgabe und Gesellschaftsbesteuerung.)**

Unter Berücksichtigung der Ausführungsbestimmungen für die Praxis erläutert von

**Dr. Martin Friedlaender,**
Verbandssyndikus in Berlin.

**Preis 8.– Mark.**

Der Norden-Friedlaendersche Kommentar zum Kriegssteuergesetz erfreut sich großer Beliebtheit, weil er ein zuverlässiger und angenehmer Führer in der Praxis der Kriegssteuer geworden ist. Die Bearbeitung der neuen Gesetzgebung von 1918 (Vermögensabgabe, Mehreinkommensteuer) bewegt sich in den gleichen Bahnen und wird allen Interessenten sehr willkommen sein.

J. Guttentag, Verlagsbuchhandlung, G. m. b. H.,
Berlin W 10, Genthiner Straße 38.

# Umsatzsteuergesetz

mit den Ausführungsbestimmungen des Bundesrats.

Erläutert von

**Otto Lindemann,**
Geh. Oberjustizrat.

**Preis 5.50 Mark.**

(Guttentag'sche Sammlung Deutscher Reichsgesetze Nr. 132.)

**Zeitschrift für Aktiengesellschaften:**

„Die wirtschaftliche Bedeutung dieses Steuergesetzes ergibt sich daraus, daß man deren Ertrag auf 1,2 Milliarden Mark schätzte. Herr Geheimrat Lindemann, Vortragender Rat im Justizministerium, hat das sehr wichtige Umsatzsteuergesetz so erläutert, daß jeder davon Betroffene Belehrung und zuverlässigen Rat aus seinem Kommentar schöpfen kann."

**Norddeutsche Allgemeine Zeitung:**

„Der Verfasser ist mit großer Sorgfalt und Ausführlichkeit auf die Fülle der Bestimmungen des Gesetzes eingegangen. Namentlich die verwickelteren Vorschriften über Steuerberechnung und Steuererstattung sind klar dargelegt. Im ganzen ein Kommentar aus berufener Feder, der die größte Beachtung verdient."

Druck von A. W. Hayn's Erben, Potsdam.

Januar 1919

Die Guttentagsche Sammlung

# Deutscher Reichsgesetze
und
# Preußischer Gesetze

**Textausgaben mit Anmerkungen und Sachregister — Taschenformat — Gebunden in ganz Leinen —**

enthält alle wichtigeren Gesetze in absolut zuverlässigen Gesetzestexten und in mustergültiger, gemeinverständlicher Weise erläutert

Das am Schluß befindliche Schlagwortregister wird geneigter Beachtung empfohlen

**Der Teuerungszuschlag des Verlages ist in den aufgeführten Preisen enthalten, der 10prozentige Zuschlag des Sortiments dagegen nicht.**

**J. Guttentag,**
**Verlagsbuchhandlung, G. m. b. H.**
Berlin W 10, Genthiner Str. 38

# Guttentagsche Sammlung
# Deutscher Reichsgesetze.

Text-Ausgaben mit Anmerkungen. Taschenformat.

Nr. 1. **Verfassung des Deutschen Reichs.** Von Dr **L. von Rönne. 10. Aufl.** von Landrat **P. v. Rönne** und **Reg.**Assessor **v. Dobbeler. — 1912.** 3,90 ℳ

Nr. 2. **Strafgesetzbuch** für das Deutsche Reich nebst 20 der wichtigsten strafrechtl. Nebengesetze. Von Prof. Dr **Fr. v. Liszt** und Prof. Dr **E. Delaquis. 24. Aufl. — 1914.** 4,40 ℳ

Nr. 3. **Militärstrafgerichtsordnung** nebst Einführungsgesetz. Von Wirkl. Geh. Kriegsrat Dr **A. Romen** und Kriegsgerichtsrat Dr **C. Rissom. — 1918. 2. Aufl.** 17,50 ℳ

Feldausgabe in 2 Bänden gebunden 18,50 ℳ

Nr. 4. **Handelsgesetzbuch vom 10. Mai 1897** unter Ausschluß des Seerechts. **15. Aufl.** Herausgegeben von Geh. J.Rat Prof. Dr **A. Mosse. 8°. — 1915.** 8,45 ℳ

Nr. 5. **Wechselordnung vom 3. Juni 1908. Kommentar von** Justizrat Dr **J. Stranz** und Rechtsanwalt Dr **M. Stranz,** und das **Wechselstempelgesetz vom 15. Juli 1909** von Geh. Reg.Rat **P. Loeck. 11. Aufl. — 1913.** 5,85 ℳ

Nr. **5a. Wechselstempelgesetz** apart. **11. Aufl. — 1913.** 2,35 ℳ

Nr. **6. Reichsgewerbeordnung** nebst Ausführungsbestimmungen. **10. Aufl.** von Stadtrat Dr **K. Flesch,** Dr **Fr. Hiller** und Dr **H. Luppe. — 1915.** 7,15 ℳ

Nr. 7. **Post- und Telegraphen-Gesetzgebung.** Nebst Weltpostvertrag und Internationalem Telegraphenvertrag. **6. Aufl.** von Geh. Ob.Postrat Dr **M. König. — 1908.** 5,85 ℳ

Nr. **8.** Die Reichsgesetze über den **Unterstützungswohnsitz, Freizügigkeit, Reichs- und Staatsangehörigkeit.** Von Geh.Rat Dr **J. Krech. 8. Aufl. — 1913.** 5,20 ℳ

in den angeführten Preisen enthalten.

## Guttentagsche Sammlung Deutscher Reichsgesetze.

Nr. 9. Sammlung **kleinerer strafrechtlicher Reichsgesetze.** Von Prof. Dr **R. H. Kriegsmann. 3. Aufl. — 1910.** 5,85 M

Nr. **10. Das Reichsbeamtengesetz** vom 31. März 1873. **Von J. Pieper. 2. Aufl. — 1901.** 6,50 M
**Reichsbeamtengesetz** von **1907**, siehe Nr. **82.**

Nr. **11. Zivilprozeßordnung mit Gerichtsverfassungsgesetz.** Von **R. Sydow.** Fortgeführt von Reichsgerichtsrat **L. Busch. 14. Aufl.** mit Nachtrag, Novellen vom 9. Sept. 1915 u. 18. Mai 1916. **8°. — 1913.** 11,70 M

Nr. **12. Strafprozeßordnung und Gerichtsverfassungsgesetz** nebst den Gesetzen, betr. die Entschädigung der im Wiederaufnahmeverfahren freigesprochenen Personen und die Entschädigung für unschuldig erlittene Untersuchungshaft. **Von** Reichs-G.Rat Dr **A. Hellweg. 17. Aufl.,** bearbeitet von Prof. Dr **Kohlrausch. — 1918.** 5,50 M

Nr. **13. Konkursordnung und Anfechtungsgesetz.** Von **R. Sydow.** Fortgeführt von **L. Busch. 12. Aufl. — 1916.** 5,45 M

Nr. **14. Gerichtsverfassungsgesetz** mit Einführungsgesetz. Herausgegeben von **R. Sydow.** Fortgeführt von **L. Busch. 9. Aufl. — 1905.** 2,35 M

Nr. **15. Das Deutsche Gerichtskostengesetz** nebst den Gebührenordnungen für Gerichtsvollzieher, Zeugen und Sachverständige. Von **R. Sydow.** Bearbeitet von **L. Busch. 9. Aufl.** mit Nachtrag, enth. die Novelle vom 10. Juni 1911. **1912.** 3,90 M

Nr. **16. Rechtsanwaltsordnung.** Von **R. Sydow. 5. Aufl.** von Justizrat **M. Jacobsohn.** Mit Nachtrag, enth. die Bestimmungen vom 22. Mai 1910. **— 1907.** 1,95 M

Nr. **17. Die Deutsche Gebührenordnung für Rechtsanwälte und das Preußische Gebührengesetz** vom 27. IX. / 6. X. 1899.

## Guttentagsche Sammlung Deutscher Reichsgesetze.

Von **R. Sydow.** Fortgeführt von **L. Busch. 11. Aufl.** Mit Nachtrag, enth. die Bestimmungen vom 8. Nov. 1916. — **1914.** 4,40 *M*

Nr. **18. Reichsstempelgesetz** vom 3. Juli 1913. (Börsen-, Lotterie-, Frachturkunden-, Fahrkarten-, Kraftfahrzeug-, Tantieme-, Scheck- und Grundstücksübertragungssteuer.) Mit den gesamten Ausführungsbestimmungen. Von Geh. Reg.-Rat **P. Loeck. 12. Aufl. — 1914. 8°.** 13,— *M*

Neue Auflage unter Berücksichtigung der Abänderungsbestimmung von 1918 in Vorbereitung.

Nr. **19. Die Seegesetzgebung.** Von Dr **W. E. Knitschky. 5. Aufl.** bearbeitet von Ober-L.G.Rat **O. Rudorff. — 1913.** 11,— *M*

Nr. **20. Krankenversicherungsgesetz (1883).** Von weil. Dr **E. von Woedtke.** — Neue Fassung **(1911)**, siehe **Nr. 107.**

Nr. **21.** Die **Konsulargesetzgebung.** Von Prof. Dr **Ph. Zorn. 3. Aufl.** von Dr **A. Zorn. — 1911.** 6,50 *M*

Nr. **22. Patentgesetz.** Nebst Ausführungsbestimmungen, völkerrechtlichen Verträgen und der Patentanwalts-Ordnung. **7. Aufl.** bearbeitet von **R. Lutter,** Geh. Reg.Rat im Kaiserl. Patentamt. — **1908.** 4,15 *M*

**(Kriegsvorschriften auf dem Gebiete des gewerblichen Rechtsschutzes.** Von **R. Lutter. — 1917.** 8°. 2,50 *M*.)

Nr. **23. Gewerbe-Unfallversicherungsgesetz. (1884.)** Von weil. Dr **E. v. Woedtke.** — Neue Fassung **(1911)**, siehe **Nr. 108.**

Nr. **24. Aktiengesellschaft und Kommanditgesellschaften auf Aktien.** Von Dr **H. Keyßner** und Dr **H. Veit Simon. 6. Aufl.** von Amtsrichter **L. Keyßner. — 1911.** 4,40 *M*

Nr. **25. Brausteuergesetz** vom 15. Juli 1909. Von Oberzollrevisor **A. Düffe. 2. Aufl. — 1910.** 4,40 *M*

Nr. **26.** Die Reichsgesetzgebung über **Münz- und Notenbankwesen,** Papiergeld, Prämienpapiere und Reichsschulden. **Von** Dr **R. Koch. 6. Aufl. — 1910.** 5,25 *M*

in den angeführten Preisen enthalten.

## Guttentagsche Sammlung Deutscher Reichsgesetze.

Nr. **27.** **Gesundheitswesen im Deutschen Reich.** Von Dr jur. **C. Goesch** und Dr med. **J. Karsten. — 1888.** 2,60 *M*

**Nr. 28. Bau-Unfallversicherungsgesetz.** Vom 30. Juni 1900. Von **R. Chrzescinski.** Neue Fassung **(1911)**, siehe Nr. **108.**

Nr. **29. Erwerbs- und Wirtschaftsgenossenschaften.** Von **L. Parisius** und Dr **H. Crüger. 15. neu bearbeitete Aufl.** von Dr **H. Crüger. — 1916.** 3,90 *M*

Nr. **30. Invalidenversicherungsgesetz** (1899). Von weil. Dr **E. v. Woedtke.** Neue Fassung **(1911)**, siehe Nr. **109.**

Nr. **31. Gewerbegerichtsgesetz.** Von Stadtrat **L. Mugdan. 7. Aufl.** bearbeitet von Oberbürgermeister **W. Cuno. — 1911.** 3,65 *M*

Nr. **32.** Reichsgesetz, betr. die **Gesellschaften mit beschränkter Haftung.** Von **L. Parisius** und Dr **H. Crüger. 13. Aufl.** von Dr **H. Crüger. — 1914.** 3,10 *M*

Nr. **33. Vereins- und Versammlungsrecht.** Von Dr **E. Ball. 2. Aufl.** von Dr **F. Friedenthal. — 1907.** 3,65 *M*

**Reichs-Vereinsgesetz** vom 19. April 1908, siehe Nr. **88.**

Nr. **34.** Die **Abzahlungsgeschäfte.** Gesetz vom 16. Mai 1894. **3. Aufl.** von Land-G.Rat Dr **C. Wilke. — 1910.** 2,10 *M*

Nr. **35.** Die **Reichs-Eisenbahngesetzgebung.** Von Kaiserl. Amtsrichter **W. Coermann. — 1895.** 3,40 *M*. S. auch Nr. **66.**

Nr. **36.** Gesetze, betr. die **privatrechtlichen Verhältnisse der Binnenschiffahrt und der Flößerei.** Von Geh. Justizrat **E. Löwe. 5. Aufl. — 1915.** 5,20 *M*

Nr. **37.** Gesetz gegen den **unlauteren Wettbewerb.** Von Justizrat **A. Pinner. 6. Aufl. — 1912.** 2,35 *M*

**Guttentagsche Sammlung Deutscher Reichsgesetze.**

Nr. 38/39. **Bürgerliches Gesetzbuch nebst Einführungsgesetz** von Dr **A. Achilles.** In Verbindung mit Prof. Dr **André,** Kammer-G.Rat **Ritgen,** Reichs-G.Rat Dr **Strecker,** Staatsrat Dr **v. Unzner.** Herausgegeben von Wirkl. Geh. Ob.J.Rat u. Ober-L.G.Präsident **Greiff. 8.** vermehrte **Aufl. 8°. — 1916.** 13,— *M*

Nr. **40.** Gesetz, betr. die **Pflichten der Kaufleute bei Aufbewahrung fremder Wertpapiere [Depotgesetz].** Von Min.-Dir. **F. Lusensky. 3. Aufl. — 1916.** 3,25 *M*

Nr. **41. Börsengesetz.** Von Wirkl. Geh.Ob.Reg.Rat **Th. Hemptenmacher. 3. Aufl.** von Syndikus **O. Meyer. — 1915.** 5,20 *M*

Nr. **42. Grundbuchordnung** nebst den preuß. Ausf.-Bestimmungen. Von Prof. Dr **O. Fischer. 6. Aufl.** mit Nachtrag, enth. die Ergänzungen. **— 1913.** 2,90 *M*

Nr. **43. Zwangsvollstreckung in das unbewegliche Vermögen** im Reiche und in Preußen. Kosten- und Gebührentabellen. Von Dr **J. Krech** u. Dr **O. Fischer. 8. Aufl.** bearbeitet von Prof. Dr **O. Fischer. — 1916.** 8,90 *M*

Nr. **44.** Das Reichsgesetz über das **Auswanderungswesen.** Von Prof. Dr **F. Stoerk. — 1899.** 3,25 *M*

Nr. **45.** Das **Entmündigungsrecht** mit den für Preußen geltenden Vorschriften nebst Just.-Min.-Verfügung vom **28.** Nov. 1899. Von Land-G.Rat Dr **P. Koll. — 1900.** 2,35 *M*

Nr. **46.** Die Gesetze des Reiches und Preußens über die **freiwillige Gerichtsbarkeit.** Von Amts-G.Rat **H. Jastrow. 5. Aufl. — 1911.** 5,20 *M*

Vergriffen! — Neue Auflage in Vorbereitung.

Nr. **47.** Das **deutsche Vormundschaftsrecht** und das preuß. Gesetz über die Fürsorgeerziehung Minderjähriger nebst den dazu gehörigen preuß. Nebengesetzen. Von Ober-Verw.G.Rat **M. Schultzenstein** u. Amts-G.Rat Dr **P. Köhne. 2. Aufl. — 1901.** 4,40 *M*

in den angeführten Preisen enthalten.

## Guttentagsche Sammlung Deutscher Reichsgesetze.

Nr. 48. Gesetze, betr. den **Drogen-, Gift- und Farbenhandel** außerhalb der Apotheken. Von Dr **J. Broh.** — **1899.** 1,95 ℳ

Nr. 49. Deutsche **Kolonialgesetzgebung.** Von Geh. J.Rat Prof. Dr **Ph. Zorn. 2. Aufl.** von G.Assessor Dr **Sassen.** — **1913.** 10,40 ℳ

Nr. 50. Der **Viehkauf [Viehgewährschaft] nach dem BGB.** Verordnung betr. die Hauptmängel und Gewährsfristen beim Viehhandel. Von Rechtsanwalt Dr **H. Stölzle** und Königl. Reg.- u. Vet.Rat **H. Weiskopf. 5. Aufl.** — **1913.** 8,45 ℳ

Nr. 51. **Hypothekenbankgesetz** vom 13. Juli 1899. Von Dr **H. Göppert. 2. Aufl.** bearbeitet von Geh. Reg.Rat Dr **Seidel.** — **1911.** 3,40 ℳ

Nr. 52. Gesetz, betr. die gemeinsamen **Rechte der Besitzer von Schuldverschreibungen.** Von Dr **H. Göppert. 2. Aufl.** bearbeitet von Amtsrichter Dr **E. Trendelenburg.** — **1915.** 2,60 ℳ

Nr. 53. **Reichspreßgesetz** vom 7. Mai 1874. Mit Kommentar von Bürgermeister **A. Born. 2. Aufl.** — **1911.** 3,10 ℳ

Nr. 54. Verkehr mit **Nahrungsmitteln, Genußmitteln** und **Gebrauchsgegenständen.** Von Dr **G. Lebbin,** Nahrungsmittelchemiker in Berlin. — **1900.** 3,25 ℳ

Nr. 55. Das Recht der **Beschlagnahme von Lohn- und Gehaltsforderungen.** Von Justizrat **G. Meyer. 5. Aufl.** — **1914.** 3,90 ℳ

Nr. 56. Gesetz, betr. die **Bekämpfung gemeingefährlicher Krankheiten.** Nebst Ausf.-Bestimmungen. Von Reg.Rat Dr **B. Burkhardt.** — **1900.** 2,10 ℳ

Nr. 57. **See-Unfallversicherungsgesetz (1887).** Von Ober-L.G.Rat Dr **M. Mittelstein.** — Neue Fassung **1911,** siehe Nr. **108.**

Der Teuerungszuschlag des Verlages ist

## Guttentagsche Sammlung Deutscher Reichsgesetze.

Nr. 58. **Das Recht der unehelichen Kinder nach dem BGB.** Von Amtsgerichtsrat. **H. Jastrow. — 1901.** 2,60 M

Nr. 59. Reichsgesetz über die **Beurkundung des Personenstandes und die Eheschließung.** Von Amts-G.Rat Dr **F. Fidler. 2. Aufl. — 1912.** 3,65 M

Nr. 60. Gesetz, betr. das **Urheberrecht an Werken der Literatur und der Tonkunst.** Von Geh. Ob.J.Rat **O. Lindemann. 3. Aufl. — 1910.** 2,35 M

Nr. 61. Gesetz über das **Verlagsrecht.** Von Rechtsanwalt Dr **B. Marwitz. 2. Aufl. — 1911.** 2,60 M

Nr. 62. Gesetz über **private Versicherungsunternehmungen.** Von Reichs-G.Rat **H. Könige. 2. Aufl. — 1910.** 5,85 M

Nr. 63. **Gesetzestafel des Deutschen Reichsrechts.** Systematisch geordnete Nachweisung des z. Z. geltenden Reichsrechts. Von **H. Bruhns. 2. Aufl. — 1913.** 5,20 M

Nr. 64. Gesetzsammlung betr. den **Handel mit Drogen und Giften.** Mit Anhang: landesgesetzliche Verordnungen sämtlicher Bundesstaaten. Von Rechtsanwalt **H. Sonnenfeld,** Syndikus der Berliner Drogisten-Innung. **2. Aufl. — 1912.** 5,85 M

Nr. 65. Das **Weingesetz** in der Fassung von 1909. Mit Ausf.-Bestimmungen von Dr **G. Lebbin,** Nahrungsmittelchemiker. **2. Aufl. — 1909.** 3,65 M

Nr. 66. Die **Eisenbahn-Gesetzgebung.** Von **W. Pietsch,** Rechn.Rat im Reichseisenbahnamt. **2. Aufl. — 1913.** 5,20 M

Nr. 67. **Militär-Strafgesetzbuch für das Deutsche Reich.** Von Wirkl. Geh. Kriegsrat Dr **A. Romen** und Kriegsgerichtsrat Dr **C. Rissom. 3. Aufl. — 1918.** 14 50 M
— — Feldausgabe in 2 Bänden, gebunden 15,— M

Nr. 68. Das **Fleischbeschaugesetz.** Vom 3. Juni 1900. Von Dr **G. Lebbin** u. Dr **G. Baum. — 1903.** 5,85 M

in den angeführten Preisen enthalten.

## Guttentagsche Sammlung Deutscher Reichsgesetze.

Nr. 69. Reichsgesetz über die **Naturalleistungen der bewaffneten Macht im Frieden** nebst den preußischen Bestimmungen. Von Dr **W. v. Hippel. — 1903.** 2,10 M

Nr. 70. Das **Reichs-Haftpflichtgesetz** vom 7. Juni 1871. Von Reg.Rat Dr **G. Eger. — 1903** Vergriffen.

Nr. 71. Gesetz betr. **Kinderarbeit in gewerblichen Betrieben** vom 30. März 1903. Von Ober-Verw.G.Rat **H. Spangenberg. 2. Aufl. — 1904.** 2,35 M

Nr. 72. **Unfallversicherungsgesetz für Land- und Forstwirtschaft.** (1886). Von weil. Dr **E. v. Woedtke.** Siehe Nr. **108.**

Nr. 73. **Entschädigung für unschuldig erlittene Verhaftung und Bestrafung.** Anhang: Nebengesetze über Schadensersatz. Von Wirkl. Geh. Kriegsrat Dr **A. Romen. — 1904.** 3,10 M

Nr. 74. Die **Kaufmannsgerichte** nebst Ausf.-Bestimmungen. Von Prof. Dr **M. Apt. 3. Aufl. — 1904.** 3,10 M
Siehe auch Nr. **112.**

Nr. 75. Reichsgesetz über die **Konsulargerichtsbarkeit.** Von Rechtsanwalt Dr **A. F. Vorwerk,** Schanghei. **2. Ausgabe,** mit den Schutzgebietsgesetzen. **— 1908.** 3,10 M

Nr. 76. **Die Rechtshilfe im Verkehr mit den ordentlichen Gerichten** nach deutschem Reichsrecht. Von Landrichter Dr **A. Friedländer. — 1906.** 2,60 M

Nr. 77. **Das Reichserbschaftssteuergesetz.** Vom 3. Juni 1906. Von **U. Hoffmann. 3. Aufl.** von **B. Hendel** in Vorbereitung.

Nr. 78. **Zigarettensteuergesetz.** Vom 3. Juni 1906. Von Reg.Assessor Dr **Cuno.**

Nr. 79. **Die Militärpensionsgesetze** vom 31. Mai 1906 nebst Ausf.-Bestimmungen. Zum Gebrauch für Heer, Marine

und Schutztruppe von Wirkl. Geh. Kriegsrat Dr **A. Romen**
a) I. Teil: **Offizierpensionsgesetz. — 1907.** 4,95 M
b) II. Teil: **Mannschaftsversorgungsgesetz** mit Nachtrag, enth. **Kapitalabfindungsgesetz** vom 3. Juli 1916. — **1908.** 4,95 M

Nr. **80.** Reichsgesetzgebung über **gerichtliche Registerführung.** Von Geh. Ob.J.Rat **O. Lindemann. — 1906.** 4,40 M

Nr. **81. Urheberrecht an Werken der bildenden Künste und der Photographie.** Von Rechtsanwalt Dr **L. Fuld. — 1907.** 1,60 M

Nr. **82. Reichsbeamtengesetz** vom 18. Mai 1907 mit Ergänzungen von Geh.Rat Prof. Dr **A. Arndt. — 1908.** 4,40 M

Nr. **83.** Reichsgesetz über den **Versicherungsvertrag** nebst Einführungsgesetz. Von Dr **P. Hager** und Dr **E. Bruck. 3. verm. u. verb. Aufl. — 1913.** 8,45 M

Nr. **84. Sammlung kleinerer privatrechtlicher Reichsgesetze.** Von Ober-L.G.Rat **G. Müller. — 1908.** 9,10 M

Nr. **85. Scheckgesetz.** Von Prof. Dr **M. Apt.** Vergriffen. Siehe Nr. **113.**

Nr. **86. Die Auslieferungsverträge des Deutschen Reiches.** Von Landrichter Dr **A. Cohn. — 1908.** 5,85 M

Nr. **87.** Gesetz zum **Schutz der Warenbezeichnungen.** Von Geh. Reg.Rat, Mitgl. des Kaiserl. Patentamts Dr **Freund** und Rechtsanwalt **Magnus. 5. Aufl. — 1909.** 5,20 M

Nr. **88. Vereinsgesetz** vom 19. April 1908. Von Wirkl. Geh. Kriegsrat Dr **A. Romen.** Mit den **neuen Bestimmungen über Jugendliche und Gewerkschaften. 4. Aufl. — 1916.** 4,55 M

Nr. **89. Vogelschutzgesetz vom 30. Mai 1908 nebst** den das Flugwild betr. Bestimmungen der **Preuß. Jagdordnung. Von** Dr **L. v. Boxberger. — 1909.** 1,60 M

in den angeführten Preisen enthalten.

**Guttentagsche Sammlung Deutscher Reichsgesetze.**

Nr. **90.** Die Haager Abkommen über das **Internationale Privatrecht.** Von Dr **G. Bogeng. — 1908.** 3,25 M

Nr. **91. Eisenbahn-Verkehrsordnung** mit Ausf.-Bestimmungen. Von Reg.Rat Dr **E. Blume. — 1909.** 3,65 M

Nr. **92.** Gesetz, betr. den **Verkehr mit Kraftfahrzeugen.** Von Amts-G.Rat **R. Kirchner. 3. Aufl. — 1915.** 5,85 M

Nr. **93.** Gesetz über die **Sicherung der Bauforderungen.** Von Justizrat Dr **E. Harnier. 3. Aufl. — 1912.** 2,35 M

Nr. **94. Haftpflicht der Reichs- und Staatsbeamten** von Dr **H. Delius. 2. Aufl.,** mit dem Gesetz über Haftung des Reichs für Beamte vom 22. Mai 1909. **— 1909.** 4,95 M

Nr. **95.** Die Berner Übereinkunft über **Internationales Urheberrecht.** Von Geh.Rat Dr **H. Dungs. — 1910.** 1,60 M

Nr. **96. Branntweinsteuergesetz** vom 15. Juli 1909 mit den für das Reich erlassenen Ausf.-Bestimmungen und Kriegsverordnungen. **2. Aufl.,** bearbeitet von Reg.-Assessor Dr **K. Kniebe,** Hilfsarbeiter im Reichsamt d. Innern. **— 1916.** 5,20 M

Nr. **97. Schutzgebietsgesetz** nebst V.O. betr. die Rechtsverhältnisse in den Schutzgebieten, dem G. über die Konsulargerichtsbarkeit sowie den Ausf.-Bestimmungen. Von **J. Gerstmeyer,** Wirkl. Legationsrat und vortr. Rat im Reichskolonialamt. **— 1910.** 4,40 M

Nr. **98. Sechs Haager Abkommen** über **Internationales Privatrecht.** Von Geh. Ob.Reg.Rat Dr **H. Dungs. — 1910.** 2,35 M

Nr. **99. Die Abkommen der Haager Friedenskonferenz.** Von Dr **H. Wehberg. — 1910.** 4,40 M

Nr. **100.** Gesetz über den **Absatz von Kalisalzen.** Von Geh. Bergrat **E. Voelkel. — 1910.** 3,40 M

**Guttentagsche Sammlung Deutscher Reichsgesetze.**

Nr. **101. Zuwachssteuergesetz** vom 14. Februar 1911. Von Geh. Reg.Rat Dr **W. Cuno. — 1911.** 5,20 *M*

Nr. **102. Urheberrecht an Mustern und Modellen** und Ges. betr. Schutz von **Gebrauchsmustern.** Von Reg.Rat **J. Neuberg,** Mitgl. d. Kaiserl. Patentamts. — **1911.** 3,40 *M*

Nr. **103. Reichs-Viehseuchengesetz** vom 26. Juni 1909 nebst Ausführungsvorschriften u. dem preuß. Ausführungsgesetz. Von Landrat Dr **W. v. Hippel. 2. Aufl. — 1912.** 6,50 *M*

Nr. **104. Versicherungsgesetz für Angestellte.** Von Rechtsanwalt **O. Bernstein** u. Dr **J. Kupferberg. 2. Aufl. — 1912.** Vergriffen. 4,95 *M*

Nr. **105. Das Geldwesen in den deutschen Schutzgebieten.** Von **W. Hintze,** Geh. Sekr. im Reichskolonialamt. — **1912.** 2,90 *M*

Nr. **106—109. Reichs-Versicherungsordnung nebst Einführungsgesetz.** Herausgegeben unter Mitwirkung von Dr **F. Caspar,** Wirkl. Geh. Rat, Direktor im Reichsamt d. Innern und **A. Spielhagen,** Geh. Ob.Reg.Rat, vortr. Rat im Reichsamt d. Innern. **4 Bände.**

Nr. **106.** I., V. u. VI. Buch. **Gemeinsame Vorschriften. — Beziehungen der Versicherungsträger zu einander und zu anderen Verpflichteten. — Verfahren.** Von Dr **K. Lippmann,** Reg.Rat im Reichs-Vers.Amt, Geh. Reg.Rat Dr **L. Laß** und Geh. Reg.Rat **H. Siefart. — 1913.** 8,45 *M*

Nr. **107.** II. Buch. **Krankenversicherung.** Von Geh.Reg.Rat **H. Siefart** u. Reg.Rat Dr **F. Sitzler. — 1916.** 9,75 *M*

Nr. **108.** III. Buch. **Unfallversicherung.** Von **A. Radtke,** Geh. Reg.Rat im R.Vers.Amt. — **1913.** 11,— *M*

Nr. **109.** IV. Buch. **Invaliden- und Hinterbliebenenversicherung.** Von Geh. Ob.Reg.Rat **B. Jaup,** vortr. Rat im Reichsamt d. Innern, und **H. Follmann,** Geh. Reg.Rat im R.Vers.Amt. — **1912.** Mit Nachtrag. 1914—1916. 5,85 *M*

Nr. **110. Wehrbeitragsgesetz** mit Ausf.-Bestimmungen. Von Wirkl.Geh.Ob.Fin.Rat **A. Fernow. 2. Aufl. — 1913.** 2,90 *M*

Nr. **111. Reichs- und Staatsangehörigkeitsgesetz.** Von Wirkl. Geh. Kriegsrat Dr **A. Romen. — 1913.** 3,25 *M*

in den angeführten Preisen enthalten.


**Guttentagsche Sammlung Deutscher Reichsgesetze.**

Nr. 112. **Kaufmannsgerichtsgesetz** mit Best. des Gewerbegerichtsgesetzes. Von Dr **H. Depène**, Vors. des Kaufmannsgerichts zu Berlin. — 1914. 3,65 ℳ

Nr. 113. **Postscheckgesetz.** Von Oberpostinspektor **J. Weiland.** — 1914. Mit Nachtrag 1918. 2,35 ℳ

Nr. 113 a. **Postscheckordnung** mit Ausf.-Bestimmungen. Von **J. Weiland.** — 1914. Mit Nachtrag 1918. 2,35 ℳ

Nr. 114. **Waffengebrauch und Festnahmerecht des Militärs.** Von Wirkl. Geh. Kriegsrat Dr **A. Romen** und Kriegsgerichtsrat Dr **C. Rissom.** — 1914. 2,90 ℳ

Nr. 115. **Das vertragliche Wettbewerbsverbot [Konkurrenzklausel].** Nebst Kommentar zum G. v. 10. Juni 1914. Von Rechtsanwalt Dr **G. Baum.** — 1914. 4,40 ℳ

Nr. 116. **Kriegs-Zivil- und -Finanzgesetze** vom 4. Aug. 1914 und den dazu erlassenen Verordnungen und Bekanntmachungen. 3. Aufl. — 1915. 3,40 ℳ

Nr. 116 a. Zweite Folge: Das Jahr 1915. — 1916. Siehe auch Nr. 129. 2,90 ℳ

Nr. 117. **Darlehnskassengesetz.** Von Rechtsanwalt **Salomon** und Bankvorsteher **Bud.** — 1915. 2,90 ℳ

Nr. 118. **Militärhinterbliebenengesetz.** Von Rechn.Rat **Reh.** Mit Nachtrag, enth. das **Kapitalabfindungsgesetz** vom 11. Juli 1916. — 1915. 3,65 ℳ

Nr. 119. **Kriegsleistungsgesetz.** Von Rechtsanwälten J.Rat **Heilberg** und **Schäffer.** — 1915. 4,15 ℳ

Nr. 120. **Telegraphenwegegesetz.** Von Postreferendar **Wolf.** — 1916. 2,35 ℳ

Nr. 121. **Direkte Kriegssteuer.** Gesetze z. Besteuerung der Kriegsgewinne. Von Ob.Verw.Gerichtsrat **A. Mrozek.** — 1916. 5,85 ℳ

Nr. 122. **Gesetz über den Belagerungszustand.** Von Kriegsgerichtsrat Dr **H. Pürschel.** — 1916. 6,50 ℳ

Nr. 123. **Warenumsatzstempel.** Von Geh. Ober-Justizrat **Lindemann.** — 1916. 3,25 ℳ

**Umsatzsteuergesetz.** — 1918. Siehe Nr. 132.

## Guttentagsche Sammlung Deutscher Reichsgesetze.

Nr. 124. **Todeserklärung Kriegsverschollener.** Von Prof. Dr **J. Partsch.** — **1916.** 3,90 *M*

Nr. 125. Das Gesetz über den **vaterländischen Hilfsdienst** mit Einleitung u. Materialien. **3. vermehrte Aufl.** — **1917.** 1,50 *M*

Nr. 126. **Besitzsteuergesetz** mit Ausf.-Bestimmungen. Von Ob.Verw.Gerichtsrat **A. Mrozek.** — **1917.** 6,— *M*

Nr. 127. Verordnung über die **Geschäftsaufsicht zur Abwendung des Konkurses** vom 14. Dez. 1916. Von Rechtsanwalt **G. Klien,** mit system. Einleitung von Geh. Hofrat Dr **Ernst Jaeger** ord. Prof. a. d. Universität Leipzig. — **1917.** 2,— *M*

Nr. 128. Gesetz betr. die **Verhaftung und Aufenthaltsbeschränkung** vom 4. Dez. 1916. Nebst Anhang, betr. Entschädigung unschuldig Verhafteter. Von Wirkl. Geh. Kriegsrat Dr **A. Romen.** — **1917.** 2,50 *M*

Nr. 129. Kriegsgesetze auf dem Gebiete des **Zivil-** und **Prozeßrechtes,** für die gerichtliche Praxis zusammengestellt von Amtsrichter Dr **Johannes Fischer.** — **1918.** 4,— *M*

Nr. 130. **Ersatzlebensmittelverordnung** nebst Ausführ. Vorschr. des Reichs und der wichtigsten Bundesstaaten. Verordnungen über **Schleichhandel, Preistreiberei und Papierhandel** mit preußischen Ausführungsbestimmungen. Von **Heinz Emil Wendel,** Königl. Polizeirat in Berlin. — **1918.** 2,— *M*

Nr. 131 a. **Reichsfinanzgesetzgebung 1918.** Bd. I. **Getränkesteuern** (Bier, Branntwein, Wein, Schaumwein, Limonaden). Von Dr. **G. Mayer.** — **1918.** Im Druck.

Nr. 131 b. **Reichsfinanzgesetzgebung 1918.** Bd. II. **Abgabe vom Einkommen, Umsatz, Kriegsgewinn** usw., **Steuerflucht.** Von Dr. **G. Mayer.** Im Druck.

Nr. 132. **Umsatzsteuergesetz** und Ausführungsbestimmungen. Von Geh. Ober-Justizrat **Otto Lindemann,** vortr. Rat im Justizministerium. — **1918.** 5,50 *M*

Nr. 133. **Reichswuchergesetzgebung.** Von Reichsgerichtsrat Dr. **Ad. Lobe.** — **1918.** 6,50 *M*

Nr. 134. **Die Friedensverträge** Von Dr. **Karl Strupp.**
a) I. **Die Ostfrieden.** — **1918.** 12,— *M*

in den angeführten Preisen enthalten.


## Guttentagsche Sammlung
# Preußischer Gesetze.
Text-Ausgaben mit Anmerkungen. Taschenformat.

Nr. 1. **Die Verfassungs-Urkunde** für den Preußischen Staat. Mit Einleitung, vollständigem Kommentar. Von Prof. Dr **A. Arndt. 7. Aufl. — 1911.** 5,85 *M*

Nr. 2. Preußische **Beamten-Gesetzgebung.** Enth. die wichtigsten Beamtengesetze in Preußen. Von **K. Pfafferoth. 5. Aufl. — 1916.** 3,90 *M*

Nr. 3. **Aufnahme** von **Nottestamenten** durch die bestellten Urkundspersonen. Anweisung mit Musterbeispielen. Von Amts-G.Rat **E. Kurtz. — 1904.** 2,35 *M*

Nr. 4. **Gebührenordnung** für **Notare** vom 25. Juli 1910. **5. Aufl.** von Justizrat **Rausnitz. — 1917.** 5,— *M*

Nr. 5. Gesetz vom **24. April 1854 [betr. die außerehel. Schwängerung].** Von Dr **Schulze. — 1873.** 1,— *M*
Reichs-Recht siehe: Reichsgesetze Nr. **58.**

Nr. 6. Die Preuß. **Ausführungsgesetze und Verordnungen zu den Reichs-Justizgesetzen.** Von **R. Sydow.**
Ersetzt durch Busch-Eylau, Ausführungsgesetze.

Nr. 7. Allg. **Gerichtsordnung** und Preuß. **Konkursordnung.** Von **F. Vierhaus.** Vergriffen.

Nr. 8. **Vormundschaftsordnung.** Von **F. Schultzenstein.**
Reichs-Recht siehe: Reichsgesetze Nr. **47.**

Nr. 9. Die Preußische **Grundbuchgesetzgebung.** Von **Prof. Dr Fischer.** Vergriffen; siehe: Reichsgesetze Nr. **42.**

Nr. 10. **Einkommensteuergesetz.** Von Wirkl. Geh. Ob. Finanzrat **A. Fernow. 8. Aufl. — 1913.** Vergriffen! — Neue Auflage nach Verabschiedung des angekündigten Abänderungsgesetzes.

Der Teuerungszuschlag des Verlages ist

## Guttentagsche Sammlung Preußischer Gesetze.

Nr. 11. **Gewerbesteuergesetz.** Von Wirkl.Geh.Ob.Fin.Rat **A. Fernow. 6., vermehrte Aufl. — 1915.** 6,25 ℳ

Nr. 12. **Allgemeines Berggesetz.** Mit seinen Novellen und Nebengesetzen. **3. Aufl.,** bearbeitet von den Oberbergräten **Schlüter** und **Hense. — 1913.** 10,40 ℳ

Nr. 13. **Ergänzungssteuergesetz** (Vermögenssteuergesetz). Von Wirkl.Geh.Ob.Fin.Rat **A. Fernow. 5. Aufl.** Mit Nachtrag, enth. Ges. betr. Erhöhung der Zuschläge vom 8. Juli 1916. **— 1914.** 5,85 ℳ

Nr. 14. **Kommunalabgabengesetz.** Vom 14. Juli 1893 und Ges. wegen Aufhebung direkter Staatssteuern. Von Oberbürgermeister Dr **F. Adickes. 5. Aufl.** bearbeitet von Stadtrat Dr **Woell. — 1911.**

Vergriffen, neue Auflage in Vorbereitung.

Nr. 15. Die **Kreisordnungen** für den Preußischen Staat. Von Land-G.Rat **O. Kolisch. — 1894.** 5,50 ℳ

Nr. 16. **Konzessionierung gewerblicher Anlagen.** Von Geh. Reg.Rat Dr **W. v. Rüdiger. 2. Aufl. — 1901.** 2,60 ℳ

Nr. 17. Preußisches **Gerichtskostengesetz.** Vom 25. Juli 1910. Mit Kostentabellen. Von Kammer-G.Rat Dr **P. Siméon. 7. Aufl. — 1913.** Mit Nachtrag: Abänderungen vom 17. Febr. 1917. 5,85 ℳ

Nr. 18. Preußisches **Stempelsteuergesetz** vom 30. Juni 1909. Mit sämtlichen Ausf.-Bestimmungen. Von **P. Loeck. 8. Aufl.** von Reg.Rat **W. Seyffarth. — 1914.** 11,70 ℳ

Nr. 19. Das **Jagdscheingesetz.** Von Wirkl. Geh. Ob.Reg.Rat **F. Kunze. 2. Aufl. — 1899.** 2,90 ℳ

Nr. 20. Die **preußischen Erbschaftssteuergesetze.** Von Rechn.Rat **U. Hoffmann. — 1905.** 5,20 ℳ
(**Reichs**-Erbschaftssteuergesetz siehe **Reichsgesetze Nr. 77**).

Nr. 21. Gesetz über die **Handelskammern.** Von Min.-Dir. **F. Lusensky. 2. Aufl. — 1909.** 4,40 ℳ

in den angeführten Preisen enthalten.

## Guttentagsche Sammlung Preußischer Gesetze.

Nr. **22.** Gesetz, betr. **Anstellung und Versorgung der Kommunalbeamten.** Von Dr **W. Ledermann. 2. Aufl.,** bearbeitet von Dr **L. Brühl. — 1914.** 3,10 *M*

Nr. **23. Ausführungsgesetz zum Bürgerlichen Gesetzbuche.** Von Kammer-G.Rat Dr **P. Simeon. 3. Aufl. — 1914.** 3,10 *M*

Nr. **24.** Die **Hinterlegungsordnung. (1879)** Von Reg.Rat Dr **G. Bartels. 2. Aufl. — 1908.** 2,60 *M*
— —, Abänderungsgesetz vom 21. April 1913 siehe **Nr. 53.**

Nr. **25. Preußische Kommunalbeamtengesetzgebung.** Von Mag.Assessor Dr **F. Kremski,** Berlin. — **1901.** 4,40 *M*

Nr. **26.** Gesetze über das **Diensteinkommen der Lehrer und Lehrerinnen, Ruhegehalt und Hinterbliebenenfürsorge.** Tabelle zur Berechnung der Ruhegehalts-, Witwen- und Waisenbezüge. Von Bürgermeister Dr **E. Cremer. — 1900.** 3,40 *M*

Nr. **27.** Gesetz, betr. die **Warenhaussteuer.** Von Geh. Ob.Fin.Rat Dr **G. Strutz. — 1900.** 1,95 *M*

Nr. **28.** Die **Fürsorgeerziehung Minderjähriger.** Von Geh. Justizrat Dr **P. F. Aschrott.** Mit Ausführungsbestimmungen und allen wichtigeren Ministerialerlassen. **3. Aufl. — 1917.** 5,— *M*

Nr. **29.** Gesetz, betr. **die ärztlichen Ehrengerichte, das Umlagerecht und die Kassen der Aerztekammern.** Von Amts-G.Rat Dr **F. Fidler. — 1901.** 2,35 *M*

Nr. **30.** Das **Preußische Staatsschuldbuch** und **Reichsschuldbuch.** Von Wirkl. Geh. Ob.F.Rat **J. Mücke. — 1902.** 2,60 *M*

Nr. **31. Die geltenden Preußischen Gesindeordnungen. Zwei Bände.** Von Rechtsanwalt **St. Gerhard.**

**31 a.** Gesindeordnung für die altpreußischen Provinzen vom 8. Nov. 1810, unter Berücksichtigung der Ergänzungsgesetze, der Rechtsverhältnisse der Stellenvermittler und

**Guttentagsche Sammlung Preußischer Gesetze.**

Reichsversicherungsordnung, sowie die Gesindeordnungen für Neuvorpommern und Rügen und für die Rheinprovinz. **2. Aufl. — 1914.** 4,40 ℳ

**31 b.** Gesindeordnungen für Hannover, Schleswig-Holstein, Hessen-Nassau und den Regierungsbezirk Hohenzollern. — **1902.** 3,65 ℳ

Nr. **32. Die Städteordnung für die sechs östlichen Provinzen Preußens.** Von Dr **W. Ledermann** u. Dr **L. Brühl. 2. Aufl. — 1913.** 9,75 ℳ

Nr. **33. Rentenguts- und Anerbenrechts-Gesetzgebung in Preußen.** Von Land-G.Rat **M. Peltasohn** und Rechtsanwalt **B. Peltasohn. — 1903.** 4,40 ℳ

Nr. **34.** Sammlung der wichtigsten **preußischen Strafgesetze** nebst Ges., betr. polizeil. Strafverfügungen vom 23. April 1883. Von Geh. Ob.J.Rat. **Lindemann. 2. Aufl. — 1912.** 4,70 ℳ

Nr. **35. Geschäftsordnung für Gerichtsvollzieher.** Von **E. Exner. — 1904.** 4,55 ℳ

Nr. **36. Polizeiverordnungen in Preußen.** Von Geh. Ob.J.Rat **O. Lindemann. — 2. Aufl. 1912.** 3,40 ℳ

Nr. **37.** Gesetz, betr. **Enteignung von Grundeigentum** vom 11. Juni 1874. Von Ob.L.G.Rat **O. Meyer. 2. Aufl. — 1911.** 3,25 ℳ

Nr. **38. Kreis- und Provinzial-Abgabengesetz** vom 23. April 1906. Von Gemeindevorsteher **F. Schmidt. — 1906.** 1,95 ℳ

Nr. **39.** Gesetz, betr. die **Unterhaltung der öffentlichen Volksschulen.** Von Reg.Rat Dr **A. Marcks. — 1906.** 2,90 ℳ

Nr. **40. Verwaltungsstrafverfahren** bei Zuwiderhandlungen gegen die Zollgesetze und indirekte Reichs- und Landesabgaben. Von Dr **R. Katzenstein. — 1907.** 5,20 ℳ

in den angeführten Preisen enthalten.

## Guttentagsche Sammlung Preußischer Gesetze.

Nr. 41. Die **preußischen Jagdpolizeigesetze.** Von Wirkl. Geh. Ob.Reg.Rat **F. Kunze** und Rechtsanwalt **R. Kühnemann.** 2. Aufl. — 1907. 5,20 M

Nr. 42. Die Gesetzgebung über die **Allgemeine Landesverwaltung** und **Zuständigkeit der Verwaltungs- und Verwaltungsgerichtsbehörden.** Von Dr **K. Friedrichs.** — 1908. 4,40 M

Nr. 43. Gesetz, betr. die **Zulassung einer Verschuldungsgrenze** für land- und forstwirtschaftlich benutzte Grundstücke. Von Syndikus Dr **R. Leweck.** — 1908. 3,40 M

Nr. 44. **Quellenschutzgesetz** nebst den Ausführungsbestimmungen. Von Geh. Bergrat **E. Voelkel.** — 1909. 1,60 M

Nr. 45. **Rechtsverhältnisse der Juden in Preußen.** Von Rechtsanwalt Dr **M. Kollenscher.** — 1910. 3,40 M

Nr. 46. Gesetz betr. **Austritt aus der Landeskirche** vom 14. Mai 1873. Von Ger.-Assessor **H. Caro.** — 1911. 3,40 M

Nr. 47. Gesetz, betr. die **Feuerbestattung.** Von Amts-G.Rat Dr **W. Lohmann.** — 1912. 2,10 M

Nr. 48. **Zweckverbandsgesetz für Groß-Berlin** vom 19. Juli 1911 nebst Abdruck des allgemeinen Zweckverbandsgesetzes. Von den Magistratsräten Dr **L. Brühl,** Dr **K. Gordan** und Stadtrat Dr **W. Ledermann.** — 1912. 5,85 M

Nr. 49. **Gesetze gegen die Verunstaltung landschaftlich hervorragender Gegenden** mit Ausf. Anweisungen. Von Reg.Rat **O. Goldschmidt.** — 1912. 3,40 M

Nr. 50. **Gesetz, betr. die Anlegung und Veränderung von Straßen und Plätzen in Städten und ländlichen Ortschaften.** Von Oberlandgerichtsrat **O. Meyer.** — 1913. 4,40 M

Nr. 51. **Das preußische Disziplinargesetz für die nichtrichterlichen Beamten** und die Privatdozenten. Von Reg.Rat Dr **E. v. Dultzig.** — 1914. 6,25 M

Der Teuerungszuschlag des Verlages ist

## Guttentagsche Sammlung Preußischer Gesetze.

Nr. **52. Preußisches Wassergesetz** v. 7. April 1913. Von den Rechtsanwälten **G. Wulff** und **F. Herold. — 1913.** 7,15 *M*

Nr. **53. Hinterlegungsordnung** v. **21.** April **1913.** Von Landrichter **Hagemann. — 1914.** 3,25 *M*

Nr. **54.** Gesetz betr. **Anlegung von Sparkassenbeständen in Inhaberpapieren** nebst Ausf.-Verordnung **vom 8. Mai 1913.** Von Rechtsanwalt **H. Döhring. — 1914.** 2,90 *M*

Nr. **55. Preußisches Wohnungsgesetz** und **Bürgschaftssicherungsgesetz.** Von Hochschulprofessor Dr. jur. **B. Schmittmann. — 1918.** 6,— *M*

in den angeführten Preisen enthalten.

## Guttentagsche Sammlung
von
**Textausgaben** mit Sachregister **ohne** Anmerkungen.
Taschenformat, elegant in Leinen gebunden.

**Bürgerliches Gesetzbuch** nebst **Einführungsgesetz**. 10. Abdruck. 3,25 ℳ

**Handelsgesetzbuch** nebst **Einführungsgesetz** und **Seerecht. 8. Abdruck. — 1910.** 2,60 ℳ

**Konkursordnung** mit **Einführ.ges. 2. Aufl. — 1915.** 1,30 ℳ

**Kriegsgewinnsteuer. — 1916.** 0,80 ℳ

**Die Kriegssteuergesetze. 2. Aufl. — 1917.** 2,00 ℳ

**Militärstrafgerichtsordnung** m. **Einführ.ges. — 1901.** 1,95 ℳ

**Militär-Strafgesetzbuch. 2. Aufl. — 1916.** 1,55 ℳ

**Reichsfinanzgesetze** von 1909 einschließlich der **Reichsstempelgesetze** und des **Erbschaftssteuergesetzes. — 1909.** 2,60 ℳ

**Reichsversicherungsordnung** (Kranken-, Unfall-, Invaliden- u. Hinterbliebenenvers.). **20.—30. Tausend. — 1914.** 2,60 ℳ

**Strafgesetzbuch. — 1912.** 1,55 ℳ

**Strafprozeßordnung. 2. Aufl. — 1915.** 1,95 ℳ

**Verkehrs- u. Kohlensteuer u. Kriegssteuerzuschlag. — 1917.** 2,— ℳ

**Versicherungsgesetz für Angestellte. — 1911.** 1,60 ℳ

**Wechselordnung** mit Anhang: **Wechselprozeß und Ausführungsanweisung. — 1908.** 1,30 ℳ

**Wehrbeitrag** und **Besitzsteuer. — 1913.** 1,30 ℳ

**Zivilprozeßordnung** mit **Gerichtsverfassungsgesetz** und **Einführungsgesetzen.** Neueste Fassung. **— 1914.** 2,60 ℳ

**Zuwachssteuergesetz. — 1911.** 1,05 ℳ

— — **Ausführungsbestimmungen. — 1911.** 0,80 ℳ

Preußische Ausführungsanweisung zur **Gewerbeordnung** nebst der technischen Anleitung. — **1904.** 2,90 ℳ

Kommentare — Nachschlagebücher.

# Die Gerichtspraxis.

In Verbindung mit

Amtsrichter **E. Armstroff**, Berlin-Lichterfelde, Staatsanwalt Dr **E. Falck**, Berlin, Kammergerichtsrat **M. Gfrörer**, Berlin, Amtsrichter **W. Häuseler**, Berlin-Weißensee, Amtsgerichtsrat **G. Krause**, Berlin-Tempelhof, Amtsgerichtsrat **L. Levy**, Charlottenburg, Landrichter Dr **M. Nadler**, Berlin, Amtsgerichtsrat **H. Riefenstahl**, Berlin

herausgegeben von

Kammergerichtsrat **Dr. Ernst Pape.**

1914. Gr.-8°. 1326 Seiten. Geb. in Leinen. Preis 24,— M.

Inhaltsverzeichnis:

**Zivilprozeß — Die Zwangsvollstreckung — Konkursrecht — Strafprozeß — Gefängniswesen — Freiwillige Gerichtsbarkeit — Vormundschaftswesen — Nachlaßwesen — Grundbuch- und Katasterwesen — Registerwesen — Justizverwaltung — Sachregister.**

Besprechungen aus der Presse:

Der schlichte Titel läßt den reichen Inhalt des umfangreichen Bandes nicht erkennen, der eine zusammenfassende Darstellung des gesamten Gerichtsverfahrens bietet . . .

„Literarisches Zentralblatt für Deutschland"

Schon jetzt wird man sagen dürfen, daß das Werk vor allen anderen bestimmt ist, dem jungen Praktiker ein treuer Berater und Führer zu sein. Die leichtverständliche Schilderung und die übersichtliche Anordnung werden auch die Gerichtsschreibereibeamten sowie strebsame Bürobeamte anziehen. . . .

„Zeitschrift für Rechtspflege in Bayern."

Die einzelnen Abschnitte sind von erfahrenen Fachmännern bearbeitet worden, die die ihnen gestellte Aufgabe in vortrefflicher Weise gelöst haben. . . . . Auch der gereifte Praktiker wird Anregung und Belehrung aus dem Werke schöpfen.

„Leipziger Zeitschrift für Deutsches Recht"
(Staatsanwaltschaftsrat Kaempffer-Berlin).

in den angeführten Preisen enthalten.


**Kommentare — Nachschlagebücher.**

# Enzyklopädie der Rechtswissenschaft

in systematischer Bearbeitung von **Dr. Franz von Holtzendorff. Siebente, völlig neubearbeitete Auflage,** herausgegeben von **Dr. Josef Kohler,** o. Prof. der Rechte an der Universität Berlin. — Unter Mitwirkung zahlreicher namhafter Juristen.

**1915.** Lex. 8°. 5 Bände. Gesamtpreis 84,50 ℳ, geb. 100.75 ℳ.

**Jeder Band wird einzeln abgegeben!**

Bd. I 20,80 ℳ, geb. 24,— ℳ | Bd. III 16,50 ℳ, geb. 19,85 ℳ
Bd. II 17,— ℳ, geb. 20,15 ℳ | Bd. IV 21,50 ℳ, geb. 24,70 ℳ
Bd. V 21,50 ℳ, geb. 24,70 ℳ.

**Ausführliche Prospekte mit Inhaltsangabe der einzelnen Bände kostenlos.**

# Das Bürgerliche Gesetzbuch

mit besonderer Berücksichtigung der

## Rechtsprechung des Reichsgerichts

erläutert von den Reichsgerichtsräten **Georg Hoffmann, Erler, Burlage, Busch,** Dr **Ebbecke, Kiehl, Schaffeld** und **Schmitt.**

**1913. Zweite völlig neubearbeitete Auflage. 3 Bände.**
Lex. 8° in Halbfranz geb. 78,— ℳ.

**Band I. Allgemeiner Teil. Recht der Schuldverhältnisse — Band II. Sachenrecht — Band III. Familienrecht. Erbrecht.**

**Der Teuerungszuschl. d. Verlag. ist in den angeführt. Preisen enth.**

**Kommentare — Nachschlagebücher.**

**Die Erbenhaftung nach dem Bürgerlichen Gesetzbuch.** Von Rechtsanwalt **S. Riesenfeld**, Berlin. **2 Bände. — 1916. Gr. 8°.** Preis 33,80 *M*, geb. 37,70 *M*

Erster Band: **Grundsätze der Haftung.** Zweiter Band: **Das Inventar und die Mittel der Haftungsbeschränkung.**

**Verwaltungsgesetzbuch für Preußen.** Systematische Zusammenstellung der wichtigsten Verwaltungsgesetze und Verordnungen für Praxis und Unterrichtszwecke bearbeitet von Reg.Rat Dr **Hugo Reichelt.** Mitglied des Bezirksausschusses Magdeburg. — **1914. Gr. 8°.** Preis geb. 15,60 *M*

Vereins- und Versammlungsrecht der **Gewerkschaften** und **Gewerkvereine.** Mit einem Anhang: Das gewerbliche Koalitionsrecht. Unter Benutzung amtlicher Quellen bearbeitet von Wirkl. Geh. Kriegsrat Dr jur. **A. Romen.** — **1917. Gr. 8°.** Preis brosch. 2,— *M*

**Bunte Bilder aus der Rechtswelt.** Ein Lesebuch für die jungen Juristen im Felde. Von Dr **J. W. Hedemann,** o. Prof. an der Universität Jena. — **1917. 8°.** Preis brosch. 2,50 *M*

**Bürgerliches Rechts-Lexikon. Nach dem Bürgerlichen Gesetzbuch, dem Handelsgesetzbuch und sonstigen Reichs- und Landesgesetzen** bearbeitet von Amtsgerichtsrat **E. Christiani. 3. wesentlich vermehrte und verbesserte Auflage. — 1908. Lex. 8°.** Geb. in ganz Leinen. Preis 14,50 *M*

**Verfassung und Verwaltung des Deutschen Reiches nebst wichtigen Nebengesetzen.** Ein Hilfsbuch für die Examina in Justiz und Verwaltung sowie für die Doktorprüfung. Von Dr **M. Gebhardt,** Gerichtsassessor a. D. — **1912. Lex. 8°.** Preis brosch. 12,35 *M*, geb. in Leinen 13,— *M*

**Sonderverzeichnisse über hervorragende Erscheinungen aus den Gebieten des Verwaltungs- und Handelsrechts, sowie der genossenschaftlichen Literatur, durch jede Buchhandlung und direkt vom Verlage.**

# Schlagwort-Register

R. = Nummer der Sammlung Deutscher **Reichs**gesetze.
P. = Nummer der Sammlung **Preußischer** Gesetze.
S. = Seite.


Abzahlungsgeschäfte R. 34.
Aerztekammern P. 29.
Aerztliche Ehrengerichte P. 29.
Aktienrecht R. 24, 26.
Altersversicherungsgesetz R. 109.
Anerbenrechtsgesetz P. 33.
Anfechtungsgesetz R. 13.
Angestelltenvers.-G. R. 104, S. 21.
Anlegung von Straßen P. 50.
Arbeiterschutzgesetz R. 6, 116a.
Arbeiterversicherungsgesetze R. 20. 23, 28, 57, 106—109, S. 21.
Arzneimittel R. 6, 64.
Aufenthaltsbeschränkung, Verhaftung R. 128.
Ausführungsgesetze z. BGB. P. 23, S. 21.
Ausführungsgesetze zu d. Reichsjustizgesetzen P. 6.
Ausgleichsverordnung R. 127.
Auslieferungsverträge R. 86.
Austritt a. d. Landeskirche P. 46.
Auswanderungsgesetz R. 9, 44.
Automobilgesetz R. 92, 116a.

Bankgesetz R. 26, 116.
Baufluchtengesetz P. 50.
Bauforderungsschutz R. 93.
Bauunfallversicherungsgesetz R. 28, 108.
Beamtengesetze R. 10, 82, 94, P. 2.
Bekämpfung gemeingefährlicher Krankheiten R. 56.
Belagerungszustand R. 114, 122, P. 34.
Berggesetz P. 12.
Beschlagnahme von Lohn- und Gehaltsforderungen R. 55.
Besitzsteuergesetz R. 126, S. 21.
Beurkundung des Personenstandes R. 59.
Bier, Abgabe vom, R. 131a.
Binnenschiffahrtsgesetz R. 36.
Blei- und zinkhaltige Gegenstände R. 9.
Börsengesetz R. 41.
Börsensteuergesetz R. 18.
Branntweinsteuer R. 96, 131a.
Brausteuererhebung R. 25.
Bundes- u. Staatsangehörigkeit R. 8, 111.
Bürgerl. Gesetzbuch R. 38/39 S. 21.
Bürgschaftssicherung P. 55.

Chausseegeld P. 34.
Civilprozeßordnung R. 11, S. 21.

Dampfkesselbetrieb R. 6, P. 34.
Darlehnskassengesetz R. 117.
Depotgesetz R. 40.
Diensteinkommen der Lehrer u. Lehrerinnen P. 26.
Dienstboten siehe Gesinde.
Disziplinargesetze P. 51.
Drogenhandel R. 48, 64.

Eheschließungsgesetz R. 59.
Einkommensteuergesetz P. 10.
Eisenbahngesetzgebung R. 66, 95.
Eisenbahnverkehrsordnung R. 91.
Elektrizitäts-Diebstahl R. 2.

Schlagwort-Register. (R. = Reichsgesetz, P. = preuß. Gesetz.)

Enteignung v. Grundeigent. P. 37.
Entmündigungsgesetz R. 45.
Entschädigung freigesprochener Personen R. 12, 73.
— unschuldig Verhafteter und Verurteilter R. 12, 73.
Entziehung elektr. Arbeit R. 2.
Erbschaftssteuergesetz R. 77, P. 20.
Ergänzungssteuergesetz P. 13.
Ersatzlebensmittel R. 130.
Erwerbs- u. Wirtschaftsgenossenschaften R. 29.

Fahrkartensteuer R. 18.
Farbengesetz R. 9, 48.
Farbenhandel R. 48.
Feingehalt der Gold- u. Silberwaren R. 9.
Feld- u. Forstpolizeigesetz P. 34.
Festnahmerecht d. Militärs R. 114.
Feuerbestattungsgesetz P. 47.
Feuerversicherung P. 84.
Fischereigesetz P. 34.
Fleischbeschaugesetz R. 9, 54, 68.
Flößereigesetz R. 36.
Fluchtlinien-Gesetz P. 50.
Forstdiebstahl P. 34.
Frachturkundensteuer R. 18.
Freiwillige Gerichtsbarkeit R. 46.
Freizügigkeit R. 8.
Friedensverträge R. 134.
Fürsorgeerziehung Minderjähriger R. 47. P. 28.

Gast- u. Schankwirtschaftsgehilfen R. 6.
Gebrauchsgegenstände, Verkehr mit R. 9, 54.
Gebrauchsmusterschutzgesetz R. 9, 84, 102, 116, 116a.
Gebührengesetz, preußisches, für Rechtsanwälte und Gerichtsvollzieher R. 17.
Gebührenordnung für Gerichtsvollzieher R. 15.
Gebührenordnung für Notare P. 4.
Gebührenordnung für Rechtsanwälte R. 17.
Gebührenordnung für Zeugen und Sachverständige R. 15.
Gehaltsforderungen, Beschlagnahme von R. 55.
Geldwesen d. Kolonien R. 105.
Genehmigung gewerblicher Anlagen P. 16.
Genossenschaftsgesetz R. 29.
Genußmittel, Verkehr mit R. 9, 54.
Gerichtsbarkeit, freiwillige R. 46.
Gerichtskostengesetz, deutsches R. 15.
Gerichtskostengesetz, preußisches P. 17.
Gerichtsordnung, preußische P. 7.
Gerichtsverfassungsgesetz R. 14, 11, 12, S. 21.
Gerichtsvollzieher-Gebührenordnung R. 15.
Geschäftsaufsicht zur Abwendung des Konkurses R. 116, 126.
Geschäftsordnung für Gerichtsvollzieher P. 35.
Gesellschaften mit beschränkter Haftung R. 32, S. 31.
Gesetzbuch, Bürgerliches R. 38/39 S. 21.
Gesetzestafel d. deutschen Reichsrechts R. 63.

Schlagwort-Register. (R. = Reichsgesetz, P. = preuß. Gesetz.)


Gesindedienstpflichten P. 34.
Gesindeordnungen, preußische P. 31 a, 31 b.
Gesundheitswesen R. 27.
Getränkesteuer R. 131 a.
Getreidebeschlagnahme R. 116.
Gewerbebetrieb im Umherziehen R. 6, P. 34.
Gewerbegerichte R. 31, 112.
Gewerbeordnung R. 6.
Gewerbesteuergesetz, preuß. P. 11.
Gewerbeunfallversicherung R. 23.
Gewerkschaften, Gewerkvereine, Vereins- u. Versammlungsrecht R. 88.
Gifthandel R. 48, 64.
Gold- u. Silberwaren-Feingehalt R. 9.
Grundbuchordnung R. 42.
Grundbuchgesetzgebung, preußische P. 9.
Grundeigentum, Enteignung v. P. 37.

Haager Friedenskonferenz R. 99.
Haftpflichtgesetz R. 70, 94.
Handelsgesetzbuch R. 4, S. 21.
Handelskammergesetz P. 21.
Handfeuerwaffen R. 9.
Handwerkergesetz R. 6.
Hilfsdienst, Vaterländischer R. 125.
Hilfskassen, eingeschr. R. 20.
Hinterlegungsordnung P. 24, 53.
Hinterbliebenenversicherung R. 109, S. 21.
Höchstpreise R. 116.
Hypothekenbankgesetz R. 51.

Jagdpolizeigesetz P. 34, 41.
Jagdscheingesetz P. 19. 34,
Inhaberpapiere m. Prämien R. 9.
Innere Unruhen R. 114.
Internationales Privatrecht R. 90, 98.
Invalidenversicherung R. 30, 109, S. 21.

Kaligesetz R. 100.
Kapitalabfindungsges. R. 79b, 118
Kaufleute, Pflichten bei Aufbewahrung v. Wertpapier. R. 40.
Kaufmannsgerichte R. 112.
Kiautschou-Gebiet, militärische Strafrechtspflege im R. 3.
Kinder, Recht d. unehel. R. 58.
—, Unterbringung verwahrloster R. 47, P. 28.
Kinderarbeit, gewerbl. R. 2, 71.
Kinderschutzgesetz R. 71.
Kohlensteuer S. 21.
Kolonialgesetzgebung R. 49, 105.
Kommunalabgabengesetz P. 14.
Kommunalbeamtengesetz P. 22.
Kommunalbeamtenrecht P. 25.
Konkurrenzklausel R. 115.
Konkursordn. R. 13, 127, S. 21.
Konkursordnung, preuß. P. 7.
Konsulargerichtsbarkeit R. 75.
Konsulargesetzgebung R. 21, 75.
Konzessionierung gewerbl. Anlagen P. 16.
Kraftfahrzeuge R. 18, 92, 116a.
Krankenversicherungsgesetz R. 20, 107, S. 21.
Kreisabgabengesetz P. 38.
Kreisordnungen P. 15.
Kriegsgewinn R. 121, 131b, S. 21.

Schlagwort-Register. (R. = Reichsgesetz, P. = preuß. Gesetz.)


Kriegsleistungsgesetz R. 119.
Kriegsteilnehmer R. 116, 116a.
Kriegsverschollenen-Todeserklärung R. 124.
Kriegs-Zivil-, Prozeß- u. Finanzgesetze R. 116, 116a, 129.
Kunstschutzgesetz R. 81.

Ladenschluß R. 6.
Landeskirche P. 46.
Landestrauer P. 34.
Landesverwaltungsgesetz P. 42.
Lehrergehalts- und Pensionsgesetze P. 26.
Limonaden R. 131a.
Literaturschutz R. 60, 95.
Lohnforderungen, Beschlagnahme von R. 55.
Lotteriespiel P. 34.

Mannschaftsversorgungsgesetz R. 79 b.
Margarinegesetz R. 9, 54.
Medizinalgesetzgebung R. 27.
Militärhinterbliebenenges. R. 118.
Militärpensionsgesetze R. 79.
Militärische Geheimnisse, Verrat R. 9, 84.
Militärstrafgerichtsordnung R. 3, S. 21.
Militärstrafgesetzbuch R. 67, S. 21.
Minderjährige, Fürsorgeerziehung für R. 47, P. 28.
Mineraliengewinnung und Aneignung P. 34.
Mineralwässer R. 131a.
Mobiliar-Feuerversich. P. 34.
Modellschutzgesetzgebung R. 9, 102.
Münzwesen R. 26, 116, 116a.
Musterschutzgesetz R. 9, 102.

Nahrungsmittel R. 9, 54, 65, 130.
Naturalleistung f. d. bewaffnete Macht R. 69.
Notare, Gebührenordnung für preußische P. 4.
Notenbankwesen R. 26.
Nottestament P. 3.

Offizierpensionsgesetz R. 79 a.

Papierhandel R. 130.
Patentgesetz R. 9, 22, 116, 116a.
Personenstandsgesetz R. 2, 9, 59.
Pensionsgesetze R. 10, 79, P. 2, 26.
Photographieschutz R. 9, 81.
Polizeiverordn. in Preußen P. 36.
Postgesetze R. 7.
Postscheckgesetz R. 113.
Postscheckordnung R. 85, 113 a.
Preistreiberei R. 130.
Preßgesetz R. 9, 53.
Preußische Verfassung P. 1.
Privatbeamtenvers.-Ges. R. 104. S. 21.
Privatrechtl. Reichsges. R. 84, 90.
Provinzialabgabengesetz P. 38.

Quellenschutzgesetz P. 44.

Rayongesetz R. 84.
Reblausgesetz R. 84, P. 34.
Rechte der Besitzer von Schuldverschreibungen R. 52.
Rechtsanwalts-Gebührenordnung R. 17.
Rechtsanwaltsordnung R. 16.
Rechtshilfe R. 76.
Rechtsverhältnisse d. Juden P. 45.
Registerführung, gerichtl. R. 80.
Reichsbeamtengesetz R. 10, 82.
Reichseisenbahngesetzgebung R. 35, 66.

Schlagwort-Register. (R. = Reichsgesetz, P. = preuß. Gesetz.)


Reichserbschaftssteuer R. 77.
Reichsfinanzgesetze R. 131, S. 21.
Reichsgewerbeordnung R. 6.
Reichsgrundbuchordnung R. 42.
Reichs-Justizgesetze R. 11, 12, 13.
Reichskassenscheine R. 9, 116.
Reichsmilitärgesetz R. 84.
Reichspreßgesetz R. 53.
Reichsschuldbuch P. 30.
Reichsseuchengesetz R. 9, 56.
Reichsstempelgesetz R. 18.
Reichsverfassung R. 1.
Reichsviehseuchenges. R. 103.
Reichsversicherungsordnung R. 106—109, S. 21.
Reichswuchergesetzgebung R. 133.
Rentengutsgesetze P. 33.
Rinderpest R. 9.

Saccharingesetz R. 9, 54.
Schadensersatz an unschuldig Verhaftete u. Verurteilte R. 73.
Schaumwein R. 131a.
Scheckgesetz R. 85, 113.
Schlachthäuser P. 34.
Schlachtviehgesetz R. 9, 54, 68.
Schleichhandel R. 130.
Schonzeit des Wildes P. 34.
Schuldverschreibungsgesetz R. 52.
Schulunterhaltungsgesetz P. 39.
Schutzgebietsgesetz R. 75, 97, 105.
Schutzhaftgesetz R. 128.
Schutztruppe, Strafverfahren R. 3, Pension R. 79.
Schwängerung, außereheliche R. 58, P. 5.
Seegesetzgebung R. 19.
Seerecht siehe HGB. Text.
See-Unfallversich.-G. R. 57, 108.
Seuchengesetz R. 56.
Sklavenhandel R. 9.
Sozialpolitische Gesetze R. 20, 23, 28, 30, 57, 72, 104, 106 bis 109, 116, 116a.
Sparkassengesetz P. 54.
Spionagegesetz R. 67.
Sprengstoffgesetz R. 2, 9.
Staatsangehörigkeit, Erwerb u. Verlust R. 8, 111.
Staatsschuldbuch P. 30.
Staatssteuern, Gesetz betr. Aufhebung direkter P. 14.
Städteordnung für die 6 östlichen Provinzen P. 32.
Stempelsteuerges. f. Preuß. P. 18.
Stempelsteuergesetz für das Reich R. 18.
Steuerflucht R. 131b.
Steuergesetze R. 5, 18, 25, P. 10, 11, 13, 14, 18, 20, 27.
Strafgesetzbuch R. 2, S. 21.
Strafgesetze, preußische P. 34.
Strafprozeßordnung R. 12, S. 21.
Strafrechtliche RG. R. 9.
Straßen- u. Baufluchtenges. P. 50.
Subhastationsgesetz R. 43.
Süßstoffe, künstliche R. 9, 54, 64.

Tantiemensteuer R. 18.
Telegraphengesetze R. 7.
Telegraphenwegegesetz R. 120.
Testamentsrecht P. 3.
Todeserklärung Kriegsverschollener R. 124.

Umsatzsteuer R. 131b, 132.
Uneheliche Kinder R. 58.
Unfallversicherungsgesetze R. 23, 28, 57, 72, 108, S. 21.

Schlagwort-Register. (R. = Reichsgesetz, P. = preuß. Gesetz.)


Unlauterer Wettbewerb R. 37.
Unterbringung verwahrloster Kinder R. 47, P. 28.
Unterhaltg. d. Volksschulen P. 39
Unterstützungswohnsitz R. 8.
Urheberrechtsgesetze R. 9, 60, 22, 81, 95 102.

Vereinsgesetz R. 88.
Vereins- u. Versammlungsrecht R. 33, 88, P. 34,
Verfälschung v. Nahrungsmitteln R. 54, Wein R. 65.
Verfassung, Reich R. 1.
Verfassung, preußische P. 1.
Verhaftung und Aufenthaltsbeschränkung R. 128.
Verkehrsabgaben P. 34.
Verkehrs- u. Kohlensteuer, Kriegssteuerzuschlag S. 21.
Verlagsrecht R. 61.
Vermögenssteuergesetz P. 13.
Verrat militär. Geheimnisse R. 2, 9, 67.
Verschuldungsgrenze P. 43.
Versicherungsvertrag R. 83.
Versicherungsunternehmungen, private R. 62.
Versorgung der Kommunalbeamten P. 22.
Verunstaltung landschaftlich hervorragender Gegenden P. 49.
Verwaltungsstrafverfahren P. 40.
Verwendung gesundheitsschädlicher Farben, Nahrungsmittel, Wein R. 54, 65, 130.
Viehkauf (Viehgewährschaft) und Viehhandel R. 50.
Viehseuchengesetz R. 84, 108.
Vogelschutzgesetz R. 89.
Volksernährung R. 116, 116a.
Vormundschaftsordnung, preußische P. 8.
Vormundschaftsrecht, Deutsches R. 47.

Waffengebrauch R. 114.
Wald- und Wassergenossenschaft P. 34.
Wandergewerbebetrieb P. 34.
Warenzeichenrecht R. 9,87, 116, 116a.
Warenhaussteuergesetz P. 27.
Warenumsatzstempel R. 18, 123.
Wassergesetz P. 52.
Wechselordnung R. 5, S. 21.
Wechselstempelsteuergesetz R. 5.
Wehrbeitragsgesetz R. 110, S. 21.
Weingesetz R. 9, 54, 64, 65, 131a.
Wertpapiere, Depotgesetz R. 40.
Wettbewerb, Bekämpfung unlauteren R. 37.
Wettbewerbsverbot R. 115.
Wild-Schonzeit P. 34.
Wirtschaftliche Maßnahmen aus Anlaß des Krieges R. 116, 116a.
Wohnungsgesetz P. 55.
Wuchergesetz R. 2, 133.

Zeugengebühr R. 15.
Zigarettensteuergesetz R. 78.
Zivilprozeßordnung R. 11, S. 21.
Zuständigkeitsgesetz P. 42.
Zuwachssteuergesetz S. 21, R. 101.
Zwangserziehung R. 47.
Zwangsversteigerung an Immobilien R. 48.
Zwangsvollstreckungsgesetz R. 48.
Zweckverbands-Gesetz P. 48.

J. Guttentag, Verlagsbuchhandlung, G. m. b. H., Berlin W 10.

# Staubs Kommentare

Standard-Werke des Handelsrechts!

## Kommentar zum Handelsgesetzbuch.

**Neunte Auflage**

Bearbeitet von Reichsgerichtsrat **Heinrich Könige,** Justizrat **Albert Pinner,** Justizrat **Dr. Felix Bondi.**

**1912/13.** 2 Bände. Lex.-8°.

Vergriffen! — Neue Auflage in Vorbereitung.

## Kommentar zum Gesetz, betr. die Gesellschaften mit beschränkter Haftung.

**Vierte, neubearbeitete und vermehrte Auflage**

von Rechtsanwalt **Dr. Max Hachenburg,** Mannheim.

**1913.** Lex.-8°. Preis 24 M, geb. 26 M.

## Kommentar zur Wechselordnung.

**Achte, neubearbeitete und vermehrte Auflage.**

Bearbeitet von

Rechtsanwalt **Dr. M. Stranz,** Berlin.

**1912.** Lex.-8°. Preis 13 M, geb. 14,30 M.


 1. I. 1919. 4000.